Die großen Chansonniers und Liedermacher

Wichtige Interpreten, bedeutende Dichtersänger

Von Matthias Henke

ETB
ECON Taschenbuch Verlag

Hermes Handlexikon © 1987 by ECON Taschenbuch Verlag GmbH, Düsseldorf
Alle Rechte vorbehalten
Umschlagdesign: Ludwig Kaiser
Satz: Dörlemann-Satz, Lemförde
Druck und Bindung: Ebner, Ulm
Printed in Germany
ISBN 3-612-10052-1

Bildquellen: Birgit: 152; ETB: 18, 65, 141; Coppenrath Vlg.: 201; dpa: 24, 53, 69, 149, 159, 207; Blandine Ebinger: 84; Edigmages, Langlais: 196; EMI: 36, 39; Henke: 10, 101, 108, 123, 129, 185; Intercord: 138; Keystone: 29, 43, 88, 143, 154, 165, 167; Beate Knapper-Schmelzer: 178; Tassilo Leher: 134; Leloir: 34; Neff: 125; Nomen + Omen Vlg.: 174; Paroles et Musique: 98; Alain Pelet: 183; Pläne: 27, 203; Polydor: 50, 76, 103, 192, 210; Eugene Robert Richee: 81; Dr. Walter Rösler: 60; Frank Roland-Beeneken: 170; Marion Schweitzer: 93; Set: 110, 113, 116, 119, 188; Sygma, Frank: 132; Teldec: 73, 162.

CIP-Kurztitelaufnahme der Deutschen Bibliothek

Henke, Matthias:
Die großen Chansonniers und Liedermacher:
wichtige Interpreten, bedeutende Dichtersänger / von Matthias Henke.
Düsseldorf: ECON Taschenbuch Verlag, 1987.
(ETB 10052; Hermes-Handlexikon)
ISBN 3-612-10052-1
NE: HST; GT

Das Buch

Mehr als 50 Porträts konturieren die vielfältige Landschaft des deutschen und französischen Chansons.

Singende Schauspieler (Marlene Dietrich, Serge Reggiani), dem Kabarett nahestehende Autoreninterpreten (Otto Reutter, Hanns Dieter Hüsch), Sänger mit politischem Anspruch (Dieter Süverkrüp, Léo Ferré), singende Entertainer (Maurice Chevalier, Herman van Veen), Vertreter des literarischen Chansons (Barbara, Christof Stählin), Waldeck-Barden (Hein und Oss Kröher, Peter Rohland) werden ebenso vorgestellt wie Georges Brassens, Jacques Brel, Konstantin Wecker, Wolf Biermann, André Heller, Franz-Josef Degenhardt, Charles Trenet, Maxime Le Forestier oder Edith Piaf. Das einzelne Porträt hat zum Ziel, Künstlerbiographie und Werk in Zusammenhang zu bringen, um Entwicklungslinien aufzuzeigen und Wirkungsabsichten wie Interpretationsansätze zu erläutern.

Der Band enthält zudem die derzeit umfangreichste Bibliographie und Diskographie zum Thema Chansonniers und Liedermacher.

Der Autor

Matthias Henke, geboren 1953 in Emmerich/Niederrhein, Studium der Fächer Musik, Musikwissenschaft, Germanistik, Kunstgeschichte und Volkskunde; Autor und Gitarrist; Dozentur an der Gesamthochschule Kassel/Universität des Landes Hessen; 1983 Promotion zum Dr. phil.; im gleichen Jahr Auszeichnung mit der Hector-Berlioz-Plakette der Stadt Lyon. Schallplatten-, Rundfunk- und Fernsehaufnahmen. Zahlreiche Arbeiten für Rundfunkanstalten, Schallplattengesellschaften, Zeitschriften-, Buch- und Musikverlage. Veröffentlichungen zur Musik des Barock, der Klassik, der Romantik und des 20. Jahrhunderts. Zur Zeit Arbeit an einer Habilitationsschrift zum Thema »Gebrauchskunst–Gebrauchsmusik. Vom Jugendstil bis zur Neuen Sachlichkeit«.

Inhaltsübersicht

Vorwort

»Der Tragöde hat's gut. Wenn er noch so mittelmäßig ist: er rollt mit den Augen, und das verfehlt hierzulande seine Wirkung nie. Bei uns wollen sie sich scheckig lachen (drei Poängten pro Zeile), und hinterher verachten sie das. Und daß einer gar dabei ernst sein kann, das ahnen sie kaum. Wie wenige hören es zwischen den Zeilen Walter Mehrings schluchzen! Es sind ja nur Chansons.« Heute, mehr als ein halbes Jahrhundert nachdem Kurt Tucholsky diese resignativen Sätze notiert hat, ist seine Klage immer noch aktuell. Zwar nimmt das Chanson in den Schallplattenkatalogen einen beachtlichen Raum ein, zwar spielt es in den Programmen der Rundfunkanstalten eine zentrale Rolle, bestimmt es die Veranstaltungskalender vieler Konzerthallen und Kleinkunstbühnen, aber Literaturwissenschaftler wie Musikologen scheuen nach wie vor die Auseinandersetzung mit ihm und verlassen nur allzuselten ihren Thron, um sich in die Niederungen einer Gebrauchskunst zu begeben: »Es sind ja nur Chansons.« Heftig, aber in der Tendenz zutreffend, kritisiert denn auch der Kabarettist und Chansonnier Werner Schneyder 1982 in seiner Erich-Kästner-Biographie: »Gebrauchslyriker, Chansonschreiber, Bänkelsänger werden im deutschen Raum nur selten, ungern und immer unter Vorbehalt als Vertreter einer legitimen Sparte der Dichtkunst anerkannt. Zu mächtig ist die Germanistenlobby der Orakelkacker.« In der Tat führt das Chanson ein Schattendasein auf dem Gebiet der Forschung, ja, es kümmert als eine »Asphalt-Blume« der Philologie dahin: Weder existiert eine umfassende Biblio- und Diskographie des Chansons, noch gibt es eine geschichtlich überblickende Darstellung, die wissenschaftlichen Maßstäben genügt, weder existiert eine konsequente, gattungsspezifische Terminologie, noch gibt es Modelle zur methodischen Annäherung an die »neunte Kunst«.
Das Hermes Handlexikon *Chansonniers und Liedermacher* möchte den skizzierten Notstand lindern. Es respektiert das Chanson als eigene Kunstform mit eigenen Gesetzen, mit eigener Ästhetik und Logik, beschreibt also die konstituierenden Elemente des Chansons (Text, Musik, Interpretation) nicht eindimensional, sondern bemüht sich um eine dreidimensionale Sicht, versucht, die durch das *Zusammenwirken* der künstlerischen Disziplinen entstehenden Kräfte freizulegen. Um das Element der Interpretation in die Betrachtung einbeziehen zu können, berücksichtigt es demnach in seinem lexikalischen Teil nur Chansonniers, Liedermacher und Dichtersänger, von denen Schallplattenaufnahmen vorliegen. Durch eine ausführliche Einleitung, durch ein Namenregister sowie eine allgemeine Bibliographie wird es dem Leser oder Benutzer ermöglicht, Querverbindungen zwischen den Porträts herzustellen. Die etwas umständliche, aber präzise französische Terminologie, die übliche Klassifizierung Auteur-compositeur-interprète, wird übernommen und schlägt sich bereits in der Überschrift eines jeden Artikels nieder: Steht hinter dem Namen des Porträtierten ein t und/oder ein m, weisen diese Siglen auf eine Tätigkeit als Textautor und/oder als Komponist hin. Obwohl die Porträts mit ihren Personalbibliographien wie ihren Diskographien umfangreiche Dokumentationen enthalten, gehen sie weit über Materialsammlungen hinaus, versuchen sie, Künstlerbiographie und Werk ebenso anschaulich wie unterhaltend darzustellen, Information mit Lektüre zu verbinden. Ihr Ziel ist es, Entwicklungslinien aufzuzeigen, Wirkungsabsichten und Interpretationsansätze zu erläutern, indem sie sich eng an Erkenntnisse Friedrich Hollaenders anschließen. Der Autor-Komponist definiert das Chanson 1932 in der Zeitschrift *Die*

Weltbühne: »Die gedrängte Gestaltungsform verlangt nach eignen Gesetzen nicht nur das rasch zupackende Wort, die schnell greifbare Gebärde, sie erfordert gebieterisch die aufreizende, die kurze, die enthüllende, die essentielle Musik, sie muß in Rhythmus und Kolorit, in Melodieführung und Dramatik sofort, blitzartig das Grundsätzliche aufreißen, sie darf sich keine Zeit lassen zu Entwicklung und Aufbau. (. . .) Was ein weiteres Gesetz der Cabaret-Musik sein sollte, das ist die Aggressivität, die sie von aller Opern-, Lied- und Symphoniemusik in alle Ewigkeit unterscheidet. Ein Cabaret ohne Angriffsfreudigkeit, ohne Kampflust ist lebensunfähig. Es ist das gegebene Schlachtfeld, auf dem mit den einzig sauberen Waffen geschliffener Worte und geladener Musik jene mörderischen aus Eisen in die Flucht geschlagen werden können.«

Münster, im August 1987   Matthias Henke

Verflechtungen, Berührungspunkte, Anregungen
– Aus der Geschichte des französischen und deutschen Chansons –

I Von der Liedertafel zum Cabaret artistique
Die deutschen Liedertafeln und Männergesangvereine widmeten sich in der ersten Hälfte des 19. Jahrhunderts nicht nur dem Dreiklang Wein, Weib und Gesang, sondern sie schlugen auch dissonante Töne an: Sie diskutierten die Tagespolitik, wetterten gegen die Monarchie und sympathisierten mit revolutionären Ideen – sehr zum Leidwesen der teutschen Obrigkeiten, die sich des öfteren genötigt sahen, verfassungsfeindliche Sängerbünde zu verbieten. Französische Entsprechungen der deutschen Organisationen waren die Sociétés chantantes, von denen in Paris zwei Spielarten existierten: die bereits im 18. Jahrhundert entstandenen Caveaux, deren Mitglieder meist liberale Literaten waren; und die jüngeren Goguettes, deren Stamm Handwerker, Arbeiter und progressive Schriftsteller bildeten. Einer Goguette gehörte auch der Kistenmacher und nachmalige Chansondichter Eugène Pottier an, der später durch seinen Text der *Internationalen* zu Ruhm und Ehren kam; ebenso sein Freund Henri Murger, dessen Roman *Scènes de la vie de bohème* in Giacomo Puccinis Oper weiterlebte. Der führende Kopf der Caveaux aber war Pierre-Jean Béranger (1780–1857). Mit seinen Liedern verspottete der Dichter Kaiser Napoleon und seine Welteroberungspläne, streute er Gift gegen einen servilen Speichellecker, dem der Herr Senator die Hörner aufsetzt, mokierte er sich über politischen Opportunismus. Das zweifelhafte Treiben der Polizeispitzel, die üble Technik der Agents provocateurs geißelte Béranger in den Texten *Monsieur Judas* und *La farindondaine:* mit exakten Kenntnissen des Metiers und voller Haß – geriet er doch selbst in Konflikt mit der Staatsgewalt: Zweimal ließen ihn die Potentaten wegen seiner kecken Lieder ins Gefängnis stecken. Was den hohen Herren in Frankreich nicht recht war, erschien einem Geheimrath in Weimar allerdings billig. Er zeigte sich gegenüber Johann Peter Eckermann begeistert von dem Werk Bérangers: »(. . .) er hat nie eine gelehrte Schule, nie eine Universität besucht, und doch sind seine Lieder so voll reifer Bilder, so voll Grazie, so voll Geist und feinster Ironie und von einer solchen Kunstvollendung und meisterhaften Behandlung der Sprache, daß er nicht die Bewunderung von Frankreich, sondern des ganzen gebildeten Europas ist.«
Wie treffend Goethes Urteil war, bestärkten zwei Dichterkollegen, die 1838 eine umfangreiche Übersetzung der Lieder Bérangers veröffentlichten: Adelbert von Chamisso und Franz von Gaudy. Im Vorwort der Publikation führte CHAMISSO aus: »Die ›chanson‹ ist, wenn gleich keine selbständige Macht, doch das Organ einer Macht, das Organ der Meinung bald des Volkes, bald der Parteien im Volke. (. . .) ›La chanson‹, die volksthümliche, nicht zu unterdrückende Freiheit der Franzosen, vertritt bei ihnen die Stelle anderer Freiheiten (Rede-, Preßfreiheit, Petitionsrecht usw.), die, wie das Beispiel Englands uns lehrt, in bedrohlichsten Zeiten das Sicherheitsventil des Dampfkessels sind.«
Seine fundamentalen Überlegungen ließen Chamisso denn auch nach einem Sicherheitsventil, nach einem Béranger für Deutschland Ausschau halten. Er fand es und ihn in einem Lehrerssohn aus Detmold, in Franz Freiligrath (1810–1876). Zunächst Kaufmann, später Mitarbeiter von Karl Marx, dann Parteigänger Bismarcks, knüpfte der leicht entflammbare Freiligrath mit seiner Sammlung *Ça ira!* (1846) bei den Gesängen der Französischen Revolution an, avancierte er 1848 zum Dichter der Märzrevolution und widmete ihr Lieder wie das von Robert Schumann vertonte *Schwarz-Rot-Gold* oder die *Réveille* auf die Melodie der *Marseillaise.*

Béranger

Chamisso indes engagierte sich nicht nur für Freiligrath, sondern er setzte sich auch für Heinrich Heine ein, dessen Gedichte er als Herausgeber des *Deutschen Musenalmanachs* veröffentlichte. Heine, ein Chamisso vergleichbarer Mittler zwischen deutscher und französischer Kultur, gehörte wie sein Förderer zu den Béranger-Verehrern. So bekannte er 1849 in einem Brief, Béranger sei eine derart überraschend gesunde Erscheinung inmitten einer kranken Gesellschaft, daß er ihm in Deutschland nichts an die Seite zu setzen wüßte: »(. . .) ich selbst habe nur einige solcher Naturlaute.« Ein bescheidenes Wort des Pariser Exilanten, der schon 1844 seine an Béranger heranreichende Fähigkeit bewiesen hatte, mit klaren Bildern, packenden Rhythmen und Refrains auf die aktuelle Politik zu reagieren und sich auf die Seite der Unterdrückten zu schlagen – in seinem Gedicht *Die schlesischen Weber*: »Ein Fluch dem König, dem König der Reichen,/Den unser Elend nicht konnt erweichen,/(. . .)//Das Schiffchen fliegt, der Webstuhl kracht,/ Wir weben emsig Tag und Nacht –/Altdeutschland, wir weben dein Leichentuch,/ Wir weben hinein den dreifachen Fluch,/Wir weben, wir weben!« Heines Drohungen konkretisierten sich in den revolutionären Ereignissen des Jahres 1848, die jedoch keine langfristige Wirkung erbrachten. In Deutschland obsiegte die Gegenrevolution; in Frankreich zertrümmerte Louis Bonaparte die Zweite Republik, schwang sich 1853 zum Imperator auf und vollbrachte mit imperatorischer Geste bald seine erste Großtat: die Schließung fast aller Sociétés chantantes.

Hätte den hohen Herren ein Chamisso beraten können, wäre dieser Schritt sicher unterblieben; denn das Volk suchte sich ein neues Ventil für seinen Unmut und entdeckte es in den Cafés-concerts, die im Paris der fünfziger Jahre inflationär aufblühten. Wenn auch das Repertoire dieser Einrichtungen oft nicht über das Amüsement hinausging, es häufig in plump erotischen Liedern bestand, so brachte doch der Publikumsliebling Thérésa seinem kleinbürgerlichen Publikum mitunter Lieder engagierter Autoren dar: Thérésa sang im Caf'-conc' Chansons von Béranger, Jules Jouy oder Jean Richepin, dem anarchistischen Vagabunden. Jean-Baptiste Clément (1836–1903), der »Murger socialiste«, gehörte ebenfalls zu den Autoren des Caf'-conc'. Er schrieb 1866 die Romanze *Les temps des cerises,* die, von dem ehemaligen Opernsänger Renard zwei Jahre später vertont, eine außergewöhnliche Verbreitung fand und noch im Zweiten Weltkrieg gesungen wurde: von den Mitgliedern der Résistance.

Als intellektuelle und künstlerische Gegenstücke zu den volkstümlichen Cafésconcerts entwickelten sich in der französischen Kapitale die elitären Clubs, in denen Literaten, Maler und Musiker verkehrten – so auch der 1878 gegründete Verein Les Hydropathes (Die Wasserjünger), wie sich die trinkfreudigen Mitglieder in selbstverleugnender Bescheidenheit nannten. Zu ihnen gehörte eine Schar prominenter Chansonautoren, die ihr Geld zumeist in den Cafés-concerts verdienten, sich in den Clubs aber dem literarisch ambitionierten Chanson hingaben: Maurice Mac-Nab (1856–1889), der in seinen Texten vor allem die Bürokratie der Dritten Republik aufs Korn nahm und in dem berühmten Chanson *Le pendu* (Der Erhängte) seinen Spott über die Paragraphenreiter ausgoß, die zunächst Ressortfragen klären, bevor sie den Selbstmörder vom Ast knüpfen, und so die mögliche Rettung versäumen; Maurice Rollinat (1846–1903), Patenkind der Georges Sand, ein renommierter Lyriker, der Vertonungen eigener Gedichte *(La neige, Les araignées, La chanson de la perdrix grise)* und solcher Baudelaires vortrug; schließlich Jules Jouy (1855–1897), ursprünglich Arbeiter, dann Journalist, Mitarbeiter der Linksorgane *Parti ouvrier* und *Cri du peuple,* ein außerordentlich politischer Kopf, der Cléments zweideutiges *Le temps de cerises* in seinem eindeutig auf der Seite des Volkes stehenden Chanson *Le temps de crises* parodierte.

Der Verein der Hydropathen blühte im Verborgenen, bis ihn 1881 Rodolphe Salis entdeckte und die Mitglieder überreden konnte, ihre Produktionen nun öffentlich in seinem auf dem Montmartre gelegenen Cabaret *Le Chat Noir* vorzustellen. Salis konnte damals jedoch nicht ahnen, daß er mit diesem Schritt zum Stammvater einer neuen Kunstrichtung geworden war, zum Ahnherrn einer neuen Muse: des Cabaret artistique. Das Programm des *Chat Noir* entwickelte sich in Windeseile zu einer Publikumsattraktion, zog nicht nur Künstler, sondern auch Snobs, Bankiers, Politiker und Touristen an, setzte eine Flut von Gründungen ähnlicher Einrichtungen in Gang, die sich bald über den ganzen Montmartre verbreiteten und sich schließlich auch im Zentrum von Paris ansiedelten. Aber Salis gelang es, der Konkurrenz stets eine Nasenlänge voraus zu sein, beispielsweise, indem er den bekannten Chansonnier Xarof engagierte oder den Komponisten Erik Satie zur Mitarbeit einlud. Mit einem besonderen Trumpf jedoch konnte er aufwarten, als ihm Jules Jouy eines Tages einen Kollegen vorstellte, den er auf den Bühnen der Cafés-concerts *La Scala* und *L'Époque* kennengelernt hatte: Aristide Bruant, den Pionier des naturalistischen Chansons.

II Von Aristide Bruant bis Claire Waldoff

Muß das Auftreten der Hydropathen im *Chat Noir* als Geburtsstunde des Cabaret artistique betrachtet werden, so ist Bruants Debüt im Zeichen des Schwarzen Katers als die Geburtsstunde des modernen Chansonniers anzusehen, des Auteurcompositeur-interprète im heutigen Sinn.

Denn im Gegensatz zu Béranger etwa, der seinen Gedichten sogenannte Timbres unterlegte, also bereits vorhandene Melodien aus Vaudeville, Operette oder dem Volksliedbestand, komponierte Bruant die Musik zu seinen Chansons in den meisten Fällen selbst. Und anders als Béranger, der formal und stilistisch eher retrospektiv arbeitete, gelang es seinem Dichternachfahr, sprachlich neue Wege aufzuzeigen, ja, stilbildend zu wirken – durch seine Refraintechnik, durch die Einbeziehung des Argot (s. S. 59ff.). Und im Unterschied zu seinen Kollegen im *Chat Noir,* die ihre Lieder selbst vortrugen, war Bruant ein begnadeter Interpret, benutzte er beredterweise als erster Vertreter seines Fachs das Medium Schallplatte, setzte er auch in der »Kunst, ein Chanson zu singen« (Yvette Guilbert), neue, heute noch gültige Maßstäbe – durch den Verzicht auf jede Sentimentalität, durch die Mißachtung des herrschenden, an den Erfordernissen der Oper orientierten Belcanto-Ideals, durch die dem Chanson einzig angemessene, die sinnbedachte Artikulation.

Von der deutschen Poesie erhielt der Prototyp des Auteur-compositeur-interprète nur wenig Anregungen: So stand Heines Gedicht *Die schlesischen Weber* Pate für Bruants sozialkritisches Chanson *Les canuts,* das sich auf die Aufstände der Seidenweber von Lyon im Jahre 1831 bezieht. Umgekehrt aber beeinflußte Bruant die deutsche Literaturgeschichte, inspirierten seine Asphaltblumen, seine Hymnen an die Nacht eine Reihe deutscher Dichter (s. S. 63), galt der König des Montmartre bald als Kultfigur, das Cabaret artistique bald als Leitbild des Kabaretts in Deutschland.

Die neuartige Kunst aus Frankreich zu vermitteln, Gelenk zwischen gallischer und teutonischer Chanson- und Kabarettgeschichte zu sein – dieses Verdienst gebührt vor allem Yvette Guilbert, die um 1900 und während der zwanziger Jahre häufig in Berlin gastierte (s. S. 97ff.). Sie trat mit ihrer Interpretationskunst nicht nur für das Werk Bruants ein, sondern baute sich auch ein umfangreiches Repertoire an historischen Liedern auf, pflegte das Volkslied, setzte sich zudem theoretisch mit dem Chanson auseinander – und machte Schule im deutschen Kabarett, prägte vor allem das 1901 in München gegründete Ensemble *Die Elf Scharfrichter.* So glich Marya Delvard (1874–1965), der weibliche Star der Scharfrichter, mit ihrer hageren Silhouette, mit dem engen hochgeschlossenen, schwarzen Kleid schon äußerlich der Guilbert; zudem übernahm sie noch deren avantgardistische Technik des Gegen-die-Musik-Singens (s. S. 99). Und auch das Programm der Scharfrichter scheint von Yvette Guilbert beeinflußt; es bestand nämlich zu einem Teil aus alten Volksliedern – einer Domäne des Lautensängers Robert Kothe – und zu einem anderen aus Werken zeitgenössischer Literaten, wie Hanns von Gumppenberg, Heinrich Lautensack und Leo Greiner.

Zu ihnen gehörte auch der Dichtersänger Frank Wedekind (1864–1918), der allerdings des Mediums Yvette Guilbert vermutlich nicht bedurfte: hatte er doch Bruant mit eigenen Augen und Ohren erlebt (s. S. 63), dessen Losung »Épatez les bourgeois!« aus erster Hand erhalten und sich an dessen Unverblümtheit und Schamlosigkeit in der Sprache orientiert. Mehr noch: Wedekind machte sich auch Bruants unprätentiöse Vortragsweise zu eigen, wenn man einem Bericht HEINRICH MANNs Glauben schenken darf:

»Die bebänderte Laute in schwerfälligen Händen, trat vor die Welt jenes ästhetisierenden Zeitabschnittes eine mit allen Wassern gewaschene Erscheinung (. . .) Kleine Schritte, ›ich komme, ihr entgeht mir nicht‹ (. . .) Klimpern, wie gereizt, dann der Vortrag. Nasal, scharf, schallend (. . .) Er ging dem feingebildeten Zeitabschnitt gegen die Begriffe.«

In der Tat bemühte sich Wedekind, der erste deutsche Auteur-compositeur-interprète, nach besten Kräften die Gefolgsleute Stefan Georges und andere

Ästhetizisten unter seinen Zeitgenossen zu erschrecken, trug er wie Bruant das Banner des Nonkonformismus vor sich her. Bei den Bänkelsängern borgte er sich seine in Wort und Musik bewußt niedrige Stillage und besang sodann Tabus der wilhelminischen Gesellschaft, die kindliche Sexualität *(Ilse)*, die gleichge-schlechtliche Liebe *(Vergänglichkeit)*, attackierte er Tendenzen der zeitgenössi-schen Literatur *(Der Symbolist, Das Lied vom armen Kind)* oder verbreitete seinen beißenden Spott über Kaiser Wilhelm *(Der Zoologe von Berlin, König David)*. Derart unerhörte Töne waren im relativ liberalen München möglich, ebenso auf dem Montmartre; im preußischen Berlin aber waren sie undenkbar. ERNST VON WOLZOGEN, der Anfang 1901 an der Spree das erste deutsche Kabarett, das *Über-brettl*, ins Leben rief, notierte in seinem Buch der Erinnerungen: »Ich mußte auf die wichtigste Betätigung des französischen Kabaretts, nämlich die politische Tagessatire, verzichten, weil bei uns in Deutschland die Zensur solche kecke Verhöhnung der Regierung niemals hätte durchgehen lassen und sicher auch die Dichter für dergleichen gefehlt hätten (. . .) Aus meiner Pariser Erfahrung und meinem eigenen Empfinden heraus gestaltete sich nunmehr mein Überbrettl folgendermaßen: kein Bier- und Weinverschank und Tabaksqualm, sondern regel-rechtes Theater.«

Mit der Etablierung eines regelrechten Theaters aber zielte Wolzogen an der Intimität vorbei, die das Cabaret artistique auszeichnete, und mit dem Verzicht auf Ausschank von Getränken unterlief er sogar die ursprüngliche Bedeutung des Wortes; denn Cabaret hieß zunächst nichts anderes als Schenke. Folgerichtig suchte man die naturalistischen Töne eines Bruant oder die ungehemmte Sinnlich-keit Wedekinds im *Überbrettl* vergeblich. Vielmehr gab Wolzogen dem erotisch tändelnden Lied, dem amourösen Chanson eindeutig den Vorzug – einem Genre, das auch die Majorität in Otto Julius Bierbaums wichtiger Sammlung *Deutsche Chansons. Brettl-Lieder* hatte. Die Anthologie erschien erstmals im Jahre 1900, enthielt Texte von Bierbaum, Gustav Falke, Arno Holz, Detlev von Liliencron, Rudolf Alexander Schröder, Ernst von Wolzogen, aber auch die Lautenlieder Frank Wedekinds und verkündete im Vorwort Programmatisches:
»Wir haben nun einmal die fixe Idee, es müßte jetzt das ganze Leben mit Kunst durchsetzt werden. Maler bauen heute Stühle (. . .) So wollen auch wir Gedichte schreiben, die nicht bloß im stillen Kämmerlein gelesen, sondern vor einer erhei-terungslustigen Menge gesungen werden mögen. Angewandte Lyrik – da haben Sie unser Schlagwort.«

Zur angewandten Lyrik der *Deutschen Chansons* gehörte auch die bekannteste Nummer des *Überbrettls*, Bierbaums Lied *Der lustige Ehemann* mit der Musik von Oscar Straus, das ein scheinheiliges bürgerliches Idyll attackierte: »Die Welt, die ist da draußen wo,/Mag auf dem Kopf sie stehn!/Sie intressiert uns gar nicht sehr,/Und wenn sie nicht vorhanden wär',/Würd's auch noch weiter geh'n.« Überzuckert von einer allzu eleganten Musik, von einer Begleitung ohne jeden Widerhaken, nahm das Publikum die ironisch gedachten Verse jedoch ohne Zögern an, delektierte sich an deren scheinbar heiler Welt, konsumierte das Chanson wie einen Schlager. Ein symptomatischer Vorgang: Hatten Bruant und Wedekind in der Musik noch das Transportmittel für ihre Poeme gesehen, dienten sie ihnen noch zur Verstärkung der textlichen Aussage, so gewann die Musik in Wolzogens *Überbrettl* die Vorherrschaft, dominierte sie über die Sprache, bekam sie, einem Orchester von ungefähr zwanzig Musikern überantwortet, auch quantita-tiv ein hohes Gewicht. Zudem splittete Wolzogen den Typus des Auteur-composi-teur-interprète wieder auf, versuchte er doch sein *Überbrettl* zu qualifizieren, indem er bewährte Spezialisten engagierte: die Komponisten Oscar Straus, Victor Hollaender, James Rothstein, Bogumil Zepler, vorübergehend auch Arnold Schönberg; die Literaten Otto Julius Bierbaum, Ludwig Thoma, Christian Morgenstern, Hanns Heinz Ewers; die Interpreten Olga Wohlbrück, Bozena Bradsky, Robert Koppel, Elsa Laura Seemann. So verließ Wolzogen den Boden des Cabaret artistique nach Art des *Chat Noir,* folgte hingegen einer Tendenz, die sich kurz vor der Jahrhundertwende in Frankreich anbahnte. Damals begann sich nämlich der Niedergang der Montmartre-Cabarets abzuzeichnen, und auch die Cafés-concerts sahen ihrem Ende entgegen, mußten allmählich den luxuriöseren Music-halls weichen, bekamen etwa durch das *Olympia* (1893) oder den *Bobino,* der aus einem Caf'-conc' hervorging, ernsthafte Konkurrenz. Die von England übernommene Einrichtung der Music-hall bot im Unterschied zu den Cabarets und Cafésconcerts nicht nur einem größeren Auditorium Platz, sondern erhob auch ein ausdrückliches Eintrittsgeld, da sie ihre Darbietungen nicht über den Verzehrzwang finanzierte.

Als großer Star jener Jahre, als Vedette der Belle Epoque durfte sich Félix Mayol (1872–1941) feiern lassen. Er trat zwar noch bevorzugt in den Cafés-concerts auf, erwarb sich 1910 gar ein eigenes, aber er veredelte das oft platt-anzügliche Chanson des Caf'-conc', indem er es mimisch und mit Tanzschritten ausschmückte, es nach allen Regeln der Kunst inszenierte und es so den Bedürfnissen der Music-hall anglich. Chanson de gestes, in Gebärden umgesetztes Lied – so tauften die Kritiker Mayols Kreation (nicht zu verwechseln mit der Chanson de geste, dem mittelalterlichen Heldenlied). Mit seinen Liedern aus der Welt der Dienstmädchen und armen Näherinnen, mit *Paimpolaise, Viens poupoule, Lilas blanc,* Chansons, die ihm Théodore Botrel (einst Mitarbeiter des *Chat Noir*), Lucien Boyer und Vincent Scotto schrieben, ließ Mayol die Kassen so laut klingeln, daß allerorten Mayol-Imitatoren auftraten. Den Chanteur nachzuahmen fiel äußerlich nicht schwer: Mayol trug eine extravagante, blondierte Haartolle à la Elvis Presley.

Sich durch ein markantes Styling von seinen Konkurrenten abzuheben war bei den Sängern der Belle Epoque gang und gäbe. So betrat Polin (1863–1927), der Lehrer Fernandels, die Bühne stets in einer Art Eisenbahner-Uniform, ausstaffiert mit einem lächerlichen Accessoire: einem übergroßen bunten Taschentuch. Und Dranem (1869–1935), das Vorbild des jungen Maurice Chevalier, trug karierte Beinkleider, und seinen Kopf zierte ein komisches Hütchen. Die plakative Wirkung durch ein Bühnenkostüm suchten auch die Chansoninterpreten im Deutschland des Spätwilhelminismus: So präsentierte sich Otto Reutter (s. S. 166ff.) seinem Publikum meist im eleganten Frack, der in einem gewissen Widerspruch zu der mehr als stattlichen Figur des Sängers stand, und Claire Waldoff (s. S. 206ff.) gefiel sich im Herrenhemd und mit Krawatte. Auch in der Art und im Grad ihrer Popularität stimmten Reutter und Waldoff mit ihren französischen Kollegen überein, erreichten ihre Lieder doch ebenso den Arbeiter wie den Intellektuellen. Doch in der schnoddrigen, frechen Vortragsweise der Waldoff, in ihrem Hinterhofjargon, und in den Tableaus ihrer Lieder fanden die naturalistischen Töne Bruants noch einen Widerhall – Töne, die in den Music-halls und auch in den immer eleganter werdenden Cafés-concerts bereits verklungen waren.

III Zwischen den Weltkriegen

Nachdem der Erste Weltkrieg für internationales Elend gesorgt hatte, ließ er ebenso international ein neues Lebensgefühl aufkommen. Sieger wie Verlierer zeigten sich geradezu ausgehungert nach Unterhaltung und Amüsement. Theater, Konzerthäuser und Kinos durchlebten ein Phase der Hochkonjunktur. Eine Tanzwut, wie Europa sie noch nie gesehen hatte, brach aus. Neue Modetänze wie

Charleston, Shimmy, Boston signalisierten den Schwung der Années folles. Der Jazz setzte sich nun auch außerhalb der USA durch. Die Revue und die revueähnlich aufgeputzte Operette standen in voller Blüte, kamen mit ihrer aufwendigen Ausstattung, dem schnellen Szenenwechsel, der Mischung aus Gesang, Spiel und aktuellen Gesellschaftstänzen den Sehnsüchten der Jugend und dem Tempogefühl der Zeit entgegen. So streiften die Revuen der Mistinguett (s. S. 140ff.) jegliche Betulichkeit der Vorkriegszeit ab und plakatierten schon ihren Titeln den frischen Drive der zwanziger Jahre: *Paris qui danse, Paris qui Jazz.*

Im gleichen Fach wie Mistinguett und ihr langjähriger Partner Maurice Chevalier (s. S. 68ff.) reüssierten auch Yvonne Printemps (1894–1977) und Georges Milton (1888–1970): Die Ehefrau Sacha Guitrys debütierte bereits im Alter von elf Jahren in den *Folies Bergère,* erhielt nach Erfolgen in Singspielen ihres Gatten den Beinamen Königin der Operette, erregte 1923 Aufsehen mit dem Chanson *J'ai deux amants* aus dem Singspiel *L'amour masqué* (Libretto: Sacha Guitry; Musik: André Messager) und fand eine glühende Verehrerin in COLETTE, die von dem leichten Sopran der Sängerin schwärmte:

»Sie singt nicht, sie begnügt sich, melodiös zu atmen.«

Georges Milton, Freund Chevaliers und von ihm lanciert, kreierte mit seinem Förderer das Chanson *Bouboule,* dessen Titel als Spitzname auf Milton überging, und arbeitete vor allem mit dem Texter André Barde und dem Komponisten Maurice Yvain zusammen, deren Operette *Un bon garçon* (1924) sein populärstes Lied entstammte: *J't'emmène à la campagne.* Josephine Baker (1906–1975) aber war der internationale Star der Revue: Sie verkörperte den für diese Darstellungsform erforderlichen Künstlertypus in idealer Weise, hatte eine makellose Figur, verstand es, sich grazil zu bewegen und besaß eine charmante, tragende Stimme. Schockte sie bei ihrem ersten Auftritt in Europa (*Théâtre des Champs-Elysées,* 1925) mit der unverhüllten Erotik ihres legendären Bananentanzes, so erschien sie kurze Zeit später in den Revuen der *Folies Bergère,* dem *Casino de Paris* bereits als Vedette, begeisterte sie ihr Publikum mit Chansons, die sie auf sich zuschneidern ließ: *Si j'etais blanche, Sans amour, Dites-moi Joséphine.*

Die Berliner zeigten sich nicht minder amüsierlustig und tanzversessen als die Pariser: Sie strömten zuhauf in die großen Revue-Theater, belagerten en masse die Ballhäuser. Im *Admiralspalast* präsentierte ihnen Direktor Herman Haller seine Bühnenspektakel, lockte er das Publikum mit einer Schar hübscher Girls, in deren Charleston-Hymne (*Ich bin die Marie von der Haller-Revue*) die ganze Stadt einfiel. 1926 importierte Rudolph Nelson, Chanson-Komponist und Direktor des *Nelson-Theaters,* aus Paris die Show Josephine Bakers, engagierte er den Schwarzen Stern für eine Gastspielreihe an den Kurfürstendamm. Und für die Revue *An Alle* im *Großen Schauspielhaus* verpflichtete Erik Charell die volkstümliche Claire Waldoff, die bei dieser Gelegenheit (1924) eines ihrer bekanntesten Lieder aus der Taufe hob: *Warum soll er nich mit ihr?* Zwei Jahre später stand Claire erneut im Zentrum einer Charell-Inszenierung: An der Seite von Marlene Dietrich (s. S. 80ff.), Curt Bois und Wilhelm Bendow spielte sie in der Revue *Von Mund zu Mund* und beschwerte sich mit dem Spottgesang *Raus mit den Männern aus dem Reichstag,* einer Revue-Einlage Friedrich Hollaenders, über den Chauvinismus ihrer männlichen Mitmenschen. Charell erwies sich jedoch nicht nur als Protagonist der Revue, sondern er und seine Mitarbeiter verstanden es auch, Operettenklassiker in der Art der Revue aufzupolieren. Für die so entstandenen Revueoperetten nahm er Fritzi Massary (1882–1969) und Max Pallenberg (1877–1934) unter Vertrag – ein Künstlerehepaar, das für Deutschland ein ähnliches Gewicht hatte wie Mistinguett und Chevalier für Frankreich. Der Dirigent Bruno Walter wollte der Operetten-Diva gar die Rolle der Bizetschen Carmen anvertrauen. WALTER sprach enthusiastisch von der Künstlerin, die Charells Klientel mit der Arie *Josef, ach Josef* aus dem Leo-Fall-Werk *Madame Pompadour* in Atem hielt:

»Fritzi Massary vereinte in sich die Talente einer Diseuse à la Yvette Guilbert, den fabelhaften Instinkt für das Herausheben einer Pointe, die geniale Fähigkeit, Stimmung zu verbreiten, mit dem Reiz einer pikanten Weiblichkeit und mit einer echten Musikalität.«

Während seine Ehefrau auf der Bühne den mondänen Typ verkörperte, agierte Max Pallenberg als genialer Clown, galt er als der bedeutendste Vertreter des komischen Operettenfachs. Im *Großen Schauspielhaus* ging er seinem Amt als »Scharfrichter« der Sullivan-Operette *Der Mikado* nach, auf der Bühne des *Theaters am Nollendorfplatz* machte er als »Soldat Schwejk« Theatergeschichte, indem er auf einem Förderband den berühmten »Marsch nach Budweis« antrat – stets der Bewunderung Kurt Tucholskys sicher.

Die Stars der Revue, des Singspiels und der Operette wollten mit ihren Liedern in erster Linie unterhalten, ihrem Publikum eine naive, unreflektierte Freude schenken. Dichterischer Anspruch zählte kaum für sie, Problematisierung der gesellschaftlichen Realität lag ihnen zumeist fern. Daher vermieden die Texte ihres Repertoires Konkretes, strebten sie keine Aussage an, sondern verhielten sich oft proverbial und stereotyp, um die Routine des Publikums nicht zu stören, es in seinen Empfindungen nicht zu verunsichern. Die Präsentation und die Musik beherrschten die Szene: Der Interpret prägte sich im Bewußtsein des Publikums ein, viel seltener schon der Komponist, der Textautor so gut wie nie. Doch gab es in den zwanziger und dreißiger Jahren auch eine andere Seite des Chansons: mit literarischem Ehrgeiz, mit dem Ziel, die Realität konkret zu benennen, mit der Motivation, eine politische Aussage zu formulieren – eine Art von Chanson, der die Pariser Cabarets artistiques und die Berliner Kabaretts, die in den zwanziger Jahren wieder auflebten, breiten Raum gewährten.

Die beiden Erscheinungsformen des Chansons lebten aber nicht in aseptischer Trennung nebeneinander her, vielmehr beeinflußten sie sich gegenseitig und profitierten voneinander. So schlug die sich in Berlin entwickelnde Kabarett-Revue durchaus eine Brücke vom reinen Amüsement zum literarisch ambitionierten Chanson. Neben Rudolph Nelson, der 1920 mit *Total Manoli* die erste Kabarett-Revue an der Spree herausbrachte, sich für sie der Mitarbeit von Fritz Grünbaum und Kurt Tucholsky versicherte, profilierte sich vor allem Friedrich Hollaender (1896–1976) in diesem Genre, gab er ihm die stärksten zeitkritischen Impulse. Hollaender nahm zwar durchaus Anleihen bei der Ausstattungsrevue auf, engagierte etwa für seine Revue *Bitte einsteigen* (1928) keine geringere als Josephine Baker, aber in seiner Revue *Es kommt jeder dran* (1928) wandte er sich klar gegen die Kriegshetzer und Hurrapatrioten von 1914, schrieb er seiner Frau Blandine Ebinger (s. S. 83 ff.) mit *Die Trommlerin* ein Chanson, das Karl Kraus als das stärkste »Antikriegsprodukt« seiner Zeit empfand. Und in einem Couplet seiner 1931 inszenierten Revue *Spuk in der Villa Stern* klagte Hollaender die Justizpraktiken der Weimarer Republik an; hieß es in der Vorstrophe: »Ich habe ein Gericht geseh'n,/ Das schien aus Menschen zu besteh'n./Der Richter war aus Menschenblut,/Er unterschied nicht Christ und Jud«, so schrie der Refrain dagegen an: »Lüge, Lüge, Lüge, Lüge, Lüge, Lüge!/Aber schön wär's, das ist klar.«

Friedrich Hollaender kam 1919 zum Kabarett: durch Max Reinhardt, der ihn für das Ensemble *Schall und Rauch* verpflichtete. Als Hauskomponist des ersten deutschen Nachkriegskabaretts vertonte er vor allem Texte für die Hauptaktrice des Ensembles, Gussy Holl (1888–1966) – Gedichte, die zumeist von Kurt Tucholsky stammten. Denn Tiger-Tucho, ebenfalls Mitarbeiter am *Schall und Rauch,* zählte zu den heißesten Verehrern der Holl, war zudem von ihrer Interpretations-kunst beeindruckt:

»Sie kann alles: hassen und lieben, streicheln und schlagen, singen und sprechen – da ist kein Ton, der nicht auf ihrer Leier wäre.«

So inspiriert verfaßte Tucholsky denn auch erotische Chansons für Gussy Holl: das zarte . . . *und in Japan ist alles so klein,* in dem die Geisha eine der Schwerkraft deutlich widersprechende Männlichkeit bewundert, und das vitale *Zieh dich aus, Petronella,* eine Huldigung an die Revuegirls. Aber *Schall und Rauch* bot seinen Gästen nicht nur die ewigen Varianten des erotischen Sujets: Paul Graetz (1890–1937) etwa, der männliche Lieblingsinterpret Tucholskys, kreierte dessen Chanson *Wenn der alte Motor wieder tackt,* das den berüchtigten SPD-Politiker Gustav Noske attackierte. Für Graetz, dessen Berliner Schnauze wie ein Wasserfall sprudeln konnte, entwickelte ein weiterer prominenter *Schall-und-Rauch*-Kooperateur, näm-lich Walter Mehring, seine Tempogedichte wie den zeitkoloristischen Text *Heimat Berlin,* den wiederum Friedrich Hollaender vertonte: »Die Linden lang! Galopp! Galopp!/ Zu Fuß, zu Pferd, zu zweit!/Mit der Uhr in der Hand, mit'm Hut auf'm Kopp/ Keine Zeit! Keine Zeit! Keine Zeit!« Schließlich findet sich in den Program-men des Kellerkabaretts auch Klabunds *Rag 1920,* der Totentanz des deutschen Michels, von Hollaender in das Gewand des aktuellen Ragtime gekleidet.

Wenige Monate nach der Eröffnung des *Schall und Rauch,* im Dezember 1920, gründete Rosa Valetti am Kurfürstendamm ihr Kabarett *Größenwahn.* Sie knüpfte bei den Montmartre-Chansonniers an, sang im Eröffnungsprogramm Lieder von Bruant, die ihr Ferdinand Hardekopf ins Deutsche übertragen hatte. Emphatisch lobte sie der Kritiker JULIUS BAB:

»Und wenn die Valetti in einem Dirnenlied hoch herauspulvert, (. . .) so ist mehr Aufruhr, mehr wirkliche Revolution darin als in sämtlichen expressionistischen Dramen zusammengenommen. Hier denkt man natürlich an die Guilbert, und allerdings hat in der wüsten Kraft, der revolutionären Geste niemals eine Deutsche die Französin so erreicht wie die Valetti.«

Rosa Valetti widmete sich neben dem historischen auch dem zeitgenössischen Chanson und lud die Elite der deutschen Kabarettdichter zur Mitarbeit ein: Klabund, Mehring und Tucholsky, der ihr die von Hollaender in Musik gesetzte *Rote Melodie* widmete: »General!/General!/Wag es nur nicht noch einmal! Es schrein die Toten!/Denk an die Roten!«

Eine Frau auch leitete das bedeutende Nachkriegskabarett *Wilde Bühne:* Trude Hesterberg (1892–1967). Im Gegensatz zu den meisten ihrer Diseusen-Kolleginnen absolvierte sie ein Gesangsstudium; danach spielte sie vorzugsweise in Operetten, sprang 1919 am *Schall und Rauch* für die erkrankte Gussy Holl ein und hatte so ihr Metier, das literarische Chanson, gefunden. In der *Wilden Bühne* stand ihr mit Leo Heller ein erfahrener Dichter zur Seite, der ähnlich wie Bruant die Welt der Huren, Diebe und Mörder besang. Trude Hesterberg als Interpretin der Heller-Lieder mit Yvette Guilbert zu vergleichen lag also auf der Hand. FRIEDRICH HOLLAENDER schrieb über die Hesterberg:

»Sie sang, sie schmetterte, sie säuselte die schärfsten Lieder der Zeit. Am schärf-sten sind sie ja, wenn man sie säuselt. Aber wer wußte das außer ihr? Gab es je eine Wiedergeburt der begnadeten Yvette Guilbert, sie war es!«

Trude Hesterberg verließ sich aber nicht nur auf arrivierte Künstler, wie Heller, Hollaender, Tucholsky, Werner Richard Heymann oder Max Hermann-Neiße, sondern sie öffnete ihre *Wilde Bühne* auch Nachwuchskräften – im Januar 1922 etwa einem jungen blassen Mann aus Augsburg, der sich Bertolt Brecht nannte.

Der Dichter trug in der Art seines großen Vorbildes Frank Wedekind ein Lied zur Laute vor, *Die Legende vom toten Soldaten,* entfesselte allerdings mit dem antimilitaristischen Text einen solchen Tumult im Saal, daß die *Wilde Bühne* ihrem Namen alle Ehre machte und der Vorhang fallen mußte.

Wenige Monate nach Brecht debütierte bei Trude Hesterberg eine Interpretin, die unter den Chansonnieren des Berliner Kabaretts eine ganz eigene Stellung einnehmen sollte: Margo Lion (geb. 1899). Sie stellte sich mit einem Lied ihres späteren Ehemannes vor, des Autors Marcellus Schiffer, das den Titel *Die Linie der Mode* trug und den modischen Schlankheitskult der Lächerlichkeit preisgab: »Wer ist dieses Ausrufezeichen der Not,/welch Abgesandter vom Tode?/Man weiß nicht, ist es der Hungertod/oder die neueste Linie der Mode?« Zum Vortrag des von Mischa Spoliansky vertonten Chansons wickelte sich die überschlanke Lion eng in ein meterlanges schwarzes Seidenband, bemalte sich das Gesicht kalkweiß, die Lippen schwarz – und galt fortan als exzentrischste und boshafteste Parodistin Berlins.

Langlebiger als die Kleinkunstbühnen *Schall und Rauch, Größenwahn* und *Wilde Bühne* zeigte sich das 1924 etablierte *Kabarett der Komiker*, das sich zu einer Art Sammelbecken der kabarettistischen Kräfte entwickelte: Im *Kadeko,* wie die Berliner die neue Einrichtung schnell tauften, traten Komiker wie Siegfried Arno oder Wilhelm Bendow auf, bekannten Sänger wie Ernst Busch (s. S. 64 ff.) politische Farbe, und auch Margo Lion ließ sich hier hören. Zur Eröffnung des *Kadeko*

Margo Lion

übernahm sie eine Rolle in der Persiflage *Quo vadis?*, deren Text Kurt Robitschek und Paul Morgan geliefert hatten, während Hauskomponist Willy Rosen für die Musik verantwortlich zeichnete – ein bemerkenswertes Werk, stellt es doch die erste künstlerische Auseinandersetzung mit dem Nationalsozialismus dar. Doch den Urhebern von *Quo vadis* half ihr politischer Weltblick nichts, die braune Macht und Masse schwemmte sie hinweg: Kurt Robitschek mußte 1933 emigrieren, landete – als Künstler der Sprache zur Erfolglosigkeit verdammt – in New York, seinen Koautor Paul Morgan brachten die Nazis 1938 im KZ zu Tode, Margo Lion flüchtete in die französische Hauptstadt, nachdem Marcellus Schiffer 1932 den Freitod gewählt hatte. Und auch Kurt Tucholsky, Walter Mehring, Blandine Ebinger, Friedrich Hollaender sowie Rosa Valetti reihten sich dem Strom der Auswanderer ein.

Etwa zur gleichen Zeit wie Margo Lion verließ eine junge, unbekannte Kabarettsängerin die Reichshauptstadt in Richtung Paris: die als Jüdin akut gefährdete Marianne Oswald (geb. 1903). Anders aber als ihre Kollegin, die sich nach 1933 dem Film zuwandte, blieb Marianne Oswald zunächst beim Kabarett und fand Aufnahme in das 1921 von Jean Cocteau gegründete Cabaret *Le Boeuf sur le Toit,* zu dessen Chanteuse maison sie heranreifte. Noch vor der französischen Erstaufführung der *Dreigroschenoper* (1937) präsentierte die deutsche Sängerin den Parisern die Songs von Bertolt Brecht und Kurt Weill. Die Chansonhistoriker Brunschwig/Calvet/Klein beurteilten die Leistung der Künstlerin:

»Mit Marianne Oswald hält die deutsche Expressivität Einzug in das französische Chanson: eine Flammenmähne über einem dunklen Kleid, eine rauhe, ungeschliffene Stimme, eine eigentümliche Vortragsart, deren Kraft durch die deutschen Konsonanten noch verstärkt wird, ein Ausdruck – abwechselnd zart und gewalttätig (. . .) Wenn auch auf intellektuelle und künstlerische Zirkel beschränkt, so ist der Einfluß von Marianne Oswald doch eine Tatsache: Durch ihre Kühnheit in der Textauswahl, durch ihr Spiel auf der Bühne hat sie frischen Wind in das Chanson gebracht. Die Künstler von Saint-Germain-des Prés ernteten die Früchte.«

So begeisterte sich denn auch Jean Cocteau für die deutsche Sängerin, erfand für sie ein neues Genre, das Chanson parlée, wie er seine für Marianne Oswald geschriebenen Texte *Anna la bonne* und *La dame de Monte-Carlo* nannte. Aber nicht nur Jean Cocteau setzte sich für die Haussängerin des»Ochsen« ein, sondern auch der Operettenkomponist Maurice Yvain, der für sie *Le jeu de massacre,* ein Gedicht von Henri-Georges Clouzot, vertonte. Umgekehrt engagierte sich Marianne Oswald für das Werk von Jacques Prévert, kreierte sie dessen damals noch ungedruckte Chansons *La grasse matinée, Embrasse-moi* und vor allem das auf die tragische Situation der Jüdin anspielende *Chasse à l'enfant* – Poeme, deren Musik auf das Konto eines weiteren Ex-Berliners ging: auf das von Joseph Kosma, der in der Reichshauptstadt bei Hanns Eisler Komposition studiert hatte.

Das Cabaret *Le Boeuf sur le Toit* arbeitete mit einer Reihe von bedeutenden Interpreten zusammen: Das Pianisten-Duo Jean Wiener und Clément Doucet trat hier auf, begeisterte sein Publikum mit einem Repertoire von Mozart bis zum Ragtime; die früh verstorbene belgische Sängerin Yvonne George; Agnès Capri, die mit Marianne Oswald für das Werk von Prévert kämpfte und 1938 ein eigenes Cabaret *(Chez Agnès Capri)* gründete; und Damia (1892–1978), die lyrische Tragödi des französischen Chansons. Sie galt schon in jungen Jahren als Vedette des Café-concert von Félix Mayol, setzte für ihren Tour de chant als erste Interpretin systematisch Beleuchtungseffekte nebst Projektionen ein und imponierte durch die enorme Spannweite ihres Liederfundus: Der sentimentale Vorstadtschlager *La chaîne* auf die Musik von Léo Daniderff fand ebenso Aufnahme in ihre Programme wie die Paul-Verlaine-Gedichte *Le ciel est pardessus le toit* und *D'une prison* in der Vertonung von Reynaldo Hahn oder der Gesang *La veuve* des *Chat-Noir*-Pioniers Jules Jouy. In *Le Boeuf sur le Toit* gastierte auch Jean Sablon (geb. 1906), ein Chanteur, der nahezu alle Facetten des französischen Chansons auf sich vereinte: Er präsentierte sich an der Seite der Mistinguett als Revue-Sänger, sang in Operetten, produzierte 1932 seine erste Schallplatte gemeinsam mit Mireille, die ihn als Chansoninterpreten favorisierte, ließ sich von Django Reinhardt begleiten und partizipierte an der revolutionären Swing-Welle, als Charles Trenet (s. S. 187ff.) und Johnny Hess 1936 für ihn den Titel *Vous qui passez sans me voir* zu Papier brachten. Konkurrenz fand Cocteaus »Ochse« in dem exklusiven Cabaret *Chez Fysher.* Hier debütierte in den zwanziger Jahren Lucienne Boyer (geb. 1903), die alsbald erfolgreich zum *Concert Mayol* wechselte; später gastierte sie monatelang am New Yorker Broadway, gab auch im Berliner *Kabarett der Komiker* Proben ihres Könnens, nahm 1928 ihre erste Schallplatte auf, installierte ihr eigenes Cabaret *Les Borgia* und erhielt 1930 den Grand Prix du Disque, der in diesem Jahr erstmals vergeben wurde. Anlaß für die Auszeichnung war ihre Interpretation eines 1925 entstandenen Chansons von Jean Lenoir, das heute zu den bekanntesten Werken seiner Gattung gehört: *Parlez-moi d'amour.* Lenoirs Titel setzte damals schon auf den Effekt der Nostalgie, baute er sich doch in seinem elegischen Romanzenduktus als Gegenpol zu den rhythmisch exponierten und jazzinspirierten Modetänzen auf, die zwischen den beiden Weltkriegen mehr und mehr an Bedeutung gewannen.

Nicht lange nach Lucienne Boyer gab die Sängerin Lys Gauty (geb. 1908) ihren Einstand bei Fysher. Die Kritiker hefteten ihr bald das Etikette an, eine Chanteuse réaliste zu sein – eine Einordnung, die sie vor allem wegen der Gauty-Erfolgslieder *Le bonheur n'est plus un rêve* und *Le bistrot du port* vornahmen. Aber die Künstlerin ließ sich nicht abstempeln, bemühte sich im Bewußtsein ihrer klassischen Gesangsausbildung auch um innovatorische Ansätze und bat den zwischen 1933 und 1935 im Pariser Exil lebenden Kurt Weill, Chansons für sie zu schreiben. Der Komponist sagte zu und wählte zwei Texte von Maurice Magre aus, um sie für die Chanteuse zu vertonen: *Complainte de la Seine* und *Je te n'aime pas.* – Weill schrieb außerdem in Paris eine umfangreiche Musik zu der Komödie *Marie Galante* von Jacques Deval, bei deren Uraufführung (*Théâtre de Paris,* 1934) die Chansonsängerin Florelle die Titelrolle übernahm, jene Interpretin, die 1931 in der französischen Version des *Dreigroschenoper*-Films die Polly gespielt hatte. – Lys Gauty beschränkte ihr Interesse an neuen Klängen im Reich des Chansons nicht allein auf den renommierten Kurt Weill, wählte sich etwa den noch unbekannten Joseph Kosma zum Klavierbegleiter und ließ es mit Norbert Glanzberg (geb. 1910) zu einer tragenden Zusammenarbeit kommen. Der deutsche Komponist, ein Jude polnischer Herkunft, kam nach seinem Studium am Konservatorium in Würzburg zur Berliner UFA, um Filmmusiken zu schreiben, arbeitete für die Regisseure Billy Wilder und Max Ophüls, mußte aber 1935 vor den braunen Schergen nach Paris fliehen. Hier nun übernahm er das musikalische Accompagnement von Lys Gauty, komponierte für sie die Chansons *Sans y penser* sowie *Le bonheur est entré dans mon coeur* und schuf zudem die Musik für ihren Film *La goualeuse.* Seine in Frankreich sich anbahnende Karriere unterbrachen allerdings die Kriegsjahre, während der Glanzberg im Internierungslager lebte oder im Versteck bei seinem Komponistenkollegen Georges Auric. Nach der Libération jedoch gelang es dem Komponisten, an seine frühen Erfolge anzuknüpfen: Er komponierte Chansons für Edith Piaf (*Il fait bon t'aimer, Au bal de la chance, Padam! Padam!),* für Yves Montand *(Les grands boulevards, Moi j'm'en fous, Mon manège à moi)* und fertigte die Filmpartitur zu dem Lichtspiel *Le chanteur inconnu* an, in dem Tino Rossi die Hauptrolle spielte.

IV Das französische Chanson nach dem Zweiten Weltkrieg
Eine der Schlüsselfiguren des französischen Chansons war die Komponistin und Interpretin Mireille (geb. 1906), die von der Generation der Années folles zu den Künstlerzirkeln von Saint-Germain-des-Prés, den Existentialisten, eine Brücke schlug. Schon in den zwanziger Jahren bildete sie mit dem humoristischen Chansondichter Jean Nohain ein Team, aber erst 1931 landete sie mit ihm ihren ersten großen Coup: Ihre Nummer *Couches dans le foin* aus der Operette *Fouchtra* fand in der Interpretation des Sängerduos Jacques Pills und Georges Tabet große Resonanz. Zwei Jahre später konnte sich Jean Sablon dank eines Mireille-Nohain-Titels einen vorderen Platz in der Welt des Chansons erobern, dank *Puisque vous partez en voyage*. Und auch Stars wie Maurice Chevalier *(Quand un vicomte)* oder Yves Montand *(Une demoiselle sur une balançoire)* griffen gern auf die erfolgversprechenden Mireille-Titel zurück. Nach dem Zweiten Weltkrieg nun machte sich Mireille um den Ausbau des Chanson-Forums verdient: Einerseits erfand und betreute sie 1954 die Sendereihe *Le petit conservatoire de la chanson*, die zunächst im Rundfunk, dann auch im Fernsehen lief; andererseits gründete Mireille gemeinsam mit ihrem Freund Nico Papadakis das Pariser Cabaret *La Rose Rouge* (1949–1958), das Mekka der Existentialisten im Viertel von Saint-Germain-des-Prés. FELIX SCHMIDT kommentierte:
»Das Programm bot Parodien, surrealistische und linke Lieder, Puppenspiele, Marceau-Pantomimen und alte Volksgesänge – vor allem aber wurde in der ›Roten Rose‹ kräftig gegen die neue Bourgeoisie revoltiert – allerdings nicht mit Aktionen: Saint-Germain-des-Prés schrieb und sang. Der Erz-Revolutionär, der große Mann der ›Rose Rouge‹, der Fürst des Viertels war Jacques Prévert.«
Seine Interpreten fand Prévert vor allem in den Haussängern der *Rose Rouge,* den Frères Jacques, einem vierköpfigen Gesangsensemble in der Tradition der Comedian Harmonists. Da die Frères Jacques ihre Lieder pantomimisch ausschmückten, ja, sie schauspielerisch umsetzten und sich folgerichtig bei ihren Auftritten kostümierten (mit angeklebtem Schnurrbart, Zylinder und weißen Handschuhen), kam ihnen Préverts schlichter, telegrammartiger Stil entgegen: Der Dichter verzichtete in seinen Chansontexten nämlich meist auf hermetische Verschlüsselungen, bevorzugte in ihnen vielmehr die Anekdote, die sich bestens zur mimischen Kommentierung eignete. Mit Préverts von Kosma vertontem Chanson *Barbara* trafen die Frères Jacques ins Herz der jungen Leute von Saint-Germain-des-Prés, der als Existentialisten verrufenen Schar, die nach dem Völkergemetzel, nach der Degradierung des Menschen zu Material verlogene Konventionen haßte und sich nach wahrer Liebe sehnte:»Oh Barbara!/Quelle connerie la guerre/Qu'es-tu devenue maintenant/Sous cette pluie de fer,/de feu, d'acier, de sang/Et celui qui te serrait dans les bras/Amoureusement/Est-il mort, disparu ou bien encore vivant?« (Oh Barbara!/Was für eine Sauerei ist der Krieg!/Was ist aus dir jetzt geworden/In diesem Regen aus Blei,/Aus Feuer, Stahl und Blut,/Und auch aus jenem, der dich in den Armen hielt/Voller Liebe,/Ist er tot, vermißt oder lebt er noch?). In der *Rose Rouge* verdienten sich auch Juliette Gréco (s. S. 92ff.), Boris Vian (s. S. 196ff.) und Marcel Mouloudji (s. S. 151ff.) ihre ersten Sporen – ebenso wie der Auteur-compositeur-interprète Francis Lemarque, der als Mitglied der Kommunistischen Partei Frankreichs und in der Zusammenarbeit mit Yves Montand immer wieder für politischen Zündstoff sorgte (s. S. 145ff.).

La Colombe – so hieß ein weiteres Pariser Cabaret, das sich dem Chanson existen-
tialiste widmete, auch wenn es nicht im Zentrum Saint-Germain-des-Prés lag,
sondern auf der Ile de la Cité. In der »Taube« ging der als Chemielaborant
ausgebildete Jean Ferrat (geb. 1930) erste Schritte in Richtung seiner neuen
Laufbahn als Auteur-compositeur-interprète. Mitte der fünfziger Jahre verstand er
sich allerdings noch als Chanteur de charme, schrieb für seine Entdeckerin Zizi
Jeanmaire Liebeslieder, präsentierte sich mit seiner tiefen, voluminösen Stimme
gar in einer ihrer Shows. Erst 1963 offenbarte er sich als eminent politischer
Künstler, als engagierter Sänger, klagte er in seinem Chanson *Nuit et brouillard* die
erschreckende Gleichgültigkeit an, mit der die Greuel der nationalsozialistischen
Rassenpolitik vergessen werden. Obwohl sich der französische Rundfunk weigerte, Ferrats kritischen Klagegesang zu senden, weil die Programmverantwortlichen glaubten, die deutsch-französische Freundschaft zu gefährden, wagte sich
Ferrat 1965 wieder mit einem brisanten politischen Thema an die Öffentlichkeit:
In seinem Chanson *Potemkine* besang er die aufständischen Matrosen des gleichnamigen russischen Panzerkreuzers, feierte sie als seine Brüder, da sie den Mächtigen einst ihre Gefolgschaft aufkündigten, und fiel mit seinem Opus erneut unter
die Zensur des französischen Rundfunks. Doch Ferrat agierte nicht nur retrospektiv, sondern widmete sich auch den Problemen seiner Zeit: In seiner Balladeske
La montagne beklagte der moralistische Sänger 1964 die Landflucht, die Verstädte-
rung, aus denen zwangsläufig die soziale Verelendung erwächst. Wieder einmal
traf er mit seiner deutlichen Sprache den Lebensnerv der französischen Jugend:
Innerhalb eines Jahres verkaufte sich Ferrats Schilderung eines zerstörten Reservats fünfmillionenmal.

1957 gab auch Anne Sylvestre (geb. 1934) in der *Colombe* ihr Debüt, dem bald
weitere Auftritte folgten: Im Cabaret *La Contrescarpe*, in den Music-halls *Bobino*
(1962) und *Olympia* (1962). Anne Sylvestre erwarb sich als weiblicher Auteur-
compositeur-interprète bald den Ruf, eine künstlerische Schwester von Georges
Brassens zu sein. Wie ihr Bruder in Apoll nämlich legte die Sängerin eine Vorliebe
für ein nostalgisches und archaisierendes Vokabular an den Tag, bediente sie sich
gern des Zitats, baute sie etwa in ihr Chanson *J'ai pas peur du loup* Elemente
traditioneller Kinderreime ein. Typisch für Anne Sylvestre ist das meist ländliche
Ambiente ihrer Lieder, das dazu führte, sie als Vertreterin des Chanson bucolique
einzustufen. FELIX SCHMIDT resümierte:
»Sylvestre-Chansons ohne Dorfidylle, Schäferstündchen in Heu und Gras, ohne
Mädchen in Holzpantinen und frisch gestärkten Röcken, ohne Gemüt und Be-
schaulichkeit sind selten.«
Es wäre aber grundfalsch, Anne Sylvestre als Sprachrohr pastoraler Niedlichkeiten
abzutun. Der volksliedhafte Ton ihrer Lieder hat vielmehr eine zivilisationskriti-
sche Funktion, weist – nach der Erfahrung des Zweiten Weltkriegs – auf einen
Locus amoenus, auf eine heile Gegenwelt zur heutigen Gesellschaft, über der das
Damoklesschwert der Technik schwebt. Dieser quasi symbolische Gehalt des
ländlichen Tableaus kam schon in Sylvestres Chanson *Mon mari est parti* zum
Tragen, einem Werk, mit dem die Sängerin 1960 ins Bewußtsein einer breiteren
Öffentlichkeit rückte. Es erzählt die Geschichte einer schwangeren Frau, die den
Kriegstod ihres Mannes nicht fassen kann, und skizziert gleich in der ersten
Strophe die ländliche Szenerie: »Mon mari est parti un beau matin d'automne/
Parti je ne sais où/Je me rappelle nous avions ramassé des girolles/Au bois de
Viremont/Les enfants venaient juste d'entrer à l'école« (Mein Mann ist an einem
schönen Herbsttag davongegangen,/Fort, ich weiß nicht wohin./Ich erinnere mich
noch ganz genau:/Die Weinernte war gut,/Und der Wein war süß,/Am Tag davor

hatten wir Pfifferlinge gesammelt/Im Wald von Viremont,/Die Kinder gingen gerade wieder in die Schule).

Mitte der fünfziger Jahre stellte sich in *La Colombe* auch Guy Béart, der ehemalige Brückenbauingenieur und spätere Mentor der Sylvestre, dem Publikum vor. Im Unterschied zu seinem Schützling, aber auch zu Brassens oder Brel konfrontierte sich Béart in seinen Chansons mit dem Fluch und Segen der technisierten Welt, versuchte er, in ihr seinen Standort zu bestimmen. So beschrieb er sich in seinem Gesang *Qui suis-je* als Entwurzelten, der anstatt in feuchter Erde in Schwefel und Asphalt leben muß. In anderen Chansons gab sich Béart noch kritischer: In dem Menetekel *Alphabet* ließ er die Erde untergehen, während er in der Horrorvision *Les temps étranges* von schrecklichen Mutationen der Menschen durch radioaktive Staubwolken berichtete. Nach seinem Auftritt in der »Taube« ging Béarts Karriere steil aufwärts: Die Patachou nahm sein Chanson *Bal chez Temporel* für die Schallplatte auf, Juliette Gréco und Zizi Jeanmaire lancierten sein Lied *Qu'on est bien.* Vor allem aber verpflichtete Jacques Canetti den singenden Ingenieur für seine Kleinkunstbühne *Trois Baudets,* setzte sich also der profilierteste Talentsucher im Bereich des Chansons für Béart ein.

Jacques Canetti (geb. 1909), Bruder des Schriftstellers und Nobelpreisträgers Elias Canetti, bewies schon in den dreißiger Jahren seine innovatorische Kraft: Er holte Marlene Dietrich nach Paris, um mit ihr eine Chanson-Platte aufzunehmen (aus diesem Anlaß vertonte Kurt Weill Erich Kästners Gedicht *Der Abschiedsbrief*), organisierte die ersten Konzerte mit Duke Ellington und Louis Armstrong in Paris, leitete die erste Rundfunksendung, die sich in regelmäßigen Folgen mit dem Chanson beschäftigte *(Le music-hall des jeunes),* war Programmdirektor bei den Schallplattengesellschaften Polydor und Philips. 1947 aber rief er sein kleines Theater *Trois Baudets* ins Leben, das zur Keimzelle, zur sogenannten Pépinière, der Baumschule des französischen Chansons, avancierte. So passierten Georg Brassens (s. S. 42 ff.), Jacques Brel (s. S. 52 ff.), Boris Vian (s. S. 196 ff.), Léo Ferré (s. S. 87 ff.), die Frères Jacques, Anne Sylvestre, Dario Moreno und Michel Legrand das Etablissement der »Drei Esel«.

Zu den Entdeckungen Canettis gehörte auch Serge Gainsbourg (geb. 1928), der zunächst Malerei studiert und dann als Barpianist gearbeitet hatte, bevor er sich dem Chanson zuwandte. Gainsbourgs frühe Lieder zeigten eine deutliche Nähe zu den Werken Boris Vians, warteten mit einer ähnlichen Experimentierfreudigkeit auf, bedienten sich atonaler Klänge *(Ce mortuel ennui),* des Charleston *(Charleston des déménageurs de pianos),* des swingenden Jazz *(Black trombone)* oder des Country-Stile *(Un violon, un jambon).* Inhaltlich beschäftigte sich Gainsbourg oft mit einer besonderen Variante des Liebesliedes, dem Chanson misogyne, das mit den Mitteln der Satire die Zweierbeziehung Mann-Frau seziert – allerdings meist auf Kosten der Frau, während der Mann in die Rolle des Hypersensiblen und Verletzten schlüpft *(En relisant ta lettre, Les femmes des uns sous le corps des autres).* In das Bewußtsein eines breiteren Publikums aber drang Gainsbourg durch Lieder, die er für Kolleginnen schrieb: durch *La Javanaise* für Juliette Gréco, *Les goémons* für Michèle Arnaud, durch *Poupée de cire, poupée de son,* mit dem France Gall 1965 den Grand Prix d'Eurovision gewann, durch *La gadoue* für Petula Clark. Mit seinem Chanson *Je t'aime,* das er gemeinsam mit der liebestöhnenden Jane Birkin interpretierte, entfachte Gainsbourg 1969 einen handfesten Skandal, der ihn weltweit bekannt werden ließ. Exakt zehn Jahre später fügte Gainsbourg seiner Chronique scandaleuse ein weiteres Kapitel hinzu. 1979, auf dem Höhepunkt der Reggae-Welle, publizierte er eine Schallplatte im Jamaika-Sound, deren Zugtitel *Aux armes et caetera* die national gesinnten Gemüter

Serge Gainsbourg zusammen mit Catherine Deneuve

erregte: Gainsbourg parodierte nämlich die *Marseillaise,* präsentierte sie im Gewand eines Reggae.

An Félix Leclerc (geb. 1914) bewies Canetti ein weiteres Mal seine Spürnase für unbekannte Talente. Er holte den Kanadier, der sich in seiner Heimat als Holzfäller, Radiosprecher, Landwirt und Schriftsteller betätigte, 1950 nach Paris, stellte ihn auf die Bühne der *Trois Baudets* und verhalf dem französischen Chanson mit diesem Schritt zu einer Verjüngungskur. Denn entgegen dem damalig allgemeinen Usus weigerte sich Leclerc, in einer Revue aufzutreten oder auch nur seinen Gesang von einem Ensemble oder einem Klavier begleiten zu lassen. Der Kanadier verließ sich lieber auf den intimen Klang der Gitarre, deren Töne seiner Naturpoesie und seiner erdverbundenen Sprache entgegenkamen. Bereits Leclercs 1950 in den *Trois Baudets* vorgetragene Idylle *Le p'tit bonheur* steckte das bescheidene Terrain des Sängers ab: »J'ai pris le p'tit bonheur/L'ai mis sous mes haillons/J'ai dit: Faut pas qu'y meures/Viens-t'en dans ma maison/Alors le p'tit bonheur/A fait sa guérison/Sur la bord de mon coeur/Y'avait une chanson« (Ich habe das kleine Glück genommen,/Unter meine Lumpen gesteckt/Und gesagt: Du sollst nicht sterben,/Komm mit in mein Haus./Da ist das kleine Glück wieder genesen./Am Ufer meines Herzens,/Da hatte ich ein Lied). Brassens ähnlich nahm Leclerc in *Le p'tit bonheur* die Haltung des Sich-Kleinmachens an: Er stellte sich als Vagabund dar, der das Glück ebenso plötzlich findet wie verliert und sich schließlich mit seiner Situation begnügt. Mit dem propagierten Verhalten aber begab sich Leclerc in ein Spannungsfeld zu der vom Fortschrittsgedanken geprägten, nie sich selbst genügenden Gesellschaft, in eine Konfliktsituation, die sich in seinem Chanson *Le roi heureux* zuspitzte: Es schmäht das Besitzbürgertum, rät eindringlich, auf Luxus und materiellen Reichtum zu verzichten – nur so könnte das wahre Glück erlangt werden. Daß ihm Wohlstand nicht alles war, bezeugte Leclerc 1955: Vom Heimweh getrieben, kehrte er nach Kanada zurück, von dessen Wäldern und Seen, Bauern und Flößern, Wind und Wetter er in seinen Liedern unermüdlich schwärmte, und entwickelte sich zum Vorkämpfer des Chanson québecoise, der kanadischen Schwester des französischen Chansons.

In den Sog von Félix Leclerc geriet der Frankokanadier Gilles Vigneault (geb. 1928), der erstmals 1963 in Frankreich gastierte. Wie Leclerc verdankte Vigneault einen Teil seiner faszinierenden Wirkung auf die Franzosen dem Vokabular seiner Lieder, griff er doch auf das in Kanada gesprochene Französische zurück, das in manchem noch den Sprachzustand der meist westfranzösischen Einwanderer des 17. Jahrhunderts bewahrt. Vigneault, der Sohn eines Fischers, der verhinderte Lehrer für Mathematik, Latein und Französisch, der erfolgreiche Autor von Erzählungen, Gedichten und Theaterstücken, machte aber auch bei der Musik früherer Jahrhunderte Anleihen und legte seinen Liedern gern Tänze der Barock- und Rokokozeit zugrunde, wie Cotillon, Quadrille oder Gigue *(La danse à St-Dilon, Tam ti delam)*. Ohne Heimattümelei, ohne auch nur einen Anflug von Chauvinismus widmete sich der Dichtersänger immer wieder seinem Land und dessen Bewohnern, schrieb er den Menschen seiner Region mit *Les gens de mon pays* eine bekenntnishafte Hymne: »Parlant de mon pays/Je vous entends parler/Et j'en ai danse aux pieds/Et musique aux oreilles« (Wenn ich von meinem Land spreche/ Höre ich euch reden/Und ich bekomme davon Tanz in den Beinen/Und Musik in den Ohren).

Im Gegensatz zu Vigneault, dessen künstlerische Eigenheiten eine länderübergreifende Verbreitung seiner Chansons erschweren, ist der ein Jahr ältere Gilbert Bécaud ein internationaler Star. Er studierte zunächst Musik am Konservatorium von Nizza, verdiente sich von 1950 bis 1952 sein Geld als Klavierbegleiter von Jacques Pills, arbeitete als Komponist für Edith Piaf, debütierte 1954 als Vedette im *Olympia* und erhielt wegen seines überschäumenden Temperaments bald das passende Etikett: Monsieur cent mille volts. Der Compositeur-interprète, dem meist die Textautoren Pierre Delanoë und Louis Amade die literarischen Vorlagen lieferten, galt seit Beginn seiner Karriere als Sänger einer jugendlichen Welt voller Glück, als optimistischer Gegenpol zum resignativen Geist von Saint-Germain-des-Prés, als Herold der Freundschaft und Verbrüderung. Chansons wie *Heureusement, il y a les copains, Tête de bois* und sein berühmtes *Nathalie* bestätigten solche Eigenschaften, verhinderten jedoch nicht, daß Bécaud sich 1965 auf das Niveau eines Hofkomponisten begab und einen allzu tiefen Bückling vor der Obrigkeit machte: Er vertonte Delanoës Gedicht *Tu le regretteras,* ein kniefälliges Loblied auf General de Gaulle.

Ende der sechziger Jahre brachte der Compositeur-interprète Julien Clerc (geb. 1947) frischen Wind in das französische Chanson: Das markante Vibrato seiner Stimme, seine schlichten, aber keineswegs abgegriffenen Melodien mit Bezügen zum Rock, dem amerikanischen Folk-song und der französischen Folklore führten zu einem unverwechselbaren, romantisch gefärbten Klangbild. Clerc, 1969 Musical-Star in *Hair,* reüssierte mit seinem nostalgischen Chanson *La cavalierie,* dessen Textvorlage von Etienne Roda-Gil stammte und das die Sehnsucht nach einer Zeit ohne Motorenlärm aussprach. Die von Clerc vertonten Poeme geben sich mal phantastisch und surrealistisch *(Zucayan, Californie),* mal melancholisch *(Ce n'est rien)* oder humoristisch *(Ça fait pleurer le Bon Dieu).*

Mitte der siebziger Jahre kam mit dem Auteur-compositeur-interprète Renaud (geb. 1952) ein Künstler ins Gespräch, der es einerseits verstand, Techniken des traditionellen französischen Chansons aufzugreifen und ihm andererseits sprachlich wie musikalisch neue Impulse zu geben. So verlieh er sich auf der Bühne, einem großen Troß von Sänger-Vorfahren folgend, eine genau durchdachte Silhouette: Seine Jeans und die schwarze Lederjacke stellten ihn auf eine Ebene mit der Mehrheit seiner Altersgenossen, während sein freches, rotes Halstuch ihn als Bruder des Gavroche, des Pariser Lausebengels, verriet. Und wie im 19. Jahrhundert Aristide Bruant oder nach dem Zweiten Weltkrieg Georges Brassens bediente sich Renaud ausgiebig des Argots. Schließlich vermochte Renaud auch musikalisch Gestern und Heute zu verbinden, indem er seinen Texten traditionelle Tänze wie Musette oder Java unterlegte, sich vom Akkordeon begleiten ließ, seine Chansons aber auch im rockigen Sound präsentierte. Der Durchbruch gelang Renaud 1978 mit dem Lied *Laisse béton,* einem aufmüpfigen Credo seines Œuvres, das Kritiker bald als »Vorstadt-Western in Chansons« bezeichneten. Aber Renaud gebärdete sich in seinen Liedern keinesfalls nur als Asphaltcowboy, sondern konnte ebenso mit zärtlich-romantischen Tönen überzeugen: In *Germaine* besang er mit präziser Zeichnung des Milieus eine Studentenliebe und in seinem *Chanson pour Pierrot* malte er sich liebevoll das Zusammensein mit Pierrot aus, beschrieb er die Freundschaft zu seinem Sohn, den er noch nicht hatte, aber von dem er träumte.

V *Dichtersänger und Liedermacher in Deutschland nach 1945*
Fanden die französischen Autoren und Interpreten des Chansons in Paris, in Saint-Germain-des-Prés, nach dem Zweiten Weltkrieg ein gut funktionierendes Kommunikationszentrum, konnten sie an den Leistungen von Agnès Capri, Marianne Oswald, aber auch Charles Trenet oder Edith Piaf unmittelbar anknüpfen, so fehlte in Deutschland die geistige Mitte, die ungebrochene Tradition: Berlin, einst Hochburg des deutschen literarischen Chansons, hatte durch die Zoneneinteilung seine Vormachtstellung eingebüßt; und bei den Intellektuellen war die Beschäftigung mit dem deutschen Lied verpönt, war es doch von den Nazis in denunziatorischer Weise zu Propagandazwecken mißbraucht worden. Erst Mitte der sechziger Jahre etablierte sich in Deutschland ein neues Forum des Chansons: 1964 riefen Hein und Oss Kröher (s. S. 128 ff.), Peter Rohland (s. S. 169 ff.), Diethard Kerbs und andere Interessierte auf Burg Waldeck das Festival *Chanson Folklore International* ins Leben. Mit ihrer Einrichtung peilten die Initiatoren ein »Bauhaus des europäischen Liedes« an: Einerseits sollte die Institution das literarisch ambitionierte Chanson fördern, andererseits sollte sie versuchen, die demokratische Liedkultur in Deutschland zu beleben, indem sie sich an internationaler Volksmusik und Folklore orientierte – konnten diese doch auf eine kontinuierliche, durch den Nationalsozialismus nicht gestörte Entwicklung zurückblicken. Obwohl bereits 1968 das letzte Festival auf Burg Waldeck stattfand – die Ausläufer der Studentenunruhen hatten es seinem vorzeitigen Ende zugeführt (Motto: »Stellt die Gitarren in die Ecke und diskutiert«) –, konnte es seine vom Arbeitskreis Burg Waldeck postulierten Anliegen voll erfüllen. Nahezu alle Sänger, die in den siebziger Jahren unter dem Schlagwort Liedermacher bekannt wurden, passierten die Bühne des Burg Waldecker Festivals: Franz Josef Degenhardt (s. S. 75 ff.), Walter Hedemann (s. S. 100 ff.), Hanns Dieter Hüsch (s. S. 118 ff.), Joana (s. S. 122 ff.), Reinhard Mey (s. S. 137 ff.), Walter Moßmann (s. S. 148 ff.), Christof Stählin (s. S. 173 ff.), Dieter Süverkrüp (s. S. 177 ff.), Hannes Wader (s. S. 202 ff.), Kristin Bauer-Horn, Hai und Topsy, Schobert Schulz. Und auch das deutsche Lied demokratischer Tradition lebte in der Waldeck-Folge wieder auf – ein Verdienst, das in erster Linie dem früh verstorbenen Peter Rohland zukommt. Der alle anderen Waldeck-Barden stimmlich überragende Bassist bereitete mit seinen jiddischen Liedern, seinen Gesängen

der Revolution von 1848, seinen Landstreicher-Balladen sowie seinen Villon-Interpretationen den Weg für die bedeutendsten Folk-Formationen der siebziger und achtziger Jahre.

Zu ihnen gehört das von Erich Schmeckenbecher (geb. 1953) und Thomas Friz (geb. 1950) 1975 gegründete Volkslied-Duo Zupfgeigenhansel. Mit ihrer Interpretation der Landstreicher-Ballade *Als wir jüngst verschütt jegangen waren* nahmen sie gleich bei ihrer ersten Schallplatte auf Peter Rohland Bezug. Ein anderes Lied ihrer Debüt-Produktion, *Es wollt ein Bauer früh aufstehn,* wurde zum Markenzeichen des Ensembles und lieferte den Titel für die erste Buchpublikation (1978) von Zupfgeigenhansel, die aufgrund ihres Umfangs und weitgefächerten Repertoires bald als Standardwerk traditioneller deutscher Lieder galt. Die 1979 publizierte Einspielung jiddischer Lieder *'ch hob gehert sogn* zeigte die Sänger Schmeckenbecher und Friz erneut in der Nachfolge Peter Rohlands, allerdings akzentuierte das Duo die musikalische Seite der Lieder stärker als ihr Sangesbruder, da es sie wesentlich aufwendiger arrangierte.

Auch die Gruppe Liederjan profitierte von der Leistung Peter Rohlands, deutsche Volkslieder wieder singbar gemacht zu haben. Die vitale Formation, die sich Mitte der siebziger Jahre mit Jörg Ermisch (geb. 1948), Anselm Noffke (geb. 1946) und Jochen Wiegandt (geb. 1947) konstituierte, verstand sich zwar auch politisch motiviert, überzeugte aber von Anfang an durch ihre erfrischend undogmatische Haltung, perfektes Entertainement und durch eine textlich wie musikalisch farbige

Liederjan

Palette. So profilierte sich das Liederjan-Ensemble, das seit Anfang der achtziger Jahre mit Rainer Prüss (geb. 1945) anstelle von Jochen Wiegandt auftritt, gleichermaßen in A-capella-Sätzen der Renaissance *(Entlaubet ist der Walde)* wie mit umgetexteten Schlagern der dreißiger oder fünfziger Jahre *(Video, Lou Lila)* oder mit plattdeutschen Liedern; mit ihren Interpretationen von Brecht-Songs oder der Couplets von Otto Reutter knüpfte die Gruppe Liederjan zudem an der großen Tradition des deutschen Kabarettchansons an. 1981 legte das Ensemble mit seiner Produktion *Der Mann mit dem Hut. Lieder zum Leben des Zimmermanns Willem H.* eine dramaturgisch interessant gestaltete Schallplatte vor: Es stellte Texte zusammen, die sich auf die Biographie von Willem H. bezogen und sich nahtlos in dessen Erfahrungs- und Gedankenwelt einfügten, und gelangte auf diese Weise zu einer lebendigen Geschichtsschreibung »von unten«.

In der demokratischen Grundhaltung, in ihrem immer wieder durchgeführten Programm, das Prodesse mit dem Delectare zu verbinden, sich an »Wein und Gesang« zu erfreuen, die politische Dimension aber nicht vor der Tür zu lassen, erinnert das Trio Liederjan an die Praxis der republikanisch gesinnten Männerchöre im Deutschland des Vormärz, deren Repertoire ebenfalls Kulinarisches mit Bürgerlich-Freiheitlichem verband. Auf diese Weise trug die erfolgreiche Formation nicht unerheblich dazu bei, die von den Nationalsozialisten im Bereich des deutschen Liedes verursachten Flurschäden zu mildern und dem demokratischen Lied in Deutschland wieder eine Gegenwart zu schaffen.

Lexikalischer Teil

Charles Aznavour (t/m)
geb. 22. 5. 1924 Paris

»Die Kritiker haben mich einer harten Schule unterzogen. Ich könnte sogar den Verdacht haben, einige von ihnen hätten die Absicht gehabt, mich in den Selbstmord zu treiben. Tiefschläge, Angriffe mit Vitriol, falsche Lobreden: Seitdem bin ich gepanzert gegen den aufreibenden Krieg.« . . . das sagt kein vom Verfolgungswahn Besessener, sondern ein Weltstar: Charles Aznavour. In der Tat nehmen ihn die Kritiker zu Beginn seiner Karriere übel in die Mangel, nennen »jedes seiner Chansons ein Plagiat«, den Sänger »einen gemeinen Betrüger, den man bezahlen sollte, damit er schweigt«; die *Radiodiffusion Française* versteigt sich sogar zu dem diskriminierenden Kommentar: »Wir haben gestern Aznavour auf der Bühne erlebt, jetzt fehlen nur noch die Krüppel auf der Bühne.« Den Schmähungen setzt Aznavour seine zähe Energie, seinen langen Atem und ständige, intensive Arbeit entgegen – bis die Journalisten ihn eines Tages den »Napoleon des Chansons« taufen, gleichermaßen auf die geringe Körpergröße wie auf die immense Tatkraft

Charles Aznavour

des Sängers anspielend. Aber das Reich des Liedes erweist sich bald als zu klein für den inthronisierten Kaiser, der sich Ende der fünfziger Jahre anschickt, das Gebiet des Films zu erobern, einen Verlag und verschiedene Firmen mit Niederlassungen in Paris, Brüssel und Mailand zu gründen, sich ein Heer von Mitarbeitern aufzustellen – kurz: gesellschaftlich zu arrivieren. Aznavours beharrlich und konsequent vorangetriebener Aufstieg in der sozialen Skala aber findet nicht nur in der Kritikerschelte eine Erklärung. Ein weiteres Motiv für den Drang »nach oben« mag seine Außenseiterposition liefern: Charles Aznavour, eigentlich Varenagh Aznavourian, ist der Sohn armenischer Emigranten, eines Künstlerehepaares, das nach den Massakern der Türken 1923 aus Istanbul flieht, in Paris ein Restaurant eröffnet – eröffnen muß, weil es wegen seines armenischen Akzentes nur selten die Chance hat, dem angestammten Sängerberuf nachzugehen. In seinem melancholischen, 1980 veröffentlichten Chanson *Autobiographie* skizziert Aznavour die Situation seiner Familie: »J'ai ouvert les yeux sur un meublé triste/Rue Monsieur-le-Prince au Quartier Latin/ Dans un milieu de chanteurs et d'artistes/Qu'avaient un passé pas de lendemain/ Des gens merveilleux un peu fantaisistes/Qui parlaient le russe et puis l'arménien/ /Si mon père était chanteur d'opérette/Nanti d'une voix que j'envie encore/Ma mère tenait l'emploi de soubrette/Et leur troupe ne roulait pas sur l'or« (Ich bin auf einem jämmerlichen Möbel zur Welt gekommen/Rue Monsieur-le-Prince im Quartier Latin,/In einer Umgebung von Sängern und Künstlern,/Die eine Vergangenheit kannten, aber kein Morgen./ Wunderbare Leute, die ein wenig sponnen./Die Russisch und auch Armenisch sprachen/Mein Vater war Operettensänger/Mit einer Stimme, um die ich ihn heute noch beneide./Meine Mutter hatte eine Stelle als Soubrette inne,/Aber ihre Truppe war nicht gerade steinreich). Ihre Leidenschaft für Theater und Musik geben Charles' Eltern ungebrochen an ihre Kinder weiter: Sie schicken ihn und seine Schwester Aida schon früh auf die Schauspielschule; zudem erhält Charles Klavierunterricht, singt er seit seinem zehnten Lebensjahr im Chor der *Saint-Séverin*-Kirche. Schon Mitte der dreißiger Jahre kann er sich zum ersten Mal auf der Theaterbühne bewähren: Im *Théâtre du Petit-Monde* spielt er *Un bon petit diable;* in den Theatern *Marigny, Madeleine, Odéon* erhält er weitere Engagements. Bald debütiert Aznavour auch auf der Leinwand: Der Regisseur Christian-Jaque vertraut ihm 1938 einen Part in *Les disparus de Saint-Agil* – ein Film, in dem auch der junge Mouloudji eine seiner ersten Rollen übernimmt. Trotz seiner zahlreichen Verpflichtungen hat der frühreife Charles noch Zeit für seine große Liebe, das Chanson: Er singt gemeinsam mit seiner Schwester Aida auf den Bällen der Armenier, entdeckt die frischen Lieder Charles Trenets für sich, schwärmt von Raymond Asso sowie Maurice Chevalier, ja, er beginnt sogar, ein Tagebuch in Form von Chansons zu führen. Doch der Zweite Weltkrieg unterbricht zunächst die künstlerische Laufbahn Aznavours. Um sich finanziell über Wasser halten und seine Eltern entlasten zu können, verdingte er sich als Zeitungsverkäufer. Als nach der Okkupation durch die deutsche Wehrmacht sich das Leben in Paris wieder zu »normalisieren« scheint, die Menschen nach dem ersten Schock bereits wieder an Ablenkung und Amüsement denken, widerfährt dem Siebzehnjährigen eine entscheidende Begegnung: Im *Club Privé de la Chanson,* Rue de Ponthieu, nahe den Champs-Elysées, lernt er den fünf Jahre älteren Pianisten und Komponisten Pierre Roche kennen. Die beiden gründen nicht nur das Duo *Roche et Aznavour,* stehen nicht nur gemeinsam auf der Bühne, sondern schreiben auch im Team ihre ersten Chansons, bei denen Pierre für die Komposition und Charles für den Text zuständig ist: das jazzy angehauchte *Le feutre taupé,* der mit Drive vorgetragene Song *Poker* – Lieder, die durch ihre Spritzigkeit und ihren Humor mitreißen und von dem späteren Charles Aznavour, dem »traurigen Clown mit den ernsten Augen«, noch nichts ahnen lassen. Mit einem anderen Chanson des Duos Aznavour-Roche, *J'ai bu,* gewinnt der aus Kopenhagen stammende Georges Ulmer 1947 den Grand Prix du Disque. Zudem läßt sich Francis Blanche, ein sehr erfolgreicher Kollege, von den Auftritten des Duos *Roche et Aznavour* begeistern, möchte die beiden ein wenig lancieren, bringt sie 1946 in Kontakt mit Edith Piaf. Und der »Spatz von Paris« ist rasch gewonnen. Allerdings nicht für das Duo, dessen Persönlichkeiten sich auf der Bühne schlecht ergänzen, wie die Sängerin meint, sondern allein für Charles, dessen Texte sie überzeugen. Die Piaf überredet Aznavour sogar, in ihr Haus einzuziehen ... der gemeinsamen Arbeit wegen. Der Sänger sagt zu, läßt sich jedoch von der tyrannischen Hausherrin zum Laufburschen und Chauffeur degradieren. Immerhin: Aznavour hat nun ein geregeltes Einkommen, kann Chansons schreiben, ohne dem Zwang zu unterliegen, sie gleich verkaufen zu müssen, vor allem aber nimmt die Piaf einige seiner Texte für die Schallplatte auf: *Il pleut, C'est un gars, Il y avait, Plus bleu que tes yeux, Une enfant, Rien de rien, Jezebel.* 1950 hingegen verweigert die exzentrische Vedette ihrem Hausdichter die Annahme eines Chansons: *Je haïs les dimanches* (Ich hasse die Sonntage). Aznavour bietet es Juliette Gréco an, die Muse von Saint-Germain-des-Prés hebt es aus der Taufe und macht mit dem Lied Furore. Der Erfolg einer Nebenbuhlerin läßt nun die Piaf nicht ruhen, auch sie nimmt es jetzt in ihr Repertoire auf – nicht minder glücklich als Juliette Gréco. Als Texter ist Aznavour zwar begehrt, außer für die Piaf und die Gréco schreibt er für Eddi Constantine und Gilbert Bécaud, aber im krassen Gegensatz dazu steht seine Einschätzung als Interpret. Aus vollen Rohren schießt die Kritik auf ihn, beginnt sie ein Haberfeldtreiben sondergleichen, das in dem immer wieder zitierten Satz gipfelt: »Sich mit einer solchen Gestalt und einer solchen Stimme vor ein Publikum begeben zu wollen ist pure Idiotie und beweist die völlige Ahnungslosigkeit des Künstlers.« Erst 1953 beginnt sich das Blatt zu wenden: Aznavour geht auf Tournee nach Nordafrika, versetzt sein Publikum in wahre Freudentaumel. Das Auditorium von Casablanca fordert ihm siebzehn Zugaben ab, ist vor allem auf sein Chanson *Viens au creux de mon épaule* (Komm in die Höhlung meiner Schulter) ganz versessen. Auch in Paris reißt Aznavours Glückssträhne nicht ab: Die *Moulin Rouge* engagiert ihn, und der dem Sänger einst so grimme Bruno Coquatrix, Direktor vom *Olympia,* Europas größter Music-hall, sitzt bei einer Veranstaltung im Parkett, läßt sich überzeugen, ja, begeistern, schließt alsbald einen Vertrag mit der »neuen Entdeckung«. Mit seinem Auftritt im *Olympia* kann Aznavour 1954 endgültig die »schwarze« Periode hinter sich lassen. Und er versteht es nicht nur, sich als Interpret ins rechte Licht zu rücken: Die Kritiker feiern ihn jetzt auch als Komponisten, äußern sich geradezu enthusiastisch über sein Chanson *Sur ma vie* – ein hymnisches Liebeslied, für dessen Text und Vertonung Aznavour allein verantwortlich zeichnet. Den unerwarteten Durchbruch Aznavours erklärt FELIX SCHMIDT als Parallelerscheinung zur Neuen Welle des französischen Kinos, zu Filmen wie *Les amants* (1958) oder *Jules et Jim* (1961):

»Die Regisseure dieser Lichtspiele stellten die Liebe ebenso dar, wie Aznavour es im Chanson tat: als ein freizügig romantisches Verhältnis zwischen Mann und Frau, das nicht mehr durch bürgerliche Milieukonflikte belastet ist.«

Für die Argumentation von Felix Schmidt spricht auch Aznavours Laufbahn als Filmschauspieler, die Mitte der fünfziger Jahre einsetzt, etwa gleichzeitig mit seinen gewaltigen Erfolgen, mit dem eigentlichen Beginn seiner Karriere als Sänger, und ebenso bedeutende Stationen aufweist: 1957 spielt er an der Seite von Charles Trenet, seinem einstigen Idol, unter der Regie von Henri Diamant-Berger in dem Film *C'est arrivé à 36 chandelles,* zwei Jahre später unter der Leitung von Jean Cocteau in *Le testament d'Orphée,* 1960 ist Aznavour in François Truffauts Frühwerk *Tirez sur le pianiste* zu sehen, 1961 in René Clairs *Les quatres verités.* Doch der nimmermüde Sänger steckt seine Ziele immer weiter. 1963 erobert der »Napoléon des Chansons« mit seinen Liedern die USA: Nach seinem Debüt in der New Yorker *Carnegie Hall* feiert ihn die Presse als »das wichtigste stimmliche Ereignis der neuen Zeit«, und seine Tournee mit Spielorten wie Boston, Los Angeles und San Francisco erfährt die beste Resonanz – ein Triumphzug, den Aznavour 1964 in der Sowjetunion wiederholen kann.

Das Jahr 1965 bringt drei wichtige Ereignisse für den Sänger. Er gastiert mit seiner One-man-show für elf Wochen im *Olympia* und bringt im Pariser *Châtelet* seine Operette *Monsieur Carnaval* auf die Bühne, allerdings ohne nennenswertes Echo, nur das Chanson *La bohème* überlebt. Außerdem erweist er wieder einmal dem Cinema die Reverenz: in Pierre Granier-Deferres Lichtspiel *Paris au mois d'août.* Aznavours gleichnamiges Chanson, das ebenfalls 1965 erscheint, beschreibt bilderreich und blumig die Geschichte einer erloschenen Liebe. Aufgrund der rastlosen Arbeit des Sängers steigt sein Renommee ständig, auch sein internationales. So ist es sehr naheliegend, daß er 1967 von einer internationalen Solidaritätsbewegung gebeten wird, eine Protestnote gegen die Verhaftung des griechischen Komponisten Mikis Theodorakis zu unterzeichnen. Doch zur Überraschung vieler Künstlerkollegen lehnt Aznavour die Unterschrift ab – mit der Begründung:

»Ich habe mich geweigert, weil ich niemals Politik gemacht habe und nicht leichtfertig zu einem Problem Stellung nehmen wollte, das ich nur sehr oberflächlich kenne.«

Doch Aznavours Versuch, sich der Politik zu entziehen, scheitert schon bald an der Realität. Wenige Monate nach dem Sechs-Tage-Krieg hält er sich zu Dreharbeiten in Israel auf, singt nahe der Klagemauer von Jerusalem sein Lied *Yérusholaim* und bekommt bei einem Gastspiel in Beirut ein Jahr später die Reaktion der Araber zu spüren: Die Presse schürt gegen ihn als Freund Israels die Emotionen, treibt sie so hoch, daß der Sänger nur knapp der Ausweisung entgeht. Das Ende der sechziger und den Anfang der siebziger Jahre widmet Aznavour verstärkt der Filmarbeit, vor allem in Zusammenarbeit mit dem von ihm bevorzugten Regisseur Sergio Gobbi. Anfang 1973 verschafft ein übler Skiunfall eine willkommene Ruhepause. Während der Rekonvaleszenz gelingt es ihm, seine zweite Operette zu beenden: *Douchka,* die während des folgenden Winters im Pariser *Théâtre Mogador* zur Uraufführung kommt. Mitte der siebziger Jahre wartet der Sänger mit bei ihm bisher unbekannten Tönen auf, schlägt er sich auf die Seite der Unterdrückten und Geächteten: In seinem Klagegesang *Ils sont tombés* wendet er sich gegen Rassismus, Nationalismus, wirft er, auf das Schicksal des armenischen Volkes weisend, der Welt Passivität und Lauheit vor. In *Comme ils disent* wirbt er, ohne plakativ zu werden, um Verständnis für einen Menschen, der ein Mann ist, »wie sie sagen«, aber sich als Frau empfindet. In den Jahren von 1976 bis 1978 entzieht Aznavour sich dem Film, verfaßt er aber eine Reihe neuer Chansons, veröffentlicht er seine resümierende Schallplatte *Autobiographie.* Und »auf dem Weg zum Greise« gelingt ihm wieder, unter bedeutenden Filmregisseuren zu arbeiten, spielt er unter Volker Schlöndorff in der Grass-Verfilmung *Die Blechtrommel* (1979), in Claude Chabrols *Les fantômes du chapelier* (1982), unter Hans W. Geissendörfer in der Mann-Verfilmung *Der Zauberberg* (1981) und in Claude Lelouches *Viva la vie* (1984). –

»J'ai travaillé/Des années/Sans répit/Jour et nuit/Pour réussir/Pour gravir/Le sommet/En oubliant/Souvent dans/Ma course contre le temps/Mes amis, mes amours, mes emmerdes.«Jahre habe er gearbeitet, so bekennt Aznavour in seinem 1976 veröffentlichten Chanson *Mes emmerdes,* ohne Pause, Tag und Nacht, um den Gipfel zu erklimmen, und oft habe er im Wettlauf mit der Zeit seine Freunde, seine Lieben zurückgelassen . . . aber auch das, was ihn ankotzt. Wirklich, Aznavour ist von der Arbeit geradezu manisch besessen: Über eintausend Chansons soll er getextet oder/und vertont haben, in mehr als vierzig Kinofilmen hat er vor der Kamera gestanden, zu zahlreichen Filmen die Musik komponiert. Aber der Künstler bemüht sich nicht allein um eine quantitative Mehrung seines Œuvres, er ist auch ein Perfektionist, ständig um Verbesserung bemüht. FELIX SCHMIDT konstatiert:

»Bei der Instrumentierung seiner Melodien läßt sich Aznavour von einem Team qualifizierter Musiker beraten; die fertige Partitur der Begleitmusik wird, zumindest bei Schallplattenaufnahmen, von einem 50-Mann-Orchester gespielt.«

Einer der qualifizierten Musiker ist der Schwager des Sängers, Georges Garvarentz, ein aus Griechenland stammender Komponist, der zu einer Reihe von Aznavour-Texten die Musik schrieb: *La marche des anges, Donne tes seize ans, Et pourtant, Les plaisirs démodés, On se réveillera.*

Inhaltlich lassen sich aus dem Werk Aznavours zwei Schwerpunkte herausfiltern: Den einen bilden seine Lieder, in denen er über sich, seine Arbeit, seine Entwicklung reflektiert: *Mon ami, mon Judas, Autobiographie, Le cabotin, Hier encore.* Und in *Pour essayer de faire une chanson* (1976) macht Aznavour die Entstehung eines Chansons zum Gegenstand eines Chansons: »Je cherche le souffle et je guette la rime/Je cerne la phrase et questionne l'idée/Je traque le mot, construis la métrique/ Et passe à tabac mon inspiration/Puis mets les menottes à la phonétique« (Ich suche den Atem und ich lauere auf den Reim./Ich umringe den Satz und frage den Gedanken./Ich verfolge das Wort, gestalte die Metrik/Und prügle meine Eingebungen./Dann lege ich der Phonetik Fesseln an). Den größten Komplex aber bilden zweifelsohne Aznavours Chansons über die Liebe – Lieder, die es nicht bei Tanderadei und dem »Pflücken der Blumen« belassen, sondern die Dinge beim Namen nennen, die unverhüllt sinnlich wirken *(Après l'amour, Reste)* oder von der gescheiterten Liebe, von der Einsamkeit sprechen. Ihre Erotik kommt aber erst durch Aznavours rauhe, ja, heisere Stimme zum Tragen. FELIX SCHMIDT erläutert:

»Als Aznavour mit seinen Tristesse-Chansons zu erstem Ruhm gekommen war, fragte Jean Cocteau nach ›den Mitteln, mit denen es dem Sänger gelungen ist, die unglückliche Liebe sympathisch zu machen‹. Cocteau: ›Vor ihm war die Verzweiflung nicht volkstümlich.‹ Diesen Gefühlswandel hat Aznavour vor allem seiner unerhört sinnlichen und dramatischen Stimme zuzuschreiben, mit der er seine Liebesempfindungen der Masse erst glaubhaft machte.«

Veröffentlichungen

Aznavour par Aznavour, Paris 1970.

Literatur

Yves Salgues, *Charles Aznavour,* Paris 1964 (1977 bzw. 1981 ergänzt durch Nachworte von Roland Ribet und durch neue Chansontexte Aznavours); Gérard Bardy, *Aznavour. Sur ma vie,* Paris 1977; Felix Schmidt, *Das Chanson. Herkunft, Entwicklung, Interpretation,* Frankfurt a. M. 1982; Jacques Mazeau/Didier Thouart, *Acteurs et chanteurs,* Paris 1983; Jean Loup Passek (Hg.), *Dictionnaire du cinéma,* Paris 1986.

Diskographische Hinweise

Eine aktuelle Diskographie enthält die Monographie von Yves Salgues. Zu ergänzen ist: Charles Aznavour, L'intégrale (Barclay 90 231 bis 90 243).

Barbara (t/m)
geb. 9. 6. 1930 Paris

Göttingen, im Juli 1964. Junge Deutsche, in Paris studierende Germanisten, haben Barbara nach Deutschland eingeladen. Die Sängerin, noch am Vorabend ihrer großen Erfolge, soll mit einem Chansonprogramm im *Jungen Theater Göttingen* auftreten. Ihr Konzert beginnt mit einem Fiasko. Das Organisationsteam hat vergessen, einen Flügel zu beschaffen. Barbara und ihr Publikum müssen sich gedulden, bis ein Instrument aufgetrieben ist und seinen Platz gefunden hat. Doch der unglückliche Anfang kehrt sich bald ins Gegenteil, Barbara reißt ihre Zuhörer mit, die Da-capo-Rufe wollen nicht enden. Und nach dem erfolgreichen Liederabend setzen Barbara und ihr junges akademisches Publikum sogar die Begegnung noch weiter fort: beim Burgunder, im idyllischen Theatergarten, mit Gesprächen über die Brüder Grimm, über französische Könige. Das Erlebnis hinterläßt Spuren. Unter dem Eindruck ihres Gastspiels schreibt Barbara das Lied *Göttingen*: ein Plädoyer für die Völkerverständigung, ein Versuch über die Spannung von Fremd- und Vertrautheit. Barbaras zärtliche Reminiszenz an junge Menschen aus Göttingen hat nach den Tragödien der Weltkriege doppeltes Gewicht. Zwar verbringt sie ihre ersten Jahre in Paris, zwar ist sie Französin, aber sie hat eine russische Mutter und einen elsässischen Vater, kommt als Monique Serf zur Welt, muß 1940 mit ihrer Familie vor den Deutschen von Ort zu Ort fliehen, findet schließlich einige Zeit in der Nähe von Grenoble Ruhe. Nach dem Krieg kehrt

Barbara

Barbara nach Paris zurück, beginnt ihr Gesangsstudium, erhält einen Ersten Preis der *École Supérieur de musique,* 1947 den Prix Léopold Bellan. 1948 meldet sich die Gesangselevin zur Aufnahmeprüfung ans Pariser Conservatoire, die sie mit der Partie der Botin aus Claudio Monteverdis *Orfeo* glänzend besteht. Doch die große Karriere, die man der jungen Chanteuse prophezeit, erfüllt sich zunächst nicht – mehr noch: Barbara scheint sich ihr zu entziehen. Sie heiratet einen belgischen Jura-Studenten, zieht nach Brüssel, läßt sich jedoch nach wenigen Jahren scheiden, taucht wieder in Paris auf, singt in den Cabarets des Quartier Latin Chansons aus dem Repertoire von Yvette Guilbert und Lieder von Léo Ferré, Jacques Brel und Georges Brassens. Von 1958 bis 1963 findet sie eine Wirkungsstätte im Cabaret *L'Écluse* am linken Seine-Ufer, bleibt aber im Abseits, fristet künstlerisch gesehen eine Schattenexistenz. 1960 kann sie für ihre Schallplatte mit Interpretationen von Brassens-Chansons zwar den Grand Prix du Disque entgegenehmen, doch die hohe Auszeichnung vermag ihr Mauerblümchendasein nicht zu beenden. Erst als Barbara sich anschickt, eigene Lieder zu schreiben, und mit ihnen 1963 in der populären Fernsehsendung *Mardi des Capucines* auftritt, beginnt der Siegeszug von Barbara, den zahlreiche Auftritte im *Bobino* und Gastspiele im *Olympia* (1969, 1978) markieren. –

FELIX SCHMIDT charakterisiert die Lieder der Französin:
»Es sind Chansons, die Barbaras besessene Egozentrik artikulieren, Lieder, in denen sie psychologischen Exhibitionismus treibt, ihre Gier, Menschenscheu und Verwundbarkeit preisgibt (. . .) Sie kennen nur zwei Dinge: nimmersatte Sehnsucht nach Liebe und eine gewaltige Lebensangst.«

In ihrem Chanson *La solitude* versucht Barbara vergeblich, die Angst zu bezwingen, schildert sie die Einsamkeit als grauenerregendes Weibsbild, das vor ihrer Türe nächtigt, sie Tritt auf Schritt verfolgt, sich ihr an den Hals gehängt hat – trotz der einzig möglichen Gegenwehr: der Liebe. Ein vergebliches Bemühen ist auch das Thema ihrer Trauerode *Nantes:* An das Sterbebett ihres Vaters gerufen, trifft sie ihn nicht mehr lebend an, stilisiert sie retrospektiv in diesem Ereignis die Hinfälligkeit und Brüchigkeit jedweder Liebesbeziehung. Dem Skeptizismus Barbaras und ihrem zögernden Mißtrauen entspricht ihr Umgang mit dem künstlerischen Material: Sparsam und vorsichtig setzt sie Wörter wie Töne, um sich an ein Sujet heranzutasten, um Kunde von ihrer fragilen Welt zu geben. Adäquates Medium ihrer Reflexionen ist ihre durch ein außergewöhnliches Timbre charakterisierte Stimme: fein und durchscheinend wie chinesisches Porzellan, aber ebenso zerbrechlich.

Literatur

Jacques Tournier, *Barbara ou les parenthèses,* Paris 1968 (NA: 1983); Angèle Guller, *Le 9e art. La chanson française contemporaine. Pour une connaissance de la chanson française contemporaine (de 1945 à nos jours),* Bruxelles 1978; Felix Schmidt, *Das Chanson. Herkunft, Entwicklung, Interpretation,* Frankfurt a.M. 1982; Ursula Mathis, *Existentialismus und französisches Chanson,* Wien 1984.

Diskographische Hinweise

Die Monographie von Jacques Tournier enthält in der Auflage von 1983 eine aktuelle Diskographie.
Barbara chante Brassens (CBS OS 1260); *Barbara chante Brel* (CBS OS 1266); *Barbara chante Barbara* (Philips 6332 103); *Barbara singt Barbara in deutscher Sprache* (Philips 842 151 PY).

Belina
geb. 6. 2. 1925, Sterdyn (Polen)

1962. Im Westen von Berlin. In der Nacht vom 26. auf den 27. Juli. In einem kleinen Aufnahmestudio. Eine Folklore-Session ist angesagt. Ein Experiment, von den Jam-Sessions der Jazzleute angeregt. Mit dem Ziel, Folklore, Kunstlieder, Chansons, Tanzmelodien zu vereinen, sie aber nicht aufnahme- und schnittechnisch zu stylen, sondern Stimmungen einzufangen, in the mood zu kommen – mit all den Unvollkommenheiten, mit all den Risiken, die eine Live-Aufnahme in sich birgt. Das Experiment glückt, verhilft den Interpreten, dem Duo Belina und Siegfried Behrend, der Sängerin und dem Gitarristen, zu einer außergewöhnlichen gemeinschaftlichen Karriere, die sich in Konzerten auf allen Kontinenten, in einem guten Dutzend Langspielplatten, in einer Reihe von Fernseh-Porträts und ungezählten Rundfunksendungen manifestiert. Mit ihrer Produktion *Folklore-Session. 24 Songs and one Guitar,* mit ihren vierundzwanzig Liedern aus siebzehn Ländern, vom russischen *Troika* bis zum japanischen *Sakura,* vom ceylonesischen *Danno Budhunge* bis zum deutschen *Jetzt gang i ans Brünnele,* von Luiz Bonfás *Manha de Carnaval* bis zu Jacques Brels *Ne me quitte pas,* vertreiben Belina und Behrend in der Zeit verlogener Heimatfilme den provinziellen Mief von der deutschen Folklore-Bühne, tragen sie in ähnlichem Maß wie die Waldeck-Barden Hein und Oss Kröher dazu bei, auch deutsche Volkslieder wieder singbar zu machen, sie

Belina

von der Vereinnahmung, der Infizierung durch die Nationalsozialisten zu befreien. Während aber die Sangeszwillinge diese Kurswendung erreichen, indem sie ihre Lieder und deren Interpretationen quasi demokratisieren, also »tief« ansetzen, Arrangement und Darbietung so anlegen, daß sie für jedermann nachvollziehbar erscheinen, bereiten Belina und Behrend diese Entwicklung durch ihr professionelles Potential vor, durch ihr vollendetes musikalisches Rüstzeug. Die Vokaltechnik der Sängerin und die Virtuosität ihres Begleiters gestatten nämlich eine rationale Annäherung an das Repertoire, erlauben es, die Lieder sachlich-informativ vorzustellen, um jegliche Affinität zum Kitsch zu meiden – ein Vorgehen, das auch in der Bühnenkleidung der Interpreten zum Ausdruck kommt: Belina und Behrend treten stets in Schwarz auf, meist im Rollkragenpullover, in der Farbe und dem Habit der Existentialisten. Mit den Intellektuellen von Saint-Germain-des Prés aber verbindet die Sängerin nicht nur das schwarze Gewand, sondern auch die Haltung, die sich hinter seiner Wahl verbirgt: die Verzweiflung über die Absurdität des Zweiten Weltkriegs, unter dessen Folgen Belina in besonderem Maß zu leiden hat. Denn sie kommt als Tochter polnischer Juden zur Welt, als Lea Nina Rodzynek, verlebt ihre Jugendjahre in Sterdyn nahe Treblinka, kann während des nationalsozialistischen Terrors dank falscher Papiere in einer Hamburger Fabrik untertauchen, wird denunziert, von der Gestapo verhaftet, brutal gefoltert, flieht, kommt gegen Ende der braunen Schreckensherrschaft erneut in ein Lager – bis die Engländer sie befreien. Nach dem Krieg verbringt sie einige Jahre in Hamburg, tritt 1955 ein Intermezzo in der Schweiz an, hat 1957 ihre ersten Rundfunkaufnahmen bei Radio Beromünster, zieht für kurze Zeit nach Paris, spielt in einem jiddischen Theater, kehrt Ende der fünfziger Jahre nach Deutschland zurück, gelangt durch den Produzenten Walter Haas, den sie zufällig im Zug trifft, zur Schallplattengesellschaft EMI-Electrola, erobert sich die Gunst des Publikums durch den von Truck Branss inszenierten Fernsehfilm *Porträt einer Sängerin*, bei dessen Dreharbeiten sie Behrend kennenlernt. Nach fulminanten Erfolgen verläßt Belina Anfang der siebziger Jahre die Konzertbühne, startet aber 1981 ein Comeback als Solistin: mit der Schallplatte *Meine Fantasie,* mit Liedern von Jacques Brel, Mort Shuman und Giani Esposito. –

Schon durch ihr wechselhaftes Schicksal zur Mehrsprachigkeit erzogen, frappiert Belina mit ihrem außergewöhnlichen Sprachgefühl, singt sie doch Volkslieder in über zwanzig Sprachen: stets im Original. Der Journalist HEIMO EGGERS lobt die Sängerin:

»Erstaunlich genug die Summe der zusammengetragenen Lieder, der jähe Sprung von einer Mentalität in die andere, der abrupte Wechsel der Temperamente. Nur wenige Zuhörer mögen ahnen, welch intensives Sprachstudium – oft unter Anleitung namhafter Volkskundler – einen so sicheren und mühelosen Vortrag ermöglicht.« Doch bei aller Begabung scheint Belina vor allem für eine Sprache und ihre Lieder prädestiniert, für das Jiddische, das Mame-Loschen, und seine Gesänge, dessen spezifische Art der Trauer, des Humors, des Spotts, der Zärtlichkeit in Belinas markant-dunkler Stimme ein adäquates Echo finden. Ob sie die Apokalypse *'S brennt* interpretiert, das letzte Werk des 1942 ermordeten Volksdichters Mordechaj Gebirtig, ob sie den Schwank *Az der Rebbe tanzt* anstimmt oder das Märchenlied *Roshinkes mit Mandlen* intoniert, immer gelingt es ihr, schon nach wenigen Tönen und ohne stimmliche Extravaganzen dichteste Atmosphäre herzustellen, durch feinste Veränderung der vokalen Schwingungen eine reiche Palette von Emotionen zu schaffen – Eigenschaften, die Belina als eine der letzten authentischen Interpreten der jiddischen Lieder ausweisen. Der Autor HEINZ OHFF kommentiert ihre Schallplatte *Es brennt:*

»Seit sich Belina mit dem jungen Berliner Gitarristen Siegfried Behrend zusam-
mentat, ersteht in ihren Liedern (...) eine rettungslos versunkene Welt, deren
Kosmos sich zwischen chassidischen Gottvertrauen und barbarischer Vernich-
tungswut rundet, zwischen mystischem Märchen und millonenfachem Tod, aber
auch zwischen Wiegenlied, tanzendem Rebbe und Lager. Helle Lieder, dunkle
Lieder – Schicksalsgesänge eines Volkes, dargeboten von einer Sängerin, die alles
Gesagte und Gesungene am eignen Leibe erlebte.«

Literatur

Heimo Eggers, *Belina und Behrend*. Berlin s. a.

Diskographische Hinweise

Belina und Behrend. Folklore-Session. 24 Songs and one Guitar (Columbia 83 510); *Belina und Behrend. Es
brennt. Jiddish Songs* (Columbia 83 715); *Belina und Behrend. Music around the World* (Columbia 84 014);
Belina und Behrend. Eine Stimme und eine Gitarre. Konzertmitschnitt (Amiga 855 113); *Belina und Behrend.
Brennpunkte. Jiddische Gebete und Gesänge* (Polydor 249 214); *Ich bin Belina* (Polydor 249 276); *Belina und
Behrend. Bazaar* (Polydor 249 283); *Blätter im Wind. Ein Belina-Behrend-Konzert* (Columbia 74 179); *Belina und
Behrend. Schlafe, mein Prinzchen, schlaf ein. Wiegenlieder der Welt* (Polydor 2371 151); *Belina und Behrend.
Wenn ich mir was wünschen dürfte* (HÖR ZU/Electrola SHZE 21); *Belina. Meine Fantasie* (RCA PL 28 461).

Wolf Biermann (t/m)
geb. 15. 11. 1936 Hamburg

Schon bei der Betrachtung seiner Kinderjahre wird deutlich: Schnöde Lauheit
kann nicht die Sache Wolf Biermanns sein. Er stammt aus einer Familie aktiver Kommunisten. Seine Großmutter mütterlicherseits, die vielbesungene Oma
Meume, »hat ihr Leben lang schwer in der Fabrik geschuftet und gleichzeitig in der
kommunistischen Partei für den Sozialismus gekämpft«, wie der Enkel 1970 in
einem Brief erklärt. Biermanns Vater, Schirrmeister auf einer Hamburger Werft,
beteiligt sich am Widerstand gegen die Nationalsozialisten, sabotiert Waffenliefe-
rungen an Franco, wird inhaftiert, stirbt 1943 in Auschwitz. So scheint die Entwicklung des jungen Wolf Biermann nach dem Krieg vorgegeben zu sein. Zunächst tritt
er einer Pioniergruppe bei, 1950 besucht er das Weltjugendtreffen in Berlin (Ost),
und 1953 schließlich zieht er in die DDR, von einem Deutschland in das andere,
um hier seinen Beitrag zum Aufbau des Sozialismus zu leisten. Die ersten Jahre als
Bürger der DDR verlaufen für Biermann in relativer Reibungslosigkeit. An der
Berliner Humboldt-Universität studiert er zunächst politische Ökonomie. 1957,
ein Jahr nach Brechts Tod, unterbricht der Student seine Ausbildung, um bis 1959
als Regieassistent in dem von Brecht und Helene Weigel gegründeten *Berliner
Ensemble* zu arbeiten. In diese Zeit fällt die wichtige Begegnung mit Hanns Eisler,
über die HANS-KLAUS JUNGHEINRICH berichtet:

»Hanns Eisler war einer, der vor Talenten keine Angst hatte. Er erkannte in
Biermann einen Künstler, der dem Sozialismus nützen konnte. Als Biermann ihm
seine Ballade vom Fernfahrer Bruno vorsang, ein Lied, das er noch heute aus dem
Stegreif vortragen kann, stutzte Eisler zunächst. Schweigend hörte er sich weitere
Lieder an. Überzeugt schien er noch nicht. Ein pubertärer Ton störte ihn. Beim
nächsten Treffen gestand er ein, daß sein erster Eindruck falsch gewesen sei.
Fortan betrachtete er Biermann als Freund. Er besorgte ihm Auftritte vor der
Parteiprominenz, er setzte sich für seine ›Karriere‹ ein. Er diskutierte mit Bier-

Wolf Biermann

mann über dessen Lieder. Ohne eigentlichen Kompositionsunterricht von ihm zu bekommen, lernte Biermann von Eisler eine Menge.«
Doch trotz der Unterstützung des bedeutenden Komponisten gibt Biermann seine Theaterarbeit auf und beginnt ein neues Studium – mit den Fächern Philosophie und Mathematik, die er bis 1963 belegt. Ins Jahr 1960 fallen Biermanns erste Versuche, Lieder zu »machen«, also zu dichten und zu komponieren. Wenige Monate später besiegelt die Regierung der DDR die Teilung Berlins mit dem Bau der Mauer. Dieses Ereignis läßt den fünfundzwanzigjährigen Biermann erstmals am »Real-Sozialismus« zweifeln, verwandelt seine bis dahin vielleicht eher blau-äugige Solidarität in eine kritische. Seine neue Haltung gegenüber der DDR versucht Biermann in ein Theaterstück einfließen zu lassen, an dem zu arbeiten er begonnen hat: *Berliner Brautgang* – wohl das erste Werk, das die Geschichte einer Liebe im geteilten Berlin beschreibt. Aber darin erschöpfen sich die künstlerischen Aktivitäten des jungen Dichters nicht. THOMAS ROTHSCHILD berichtet:
»Mit Freunden baut er 1961/62 ein altes Hinterhofkino zum Berliner Arbeiter- und Studententheater, b.a.t., um. Das Theater wird noch vor der ersten Premiere geschlossen. Biermann erhält bis Juni 1963 Auftrittsverbot. Singen darf er noch, aber seine Gedichte, fast ausnahmslos frühe, harmlosere Liebesgedichte, werden in der DDR lediglich in Zeitschriften und heute längst vergessenen Anthologien (. . .) gedruckt.«

Der Konflikt zwischen Sänger und Staat spitzt sich 1963 zu, als Biermann aus der SED entlassen wird. Seine in dieser Zeit entstandenen Werke wie *Die Ballade von dem Mann, der sich eigenhändig beide Füße abhackte, Tischrede des Dichters* und *Antrittsrede des Sängers* konturieren das Bild, das der Geschmähte von seinen Richtern hatte. In dem kurzen kulturpolitischen Frühling der Jahre 1964/65 lösen sich vorübergehend die Spannungen zwischen der SED und ihrem früheren Mitglied: Biermann darf in dem Ostberliner Kabarett *Die Distel* auftreten und in der BRD auf Tournee gehen. 1965 kommt es sogar zu einem gemeinsamen Auftritt mit Wolfgang Neuss – auf der Abschlußkundgebung des Ostermarsches in Frankfurt. Das legendäre Treffen der beiden Villon-Nachfahren wird im gleichen Jahr auf Schallplatte veröffentlicht. GERHARD ZWERENZ kommentiert die Lieder Biermanns begeistert:

»Der Ruhm dieses Sängers und Poeten wächst, klettert über Dachrinnen und Antennen von Stadt zu Stadt und von Ohr zu Ohr; Kunst, wo sie von Können kommt, macht sich unausweichlich. Diese Stimme, mal leicht verraunzt, bald blechern scheppernd, mal dünn und bittend, dann anschwellend zu wilder Ballade, ist nicht mehr zu überhören.«

In der Tat gewinnt der Liedermacher 1965 viel an Öffentlichkeit. Dank seines Besuches bei »Spaßmacher« Neuss kann er erstmals über das Medium Schallplatte seine Hörer erreichen; zudem erscheint in West-Berlin seine Sammlung *Die Drahtharfe. Balladen. Gedichte. Lieder,* eine Publikation, die bald zu den auflagenstärksten Lyrikbänden der deutschen Nachkriegsliteratur zählt. Doch in dem Jahr bedeutender Erfolge muß Biermann auch einen harten Schlag ertragen. Die Behörden der DDR belegen ihn mit einem uneingeschränkten Auftritts- und Ausreiseverbot. Biermann in Bann und Acht – elf bittere Jahre lang soll der Zustand andauern. Während dieser Zeit aber resigniert der Sänger nicht, sondern hat die Kraft, weitere Lieder und Gedichte zu schreiben, Platten zu besingen und Interviews zu geben. Im April 1971 kommt an den Münchener Kammerspielen Biermanns Theaterstück *Der Dra-Dra. Die große Drachentöterschau in acht Akten mit Musik* zur Uraufführung. HANSGÜNTHER HEYME, der Regisseur des Spektakels, notiert:

»Biermann schlug (...) vor, den ›DRA-DRA‹ in München gegen die dortig Herrschenden (– Drachen –) anzusetzen. Wir taten dies (...) Bei der Premiere gab es einen in den letzten Kammerspieljahren wohl unbekannten Skandal. Viele schrien, manche prügelten sich. Thema: Verletzung des Musentempels (...) durch Politisches, Obszönes.«

Biermann kann diesen Skandal nur aus der Ferne erleben. Die Behörden halten an dem Ausreiseverbot fest. Es wird auch drei Jahre später nicht gelockert, als ihm die Stadt Köln den Jacques-Offenbach-Preis verleiht – eine Auszeichnung, die HEINRICH BÖLL kritisch würdigt:

»Erstens mal finde ich es merkwürdig, daß man einem Menschen wie Wolf Biermann, der sich ja selber permanent und heftig als Kommunist definiert, hier einen Preis gibt, wo man gleichzeitig Berufsverbot für jeden Kommunisten praktiziert. Das ist eine Seite ... Dann aber finde ich es noch absurder, daß die Leute, die hier Berufsverboten unterliegen, nicht gegen das Berufsverbot ihres Kollegen Wolf Biermann protestieren.«

1973 schließt Wolf Biermann mit der Schallplattengesellschaft CBS einen Vertrag – eine Entscheidung, die von den Kommunisten in der BRD kritisiert wird. Im September 1976 scheint sich das Blatt für den Liedermacher zu wenden: Zum ersten Mal seit elf Jahren tritt er wieder vor DDR-Publikum auf. Und im November, nach einer Einladung der IG Metall erhält er sogar die Ausreisegenehmigung in die Bundesrepublik. Köln, Bochum, Stuttgart, München und Hamburg sind die Stationen seiner Tournee. Doch nach seinem ersten Konzert verweigert die DDR ihm die Wiedereinreise und erkennt ihm die Staatsbürgerschaft ab – mit dem Argument, er habe sich vor BRD-Publikum staatsfeindlich geäußert. Viele Künstler und Intellektuelle der DDR erklären sich mit Biermann solidarisch, viele von ihnen verlassen unter Protest ihr Land. Nur zögernd entscheidet sich der Sänger für seine Vaterstadt Hamburg als Wohnsitz. Der Neubeginn für ihn ist schwierig. Aber schon bald stellt er sich auf die veränderte Situation ein, nimmt zu dem geplanten Endlager von Gorleben Stellung, setzt Spitzen gegen Strauß oder klagt die Greuel der Militärs in Chile an. Und da Biermann auch im Westen mit seinen Aussagen keine Rücksicht auf gesellschaftliche Etikette nimmt, wird er in der Bundesrepublik schnell ein Unbequemer. Mehrere Male entziehen die Medien ihm das Wort: Als dem Liedermacher 1979 der Deutsche Kleinkunstpreis verliehen wird, erinnert Biermann im Festprogramm an die nationalsozialistische Vergangenheit von Ministerpräsident Filbinger – ein Beitrag, den das ZDF kurzerhand schneidet. BERNHARD LASSAHN konstatiert 1982: »Aber die westlichen Medien haben auch so ihre Methoden, da muß gar nicht der ›Hammer des absoluten Verbotenseins‹ geschwungen werden; Biermann wird auch nicht totgeschwiegen, sondern – auch sehr wirkungsvoll – er wird verzerrt.« – Zwar stammt die Vokabel nicht von ihm, aber Biermann setzt den Begriff als erster bewußt ein: Ab Anfang der sechziger Jahre reklamiert sich der Sänger und Dichter als »Liedermacher«. Die Bezeichnung ist ein Bekenntnis Biermanns zu seinem vielleicht größten Vorbild, dem »Stückeschreiber« Bertolt Brecht. Wie der Dramatiker möchte Biermann mit seiner lapidaren Benennung einem romantischen Künstlerbild entgegenwirken, das den Schaffenden als Auserwählten zeichnet und seine Arbeit als »Musenkuß« vernebelt. Mit dem Terminus Liedermacher betont Biermann aber auch den Warencharakter seiner Kunst. Schon äußerlich also schlägt sich der Sozialist auf die Seite der Werktätigen. Doch plakatiert der Liedermacher seine Selbstbezeichnung nicht nur; vielmehr ist sie ihm Programm für seine Kunst, die nicht das Reservat sucht, sondern sich um Verständigung bemüht, die nicht Artefakt sein will, sondern ihren Gebrauchswert hervorkehrt. Diese Leitlinien einer »Kunstlosigkeit« laufen durch das gesamte Werk Biermanns: Seine Stimme setzt er völlig anders ein, als es die bürgerlichen Vorstellungen vom Belcanto erwarten lassen. Er singt seine Lieder nicht nur, rauh, bisweilen offen sinnlich, nein, er weint, stöhnt, jauchzt oder seufzt sie auch. Ebenso entspricht sein Gitarrenspiel nicht den Maßstäben klassischer Musik, reicht auch nicht an die der Qualitäten eines Atahualpa Yupanqui heran. Doch setzt Biermann sein Instrument auf unverwechselbare Art und Weise ein. Er weiß zarte Töne zu produzieren und solche, die fast in Geräusche übergehen, weil die Saiten auf das Griffbrett prallen; er kennt viele Varianten des Anschlags: das Zupfen, das Anreißen, das spanische Rasgueado oder die perkussive Behandlung von Saiten und Resonanzkörper. Immer aber formiert Biermanns Gitarrenspiel einen wohldurchdachten Kontrapunkt zu Tonsatz oder Text. HANS-KLAUS JUNGHEINRICH bemerkt richtig: »Biermanns Gitarrenspiel hat (. . .) ›kompositorische‹ Qualitäten, die nicht in den aufgezeichneten Noten kodifiziert sind.« Wie der Liedermacher die Gitarre einsetzt, nämlich zur Erläuterung oder Befragung der Texte, so verfährt er auch mit der Musik im ganzen. Sie dient ihm nicht als Köder, den er auslegt, um seine Hörer zu fangen und ihnen dann subversiv politische Texte einzuflößen. Im Gegenteil: Biermann durchbricht mit seiner Musik oft die traditionellen Ablaufmuster, um dem Hörer eine kritische Distanz zu ermöglichen – ein Vorgehen, das an die Verfremdungstechnik Brechts denken läßt. Zwar legen es der politische Konsens und der persönliche Kontakt nahe, aber hinsichtlich des rein Musikalischen hat Hanns Eisler den Liedermacher nur wenig beeinflußt. So bevorzugen die Kampflieder Eislers Zeit, Tempo und Rhythmik des Marsches, während sich bei Biermann eine Vorliebe für die ungeraden Taktarten zeigt. Wenn überhaupt musikalische Leitbilder für Biermann genannt werden können, dann sind sie in den Liedern von Georges Brassens zu suchen. Deren »Bescheidenheit« in Harmonie und Duktus hinterließen vor allem bei den frühen Liedern Biermanns ihre Spuren.

Von welchen Dichtern Biermann gelernt hat, legen schon die Überschriften seiner Werke dar: *Herr Brecht, Ballade auf den Dichter François Villon* oder *Deutschland. Ein Wintermärchen.* Der Liedermacher ist aber alles andere als ein stumpfer Kopist; er stellt sich einer literarischen Tradition, um im Anknüpfen an althergebrachte Normen und deren Variation zu zeigen, daß auch die Gesellschaft und ihre Normen veränderbar sind. Dieser Ansatz durchzieht wie ein roter Faden das Werk Biermanns – voller Hoffnung auf eine bessere Welt, einen besseren Sozialismus.

Veröffentlichungen

Die Drahtharfe. Balladen, Gedichte, Lieder, mit Notenbeispielen des Autors, Berlin 1965; *Mit Marx- und Engelszungen, Gedichte, Balladen, Lieder,* mit Noten zu allen Liedern, Berlin 1968; *Der Dra-Dra. Die große Drachentöterschau.* In acht Akten mit Musik, Berlin 1970; *Für meine Genossen. Hetzlieder, Gedichte, Balladen,* mit Noten zu allen Liedern, Berlin 1972; *Deutschland. Ein Wintermärchen,* Berlin 1972; Nachlaß 1. (Enthält die oben genannten Titel und zusätzlich Biermanns Übersetzung von:) Julij Daniel, *Berichte aus dem sozialistischen Lager,* Köln 1977; *Preußischer Ikarus. Lieder, Balladen, Gedichte, Prosa,* Köln 1978; *Verdrehte Welt – das seh' ich gerne. Lieder, Balladen, Gedichte, Prosa,* Köln 1982.

Literatur

Thomas Rothschild (Hg.), *Wolf Biermann. Liedermacher und Sozialist.* Mit Beiträgen von Ernst Bloch, Rudi Dutschke, Hansgünter Heyme, Hans-Klaus Jungheinrich u.a. Mit einer Bibliographie von Peter Meuer, Reinbek 1976; Heinz Ludwig Arnold (Hg.), *Wolf Biermann.* Mit Beiträgen von Günter Grass, Reinhard Hippen, Peter Wapnewski u.a., 2. Auflage, München 1980; Dieter F. Meier (Hg.), *Wolf Biermann und die Tradition. Von der Bibel bis Ernst Bloch,* Stuttgart 1981.

Diskographische Hinweise

Die unter Literatur *angeführten Essaysammlungen enthalten vollständige Diskographien. Zu ergänzen sind: Wolf Biermann. Wir müssen vor Hoffnung verrückt sein* (EMI – Der Musikant 1 C 064–46663); *Wolf Biermann. Im Hamburger Federbett* (EMI – Der Musikant 1 C 066 165217); *Wolf Biermann. Die Welt ist schön – pardon, will sagen ganz schön am Rand* (EMI – Der Musikant 1 C 066 24 0445 1); *Wolf Biermann. Seelengeld* (EMI – Der Musikant 1 C 24 0651 3).

Georges Brassens (t/m)

geb. 22. 10. 1921 Sète; gest. 31. 10. 1981 Saint-Cély-du-Fesc

»Du hast sie noch einmal ein bißchen erregt,/und war auch nicht zum letzten Mal,/weil du hast dich in keines der Gräber gelegt, die du gesammelt hast überall – /nicht auf den cimetière marin, sondern auf den für die Armen der Stadt.« So besingt Franz Josef Degenhardt in seiner Hommage *Au père éternel* den verstorbenen Sangesbruder, so geleitet er Georges Brassens zum Tombeau, zur letzten Ruhestätte. Aber der deutsche Dichtersänger hält seinem Gefährten in Apoll keine Schönwetter-Leichenpredigt, harmonisiert nicht, mimt nicht den Pfaffen, dessen Pose ihm Brassens auch mehr als Übel nähme, sondern er nennt die Dinge beim Namen: Denn in der Tat dreht der vielgeliebte Franzose den verhaßten »gens bien«, den Paragraphenreitern, Radfahrern, Tartuffes wie Moralisten noch im Tod eine Nase, läßt sich nicht auf dem berühmten, von Paul Valéry besungenen Sèteoiser *Cimetière Marin* mit den Minerventempeln und Marmorstatuen in das schwarze Loch senken, sondern auf dem Friedhof der Armen – ohne Kränze, ohne verklärende Grabreden, dafür aber Stunden vor dem offiziell bekanntgegebenen Termin. So integriert Brassens die unwiderrufliche Abschiedsvorstellung in sein Œuvre, offenbart er sich doch auch in seinen Chansons als Gegner jeglicher Systematisierung und Normierung, als konsequenter Nonkonformist, ja, als überzeugter Anarchist. Seine Überzeugung stellt Brassens allerdings nicht marktschreierisch zur Schau: Er vollzieht sein sabotierendes Werk vielmehr in der Stille. Zwar tritt er nach dem Zweiten Weltkrieg der Féderation anarchiste bei, zwar arbeitet er für ihr Organ *Le libertaire*, aber mit dem Pathos des Anarchisten und Dichtersängers Léo Ferré, mit dessen Selbstmonumentalisierung zum einsam ringenden Heros, mit dessen Idio-Apotheose hat er nichts gemein. Im Gegenteil, Brassens meidet in seinen Chansons das große Drama, bevorzugt das Kammerspiel, will nicht niederwalzen, zertrümmern, an die Wand drücken, sondern zersetzen, in Frage stellen, gesellschaftliche Spielregeln wie Verkrustungen auflösen. Und er gebärdet sich nicht wie Ferré als antibourgeoiser Adler, hoch am Firmament schwebend, sondern duckt sich in seinen Liedern, um nach Art der Termiten und Ameisen zu agieren, um, wie ein französischer Bruder des Soldaten Schwejk, Sand in das Getriebe des Establishments zu streuen, gegen Soutanen und Uniformen zu kämpfen. Die Strategie des Dichtersängers manifestiert sich bereits in seinem berühmtem *La mauvaise réputation* (1952), dem ersten veröffentlichten

Georges Brassens

Chanson Brassens': Er attackiert seine Gegner (die Gesellschaft der Spießer) nicht aufrecht in der Manier eines preußischen Soldaten marschierend; er bedient sich der List, macht sich klein, schleicht sich an: »Au village, sans prétention,/J'ai mauvaise réputation./Qu'je m'démène ou qu'je reste coi,/Je pass'pour un je-ne-sais-quoi!/Je ne fais pourtant de tort à personne,/En suivant mon ch'min de petit bonhomme./Mais les brav's gens n'aiment pas que/L'on suive une autre route qu'eux./Tout le monde médit de moi,/Sauf les muets, ça va de soi.//Le jour du Quatorze Juillet,/Je reste dans mon lit douillet./La musique qui marche au pas,/Cela ne me regarde pas./Je ne fais pourtant de tort à personne,/En n'écoutant pas le clairon qui sonne« (Ohne Einbildung, auf dem Dorf/Habe ich einen schlechten Ruf./Ob ich um mich schlage oder ob ich ruhig bleibe:/Ich gelte für ein ›Ich-weiß-nicht-was‹!/Doch tue ich niemandem Unrecht,/Indem ich meinen Weg als kleiner, anständiger Kerl verfolge./Aber die ordentlichen Leute mögen es nicht,/Daß man einen anderen Weg wählt als sie./Alle reden mir übel nach,/Außer den Stummen, versteht sich.//Am Tag des Vierzehnten Juli/Bleibe ich in meinem weichen Bett./Die Musik im Gleichschritt,/die geht mich nichts an./Doch tue ich niemandem Unrecht,/Indem ich nicht auf den Trompetenklang höre). Der »kleine, anständige Kerl«, der auf das Militär pfeift, seinen eigenen Weg gehen will – das ist für Brassens keine Rolle, in die er auf die Dauer eines Chansons schlüpft, nein, er fühlt sich sein Leben lang dem einfachen Volk zugehörig, haust auch als reicher Mann noch durchaus bescheiden, mag Linsen lieber als Kaviar, entwickelt sich nicht zum Arrivisten, steht zu seiner Herkunft: Georges kommt als Kind einfacher Leute auf die Welt, als Sohn des Gipsers und Maurers Jean-Louis Brassens und dessen Frau Elvira, der Tochter eines neapolitanischen Tagelöhners. Die Eltern geben sich mit der Erziehung ihres Sprößlings sehr viel Mühe. Sie musizieren gemeinsam (die Mutter spielt, wie es sich für eine Neapolitanerin gehört, Mandoline), singen Volkslieder oder Operettenschlager, schicken den Siebenjährigen auf das Collège von Sète, dem heutigen *Lycée Paul Valéry*. Der Junge entwickelt sich zum allenfalls mittelmäßigen Schüler, erhält allerdings immer wieder Preise in Rezitation, entdeckt nach und nach seine Leidenschaft für das Chanson, lernt das gesamte Repertoire von Jean Trachant, Mireille, Jean Nohain, Maurice Chevalier kennen, begeistert sich an der Musik von Paul Misraki, schwärmt von den Liedern der Mistinguett, Fréhel und Damia, gründet mit Freunden ein kleines Orchester, das auf den Festen des Viertels spielt, sich im Casino von Sète hören läßt. Schon als etwa Siebzehnjähriger schreibt er erste eigene Chansons. *La saison des rendez-vous* – so heißt ein frühes Opus von Georges, das in seiner Frische, seiner unbekümmerten Fröhlichkeit auf Charles Trenet verweist, das vergötterte Vorbild: »Voici le gai soleil/Qui fait ouvrir les fleurs/Toujours aussi vermeil/Il sait ouvrir nos coeurs/La campagne est belle/Tout se renouvelle/C'est la saison d'amour/Des tendres rende-vous« (Jetzt leuchtet die fröhliche Sonne,/Die die Knospen aufspringen läßt,/Immer so purpurrot/Weiß sie auch unsere Herzen zu öffnen./Das Land ist schön,/Alles erneuert sich./Das ist die Jahreszeit der Liebe,/Der zärtlichen Rendezvous). Durch eine rosarote Brille betrachtet Georges in seinem Text die Welt – aber die Realität sieht für den Heranwachsenden anders aus, der unsicher und suchend nach seinem Ego Ausschau hält, der um die Anerkennung seiner Altersgenossen kämpfen muß. Kurz vor Ende seiner Schulzeit schließt er sich einer Bande von Jugendlichen an, meist Gymnasiasten aus gutsituierten Häusern, die ihren eigenen Verwandten Geld und Schmuck stehlen, einige Monate lang ihr Unwesen treiben, schließlich 1939 entdeckt und vor Gericht gestellt werden. Georges, eher eine Randfigur der Vereinigung, eher romantischer Abenteurer ohne kriminelle Energie, kommt mit einer relativ milden Strafe davon. Fünfundzwanzig Jahre später gedenkt Brassens in dem Chanson *Les quatre bacheliers* seines jugendlichen Fauxpas: »Nous étions quatre bacheliers/ Sans vergogne/La vraie crème des écoliers/Des écoliers//Pour offrir aux filles des fleurs/Sans vergogne/Nous nous fâmes un peu voleurs/Un peu voleurs« (Wir waren vier Abiturienten/Ohne Scham,/Die wahre Creme der Schüler/Der Schüler.//Um den Mädchen Blumen zu schenken/Ohne Scham,/Machten wir uns ein wenig zu Dieben,/Ein wenig zu Dieben). Sie machen sich zu Dieben ... die Bürger von Sète machen die Gymnasiasten zu gesellschaftlichen Außenseitern, legen sie ab – Schublade: verkommene Elemente. Und so fühlt sich Georges nicht mehr wohl in seiner Umgebung, verläßt vorzeitig die Schule, kehrt auch seiner Heimatstadt den Rücken, bricht im Februar 1940 nach Paris auf, wohnt in der Rue d'Alésia bei einer Schwester seiner Mutter, kommt in den Renault-Werken als Hilfsarbeiter unter, kündigt seinen Job jedoch bald, widmet sich ganz dem Chanson, veröffentlicht 1942 bei Albert Massein, dem Verleger von Baudelaire, Verlaine und Rimbaud, das Gedichtbändchen *A la venvole,* muß im März 1943 auf Grund einer Anordnung des Service du travail obligatoire, der französischen Organisation für Arbeitszwangsverpflichtung, nach Deutschland einrücken. Im BMW-Werk von Basdorf nahe der Reichshauptstadt Berlin leistet Brassens seinen Frondienst ab, schreibt während dieser Zeit an seinem Roman *Lalie Kakamou* und bringt eine Reihe von Chansons zu Papier: *Maman-Papan,* eine Hommage an seine Kindheit, und vor allem *Pauvre Martin,* ein Lied, in dem der Dichtersänger einerseits ganz allgemein den ewigen Knecht beklagt, der von der Hand in den Mund leben, für die Pfründe anderer schuften muß, andererseits aber auch auf seine eigene Situation deutet: Denn als Franzose steht Brassens unter dem Zwang, sich für die »anderen«, die Deutschen, abzurackern, ihre Kriegsführung zu unterstützen, sich wie der arme Martin sein eigenes Grab zu schaufeln: »Il creusa lui-même sa tombe/En faisant vite, en se cachant/Et s'y étendit sans rien dire/Pour ne pas déranger les gens.//Pauvre Martin, pauvre misère,/Dors sous la terre, dors sous le temps« (Er schaufelt sich selbst sein Grab,/Tut's auch noch schnell, legt sich willig hinein,/Streckt sich nieder, ohne ein Wort zu sagen,/Um die Leute nicht zu stören.//Armer Martin, arme Not,/Schlaf' unter der Erde, schlaf' unter der Zeit). In der drückenden Atmosphäre wie in einigen Bildern erinnert *Pauvre Martin* an das berühmte, später von Hanns Eisler vertonte Lied der Moorsoldaten. Doch im Gegensatz zu diesen Opfern des Nationalsozialismus befindet sich Brassens in einem Lager mit Verbindungsdrähten nach außen, kann er Briefe empfangen oder schreiben, ja, er hat sogar einen gewissen Anspruch auf Heimaturlaub. Im März 1944 darf er ihn antreten. Und er verlängert ihn auf eigene Weise, kehrt nicht mehr nach Basdorf zurück, bleibt ohne Erlaubnis der Behörden in Paris, zieht zu Jeanne Planche, der tapferen Schneiderin, die ihren Georges mütterlich umsorgt, der verständnisvollen Freundin, und nimmt stehenden Fußes die Arbeit an seinem Roman, an seinen Chansons wieder auf, liest viel, bildet sich auch theoretisch weiter. Bald versteht er von Poetik so viel, daß er seinen Schriftstellerkollegen, Freund aus gemeinsamen Basdorf-Tagen und späteren Biographen ANDRÉ LARUE in der außerordentlich komplizierten Materie beraten kann, wie sich dieser erinnert:

»Durch ihn angeregt, verbessert und zur Umarbeitung angeleitet, schrieb ich Alexandriner, Achtsilber; ich komponierte Vierzeiler, Balladen, Sonette; ich machte mich mit der Zäsur, dem Enjambement, der Konkordanz, der Alliteration und der Assonanz vertraut.«

Aber Brassens entwickelt sich nicht zum Gelehrten, hebt nicht in intellektuelle Stratosphären ab, sondern bleibt auf dem Boden. 1945/46 stürzt er sich in ein

Abenteuer mit Petite Jo, einem Straßenmädchen, beginnt mit dem faszinierenden Geschöpf eine turbulente Romanze, deren Erfahrungen er in seine Anfang der fünfziger Jahre veröffentlichten Chansons *Le mauvais sujet repenti* (Der reumütige Taugenichts) und *P(utain) de toi* (Deine Hure) einbringt. In seinem »Taugenichts« verzeiht Brassens »ihr«, also seiner Petite Jo, alles, selbst das unangenehme Gastgeschenk, aber sich den Flics darzubieten – nein, das verletzt nun doch die Grenzen seiner Toleranz: »Paraît qu' ell' vend même à des flics/Quell'décadence!/ Y'a plus d'moralité publiqu'/Dans notre France« (Es scheint, sie hat sich gar den Bullen verkauft,/Welcher Niedergang!/Es gibt keine öffentliche Moral mehr/In unserem Frankreich). Um seine völlige Anonymität im künstlerischen Betrieb zu beenden, nimmt Brassens 1947 ein großes Risiko auf sich. Er läßt, wieder einmal mit finanzieller Unterstützung von Jeanne Planche, seinen Roman drucken – in einer Auflage von fünfhundert Exemplaren, unter dem inzwischen geänderten Titel *La lune écoute aux portes.* So weit, so gut . . . aber der Autor betreibt Etikettenschwindel, schiebt seinen Prosa-Erstling mir nichts, dir nichts einem renommierten Verlag unter, legt sein Kuckucksei in das Nest des angesehenen Hauses Gallimard, um einen Skandal zu entfachen und so auf seine Chansons aufmerksam zu machen, für die er trotz mehrerer Anläufe noch keinen Editeur gefunden hat. Doch der ausgeklügelte Plan schlägt fehl: Die Kritiker nehmen kaum Notiz von der Neuerscheinung, und auch Verlagsdirektor Gaston Gallimard reagiert wider Erwarten nicht. Brassens fügt sich in sein Schicksal, arbeitet mit aller Kraft weiter, übt sich auf der Gitarre, schreibt die später so berühmten Lieder *Il n'y a pas d'amour heureux, Corne d'Aurochs,* findet seinen Stil in der Mischung aus hochliterarischer Sprache, frechen Zoten, derbem Argot, vergessenem Vokabular, bleibt jedoch nach wie vor eine unbekannte Größe. Ende 1951 aber vermittelt ihm Henri Bouyé, ein Freund aus Anarchistenkreisen, ein Gespräch mit dem populären Sänger Jacques Grello, der sich von Brassens' Chansons begeistert zeigt, sich bereitwillig als Steigbügelhalter des Dichtersängers zur Verfügung stellt. Grello vermittelt seinem Schützling zunächst eine Auftrittsmöglichkeit in *Le Lapin à Gill,* jenem Cabaret auf dem Montmartre, in dem Picasso und sein Kreis zu Beginn des Jahrhunderts ihre alkoholdurchtränkte Bohème-Phase erleben. Die Gäste des traditionsreichen Etablissements lassen sich im Gegensatz zu Grello nicht von Brassens mitreißen, bleiben distanziert – eine Haltung, die nachvollziehbar ist. Denn der Dichtersänger wartet ihnen mit einem Chanson auf, in dem er sie mit damals völlig neuen Tönen schockt, in dem er hemmungslos und frech die hehre Justiz verspottet, eine lebensfreudige Alte auf die Schippe nimmt, Tabus nicht zu kennen scheint: *Le gorille.* Brassens erzählt von einem liebeshungrigen Affen, der aus dem Käfig ausbricht, der – Rock ist Rock – zwischen einer Hundertjährigen und einem Richter im Talar wählen kann, um seinen Hunger zu stillen, sich für den Assistenten der Justitia entscheidet, ihn schließlich in ein Gebüsch schleppt; nähere Details verschweigt des Sängers Höflichkeit: »La suite serait délectable,/ Malheureusement je ne peux/Pas la dire et c'est regrettable,/ça nous aurait fait rire un peu./Car le juge, au moment suprême/Criait ›maman‹, pleurait beaucoup/ Comme l'homme auquel le jour même/Il avait fait trancher le cou./Gare au Gorille . . .« (Das Folgende wär' erbaulich,/Leider kann ich/Es euch nicht sagen, und das ist bedauerlich,/Es hätte uns nämlich ein wenig zum Lachen gebracht./ Denn der Richter auf dem Höhepunkt/Schrie ›Mama‹ und weinte viel/So wie der Mann am gleichen Tag,/Dem er den Hals abschneiden ließ./Achtung, Gorilla!). Wegen der kühlen Reaktion des Publikums quittiert Brassens bereits nach wenigen Tagen seinen Job im *Lapin à Gill* und verbohrt sich mehr und mehr in seine immer noch stark ausgeprägten Auftrittsängste. So müssen seine Freunde, die

Journalisten Victor Laville und Pierre Galante, ihren »pauvre Georges« im März 1952 beinahe mit Gewalt zu einem mit der Chanteuse Patachou vereinbarten Gespräch schleppen. Dank ihrer Hartnäckigkeit aber gelingt es ihnen, die entscheidende Weiche für die Karriere des Dichtersängers zu stellen. Denn die Patachou, Anfang der fünfziger Jahre wohl auf dem Höhepunkt ihrer Laufbahn, läßt sich von den Liedern des scheuen Künstlers faszinieren, avanciert zur ersten Brassens-Interpretin, singt seine Chansons im eigenen Cabaret am Montmartre, erntet Beifall mit der rührenden Geschichte von *Brave Margot,* dem Schäfermädchen, das einem fast verhungerten Kätzchen die Brust gibt. Die Sängerin weigert sich jedoch, ihrem Publikum so handfeste Texte wie *Le gorille* zu präsentieren, und zwingt Brassens auf diese Weise, mit seinen Liedern selbst auf die Bühne zu treten. Patachou empfiehlt ihn außerdem an Jacques Canetti weiter, den künstlerischen Direktor der Schallplattengesellschaft Philips. Und Canetti, der zwischen den beiden Weltkriegen seinen französischen Landsleuten erstmals Duke Ellington und Louis Armstrong vorstellt, beweist einmal mehr sein Ohr für neue Klänge, seine Spürnase für Talente: Er gibt dem Sänger die Gelegenheit, am 19. September 1952 auf der Bühne seiner *Trois Baudets* zu debütieren, und produziert die erste Schallplatte mit Brassens – eine Single mit *Le gorille* auf der einen und *La chasse aux papillons* auf der anderen Seite. Schlag auf Schlag folgen nun die weiteren Stationen im Künstlerleben des Georges Brassens: 1953 erobert er sich die ehrwürdige Music-hall *Bobino,* verhilft ihr zu neuem Glanz, indem er sie zu seiner Hauptspielstätte kürt, kontinuierlich in ihr auftritt (1954, 1956, 1957, 1959, 1962, 1964, 1967, 1970, 1973, 1976). Ebenfalls 1953 kann der Autor seinen zweiten Roman, *La tour des miracles,* veröffentlichen. Ein Jahr später erhält er den Grand Prix du Disque, steigt er auf die Bühne des *Olympia;* 1957 unternimmt Brassens einen singulären Ausflug in die Welt des Films, steht in René Clairs Film *Porte des Lilas* vor der Kamera, schreibt für das Lichtspiel sein Liebesleidlied *Les Lilas.* Eine Ehrung höchsten Ranges wird dem Dichtersänger 1966 zuteil, als er seine Chansons allabendlich im Pariser *Théâtre National Populaire* vortragen darf, auf dessen Bühne der damalige Kulturminister André Malraux im allgemeinen nur Inszenierungen großer klassischer Werke duldet. Im folgenden Jahr steigert sich die Reputation noch: Brassens erhält aufgrund der Petitionen des Romanciers Joseph Kessel und des Dramatikers Marcel Pagnol als erster Auteur-compositeur-interprète den Prix de Poésie de l'Académie française. Der Kandidatur für die Aufnahme in das elitäre Institut entzieht der Ausgezeichnete sich jedoch, auf den Leitsatz seines Liedes *Le pluriel* (Die Mehrzahl) hinweisend: »Bande à part sacrebleu c'est ma règle et j'y tiens/Au faisceau des tibias on verra pas les miens« (Abseits zu gehen, sapperment, das ist mein Prinzip, und ich halte daran fest./ Im Gleichschritt der Schienbeine wird man die meinen nicht sehen). Abseits bleiben, Diogenes in der Tonne sein – das kann sich zwar der Mensch Brassens leisten, der über sein Privatleben einen schützenden Schleier legt, nicht aber der Künstler, der die Bedeutung einer nationalen Institution besitzt: Nach seinem Schallplattendebüt gehen rund 20 Millionen Exemplare der schwarzen Scheiben mit Brassens-Chansons über den Ladentisch. Seine Werke, circa 180 Titel, liegen in aufwendigen, kommentierten Luxuskassetten vor, und auch die Textausgaben seiner Lieder können Auflagenzahlen vorweisen, die gegen die Million streben. –

Die einschlägige Literatur nennt Brassens immer wieder in einem Atemzug mit François Villon. Äußere Argumente für diese Verknüpfung finden sich leicht. So vertont Brassens in den fünfziger Jahren Villons Poem *Ballade des dames du temps jadis* (Ballade von den Frauen vergangener Zeit). Und legt Villon mit seiner *Ballade* des proverbes einen Katalog von Sprichwörtern vor, so zählt Brassens in *La ronde des jurons* altertümliche Schimpfwörter auf, und wie sein Dichterahn, der verkrachte Kumpan, so hat auch Brassens ein Vermächtnis hinterlassen: in Form der Chansons *Le testament* (1955) und dessen Fortsetzung *Supplique pour être enterré sur la plage de Sète* (1966). Doch die Geistesverwandtschaft der beiden Poeten zeigt sich zudem im Thematischen. Schimpft Villon in seinen Balladen und Rondeaus auf »Meßweinpisser«, blickt er scheel auf »feiste Domherrn« mit schlanken Liebchen, dann steht ihm Brassens in nichts nach: Er zieht über die »Sakristeiwanzen« her, verhöhnt die Bigotterie (*Le mécréant,* 1960), spottet über Sakristane mit erotischen Sonderwünschen *Le mauvais sujet repenti* (1952). Überhaupt scheuen Villon und Brassens das deutliche Wort nicht: Stöhnt François unter der schweren Last der dicken Margot, die beim Ringelpiez unbedingt oben liegen will, so fragt Georges, der sich in dem quasi bekenntnishaften Geständnis *Le pornographe* (1958) als Polisson de la chanson, als Liederjan, bezeichnet, in seinem Opus *Les trompettes de la renommée* (1962), ob er mit seinem Glied die Trommel schlagen oder ob er es – wie ein Chorknabe das Venerabile – offen zur Schau tragen soll, um von den Klatschkolumnisten beachtet zu werden, und in dem Anfang der siebziger Jahre veröffentlichten Lied *A l'ombre des maris* warnt Brassens, ein wenig stolz, aber auch drohend: »Ne jetez pas la pierre à la femme adultère/Je suis derrière« (Werft nicht den Stein auf die Ehebrecherin;/Denn ich stehe dahinter). Weitaus intensiver und viel facettenreicher aber als der mißratene Scholar widmet sich Brassens dem Sensenmann, seinem Freund Hein, tanzt er mit ihm den Reigen: In *Oncle Archibald* (1957) berichtet er vom Tod des spendablen Archibald, eines lebensfreudigen Hurenbocks. In *Grand-père* (1957) gibt er von einem verstorbenen Großvater Kunde, der nicht begraben werden kann, weil der Sargträger keinen Kredit gibt, das Fleischerweib nichts zum Leichenschmaus beisteuert und der Pfaffe den Weihrauch verweigert: »Avant même que la vicaire/Ait pu lâcher un cri/J'lui bottai l'cul au nom du Pèr'/Du Fils du Saint-Esprit« (Aber bevor der Vikar/Auch nur einen Schrei ausstoßen konnte,/Trat ich ihm in den Arsch im Namen des Vaters/Des Sohnes und des Heiligen Geistes); und in *Le fossoyeur* (1953) beklagt er das Los des verachteten Totengräbers. Obwohl oder weil der große Schnitter aus vielen seiner Werke grinst *(La mauvaise herbe, Marinette, Funérailles d'antan, La ballade des cimetières),* obwohl oder weil Brassens immer wieder bar jeden Respekts vor Würden-, Amts- und Männlichkeitsträgern agiert, kennzeichnet viele seiner Chansons eine menschliche Wärme, sind viele von ihnen durch Nächstenliebe in durchaus christlichem Verständnis charakterisiert. Zu dieser Gruppe von Werken gehört das *Chanson pour l'Auvergnat,* in dem sich Brassens bei Marcel Planche bedankt, dem Mann von Jeanne, der ihm nach dem Krieg Wohnung und Mut gegeben hat: »Elle est à toi cette chanson/Toi l'Auvergne qui sans façon/M'as donné quatre bouts de bois/Quand dans ma vie il faisait froid/Toi qui m'as donné du feu quand/Les croquantes et les croquants/Tous les gens bien intentionnés/M' avaient fermé la porte au nez/(. . .)//Toi l'Auvergnat quand tu mourras/Quand le croqu' mort t'emportera/Qu'il te conduise à travers ciel/Au père éternel« (Es ist für dich dieses Lied,/Für dich, den Auvergner, der du einfach so/Mir vier Holzscheite gabst,/Als es kalt in meinem Leben war,/Du, der du mir Feuer schenktest, als/Die Hündinnen und Hunde,/All die Leute mit guten Absichten/Mir die Türe vor der Nase zugeschlagen haben/ (. . .)/Du Kohlenhändler, wenn du stirbst,/Wenn der Leichenträger dich abholt,/ Soll er dich durch den Himmel führen/Zum ewigen Vater). Stilistisch zeichnen sich die Chansons des Dichters durch das Neben- wie Miteinander von Argot, Zote, poetisch höchst kunstvoller Sprache und Anspielungen auf die literarische Tradition Frankreichs aus. Aber Brassens betätigt sich nicht

als Epigone, beutet überkommene Formeln und Formen nicht gedankenlos aus, sondern funktionalisiert sie um, indem er sie in neue Zusammenhänge stellt. So faßt er sein Chanson *Le mécréant* (Der Gottlose) in paarweise gereimte Alexandriner, also in ein Versmaß, das seit dem Mittelalter für feierlich-ernste Dichtungen gebraucht wird; Brassens jedoch verbindet die Alexandriner mit einem parodistischen Inhalt, kontrastiert mithin eine erhabene schwere Form mit einem Sujet voller Spott, schafft eine Spannung, die er durch den Gebrauch von wiederum verfremdeten Zitaten (Diderot, Pascal) noch erhöht. Der Musik Brassens' werfen Kritiker immer wieder vor, allzu gleichförmig, ja, monoton zu sein. Doch konstatieren die Autoren BRUNSCHWIG/CALVET/KLEIN zu Recht:
»Unter den einfachen Akkorden der Gitarre verbergen sich alle rhythmischen Gattungen, Java (*Le bistrot*), Blues (*Au bois de mon coeur*) und sogar Boogie-Woogie (*Copains d'abord*). Außerdem geht er ziemlich subtil mit den Harmonien und dem Gegensatz von Dur und Moll um, und es gibt in seinem Gitarrenspiel Anklänge an den Jazz der Vorkriegszeit.«
Eine weitere Quelle musikalischer Inspiration ist für Brassens das französische Volkslied, sieht er in ihm doch ein Symbol der Menschlichkeit in einer übertechnisierten Gesellschaft, den Rest einer vormals intakten Welt, erkennt er in ihm doch ein Mittel der Zivilisationskritik, das er in seinen die Gegenwart attackierenden Werken kontrapunktisch einsetzt. So haben die Schlußverse seines Chansons *La route aux quatre chansons,* in dem der Dichter die Schauplätze der Volkslieder *Sur la route de Dijon, Sur le pont d'Avignon, Le prisonnier de Nantes* und *Auprès de ma blonde* besucht, durchaus Bekenntnischarakter: »Par bonheur par consolation/Me sont restées les quatre chansons« (Zum Glück, zum Trost,/Sind mir die vier Lieder geblieben).

Veröffentlichungen
La mauvaise réputation, Paris s.a.; *La tour des miracles,* Paris 1953; *Texte 1.* Aus dem Französischen übertragen von Gerd Semmer, Ahrensburg 1963; *Texte 2.* Aus dem Französischen übertragen von Martin Remané, Ahrensburg 1965.

Literatur
Jacques Charpentreau, *Georges Brassens et la poésie quotidienne de la chanson,* Paris 1960; Alphonse Bonnafé, *Georges Brassens,* Paris 1963; André Larue, *Brassens ou la mauvaise herbe,* Paris 1970; *André Sève interroge Brassens. Toute une vie pour la chanson,* Paris 1975; Peter Wierichs, *Die Lyrik Georges Brassens.* Diss. phil., Münster 1975; Rüdiger Stellberg, *Die Chansons von Georges Brassens und ihr Publikum. Vom Erfolg der kleinbürgerlichen Ideologie,* Frankfurt a.M. 1979; Pierre Saka, *La chanson française des origines à nos jours,* Paris 1980; Chantal Brunschwig/Louis-Jean Calvet/Jean-Claude Klein, *Cent ans de chanson française,* Paris 1981; Felix Schmidt, *Das Chanson. Herkunft, Entwicklung, Interpretation,* Frankfurt a.M. 1982; Hans Puls/Edmond Jung, *La chanson française commentée,* 3. Auflage, Frankfurt a.M. 1986; Dietmar Rieger (Hg.), *Französische Chansons von Béranger bis Barbara,* Stuttgart 1987; Pol Vandromme, *Brassens – le petit père,* Bruxelles s.a.

Diskographische Hinweise
Die Monographie von Alphonse Bonnafé enthält eine ausführliche Diskographie. Zu ergänzen sind:
Brassens. Chansons de 1952 à1956 (Philips 6641 956); *Brassens. Chansons de 1956 à 1961* (Philips 6641 957); *Brassens. Chansons de 1961 à 1966* (Philips 6641 958); *Brassens. Chansons de 1966 à 1976* (Philips 6641 959); *Georges Brassens. Poèmes et chansons* (Philips 6313 423); *Georges Brassens. Poèmes et chansons* (Philips 6313 424).

Arik Brauer (t/m)
geb. 4. 1. 1929 Wien

»Wer sprechen kann, der kann auch singen. Wer etwas zu sagen hat, der kann auch
Lieder machen.« So einfach ist das Bekenntnis des Musikers, kaum merkt man
die von ihm ausgelegten Fußangeln. Arik Brauer kann es sich leisten, sich ihren
Risiken auszusetzen, tanzt er doch mit Leichtigkeit über sie hinweg. Denn er hat
nicht nur viel zu sagen, sondern er kann viel auf vielerlei Art sagen: Er ist ein
Sänger, der sich Text und Musik schreibt, ein Maler, der sich Haus und Möbel
baut, ein Reisender, der Entfernungen und Zeiten mit seinen »geflügelten« Gedanken überwindet. Sein vielfältiges Tun jedoch läßt sich auf eine Wurzel zurück-
führen, auf ein Volk und dessen Geschichte: Arik Brauer ist Jude. Bis 1938 erlebt
Erich, wie er damals noch hieß, keine ungewöhnliche Kindheit. Er wächst in einer
Atmosphäre von häuslicher Geborgenheit und Liebe auf, fängt als kleiner Junge
schon an zu malen, meist in der Schusterwerkstatt des Vaters, eines fröhlichen,
phantasiebegabten Mannes, der während seiner Arbeit russische und jiddische
Lieder singt. Trotz der heimeligen Idylle im Wiener Zuhause fühlt sich der Junge
lange Zeit von einer Jungenbande angezogen, die ihre Mitglieder oft mit rituellen
Grausamkeiten traktiert. Auch kuriose und skurrile Gestalten aus der Nachbarschaft faszinieren den Jungen. Das Viertel, in dem er heranwächst, und dessen
Bewohner liefern dem Dichtersänger denn auch die Kulisse und die Personen für
viele seiner Lieder: *Die Spinnerin, Rostiger, die Feuerwehr kommt, Der Spiritus.* Aber
Brauer ist nicht der Propagandist einer Mietskasernenromantik, einer Kleiner-
Kneipen-Ideologie à la Peter Alexander, vielmehr registriert er haarscharf die Hack-
ordnungen der ihn umgebenden Gruppen und gestaltet so mit seinen Liedern ein

Arik Brauer

gesellschaftliches Bild. Die grausame Verfolgung, der er als Jude ausgesetzt war, gibt dem sozialen Tableau Brauers eine weitere Farbe. In seinem Chanson *Hoho Halalali,* einem »Jagdlied«, stellt der Sänger sich als Beute einer Menschenhatz dar, die fanatische Schützen und Treiber veranstalten. Der autobiographische Bezug liegt auf der Hand: 1938 bringen braune Büttel den Neunjährigen in ein Sammellager, das für sieben Jahre sein Gefängnis ist. Aus der Fron entlassen, beginnt Arik Brauer nach dem Krieg an der *Akademie der Bildenden Künste* in Wien sein Kunststudium – unter der Obhut von Albert Paris von Gütersloh. Gemeinsam mit seinen Studienkollegen Ernst Fuchs und Anton Lehmden gründet er einen Künstlerzirkel, der als Wiener Schule des Phantastischen Realismus reüssiert. Nach 1948 begibt sich Brauer auf ausgedehnte Reisen, verweilt zunächst in Paris, verdient Geld als Straßensänger, kann sich eine Schiffskarte nach Afrika kaufen, besucht Spanien, Griechenland, Israel, lernt dort seine Frau Neomi kennen, wählt als ständigen Wohnsitz die französische Hauptstadt. Bis Mitte der fünfziger Jahre schlägt sich der Künstler mit israelischer Folklore durchs Leben: Als Sänger, Gitarrist und Tänzer agiert er gemeinsam mit seiner Frau in einem Club. Ausstellungen in der Galerie Flinker verhelfen dem Maler schließlich zum Durchbruch: Seine Bilder rücken immer stärker in das Blickfeld der potentiellen Käufer, Brauer muß aus Zeitgründen vorübergehend das Musizieren aufgeben. Doch als 1965 seine Bilder in einer Exposition der Wiener Galerie Peithner-Lichtenfels zu sehen sind, liegt dem Ausstellungskatalog eine Schallplatte bei: *Brauer singt seine Malerei.* Zu den fünf Bildern, die der Künstler in die Klangwelt transformiert, gehört das Werk mit dem Titel *Glaub nicht an das Winkelmaß* – eine Forderung, mit der auch das entsprechende Lied einsetzt. 1971 erscheint die erste Langspielplatte des Künstlers, die sich zu einem enormen Verkaufserfolg entwickelt. Zwei Jahre später läßt er eine zweite, nicht minder erfolgreiche folgen. Arik Brauer läuft aber nicht Gefahr, sich nun kommerziellen Zwängen unterzuordnen. Er erläutert:
»Ich war (. . .) schon vierzig und konnte unterscheiden zwischen wichtig und weniger wichtig. Wichtig war das Schreiben der Lieder, und wichtig war es auch, diese an die Öffentlichkeit zu bringen. Unwichtig hingegen war es, den Erfolg auszuquetschen wie eine Zitrone (. . .) Ich habe meine eigene Karriere als Popsänger buchstäblich mit Gewalt abgewürgt. So ganz bin ich aber nie von der Musik losgekommen.«
In der Tat beweist der Künstler seine Affinität zur Musik ein weiteres Mal. 1978 gelangt sein Singspiel *Sieben auf einen Streich* während der Wiener Festwochen zur Uraufführung – Hauptdarsteller, Bühnenbildner und Komponist: Arik Brauer. Aber nicht nur für eigene Werke schafft er die Kulissen. 1971 stattet er Weills Ballett *Die sieben Todsünden* für das *Theater an der Wien* aus, ein Jahr später Cherubinis *Medea* für die *Staatsoper Wien* und 1976 Mozarts *Die Zauberflöte* für die *Opéra Paris.* In seiner eigentlichen Heimat Israel setzt Arik Brauer 1982/83 seiner internationalen Karriere ein weiteres Zeichen: Er entwirft für die Universität von Haifa ein Wandgemälde. –
Als Arik Brauer Mitte der sechziger Jahre seinen Hauptwohnsitz von Paris erneut nach Wien verlegt, beginnt er Texte im Wiener Dialekt zu schreiben:
»Es ging mir dabei nicht darum, die österreichische Folklore zu bereichern. Vielmehr war es mein Ziel, Zeitprobleme im Chanson darzustellen, wobei mir der Dialekt als verfremdendes Element diente. Die bildhafte Poesie dieser Sprache hat, wenn man mit ihr Intellektuelles ausdrückt, einen entschärfenden humoristischen Charakter, der die Aussage etwas verschlüsselt.«
Die Entscheidung Brauers für das Wienerische hat nichts Zufälliges an sich. Denn mit Hilfe des Dialekts schafft er es, seine Figuren der kleinbürgerlichen Welt in die richtige Szenerie zu stellen, vermag er, großdimensionierte gesellschaftliche The-

men auf den Nenner eines Liedes von wenigen Strophen zu bringen. In seinem Lied von der *Spinnerin* erzählt Brauer, wie eine alte sonderliche Frau ihre Meerschweinchen im Kinderwagen spazierenfährt, ihre Tiere so liebt, daß sie schon deren Geruch angenommen hat, deswegen von den Nachbarn verlacht und gemieden wird. Aber als 1938 Österreich »heim ins Reich« kommt, wagt die Spinnerin, die Nazis zu beschimpfen und erträgt heroisch die Folter, mit der die Gestapo sie traktiert. WALTER SCHURIAN kommentiert:
»Hier weist Brauer mitleidend auf die Außenseiter in einer Großstadt (. . .). Diese alte Spinnerin lebt zumindest in den Gedanken und Bildern eines Arik Brauer weiter. Sie lebt also länger und letztlich schöner als die unzähligen wirklichen Kleinbürger, die nichts Großes, nichts Sonderbares, eben nur etwas Kleines aufzuweisen haben; sie bevölkern nicht die Träume eines Malers.«
Musikalisch geht Arik Brauer innerhalb der Liedermachergilde eigene Wege: Jiddische und israelische Melodik verschmilzt er mit den charakteristischen musikalischen Linienführungen des Wienerischen und erzielt so eine faszinierende Melange. Über die Abhängigkeit von Sprache und Musik reflektiert Arik Brauer:
»Die Melodie kommt aus der Sprache. Du willst etwas mitteilen, möglichst ausdrucksvoll, und schon beginnen die Worte zu tanzen.«
Die Kritiker werfen dem Liedermacher häufig vor, die Arrangements seiner Chansons seien in der Nähe des Schlagers angesiedelt – ein Kritikpunkt, dem nicht widersprochen werden kann. Doch gilt zu überdenken, ob Brauer sich die musikalisch niedrige Stillage nicht borgt, sich ihrer bewußt bedient: einerseits, um seine reich mit Symbolen und Bildern beladenen Texte zugunsten einer leichteren Verständlichkeit auszubalancieren; andererseits, um die oft grausigen Inhalte über- und ertragbar werden zu lassen. In diesem Sinn charakterisiert WALTER SCHURIAN Arik Brauer als einen Dichtersänger, der nicht für eine Schar von Eingeweihten schreibt, sondern sich mit seinen Liedern um eine direkte Verständigung bemüht:
»In ihnen zeigt er sich als ein Volkssänger, ein Liedermacher, der mit seinem Anliegen Aufmersamkeit wecken möchte. Brauer singt Lieder von der Straße für die Straße. Er greift auf unmittelbare Situationen und Mitmenschen seines Lebenskreises zurück und zeigt die Nöte, die Freuden, die Ängste.«

Veröffentlichungen

Das Runde fliegt. Texte, Lieder, Bilder. Hg. von Walter Schurian, mit 41 Schwarzweiß- und 19 Farbbildern, München 1983.

Literatur

Werkverzeichnis. 3 Bde., Dortmund 1983.

Diskographische Hinweise

Arik Brauer. Sieben auf einen Streich (Polydor 2371 902); *Arik Brauer. Liederbuch* (Polydor 2 LP St 2630 099).

Jacques Brel (t/m)
geb. 8. 4. 1929 Brüssel; gest. 9. 10. 1978 Bobigny

»Ich glaube nicht an Gott und werde niemals an ihn glauben. Ich gebrauche Gott als äußerlichen Begriff, weil ich wie jeder Flame Symbolist bin. Gott ist ein Wort. Ich würde auch Schnellkochtopf sagen, wenn Schnellkochtopf für die Leute die gleiche Bedeutung hätte wie Gott.« Nein, so denkt sich Pater Deschamps das nicht, zu solchen Sätzen hat er seinen Schüler nicht verleiten wollen. Zwar möchte der Lehrer am *Institut Saint-Louis* in Brüssel dem Sohn des Fabrikanten Romain Brel die große französische Literatur nahebringen, möchte er dem sprachgewandten Dreizehnjährigen von Verlaine, Gautier, Hugo oder Chateaubriand erzählen. Aber den Grundstein zum Atheismus seines Zöglings zu legen, das hat er nicht im Sinn, das muß er strikt von sich weisen. Es sieht zunächst auch wirklich nicht so aus, als ob Jacques Brel in die für ihn verwerfliche Region des Unglaubens abdriften würde. Auf der Schule kann er zwar nicht als angepaßt gelten, aber immerhin spielt er eifrig in der Theatergruppe von Pater Deschamps, gibt zudem als Siebzehnjähriger eine Zeitschrift mit eigener Lyrik und der von Freunden heraus. Später schließt er sich der katholischen Jugendorganisation Franche Cordée an, singt mit seinen Kameraden in Altersheimen, Krankenhäusern und Obdachlosenasylen. 1949 avanciert Brel gar zum Präsidenten der gläubigen Gemeinschaft. Beruflich erfüllt Jacques ebenfalls zunächst die in ihn gesetzten Erwartungen: Er tritt in die Wellpappenfabrik seines Vaters ein – auserkoren, eines Tages leitende Positionen zu übernehmen. Und auch weiterhin verläßt der angehende Unternehmer nicht die bürgerliche Schiene: 1950 heiratet Brel Thérèse Michielsen, genannt Miche, und erhält als Hochzeitsgeschenk seine erwartete Beförderung zum Verkaufsdirektor. Als ein Jahr später Miche ihre erste Tochter zur Welt bringt, scheint das Glück des jungen Paares perfekt. Doch hinter der bürgerlichen Fassade gärt und

Jacques Brel

brodelt es. Der tägliche Trott ödet Jacques an. Im elterlichen Hause, wo alles nach dem pedantischen Stundenplan des Vaters abläuft, mag er sich nicht mehr aufhalten. Er haßt es, Juniorchef zu sein, Befehle erteilen zu müssen. Er fühlt sich nicht als Manager. Den Druck des bürgerlichen Lebens empfindet er bald als unerträglich, aber er entdeckt auch ein Ventil: im Schreiben von Chansons. Vorläufig legt er sie noch in einfachen Schulheften nieder; vorläufig noch singt er sie, sich auf der Gitarre begleitend, nur den engsten Freunden vor. 1952 jedoch bricht er aus seinem Kreis aus: Gute Bekannte vermitteln ihn an den belgischen Hörfunk, wo er in *La vitrine aux chansons* auftritt – einer Sendung, die für Belgien ähnliche Bedeutung hat wie Mireilles etwa zur gleichen Zeit anlaufende Reihe *Le petit conservatoire* für Frankreich oder Michael Heltaus Fernseh-*Liedercircus* in den siebziger Jahren für Deutschland. Und obwohl er extrem unter Auftrittsängsten leidet, singt er auch live: in den Cabarets *Le Coup de Lune* und *La Rose Noire*. Brels damaliges Können beurteilt OLIVIER TODD:

»Brel hat noch nicht sein eigenes Universum entdeckt, seine Ausgestoßenen, seine Dreckskerle, den Bürgerkrieg der Worte und Ideen, den er gegen sich selbst führt. Er verirrt sich in vergangene Jahrhunderte, hält Frauen für rein geistige Wesen (. . .) Musikalisch stützt er sich auf drei oder vier Gitarrenakkorde. Seine Stimme, von klarem Timbre, aber ohne Fülle, ist die eines begabten Amateurs.«

Dennoch will Brel die Laufbahn eines professionellen Sängers einschlagen. Eine günstige Gelegenheit bietet sich rasch: Am 17. Februar 1953 kann der Vierundzwanzigjährige in der Brüsseler Niederlassung von Philips seine erste Schallplatte aufnehmen – mit den Chansons *La foire* und *Il y a*. Obgleich Olivier Todd ihre Texte hart attackiert, sie gar als »Schlagsahne aus Klischees auf dem Pudding neorealistischer Plattheiten« bezeichnet, und von der Produktion nur zweihundert Exemplare verkauft werden, fällt mit der Debüt-Single der Startschuß zur Karriere Brels. Denn Jacques Canetti, der große Protagonist des französischen Chansons und zu jener Zeit verantwortlich für den Katalog der französischen Philips, hört die Aufnahme der Chansons *La foire* und *Il y a,* ahnt die noch verdeckten Qualitäten Brels, holt den Belgier nach Paris, läßt ihn im September 1953 in seinem renommierten *Le Théâtre des Trois Baudets* auftreten. Auch wenn es dem Sänger zu Beginn nicht gerade glänzend geht: Die immer wieder zu lesende Aussage, Brel habe in Paris Hungerjahre durchlitten, gehört in den Bereich der Fama. Zwar empfängt ihn Paris nicht mit offenen Armen, zwar lehnen viele Veranstalter und Kritiker den Anfänger wegen seines vorgeblich unvorteilhaften Äußeren ab, doch erhält Brel anfangs Zuwendungen von seiner Familie und verdient zudem bald eigenes Geld – genug, um 1954 seine Frau mit den nunmehr zwei Töchtern in die französische Metropole nachkommen zu lassen. Auch künstlerisch etabliert er sich schnell: Im Februar 1954 lädt Canetti ihn zur Produktion einer zweiten Schallplatte ein. Acht Chansons kann der Dichtersänger auf der neuen Aufnahme vorstellen, textlich wie musikalisch ein breites Spektrum auffächernd: Die Instrumentation der Lieder reicht von Bigband *(La haine, S'il te faut)* bis zum Einsatz von Solo-Oboe *(Grand Jacques)* oder einem allein begleitenden Cembalo *(Le fou du roi),* die Arrangements klingen der Instrumentation entsprechend mal jazzy, mal neobarockal. Wie ein erratischer Block nimmt sich dagegen das Chanson *Il peut pleuvoir* aus: In seiner ansteckenden Fröhlichkeit, seinen lustigen Bildern und seinem musikantischem Schwung läßt es deutlich den Einfluß Charles Trenets erkennen. Eine Mehrzahl der Lieder jedoch widmet sich ernsten, ja, religiösen Themen – und zwar so engagiert, daß Georges Brassens seinem Sangesbruder den Spitznamen Abbé anhängt. Doch vermutlich geht Brassens, der Brel in den *Trois Baudets* begegnet ist, mit seinem Spitznamen in die Irre, versteht er die Lieder seines belgischen Kollegen zu einseitig als »confessiones« eines missionarisch kämpfenden Christen. FELIX SCHMIDT hingegen erkennt in den frühen Werken Brels die Pamphlete eines Kirchenkritikers, eines Atheisten: »Der frühe Ruhm, den ihm solche ›metaphysischen‹ Chansons eintrugen, beruhte freilich auf einem Mißverständnis. Brel beklagte in einem Interview, er sei als religiöser Propagandist mißverstanden und mißbraucht worden. Nie, so gestand er, habe ihm daran gelegen, einen christlichen Gott zu finden.« Dieses Zitat zeigt ein Mißverständnis auf, an dem aber auch Brel Anteil hat: Seine frühen Texte markieren die Position eines Atheisten nicht eindeutig, sind vielmehr noch einem Denken verhaftet, das in den katholisch-sozialen Jugendbünden wie der Franche Cordée seine Basis hat, sich gegen Unterdrückung und doppelte Moral wendet. So attackiert Brel in seiner Litanei *Grand Jacques* die Zeitgenossen, deren Christentum sich in der Kerzenklammerei erschöpft: »C'est trop facile d'entrer aux églises/De déverser toutes ses saletés/Face au curé qui dans la lumière grise/Ferme les yeux pour mieux nous pardonner« (Es ist zu leicht, zum Beichtstuhl zu treten,/Um seine Dreckkübel vor dem Priester auszuschütten,/Der im grauen Dämmerlicht die Augen schließt,/Um uns besser zu vergeben). In puncto literarischer Eigenständigkeit vermag sich Brel vor allem mit zwei Chansons seiner Anfang 1954 eingespielten Schallplatte zu profilieren: In dem poetischen *Sur la place* läßt der Dichter eine Tänzerin auf einem öffentlichen Platz ihre Figuren ausführen, doch die Menschen schließen die Fenster, errichten so selbst die von Schönheit und Liebe trennenden Schranken. In *Le diable* geißelt er Politik und Gesellschaft (»Alle Dreckskerle haben in den Zeitungen ihr Photo«), indem er seine bittere Kritik dem Teufel in den Mund legt – ein ungemein wirksamer Kunstgriff, dessen Maskerade es Brel erleichtert, die ungeschminkte Wahrheit zu sagen. Juliette Gréco, unbestechlich in der Auswahl ihres Repertoires, erkennt als erste den Wert von *Le diable* und debütiert mit diesem Chanson 1954 im Pariser *Olympia*. Die nächsten Jahre des jungen Belgiers bestimmen vor allem Tourneen ... und seine Liebesaffären. Zunächst geht er eine kurze Liaison mit Catherine Sauvage ein, dann nimmt er Suzanne Gabriello, ebenfalls eine Kollegin, zu seiner Geliebten. Auf sie bezieht sich eines der berühmtesten Chansons von Brel: *Ne me quitte pas.* 1957, inmitten seines schwierigen Privatlebens, produziert der Sänger die dritte Schallplatte – mit dem bezeichnenden Titel *Quand on n'a que l'amour.* François Rauber, Michel Legrand und André Popp, drei versierte Arrangeure, stehen ihm zur Seite, kleiden die Brelschen Melodien farbenfroh und nuancenreich ein: In *La bourrée du célibataire,* der Hymne eines Junggesellen auf seine Zukünftige, wartet Brel gar mit musikalischen Orientalismen auf, einem für ihn neuen Kolorit, dessen Exotik das Arrangement von André Popp deutlich modelliert. Schon zwölf Monate später, im Juni 1958, erscheint die nächste Schallplatte des unermüdlich Schaffenden, nach ihrem heute quasi zur Weltliteratur gehörenden Eröffnungslied *Au printemps* benannt, und wieder erobert sich der Dichtersänger ein neues Klangterrain: Zwei seiner Lieder, *La lumière jaillira* und *Voici,* läßt Brel von einer Kirchenorgel nach Art eines Choralvorspiels kommentieren – eine im Bereich des Chansons völlig ungewohnte akustische Qualität von verfremdendem, aufrührerischem Charakter. Ende 1959 soll der Sänger im *Bobino* für den erkrankten Francis Lemarque einspringen. Brel erhält mit diesem Angebot nicht nur die Chance, seine Premiere in der altehrwürdigen Music-hall zu feiern, sondern auch die Möglichkeit, für die Promotion seiner gerade erschienenen fünften Schallplatte zu sorgen. Und sie umfaßt nun vollends jenes Spektrum, das Olivier Todd dem jungen Brel noch in Abrede stellt: intime Bekenntnisse wie *Isabelle,* eine zärtliche Berceuse für Brels dritte Tochter, Kritik an Monsieur

Prud'homme, am Biedermann, wie das hintergründige *Les Flamands,* eine Pastorale, die hinter der Maske eines Bauerntanzes die tote Ordnung der Bürger angreift (»Sie tanzen, weil sie zwanzig sind/Und mit zwanzig sich verloben müssen,/Sich verloben, um heiraten zu können,/Heiraten, um Kinder zu bekommen,/Wie es ihnen ihre Eltern gesagt haben«); Attacken gegen das Heuchlertum der Berufs-Christen wie *La dame patronesse,* ein Haßgesang, in dem die ach-so-gute Gönnerin eine Bettlerin von der Liste ihrer inszenierten Wohltätigkeit streicht, weil die Ärmste einen Sozialisten besucht; und Liebeslieder wie *Ne me quitte pas,* eine Serenade, in der sich Brel wieder einmal als experimentierfreudiger Klangregisseur erweist – er umrahmt die Romanze mit den vibrierenden Schwingungen der Ondes Martenot, eines elektronischen Tasteninstrumentes, das vor allem Komponisten der sogenannten Ernsten Musik wie Olivier Messiaen oder Arthur Honegger anwenden. Der Höhepunkt der fünften Schallplatte Brels aber ist zweifelsohne seine schwindelerregende Abschußfahrt *La valse à mille temps,* ein Chanson, das deutschen Hörern später durch Michael Heltau unter dem Titel *Karussell* bekannt wird: in einer völlig freien, aber sehr poetischen Nachdichtung von Werner Schneyder. Die surrealistische Dimension dieses Lebenswalzers, die aus einer kleinen Phrase erwächst, den phantastischen Aspekt dieses modernen Gegenstücks der mittelalterlichen Totentänze beschreibt JEAN CLOUZOT in seiner Brel-Monographie:

»Der Satz scheint von einer ungeheuren Krebswucherung befallen zu sein: Er gewinnt nach und nach an Eigenleben, geht dann dem Autor durch und vereint sich ohne jede Logik mit seinen Nachbarn. Der klassische Walzer im Dreivierteltakt bringt einen Walzer im Viervierteltakt hervor, der ein Walzer von zwanzig Jahren wird, sich aufbläht zu einem Walzer von hundert Jahren, bevor ein völlig verrückter Walzer im Tausendvierteltakt erklingt. Die Maschine gerät außer Kontrolle, und nichts mehr kann sie anhalten. Die Sätze prallen aufeinander, springen zurück, geraten durcheinander, schaffen eine Erscheinung, die man in der Psychiatrie die Intoxikation durch das Wort nennt.«

Der Beginn des neuen Jahrzehnts, 1961, zeigt zu dem letzten Jahr des vergangenen, 1959, eine verblüffende Parallele. Wieder hat »Grand Jacques« eine neue Platte herausgebracht, wieder erkrankt ein großer Star, wieder nimmt Brel dessen Vertretung an: Er springt für Marlene Dietrich ein, die im letzten Moment ihr Gastspiel im *Olympia* absagen muß. Sein Debüt als Vedette in der größten Pariser Music-hall wird zum Triumphzug, der Sänger gehört nun endgültig zum Kreis der bedeutendsten Chanteurs in Frankreich, muß ab jetzt in einem Atemzug mit der Piaf, Brassens, Montand, Chevalier, Trenet oder Ferré genannt werden, wie Olivier Todd konstatiert. Brels neue Lieder zünden sofort, bedürfen keiner Eingewöhnungszeit, keiner Schonfrist mehr, gehen seinen Hörern direkt unter die Haut, reißen sie zu Begeisterungstaumeln und Beifallskundgebungen hin, die den Rahmen der Veranstaltung zu sprengen drohen: Das Orchester unter der Leitung von Daniel Janin muß nach dem vorletzten Lied den Beifall quasi niederspielen, wie der Live-Mitschnitt *Brel en public à l'Olympia 1961* dokumentiert. Der Dichtersänger präsentiert »à l'Olympia« seinem Publikum neue Pamphlete gegen die Verkrustung der bürgerlichen Moral, spielt den Spießern in seinem Chanson *Les bourgeois* gar übel zum Tanz auf: Sie seien wie die Schweine, je älter, desto viehischer, beschimpft er zum forcierten Walzertempo diverse Zeitgenossen – im Refrain unterstützt von dem Sound der Blechbläser, die vor dem Überdruck des Hasses zu bersten drohen. Als weitere Zielscheibe seiner Kritik nimmt er das Militär aufs Korn, indem er die stupide Karriere von *Zangra* nachzeichnet, einem Berufssoldaten, dessen sinnloses Leben sich in die Kapitel seiner Beförderungen gliedert. Doch erschöpft sich Brel nicht in Haßtiraden, bleibt er nicht bei der totalen Negation stehen: In *L'ivrogne* plädiert er für einen Trinker, den seine Geliebte verlassen hat, der versucht, eine fröhliche Fassade aufrechtzuerhalten, innerlich aber gebrochen ist. Das seelische Auf und Ab, seine Spannung zwischen Sein und Schein zeichnet die Musik des Chansons kongenial nach (sie stammt von Gérard Jouannest, der eine Reihe von Brel-Texten vertont und zudem den Sänger seit Ende der fünfziger Jahre auf dem Klavier begleitet). In *Le moribond* versucht Brel sogar dem Tod, einem seiner zentralen Themen, freundliche Seiten abzugewinnen – »Ich will Gesang, will Spiel und Tanz,/Wenn man mich untern Rasen pflügt«, so formuliert es Klaus Hoffmann in seiner deutschen Version. Nach seinem grandiosen Auftritt im *Olympia* beginnt Brel ein nun wirklich aufreibendes Tourneeleben. Etwa 130000 Kilometer legt er jährlich zurück, fast 30 Galas gibt er pro Monat, er unternimmt Konzertreisen in die Sowjetunion, nach Polen, Rumänien, Bulgarien, nach Afrika, Lateinamerika, Kanada, in die USA . . . um sich 1964 erneut im *Olympia* vorzustellen: *Amsterdam* – so heißt sein Auftrittslied. Im Hafen von Amsterdam sieht der Chanteur seine eigene Endstation, in ihn sieht er sein eigenes Lebensschiff einlaufen und konzipiert so den ersten Teil einer dramatischen »Symphonie fantastique«, deren weitere Sätze *Le dernier repas* und *Tango funèbre* überschrieben sind – makabre Oden, in denen Brel am eigenen Leichenschmaus teilnimmt, in denen er dem Komponisten Hector Berlioz gleich sein eigenes Begräbnis voraussieht. Die »Symphonie fantastique« markiert in der Laufbahn Brels den Zenit. Bereits wenige Monate später kursieren Gerüchte, der Sänger hege die Absicht, sich von der Bühne zurückzuziehen, Gerüchte, die sich bald zur Gewißheit verdichten. 1966 eröffnet der Siebenunddreißigjährige seinem Kombattanten Charles Aznavour: »Ich will kein alter Sänger sein!« Und zur Überraschung aller setzt »Grand Jacques« seine Ankündigung in die Tat um: Am 16. Mai 1967 betritt der Chanteur im französischen Roubaix zum letzten Mal die Bühne (nicht am 6. Oktober 1966 im *Olympia,* wie einige Autoren kolportieren). Ohne Atempause sattelt Brel um, steigt er auf sein neues Pferd, den Film. 1967 übernimmt er in André Cayettes Lichtspiel *Les risques du métier* die Rolle eines Lehrers, der zu Unrecht verdächtigt wird, sich an einer Schülerin vergangen zu haben. Und Jahr für Jahr schließen sich weitere Engagements vor der Kamera an: 1968 in *La bande à Bonnot* unter der Regie von Philippe Fourastie; 1969 in *Mon oncle Benjamin,* einem von Edouard Molinaro inszenierten Film; 1970 in *Les assasins de l'odre* und *Mont-Dragon* unter den Regisseuren Marcel Carné respective Jean Valère; 1972 in *L'aventure c'est l'aventure* von Claude Lelouch. Ende der sechziger Jahre erobert sich Brel ein weiteres Terrain, begibt er sich auf ein neues Plateau: das Musical. Nach monatelangen Proben und Pilotversuchen übernimmt er die Hauptrolle in *L'homme de la Mancha,* einer Bühnenfassung des *Don Quichotte* (Libretto: Dale Wasserman, französische Adaption: Jacques Brel; Musik von Mitch Leigh und Joe Darion) und steht von Januar bis Mai 1969 als »Ritter von der traurigen Gestalt« im Rampenlicht des *Théâtre des Champs-Elysées.* Inmitten der Aufführungen ergeben ärztliche Untersuchungen: Brel hat Krebs. Doch der Unermüdliche widersetzt sich dem drohenden Tod, zwingt sich zur Weiterarbeit, erweitert gar sein Arbeitsfeld, setzt 1971 den Film *Franz* in Szene, für den er die Sängerin Barbara engagiert, übernimmt zwei Jahre später Regie und Drehbuch von *Far-West,* einer Hommage an den Wilden Westen, . . . doch ist der Tod ihm hart auf den Fersen. 1974 veröffentlicht der Regisseur Denis Heroux noch eine musikalische Rückblende mit dem sarkastischen Titel *Jacques Brel is alive and well and living in Paris* – dann wird es still und stiller um den Künstler. 1977 aber bäumt Brel sich noch einmal auf, geht nach langen Jahren wieder in ein Aufnahmestudio,

produziert todkrank seine letzte Platte, hinterläßt sein musikalisches Vermächtnis, sein großes Testament, singt sich die Seele aus dem Leib, sendet eine letzte Botschaft an seine Frau, seine Freunde, beschwört ein letztes Mal den großen schwarzen Vogel: »Sie sprechen über den Tod, wie du über eine Frucht sprichst!« – so heißt es in dem Chanson *Aux Marquises,* dem Abgesang der letzten Platte von »Grand Jacques«. –
»Ich liebe die Wörter. Ich habe Respekt vor ihnen. Man verplempert sie zu häufig. Man wägt nicht alle ab. Oft brauche ich Jahre, bis ich die Erscheinungen, an denen ich leide – und es gibt genug davon –, in Wörter fassen kann. Diese Wörter (. . .), ich werde ihr Bruder und gebe ihnen Farbe. Wenn ich ein Chanson schreibe, tue ich es in Schwarzweiß. Aber von Zeit zu Zeit gibt es ein Wort in Farben, dem ich eine neue Dimension verliehen habe.«
Brels Achtung vor den Wörtern schlägt sich in einer sorgfältigen Behandlung des sprachlichen Materials nieder, kommt in einem ausgefeilten Stil zum Tragen: in scheinbar spielerischen Homophonen (»du porto que tu rapportas de la sorte des Lilas«, »une valse à quatre temps, une valse à vingt ans«), in freien Wortschöpfungen (»une maison qui se tire-bouchonne«, »je me suis dejumenté«), in der häufigen Anwendung gegensätzlicher oder widersprüchlicher Wortpaare (»j'avais l'oeil du berger et le coeur de l'agneau«, »tu avais perdu le goût de l'eau et moi celui de la conquête«), in der Vermischung von Sprachen *(Marieke, Rosa).* Brels souveränem Umgang mit der Poesie entsprechen seine eidetische Potenz, neue Klangwelten zu schauen, seine musikalische Bildung, sein Grenzen wie Gattungen mißachtendes Ohr. So steht ihm eine farbenreiche Palette von Stilen zur Verfügung: Ob er auf folkloristische Motive zurückgreift *(L'ivrogne, Les Flamands),* ob er Elemente sakraler Musik verwendet *(La lumière jaillira),* ob er sich der Montage bedient *(Le lion),* ob er sich auf den aggressiven Sound eines Jazz-Orchesters besinnt *(La haine, Les remparts de Varsovie)* oder ob er sich klassischer Vorlagen erinnert, wie in seinem Chanson *Les désespéres,* das von dem zweiten Satz des Klavierkonzerts G-dur Maurice Ravels beeinflußt ist, – stets ordnet er die Kompositionen seiner Ideenwelt unter, seinem Universum aus Bürgerhaß und Pfaffenschreck, aus Tod und Liebe. Obwohl Brel auf traditionellen musikalischen Mustern aufbaut, bedient er sich nicht bequem eines vorgefertigten Materials, verlötet er nicht im Fertigbauverfahren bereits zugeschnittene Teile, sondern schmilzt er mit Hilfe der Harmonik, des Kontrapunkts sowie der Instrumentation vorhandene Elemente zu einer neuen Legierung um, die den harten Belastungsproben seiner Texte gewachsen ist. In den bedingungslosen Dienst seiner Poesie stellt sich auch Brel, der Chanteur. FELIX SCHMIDT erinnert sich:
»Während seiner Tour de chant erfand Brel, der stets im weißen, knopflosen Hemd auftrat, fortwährend neue Mimikspiele und Gesten – nichts war einstudiert. Er leistete sich Hanswurstiaden, um groteske Effekte seiner Lieder deutlicher zu machen, und wenn er nichts zu tun hatte, dirigierte er seine Vier-Mann-Band: Brel stand keinen Augenblick still. Wenn der Vorhang nach 45 Minuten fiel, hatte der erschöpfte Sänger gewöhnlich ein Kilo Gewicht verloren.«

Veröffentlichungen

Poèmes et chansons. Aus dem Französischen übertragen von Heinz Riedel, Ahrensburg 1966; *Der zivilisierte Affe.* Mit einem Kontext von Jean Clouzot. Aus dem Französischen übertragen von Heinz Riedel, Ahrensburg 1970; Œuvre intégrale, Paris 1982.

Literatur

Jean Clouzot, *Jacques Brel,* Paris 1964 *(Vermehrte Auflage 1981);* Paul Emmanuel, *Jacques Brel,* Bruxelles 1978; Pierre Barlatier, *Jacques Brel,* Paris 1980; Felix Schmidt, *Das Chanson. Herkunft, Entwicklung, Interpretation,*

Frankfurt a.M. 1982; Pierre Berruer: *Jacques Brel va bien, il dort aux Marquises,* Paris 1983; Olivier Todd, *Jacques Brel. Une vie,* Paris 1984.

Diskographische Hinweise

Clouzots Monographie (Auflage 1981) enthält eine ausführliche Diskographie. Zu ergänzen ist:
Jacques Brel. L'œuvre intégrale (Barclay 200.300).

Aristide Bruant (t/m)
geb. 6. 5. 1851 Courtenay; gest. 11. 2. 1925 Courtenay

Henri de Toulouse-Lautrec, Théophile Steinlen, Charles Baudelaire, Anatole France, Emile Zola, Yvette Guilbert, Kurt Tucholsky, Walter Mehring, Frank Wedekind, Bertolt Brecht, Alfred Lichtenstein, Ferdinand Hardekopf, Rosa Valetti, Klabund, Alfred Kerr, Walter Benjamin – das sind nur einige der Namen im Schlepptau des Sängers, nur einige, die das Netz belasten, mit dem Aristide Bruant an die Oberfläche zu holen wäre. So gewichtig ist es mittlerweile geworden, daß weder Literatur- noch Musikwissenschaften die Kraft gefunden haben, es an Land zu ziehen, sprich: das Werk und die Person Bruants umfassend zu würdigen. Gerade die Vielzahl der Anregungen, die von Bruant ausgeht, gerade die kulturgeschichtliche Interdependenz seines Œuvres erschweren die Annäherung an den Autor, vernebeln leicht den Überblick. Verschließt sich der Historiker einer hermeneutischen Betrachtungsweise, unterläßt er es, Abhängigkeiten und Zusammenhänge der künstlerischen Hinterlassenschaft Bruants von und mit der Zeitgeschichte zu betrachten, dann müßte ihm seine Arbeit allerdings leicht von der Hand gehen. Denn die Quellenlage ist optimal: Bruant gehört zu den wenigen Dichtersängern seiner Epoche, die schon zu Lebzeiten eine Gesamtausgabe ihrer Chansons publizieren; zudem war es ihm möglich, einen großen Teil seiner Lieder um 1910 auf Schallplatte aufzunehmen. Neben zahlreichen Photographien existieren Porträts von Bruant, die bedeutende Künstler wie Toulouse-Lautrec oder Steinlen geschaffen haben. Seine Heimatstadt Courtenay beherbergt ein Bruant-Museum, und schließlich berichteten viele Journalisten und Schriftsteller von Bruants spektakulären Auftritten. Sogar EMILE ZOLA setzt ihm mit dem Roman *Paris* ein Denkmal – in der Figur des Sängers Legras:
»Er war ein dicker, fahler Bursche in einer Sammetjacke, mit einem runden sorgfältig rasierten Gesicht, harten Augen und den Kinnbacken der Männer, die sich von den Frauen vergöttern lassen, indem sie sie durch Schrecken regieren. Es fehlte ihm nicht an Talent, und er sang richtig, mit einer durchdringenden Metallstimme von ungewöhnlich pathetischer Gewalt. Sein Repertoire, seine ›Straßenblumen‹, erklärten vollends seinen Erfolg. Es waren Lieder, in denen der Schmutz und das Leid des gemeinen Volkes, die ganze furchtbare Wunde der sozialen Hölle heulten und ihr Weh in unreinen Worten voll Blut und Feuer herausspien.«
Obwohl sich Legras alias Aristide Bruant zumindest in seinen Liedern der Hölle des sozialen Elends verschreibt, obwohl er die Welt der von der Gesellschaft Ausgestoßenen auf das genaueste kennt, stammt er aus einem gutbürgerlichen Elternhaus. Der Junge, damals noch mit dem amtlichen Namen Aristide Louis Armand Bruand, kann im südlich von Paris gelegenen Sens auf das Gymnasium gehen und erweist sich als fähiger, besonders den Sprachen und dem Gesang zugetaner Schüler. Als er siebzehn Jahre alt ist, geraten seine Eltern jedoch in wirtschaftliche Not. Aristide muß die Schule verlassen, sich seinen Lebensunterhalt

Aristide Bruant

selbst verdienen. Er arbeitet als Bote bei einem Anwalt, geht später zu einem Goldschmied in die Lehre, nimmt 1870/71 als Franc-tireur (Freischärler) am Deutsch-französischen Krieg teil, tritt um 1875 eine Stelle in Paris an, als Expedient der Compagnie des chemins de fer du Nord, der Nordfranzösischen Eisenbahngesellschaft, – und beginnt zur gleichen Zeit in den Kneipen um die Place de la Nation aufzutreten. Versehen mit einem exzentrischen Kostüm – rosenholzfarbene Hose, Phantasieweste, Chapeau claque – singt er komische Chansons wie *Les femmes* oder *Henri IV a découché*, ein Lied vom Denkmal Heinrich IV., das nächtens seinen Sockel verläßt, um sich zu einem zärtlichen Tête-à-tête einzufinden. 1880 muß er seinen Militärdienst beim 113. Infanterieregiment ableisten, läßt sich von der nationalistischen Welle mitreißen, die nach der Niederlage von 1870/71 aufbrandet, und schreibt schließlich patriotische Gesänge von Vaterland und Krieg: *Le 113e de ligne* und *Serrez vos rangs*. Als Bruant ins Zivilleben zurückkehrt, dringt er auf nächtlichen Wanderungen durch Paris in die Welt und Sprache des Gauner- und Zuhältermilieus ein. 1925 schreibt der Sänger über sich selbst:

»Er wurde immer präziser, beim Aufschreiben, beim Lernen und beim Erkennen der Gewohnheiten und des Seelenzustandes der nächtlichen Passanten: frierende Vagabunden, die sich unter den argwöhnischen Blicken der Polizisten an den Kohlenbecken der Baustellen aufwärmten; müde Strichmädchen, die ihr Geld im nächsten Hauseingang verdienen wollten; finstere Rowdys auf Lauer in dunklen Einfahrten: alles mehr oder weniger gefährliche Mitspieler einer erbärmlichen Tragödie der Slumbewohner, die geboren werden, sich vermehren und herumwimmeln, um in ungesunden Elendsquartieren, in dreckigen Löchern und den dunklen Seitenstraßen der verdammten Städte zu krepieren.«

Aber Bruant bleibt nicht lange Zaungast des sozialen Elends: Erschüttert durch die Diskrepanz zwischen Glanz und Armut der Belle Epoque, entwickelt er sich mehr und mehr zum Chronisten des Leids, des Molochs Paris, zum Anwalt der Parias. Zwar tritt er Anfang der achtziger Jahre in den Cafés-concerts *Époque, Scala* und *Horloge* noch mit einem eher seichten Repertoire auf und schreibt gemeinsam mit Jules Jouy noch populäre Gassenhauer wie *L'enterrement de belle-maman* und *Mad'moiselle, écoutez-moi donc*, doch als ihn Jouy in das Cabaret *Le Chat Noir* einführt, schlägt Bruant konsequent eine andere Richtung ein: Zunächst legt er seine dandyhafte Modekleidung ab, läßt sich die Haare wachsen, tritt von nun an im schwarzen Anzug, in hohen Stiefeln, mit weit ausladendem Hut und rotem Schal auf – so wie ihn das berühmte Bild von Toulouse-Lautrec zeigt – und kürt jetzt die Ausgestoßenen der Gesellschaft zu den Helden seiner Chansons: In *A la Villette* berichtet Bruant aus dem Leben eines Taugenichts, der als Spieler sein Mädchen schröpft und schließlich auf der Guillotine endet. In *A la Bastille* schwärmt er von einem sechzehnjährigen Mädchen, das für die Eltern anschaffen muß, und mit seiner Beschreibung *A la Chapelle* gewährt er Einblick in eine Wärmehalle, in der Obdachlose ums nackte Überleben kämpfen. Mit seinem Chanson *Le Chat Noir* aber kreiert Bruant die Hymne des Cabarets. Sie besingt den Glückssucher Oskar, der rund um den *Chat Noir* einer ganz bestimmten Art von Fortuna nachspürt, liegt das Cabaret doch in einer verrufenen Gegend: auf dem Boulevard Rochechouart, am Fuße des Montmartre, der als Hochburg der Zuhälterei gilt. 1885 kommt es denn auch zu einer Messerstecherei im *Chat Noir*. Rodolphe Salis, Gründer und Inhaber des 1881 entstandenen Cabarets, zieht die Konsequenzen und siedelt mit seiner Institution in die feinere Rue de Laval (heute Rue Victor-Massé) um. Bruant jedoch, der das Treiben der Verbrecher, das Leben der Apachen aus eigener Anschauung kennt, zeigt größeren Mut als der vornehm sich gebärdende Salis: In Übereinstimmung mit seinem künstlerischen Credo, seinen Chansons, bleibt er am Ort der Straßenmädchen und ihrer Luden, richtet in den verlassenen Räumen des einstigen *Chat Noir* sein eigenes Cabaret ein, *Le Mirliton* (Die Rohrflöte), gibt bis 1894 unter dem gleichen Namen eine Zeitschrift heraus, für deren graphische Gestaltung meist Steinlen oder Toulouse-Lautrec verantwortlich zeichnen, ... und lockt das Publikum in Scharen an. Bald gehört es zum guten Ton der Pariser Gesellschaft, mit der Kutsche zu Bruants *Mirliton* zu fahren, um sich zu amüsieren. Als der Dichtersänger den tiefen Abgrund spürt, der sich zwischen den meist großbürgerlichen oder aristokratischen Zuhörern und seinen naturalistischen, dem sozialen Elend gewidmeten Chansons auftut, entflieht er dem Dilemma auf seine Weise: Er behandelt seine Gäste wie Vieh, nennt sie Schweine, Wanzenbrüder, Kanaillen und Dummköpfe, die mit einem Silberlöffel im Maul geboren wurden. Zu seiner Rechtfertigung trägt er vor:

»Ich räche mich, indem ich sie beschimpfe, indem ich sie schlimmer als Hunde behandle. Und darüber lachen sie Tränen. Sie glauben, ich scherze, obwohl es oft die Erinnerung an die Vergangenheit ist, an die erlittene Not, den gesehenen Dreck, die auf meine Lippen kommt und mich so reden läßt, wie ich rede.«

Trotz seiner rüden Publikumsbeschimpfungen erhält Bruant zuhauf Angebote, vor aristokratischen Kreisen zu singen, trägt er seine Chansons selbst im mondänen *Théâtre de la Bodinière* vor. 1892 präsentiert ihn Ducarre, der Direktor des *Concert des Ambassadeurs*, sogar auf dem Champs-Elysées, der Prachtstraße von Paris, und beauftragt Toulouse-Lautrec mit dem Entwurf der Plakate. Bei einem Blick auf die Anfang der neunziger Jahre von Bruant publizierten Lieder scheint sein Auftreten inmitten von Glamour und Luxus kaum glaubhaft: *A Biribi* geißelt die Zustände in einem französischen Militärstraflager, wo die Menschen wie Tiere in Ketten gehalten werden, wo, durch die unwürdigen Verhältnisse gebrochen, Mann mit Mann es treibt; *Au Bois de Boulogne* weist auf den mobilen Strich im großen Pariser Stadtwald hin: Reiche Freier fahren mit Kutschen zu den Pflasterschwalben vor, obwohl es nach »Diebstahl, Raub und Mord riecht«; und in *Les quat' pattes* singt Bruant den Vierbeinern sein Lob, den heimatlosen Straßenkötern mit eigener Vorstellung von Moral, die sich einen »Deubel« um das Bürgerpack scheren. – Völlig überraschend, auf dem Höhepunkt seiner Laufbahn, gibt der Sänger 1895 die Leitung des *Mirliton* an seinen Pianisten Marius Hervochon ab, der es unter dem Namen *Aristide Bruant* weiterführt. Der »König des Montmartre« aber zieht sich auf seinen Landsitz in der Nähe von Courtenay zurück und versucht als Schriftsteller seine intimen Milieukenntnisse weiter zu vermitteln: 1897 erscheint sein Roman *Les basfonds de Paris*, dem 1901 das Prosawerk *La loupiote* folgt. Ebenfalls 1901 veröffentlicht er ein Buch über den Pariser Argot, und 1911 respektive 1925 publiziert er die Romane *Les amours de la pouliche* und *La princesse du trottoir*. 1898 kandidiert Bruant für die Parlamentswahlen, macht wegen seiner Wahlreden von sich reden, die er als Chansons darbietet, erhält aber nur wenige Stimmen. Und selten noch steht er im Rampenlicht: 1899 übernimmt er eine Zeitlang das *Concert de l'Epoque*, 1904 tritt er gemeinsam mit seiner Frau, der Sängerin Mathilde Tarquini d'Or, im *Odéon* auf, 1905 läßt er sich im *Little Palace* und 1913 in der *Oasis* hören. Ein letztes Mal gibt sich der große Aristide 1924 im *Théâtre de L'Empire* die Ehre – im Auditorium: KURT TUCHOLSKY, der erschüttert notiert:
»Es ist ein sehr alter Mann, der da herauskommt (. . .) seine Stimme ist nicht mehr so mächtig, aber man versteht ihn noch in der letzten Ecke des großen Raumes. Man versteht ihn – ? Viel, viel mehr (. . .) Er singt. Heute noch, nach so langer Zeit. Im *Gil Blas*, dem Papa der deutschen Zeitschrift *Simplicissimus*, findet sich in der Nummer zwei unter dem 5. Juli 1891 der erste Beitrag Aristide Bruants: *Au Bois de Bologne* mit einer bunten Zeichnung. Er sang in den Kneipen des Montmartre, der damals noch keine Fremdenglasur hatte, und war in diesem Lande des Chansons immer literaturfähig. Manches ist noch lebendig. Wie sonderbar aktuell klingt: ›A Biribi – à biribi!‹ heute, wo alle Welt von der Abschaffung dieser unmenschlichen Militär-Straflager in Afrika spricht. Die Musik hat einen straffen militärischen Rhythmus – die Stimme des Sängers hackt unerbittlich in die militärische Autorität. Bruant singt. Und weil die Franzosen wissen, was Tradition ist, tun sie ihn nicht zum alten Eisen (. . .), sondern die Franzosen fühlen zwar sehr wohl, daß es das heute nicht mehr gibt, aber sie fühlen auch, daß Bruant der Ausdruck seiner Zeit, seiner Epoche, seines Paris von damals gewesen ist, das er in der Weltliteratur unsterblich gemacht hat.« –
Wie die französische Malerei in der zweiten Hälfte des 19. Jahrhunderts sich allmählich von ihren traditionellen Motiven distanziert, nicht mehr Götter, Könige, Paradiese in den Mittelpunkt ihrer Bilder rückt, sondern ihre Themen im Freien, in der Natur, auf der Straße sucht und an Bettlern, Steineklopfern wie an den Errungenschaften der Technik Gefallen findet, so wendet sich auch die

Literatur der Zeit von den hehren Zielen ab, lehrt sie, Akademismus und bürgerliche Werte zu verachten, solidarisiert sie sich folgerichtig mit denen, die ihrerseits von der Gesellschaft verachtet werden: mit den Apachen, den Verbrechern. WALTER BENJAMIN stellt fest:

»Der Apache, welcher sein Leben lang auf die Bannmeile der Gesellschaft wie der großen Stadt angewiesen bleibt, hat vor Baudelaire in der Literatur keine Stelle. Die schärfste Prägung dieses Sujets in den ›Fleurs du mal‹, der ›Vin de l'assassin‹, ist daher zum Ausgangspunkt eines Genres geworden. Seine ›Kunststätte‹ ist das ›Chat Noir‹ geworden.«

Mit dem *Chat Noir* und seinem bedeutendsten Vertreter, Aristide Bruant, endet aber nicht nur eine von Baudelaire über Jean Richepin verlaufende Entwicklung, sondern von dem Dichtersänger geht auch eine Linie aus: Sie berührt zunächst Frank Wedekind, der Anfang der neunziger Jahre einige Zeit in Paris lebt, auf dem Montmartre Bruant hört, unter dessen Einfluß er bald eigene Lieder textet und komponiert – wie etwa *Die Hunde*, ein Chanson, das dem Sujet und der Aussage nach Bruants *Les quat' pattes* sehr nahesteht. Von dem wilhelminischen Bürgerschreck weiter führt die Linie direkt zu Bertolt Brecht, der schon als Jugendlicher nach Wedekindschem Vorbild seine ersten Balladen schreibt. Auch in Brechts Bühnenwerken *Die Dreigroschenoper* sowie *Aufstieg und Fall der Stadt Mahagonny* weht noch der rauhe Wind der Helden Bruants, ja, selbst die Technik der Publikumsbeschimpfung könnte der Dramatiker von dem Sänger übernommen haben: Wenn Brecht seine Zuhörer mit dem berühmten Transparent *Glotzt nicht so romantisch* konfrontiert, dann entspringt diese Brüskierung dem gleichen Gefühl der Ohnmacht, aus dem heraus Bruant seine Gäste attackiert, dem Gefühl, die Kluft zwischen gutsituiertem Publikum und dem beklagten Elend nicht überbrükken zu können. Brecht aber bedarf nicht Wedekinds als Vermittler, er hat durchaus die Möglichkeit, das Repertoire Bruants sozusagen aus erster Hand kennenzulernen: Nach dem Ersten Weltkrieg tritt nämlich Yvette Guilbert häufig in Berlin auf, die Sängerin, deren Bruant-Interpretationen der Autor selbst autorisiert. Die Chansons des Franzosen sind denn auch im Spree-Athen der zwanziger Jahre gut bekannt, zumindest den Literaten und Kabarettisten. Kurt Tucholsky und sein Memento *In Weißensee*, Walter Mehring und seine Hommage *Wedding-Montmerte*, Klabund und sein Harfenjulen-Lied *In Lichterfelde-Ost* – sie atmen in Sujet wie Refraintechnik den Geist Bruants; Rosa Valetti, Mary Irber und Trude Hesterberg hingegen sorgen für die Realisierung seiner Chansons und der Bruantiaden auf den Brettl-Bühnen. Doch bereits Anfang des Jahrhunderts findet der Sänger vom Montmartre einen würdigen Wahlverwandten in Berlin: Hans Hyan, der sich später als Schriftsteller und Drehbuchautor einen Namen macht. Wie Bruant so gründet auch Hyan sein eigenes Kabarett (*Die silberne Punschterrine*, 1901). Ebenso wie Bruant stellt Hyan die von der Gesellschaft Geächteten in das Zentrum seines Werkes. Wie Bruant tritt Hyan nicht nur in seinen Liedern für die Gestrauchelten ein, sondern schreibt er Kriminalromane und kriminologische Studien, in denen er eindringlich auf den Zusammenhang von sozialem Elend und Verbrechen hinweist. Wie Bruant betreibt Hyan intensive Argotstudien, trifft er den Ton der Großstadt genau, wie ihm KURT TUCHOLSKY bestätigt:

»Was ihm bis heute keiner nachgemacht hat, das ist die phonetische Erfassung der berliner Denkart, der berliner Seele.«

Hyans Lied *Die letzte Nacht* verrät deutlich den Einfluß von Bruant, der in seinem Chanson *A la Roquette* ebenfalls einen Mörder zur Hinrichtung geleitet. Bruants unprätentiöse Sprache, seine Refraintechnik, die meist lapidar den Schauplatz des Geschehens nennt, um das soziale Umfeld zu präzisieren, seine Komposi-

tionen, die der Tanz- und Marschmusik nahestehen, der Mythos seiner spektakulären Auftritte – all dies verschafft Bruant eine Nachwirkung, wie sie keinem anderen Dichtersänger zuteil wird. So kann Yvette Guilbert nach seinem Tod konstatieren:
»Sein Werk ist im Ausland so populär wie bei uns. In den Bibliotheken von New York, Boston und Philadelphia gibt es zahlreiche amerikanische, englische, deutsche, italienische Werke, die das Œuvre des großen Sängers vom Montmartre analysieren (. . .) Er liebte die Verkommenen, wie Franziskus von Assisi die Aussätzigen geliebt hat.«

Veröffentlichungen

Dans la rue. Chansons et monologues. Dessins de Steinlen, édition défintive, Paris s. a.; *Chansons et monologues,* Paris s. a.; *Chansons.* Band 1 und 2. Übertragen von Martin Remané, Ahrensburg 1965 und 1966; *Am Montmartre. Chansons und Monologe.* Hg. von Walter Rösler. Nachdichtungen von Heinz Kahlau, Berlin (Ost) 1986.

Literatur

Yvette Guilbert, *Lied meines Lebens.* Mit einem Vorwort von Alfred Polgar, Berlin 1928; Michel Herbert, *La Chanson à Montmartre,* Paris 1967; Winfried Engler, *Lexikon der französischen Literatur,* Stuttgart 1974; Kurt Tucholsky, Artikel *Aristide Bruant,* in: K. T., Gesammelte Werke in zehn Bänden, Bd. 4, S. 8ff. Reinbek 1975; Walter Rösler, *Das Chanson im deutschen Kabarett 1901–1933,* Berlin (Ost) 1980.

Diskographische Hinweise

Aristide Bruant chante »dans la rue« (PATHÉ MARCONI/EMI 2 C 178-15314/15); *Monique Morelli chante Bruant* (Le Chante du Monde LZD-M 4314).

Ernst Busch
geb. 22. 1. 1900 Kiel; gest. 8. 6. 1980 Berlin

Der Umschlag der Ernst-Busch-Dokumentation von Karl Siebig zeigt eine Photomontage: Hanns Eisler und Bertolt Brecht an der Seite des Sängers. Die Silhouetten der drei überschneiden sich, Ernst Busch erscheint zwischen dem Komponisten und dem Dramatiker als verbindendes wie tragendes Element. In der Tat fungiert der Sänger als Brücke und Stütze des Teams, wirkt er als dessen Dreh- und Angelpunkt, bringt er doch viele gemeinsame Werke zur Uraufführung, arbeitet er doch an ihnen auf seine Art mit. Allerdings symbolisiert das Titelbild nur einen Ausschnitt seines Weges, der ihn etwa auch zu Erwin Piscator, Walter Mehring, Kurt Tucholsky oder Gustaf Gründgens führt, eines Weges, dem die Kieler Arbeiterjugend früh die Richtung weist. 1916 tritt der angehende Maschinenschlosser Ernst ihr bei, empfängt von ihr in den folgenden Jahren entscheidende Anregungen. Vorträge über die verschiedensten Fachgebiete, Buchdiskussionen und Liederabende stehen auf dem Programm der Vereinigung, Ernst Busch lernt durch sie das Werk Erich Mühsams kennen, präsentiert sich bei ihren Veranstaltungen erstmals als Rezitator und nimmt, um seine Stimme für ihre Veranstaltungen zu schulen, inmitten der Kriegswirren Gesangs- und Schauspielunterricht. Im November 1918 schließt Busch sich dem Kieler Matrosenaufstand an, der zwar Einfluß auf die Beendigung des Krieges nehmen kann, aber in dessen Folge die Arbeiterschaft außerdem den Acht-Stunden-Tag durchzusetzen vermag – auch zum persönlichen Vorteil des achtzehnjährigen Ernst, wie KARL SIEBIG berichtet:

Ernst Busch

»So hatte auch Busch, der vor der Revolution von morgens sechs bis abends sechs Uhr arbeiten mußte, bereits nachmittags zwei Uhr Feierabend und konnte sich mehr denn je mit Rezitations- und Gesangsübungen beschäftigen.«

Seine außerberufliche Weiterbildung ist für Busch bald von großem Nutzen. Denn 1919 hat er zwar noch die Gelegenheit, auf der Werft seine Lehre als Maschinenschlosser zu beenden, aber schon im Sommer 1921 verliert er seine Stelle, muß er stempeln gehen – eine Misere, die der Arbeitslose infolge seiner Sprecherziehung jedoch rasch abwenden kann: Wenige Wochen nach der Entlassung aus der Werft engagiert ihn der Intendant des Kieler Stadttheaters. Busch erinnert sich:

»Und so wurde ich Schauspieler am Kieler Stadttheater, obwohl ich eigentlich gar nicht wollte. Ich war immerhin schon über drei Jahre Distriktsleiter der Arbeiterjugend gewesen, und die Partei hatte mich dazu auserkoren, Funktionär zu werden.«

Kieler Bühne 1921 – das mag nach Provinzmief riechen, aber die Leitung des Hauses zeigt sich aufgeschlossen, hat ein gutes Gespür für die Nachwuchskräfte: Busch begegnet hier erstmals Gustaf Gründgens, spielt mit dem blutjungen Hans Söhnker und tritt mit Bernhard Minetti zusammen auf. Auch der damalige Dramaturg des Kieler Theaters ist heute kein Unbekannter: Carl Zuckmayer, der die Stadt an der Ostsee jedoch schon bald verlassen muß, da die Kieler Honoratioren seine Spielplangestaltung nicht akzeptieren. Wie die gleichaltrigen Kollegen so schafft es denn auch Ernst Busch, sich von der Provinz abzusetzen, gelingt ihm der Sprung ins deutsche Zentrum des kulturellen Lebens, nach Berlin: Über ein

Engagement in Frankfurt an der Oder und ein Intermezzo an der *Pommerschen Landesbühne* kommt Busch im Sommer 1927 in die Reichshauptstadt – zu einem günstigen Zeitpunkt, denn der innovatorische Erwin Piscator möchte gerade ein neues Ensemble im *Theater am Nollendorfplatz* gründen. Busch hört von dem Vorhaben, meldet sich kurzerhand zum Vorsprechen und zählt zu den wenigen der vierhundert Bewerber, an denen der Regisseur Gefallen findet. Mit *Hoppla, wir leben!*, einem Stück von Ernst Toller, eröffnet Piscator seine erste Spielzeit an der »Nolle«. Busch erhält die Rolle des Arbeiters Albert Kroll – kein großer Part, aber immerhin gelingt es dem Berliner Neuling, die Aufmerksamkeit von Edmund Meisel zu erregen: Der Bühnenkomponist autorisiert den Schauspieler, seine Vertonungen von Gedichten Walter Mehrings zu singen. Ein akzeptabler Einstand, doch entziehen die Steuerbehörden Piscator bald die Konzession, kann der Theaterleiter seine Schauspieler größtenteils nicht mehr beschäftigen, steht Ernst Busch nach einer Saison in Berlin wieder auf der Straße. So hat er am 31. August 1928 die Gelegenheit, an einer bedeutenden Stunde der Theatergeschichte teilzuhaben: Bei der Uraufführung der *Dreigroschenoper* im *Theater am Schiffbauerdamm* spielt er den Konstabler Smith – seine sich über Jahrzehnte erstreckende Kooperation mit Brecht nimmt ihren Anfang. 1929 agiert Busch wieder unter Piscator, zum ersten Mal gemeinsam mit Hanns Eisler, in Mehrings Schauspiel *Der Kaufmann von Venedig*. MEHRING läßt sich vom Schauspieler wie vom Komponisten begeistern:

»Busch ist ein Sprecher und Sänger mit einer Stimme wie Metall, die noch lange in einem Hörer nachklingt. Das war eine außerordentlich günstige Zusammenarbeit: Eisler hatte als Komponist und Dirigent das Musikalische zu richten, und sein bestes Instrument, das sagte ich immer wieder, war Ernst Busch.«

Bei der Uraufführung des *Kaufmanns*, am 6. September 1929, entfesselt Busch einen Theaterskandal: Seinen *Abgesang der Straßenkehrer*, in dem er mit hartem Besen die Welt von Kapitalisten und Militaristen reinigt, kann das Publikum nicht in voller Länge ertragen: Es macht dem Entsetzen durch Randalieren Luft.

Die Theaterbühne ist indes nicht das einzige Forum des Künstlers. Häufig hört man ihn als Sänger bei Gewerkschaftsveranstaltungen und Arbeiterkundgebungen, für die er sich ein eigenes Repertoire aufbaut: Mit dem *Seifenlied* von Julian Arendt verspottet er die ständige Wankelmütigkeit der SPD, mit Erich Weinerts *Roter Wedding* läßt er ein proletarisches Kampflied aufmarschieren und mit David Webers *Stempellied* offenbart er im Berliner Argot die bittere Armut eines Arbeitslosen – zur Musik von Hanns Eisler, der dem Sänger meist auch als Klavierbegleiter zur Verfügung steht. Der Schauspieler unternimmt zudem Ausflüge in die Welt des Kabaretts, tritt regelmäßig in Werner Fincks *Katakombe* auf, kreiert hier Kurt Tucholskys Chanson *Anna-Luise*, konfrontiert das bürgerliche Publikum mit Arbeitergesängen wie dem *Stempellied*, das er mit Eisler auch auf die Schallplatte bannt. Busch erläutert die Zusammenarbeit mit dem Komponisten:

»Er hat immer gefragt ›Wie willst du es haben?‹, da hab ich den Text aufgesagt, und dann hatte er die Melodie doch schon. So war es. Zeile für Zeile machten wir die Lieder. Er hat eben gesagt, wie man rezitiert, so muß man es auch in die Musik hineintreiben.«

Neben dem Kabarett sind Rundfunk und Film weitere Domänen Buschs. Im Dampfradio erklingt seine Stimme vor allem in den *Zeitberichten* Alfred Brauns, auf der Leinwand ist er zwischen 1929 und 1933 in mehr als einem Dutzend von Filmen zu sehen. Als cineastische Höhepunkte müssen seine Rollen in den Filmen *Die Dreigroschenoper* und *Kuhle Wampe* angesehen werden. Bringt ihm das erste Werk das Kritikerlob ein, Busch sei »sprachlich von einer eruptiven proletarischen Kraft des Ausdrucks, eine der stärksten Tonfilmbegabungen überhaupt«, gelingt es ihm in *Kuhle Wampe*, gemeinsam mit Brecht und Eisler eines der populärsten Kampflieder der Arbeitermusikbewegung zu schaffen: das *Solidaritätslied*. Mit weiteren Projekten Brechts beginnt und endet für Busch das Jahr 1932: Im Januar spielt er den Sohn in der Gorki-Bearbeitung *Die Mutter*, im Spätherbst wirkt er an einer Rundfunkfassung von *Die heilige Johanna der Schlachthöfe* mit. Wenige Wochen später muß er aus Deutschland fliehen, kann er sich auf eine Atempause in Hilversum niederlassen, arbeitet er in der niederländischen Stadt als Rundfunk-Sänger, schon bald in der Landessprache; dann zieht er weiter nach Antwerpen, verdient auch dort seinen Lebensunterhalt am Sender, flieht er anschließend weiter zu Eisler nach London. Durch einen Zufall geraten die beiden an die Noten des heute legendären *Lieds der Moorsoldaten*, produzieren mit dem Trauergesang der Kasernierten eine Schallplatte. Und wieder heißt es Aufbruch: 1935 reist Busch nach Moskau, trifft in der russischen Kapitale Erich Weinert, singt in deutschen Clubs und im Radio Komintern, entschließt sich 1937 nach Spanien zu fahren, an der Seite der Republik dem Faschismus zu trotzen, singt im Radio, vor den Internationalen Brigaden, besingt in dem grausamen Wirrwarr Schallplatten, um den Kämpfern Zuversicht zu schenken. Und da er weiß, daß seine Liedertexte nicht allen Genossen bekannt sind, kommt er auf die Idee, ein Liederbuch herauszugeben: seine *Canciónes de las Brigadas Internacionales*, die heute als erstes Dokument der internationalen Arbeiterliedbewegung gelten. Als Busch 1938 seine Aufgabe in Spanien erfüllt sieht, kehrt er nach Belgien zurück, gründet in Antwerpen das Kabarett *Der silberne Stier* und inszeniert *Die Dreigroschenoper*. Als im Mai 1940 die deutsche Wehrmacht in Belgien einmarschiert, wird der Schauspieler verhaftet, nach Frankreich verschleppt, in St. Cyprienne und dann im berüchtigten Camp de Gurs interniert. 1942 kann er den grauenhaften Zuständen dort zwar entfliehen, aber die Vichy-Häscher fangen ihn an der Schweizer Grenze ab und liefern ihn der Gestapo aus. Busch kommt »heim ins Reich«, nach Berlin, ins Gefängnis von Moabit, das sichere Todesurteil vor Augen. In dieser schier aussichtslosen Situation hilft ihm sein früherer Kollege Gustaf Gründgens, jetzt Generalintendant des *Preußischen Staatlichen Schauspielhauses*, reicht dem zuständigen Kammergericht eine Erklärung ein, Busch sei völlig unpolitisch, verpflichtet für ihn renommierte Verteidiger. Mit Erfolg: Das Gericht verurteilt Busch »nur« zu sieben Jahren Haft. Nach seiner Befreiung aus dem Zuchthaus Brandenburg, unmittelbar nach dem Ende des Zweiten Weltkriegs, steht Busch wieder auf der Bühne, spielt Theater in Berlin und gründet 1947 im Ostsektor der Stadt den Schallplattenverlag Lied der Zeit, in dem er sein eigenes Repertoire, klassische Werke und Tanzmusik herausbringt. Anfang der fünfziger Jahre gerät Busch mehr und mehr in die Schußlinie der Funktionäre, die seinen Gesang jetzt als »Proletkult« diffamieren. So ist er nur noch selten im Rundfunk zu hören. Der Schauspieler Busch rückt wieder in den Vordergrund: Als Mitglied des Berliner Ensembles bestimmen die Werke Brechts seinen Spielplan. 1951 verkörpert er den »Lapkin« in *Die Mutter*, den »Koch« in *Mutter Courage*, 1954 den »Richter« im *Kaukasischen Kreidekreis*, 1957 den »Galilei«. Ende der fünfziger Jahre zieht sich Ernst Busch aus gesundheitlichen Gründen vom Theaterleben zurück. Die sechziger und siebziger Jahre stehen für ihn ganz im Zeichen des Liedes: Er produziert zwei Serien mit insgesamt einem halben Hundert Schallplatten, die durch Beihefte mit Bild und Textmaterial ergänzt werden. KARL SIEBIG konstatiert:

»Sein Ziel, das er seit den Tagen der Emigration nie ganz aufgegeben hatte, eine Geschichte der demokratischen und Arbeiterlieder zu produzieren, konnte nun verwirklicht werden.« –

Ernst Busch muß ein Sänger von enzyklopädischer Spannweite genannt werden: Texte von Kästner, Brecht, Mühsam, Weinert, Wedekind, Becher, Mehring, Tucholsky, Majakowski hat er in seinem Programm, meist in den Vertonungen seines Freundes Hanns Eisler. Sein Repertoire öffnet sich aber auch historischen Liedern, so singt er von den Bauernkriegen, dem Weberaufstand, von der bürgerlichen Revolution 1848, von der Oktoberrevolution oder dem Spanischen Bürgerkrieg. Daß er aber zur Zeit seines Exils auch Schubert-Lieder vorgetragen hat, nämlich im Belgischen Rundfunk, wissen wohl nur wenige seiner Verehrer. Trotz des weitgefächerten Repertoires ist Ernst Busch alles andere als ein Eklektiker: Jedes seiner Lieder entspricht seiner politischen Haltung. So läßt sich denn auch in den Kritiken das Lob seiner Ehrlichkeit kontinuierlich verfolgen. Der Geradlinigkeit in der Werkauswahl entspricht die klare Interpretation des Sängers: Ohne Schnörkel, deutlich prononcierend, oft mit metallischer Härte versucht er, dem Sinn des Textes Gestalt zu geben – Aufklärung ist sein Ziel, nicht Vernebelung. Seine Aufrichtigkeit bei der Arbeit ist unbequem, ihm selbst und anderen. Ohne Rücksicht auf Rang und Namen bringt er seine Vorbehalte ein: Er verbessert Verse Tucholskys – der Dichter akzeptiert; er fällt Willem Mengelberg in den Arm, weil der Dirigent nach des Sängers Meinung das Tempo zu langsam nimmt – der Dirigent akzeptiert; er spielt den Richter im *Kaukasischen Kreidekreis* den Vorstellungen des Autors und Regisseurs entgegengesetzt – und Brecht akzeptiert. HERBERT IHERING, der als Kritiker Ernst Busch von den Anfängen bis ins hohe Alter begleitet, erfaßt die Persönlichkeit des Künstlers:

»In Ernst Busch treffen wir auf eine in Deutschland seltene und darum desto wertvollere Mischung: Er ist Individualist, fast eigenbrötlerisch, und doch ein Volksschauspieler und Volkssänger von breitester Wirkung. Er macht niemals Konzessionen an den billigen Geschmack und erreicht höchste Popularität.«

Veröffentlichungen

Canciónes de las Brigadas Internacionales, por encargo de las Brigadas Internacionales. Editado por Ernst Busch, 5. Auflage, Barcelona 1938.

Literatur

Herbert Ihering und Hugo Fetting, *Ernst Busch,* Berlin (Ost) 1965; Karl Siebig, *Ich geh' mit dem Jahrhundert mit. Ernst Busch. Eine Dokumentation,* Reinbek 1980.

Diskographische Hinweise

Karl Siebig führt in seiner Dokumentation alle Schallplatten von Ernst Busch an, die in der Bundesrepublik erhältlich sind und meist über den »pläne«-Verlag, Dortmund, bezogen werden können.

Maurice Chevalier (t)
geb. 12. 9. 1888 Paris; gest. 1. 1. 1972 Paris

1925. Er muß mehrere Monate pausieren; wegen einer schweren Depression und Auftrittsängsten, die er fern der französischen Hauptstadt auf dem Lande auskuriert. Kaum hat er die bedrückende Phase überwunden, kehrt er nach Paris zurück, startet mit aller Kraft sein Comeback, kreiert mit dem Chanson *Valentine* einen Hit jener Jahre, der ganz Paris begeistert. Das Lied schlägt solche Wellen, daß der spanische Gesandte den Sänger in die Botschaft einlädt, um König Alphonse und seine Gemahlin mit der Geschichte von *Valentine* zu unterhalten. Chevalier äußert Bedenken, das Lied sei zu frivol, tauge nur fürs Casino, sei nicht für den Salon geeignet, sagt aber schließlich zu. Doch als er vor dem spanischen König von Valentine singt, ihre kleinen Brüste lobt, die sich so gut streicheln lassen, verdichten sich seine Bedenken zur Gewißheit, melden sich seine alten Auftrittsängste wieder, glaubt er, Text und Melodie zu vergessen, kämpft er sich mühsam bis zum Ende vor, verläßt dann überstürzt die Botschaft, rechnet in den nächsten Tagen mit einer Rüge, ja, mit einem Presseskandal. Aber nichts dergleichen passiert, im Gegenteil: König Alphonse läßt ihm ein goldenes Zigarettenetui mit einer Widmung überbringen und bittet um eine Kopie von *Valentine*, um das Lied selber singen zu können. – Diese Schilderung beschreibt nicht irgendeine Anekdote aus dem Leben des Maurice Chevalier, sondern sie hebt zwei markante Eigenschaften des Sängers hervor, auf denen sein Erfolg basiert – zunächst seinen Charme, dem weder die Kritiker noch das Publikum widerstehen können, der durch seine natürliche Offenheit entwaffnet; und dann sein Durchhaltevermögen, das ihm auch unter widrigsten Umständen zur Seite steht und schon zu Beginn seiner Laufbahn schwierige Situationen meistern hilft. Als neuntes Kind eines arbeitslosen Anstreichers und notorischen Trinkers geboren, wächst Maurice in einer trostlosen Gegend von Paris auf, in Ménilmontant, Rue de Retrait. Licht in sein Dasein, dessen Tableau von Dickens stammen könnte, bringen allein die gelegentlichen Besuche im *Cirque d'Hiver* oder *Concert du Commerce*. So träumt Maurice bald davon, Sänger oder Artist zu werden – ein Wunsch, der sich dank der Hartnäckigkeit des Jungen schon bald verwirklicht. Nach seiner Schulzeit beginnt der Zwölfjährige zwar eine Lehre als Schreiner, wird jedoch nach kurzer Zeit

Maurice Chevalier

entlassen, weil er ständig singt und wenig arbeitet. In weiteren Stellungen ergeht es ihm nicht anders. Aber als Maurice 1900 zum ersten Mal in einem Café als Sänger auftritt, will er nun alle Energie in seinen »Traumberuf« investieren. Gewiß, die Anfänge sind schwer, Maurice kann noch nicht einmal Noten lesen, aber er bringt den festen Willen mit, sich durchzusetzen, will er doch die Armut hinter sich lassen. Einen Schritt voran kommt er denn auch: Als Sechzehnjähriger kann er die Welt der kleinen Cafés und Bars verlassen, erhält er erstmals einen Vertrag für eine Music-hall, die *Parisiana*. Kurze Zeit später tritt Chevalier bereits im Marseiller *Alcazar* auf, das zwar als bestes Sprungbrett für Anfänger gilt, aber wegen seines rüden Publikums gefürchtet wird. Gleich bei seinem Auftritt im *Alcazar* sieht sich der Sänger den Zuschauern ausgeliefert, die wegen einer vorangehenden schwachen Nummer außer Rand und Band sind. Aber Chevalier und sein Charme bezwingen die feixende Menge, der Künstler hat seine Feuerprobe bestanden, Tourneen in die Provinz folgen. Wenige Monate später ist Chevalier eine Vedette, ein Star, dem es gelungen ist, sich von seinen Vorbildern wie Dranem oder Montel zu lösen und einen eigenen Stil zu prägen: in der Verbindung von humorvollem Gesang und komischen Tanzgrotesken. Doch auch als Star hört Chevalier nicht auf zu lernen, nimmt Stepunterricht, steigt in den Boxring und übt sich im Englischen. Dieser Fleiß wird belohnt: 1908 engagiert ihn Paul-Louis Flers für eine Revue in die angesehenen *Folies Bergère*, erhält der junge Unterhalter in *Trop crédule* seine erste Filmrolle. Noch vor dem Ersten Weltkrieg kommt es für den Sänger zu einer beruflich wie menschlich wichtigen Begegnung: Er lernt die Mistinguett kennen, die Königin der Music-hall, der seit frühester Jugend seine hingebungsvolle Verehrung gilt. In dem Sketch *Valse renversante*, einer Tanzparodie, die 1912 in den *Folies Bergère* inszeniert und 1917 verfilmt wird, kommt es zu einer Zusammenarbeit der beiden, aus der sich eine jahrelange Liebesbeziehung entwickelt. Und ähnlich der Piaf, die ihren Favoriten Yves Montand beruflich weiterbringen will, versucht auch die Mistinguett ihren Liebhaber Chevalier zu formen. In ihren Erinnerungen schreibt sie:

»Er war sehr schüchtern und träumerisch. Während des ganzen Abends redete er kein Wort, schwebte irgendwo in den Wolken (. . .) Ich wollte, daß er in der Gegenwart lebe. Ich zwängte ihn gleichsam in seine Haut. Auf diese Weise habe ich ihn zum großen Star gemacht.«

Die Romanze zwischen der Mistinguett und ihrem Schützling findet 1913 ein vorläufiges Ende: Chevalier muß seinen Militärdienst antreten, anschließend in den Krieg ziehen, wird verwundet, gefangengenommen, in ein Lager bei Magdeburg gebracht. Erst 1916 kann Chevalier in die Heimat zurückkehren. Nach den bitteren Erfahrungen fällt es dem Sänger aber zunächst schwer, in der Flitterwelt von Casino und Music-hall wieder Fuß zu fassen. 1917 jedoch geht es wieder aufwärts, als er an der Seite der Mistinguett in der Revue *Gobette de Paris* singt und tanzt. Ein Jahr später gelingt es ihm bereits, sein erstes Erfolgslied durchzusetzen: *La madelon de la victoire*. In der Sommerrevue des *Casino de Paris* trägt Chevalier 1920 ein Bühnenkostüm, das bald sein Markenzeichen wird: Smoking und seinen berühmten Canotier, den Strohhut. Und die neue Silhouette bringt ihm Glück. Er erhält die Titelrolle der Operette *Dédé*, die in den *Bouffes Parisiens* zur Uraufführung kommt, reißt sein Publikum singend, tanzend und agierend mit. Zwei Jahre bleibt *Dédé* auf dem Spielplan, ergänzen sich doch das spritzige Libretto von Albert Willemetz, dem Chevalier eine Reihe von »Schlagern« verdankt, und die elegante Musik von Henri Christiné vorzüglich. Die Nummer *Dans la vie faut pas s'en faire* mit der Empfehlung, die Sorgen doch leichter zu nehmen, entspricht exakt dem Lebensgefühl der *Années folles*, der Zwanziger Jahre, und wird denn auch zu einem der populärsten Lieder Chevaliers, bringt ihn sogar über den Ozean. Einige Wochen lang spielt Chevalier den *Dédé* in New York. Noch auf der Rückfahrt nach Paris ereignet sich dann das Unvermeidliche: die sich seit Jahren schon abzeichnende Trennung von Mistinguett. Ob durch die neue private Situation oder berufliche Belastungen, auf alle Fälle verstrickt sich Chevalier während der folgenden Monate immer tiefer in eine Depression, die schließlich nur noch durch ärztliche Hilfe zu lösen ist. Doch sein Comeback glückt ihm: als Star des *Casino de Paris*, mit seinen neuen Chansons *Les ananas, Fil de fer* und *Valentine*. 1928 kann Maurice Chevalier sogar eine zweite Karriere starten: Nachdem er vorher schon in einer Reihe von Stummfilmen, meist unter der Regie von Henri Diamant-Berger, zu sehen war, erhält er nun von der Metro-Goldwyn-Mayer-Filmgesellschaft einen Exklusivvertrag für Tonfilme und zieht nach Hollywood. Anders als sein Kollege Emil Jannings etwa kann sich Chevalier in der fremden Sprache behaupten: Er bleibt bis 1934 in Hollywood, steht in sechzehn Filmen auf der Besetzungsliste, spielt unter so bedeutenden Regisseuren wie Ernst Lubitsch, kann zudem sein Chanson-Repertoire erweitern, da er in den meisten Rollen auch singen muß: *Ma Louise, Mimi, Mon cocktail d'amour, Nouveau bonheur* – diese Lieder kreiert Chevalier während seines Aufenthaltes in Hollywood, um es als Weltstar zu verlassen, so populär, daß ihn die Marx Brothers sogar in ihrem Film *Monkey Business* parodieren. Wieder in Paris, knüpft Chevalier nahtlos an seine großen Erfolge als Chanteur an: Er singt das vom sprachlichen Witz lebende *Quand un vicomte*, prägt in *Prosper* die berühmte Zeile *Yop la boum*, unternimmt mit *La romance de la pluie*, seinem Auftrittslied aus dem 1935 gedrehten Film *Folies Bergère*, einen Ausflug in das poetisch zarte Chanson und hilft 1937 keinem Geringeren als Charles Trenet in den Sattel: Er singt dessen Lied *Y a d'la joie*, in dem der Eiffelturm spazierengeht, die Metro in den Wald rast, der Finanzbeamte sein Büro schließt, weil das Wetter so schön ist, und produziert mit diesem völlig neuartigen Gesang eine Schallplatte, die innerhalb weniger Monate fast eine Million Käufer findet. Der Zweite Weltkrieg unterbricht die Karriere Chevaliers. Da seine Lebensgefährtin Jüdin ist, verläßt er Paris in Richtung Riviera, kehrt auf Wunsch der Vichy-Regierung für einige Auftritte in die Seine-Metropole zurück, läßt sich auch überreden, vor französischen Gefangenen in Deutschland zu singen, – und gerät so vorübergehend in den Verdacht der Kollaboration. Von der Last dieser Beschuldigung befreit, beginnt Chevalier nach dem Krieg seine dritte Karriere: 1945 spielt er unter René Clair in dem Film *Le silence est d'or*, ein Jahr später gibt er seine ersten Memoiren heraus; 1947 kehrt er wegen einer langen Tournee in die USA zurück; 1949 beginnt er im Auftrag einer amerikanischen Sendeanstalt die Hörfunkserie *This is Paris* zu moderieren. Die fünfziger und sechziger Jahre stehen für Chevalier wieder mehr im Zeichen des Cinemas – er spielt in Filmen wie *Love in the Afternoon* unter Billy Wilder oder Walter Langs *Can-Can*. 1965 hebt er mit *Twist du canotier* seinen letzten Hit aus der Taufe. Am 20. Oktober 1968 schließlich gibt er im *Théâtre des Champs Elysées* seine Abschiedsvorstellung. –

»Er hatte ein Gespür für sein Publikum, einen Riecher für die Mittel, mit denen jede Epoche unterhalten sein wollte, und er bekannte sich dazu, ein populärer Sänger zu sein«, sagen seine Freunde. »Er hängte sein Fähnchen in den Wind, war ein künstlerischer Opportunist, kokettierte gern mit seinen Beziehungen zur großen Welt«, entgegnen seine Gegner. So oder so, ob Riecher oder Fähnchen, sein Instinkt für aktuelle Strömungen hält ihn zeitlebens auf Trab, immer geht Chevalier mit hellwachen Augen und gespitzten Ohren durch die Welt, ständig bereit, Neues zu erfahren. Ob er vor dem Ersten Weltkrieg nach London fährt, sich dort in den Music-halls und Varietés umschaut und fortan – unter dem Eindruck der britischen Eleganz – im Smoking statt im Komikergewand auftritt, ob er Anfang der zwanziger Jahre während seines New Yorker Gastspiels die Neger-Revuen in Haarlem besucht, sich von den synkopierenden Rhythmen faszinieren läßt und sogleich Unterricht nimmt, um die neuen Tänze zu erlernen, oder ob der Siebenundsiebzigjährige noch einen *Twist du canotier* auf das Parkett legt: Immer offenbart sich ein Künstler, für den schon der Stillstand Rückschritt bedeutet, der seinem Publikum stets etwas Neues präsentieren will. Chevaliers unablässige Suche nach Niegesehenem, Niegehörtem entspricht aber auch seiner professionellen Einschätzung des eigenen künstlerischen Potentials. Von einer allenfalls mittelmäßigen Stimme, die es ihm kaum ermöglicht, seine Interpretationsmuster stark zu variieren, sondern meist zwischen Sprechen und Singen verharrt, muß er ständig auf neue Trümpfe setzen, der Dernier Cri, der letzte Schrei, bestimmt seine Programmauswahl. So gilt Chevalier als der erste Chansonsänger Frankreichs, der zu seinen Liedern auch tanzte, ja, als Mitbegründer der One-man-show. Demgemäß berücksichtigt er in seinem Repertoire meist die aktuellen Modetänze. Wie sehr Chevalier es vor allem zwischen den Weltkriegen verstand, auch internationale Trends mit seismographischer Genauigkeit zu registrieren, offenbart ein Blick nach Deutschland: Texte wie *Was macht der Meyer am Himalaya?* oder *Ich hab' das Fräulein Helen baden sehn*, in den zwanziger Jahren entstanden, könnten sich mit ihrem Wortklamauk und ihren Nonsensversen völlig in das Repertoire von Chevalier einfügen, sind seinem *Quand un Vicomte* eng verwandt: »Quand un Vicomte,/Rencontre un autr' Vicomte/Qu'est-c' qu'ils s' racontent?/Des histoir's de Vicomte./Quand un' Marquise/Rencentre une autr' Marquise,/Qu'est-c' qu'ell's se disent?/Des histoir's de Marquises!« So erstaunt es überhaupt nicht, Kurt Tucholsky unter den Verehrern Chevaliers zu wissen:

»Seltsam: der Mann ist im Coupletvortrag durchaus zweiten Ranges, seine Gesangsstimme ist eher heiser denn schön – also was ist es? Es ist nicht nur der Tanz: Gewiß er hat die schlaksigsten Beine, die man sich denken kann, sie sitzen locker und lose in den Gelenken, und wenn er, im silbergrauen Zylinder, im silbergrauen Frack, in silbergrauen Schuhen eine Reihe Girls kommandiert, sieht das schon anders aus, als wenn Herr Kutzner dergleichen vollführt. Nein, es ist noch etwas. Der Bursche ist sympathisch. Alles grinst, wenn er kommt. Auch die Männer. Denn die Frauen sind durchaus für ihn, fühlen sich sicher in so viel Frechheit, und wenn die blauen Augen in den Zuschauerraum sehen und sich eine kesse Unterlippe vorschiebt, dann ists richtig. Er spielt, und die Bühne ist voll von dem, was so wenige Schauspieler haben: von einer Aura, von Charme, von einer Persönlichkeit.«

Veröffentlichungen
Ma route et mes chansons, Paris 1946; *Chanson meines Lebens*, Bern und Stuttgart 1961; *Les pensées de Momo*, Paris 1970.

Literatur
Kurt Tucholsky, Artikel *Chevalier* und *Chevalier, Rip und die andern*. In: K. T., *Gesammelte Werke in zehn Bänden*, Bd. 4, S. 34ff. bzw. S. 332ff., Reinbek 1975; Felix Schmidt, *Das Chanson. Herkunft, Entwicklung, Interpretation*, Frankfurt a.M. 1982; Gerty Colin, *Maurice Chevalier. Une route semée d'étoiles*, Paris 1982; Jacques Mazeau/Didier Thouart, *Acteurs et chanteurs*, Paris 1983.

Diskographische Hinweise
Maurice Chevalier (PATHÉ MARCONI/EMI 2 C 178-15402/3).

Georg Danzer (t/m)
geb. 7. 10. 1946 Wien

Den Funktionierern, den Karrieristen und eindimensionalen Befehlsempfängern hat bisher nie seine Sympathie gegolten. Stets hat er den gläsernen Menschen, jenen in den Augen vieler Politiker und Bürokraten idealen Staatsbürger, bekämpft. Diese Grundhaltung Georg Danzers spiegelt sich in seiner Persönlichkeit wider: Der Mensch und Künstler versperrt sich dem raschen Zugriff, verweigert eine klare Strukturierung seines Innenlebens, seiner Antriebskräfte. Danzer ist eine Gleichung mit vielen Unbekannten. Allein die biographischen Daten Danzers bergen sichere Größen. Georgs Vater ist Schriftsetzer, später Beamter, seine Mutter arbeitet als Angestellte in einer Gold- und Silber-Scheideanstalt. Da beide Eltern berufstätig sind, wächst der Junge zunächst im Kinderhort und hernach als Schlüsselkind auf. Der Pubertierende gerät in Nöte, die denen seiner Altersgenossen gleichen. Danzer blickt zurück:
»Schwierigkeiten mit Schule und Umwelt. So gut wie keine Freunde, statt dessen Bücher und Kino. Mit dreizehn beginne ich zu rauchen und Gitarre zu spielen. In der Schule faul und desinteressiert, außer in Zeichnen und Deutsch.«
Mit Ach und Krach schafft er 1965 seine Matura, dient dann beim österreichischen Bundesheer und immatrikuliert sich anschließend für die Fächer Philosophie und Psychologie. Doch dem Studium zieht er das Reisen vor: Er trampt nach Griechenland und hält sich eine Zeitlang in Schweden auf. Zurück in Wien, beginnt er 1967 Lieder zu schreiben. Seine Texte werden zwar von André Heller, Erika Pluhar und Marianne Mendt gesungen, aber der eigene Erfolg als Sänger will sich nicht so

Georg Danzer

recht einstellen. Seine erste Langspielplatte *Honigmond*, 1973 auf eigene Kosten produziert, ist ein kommerzielles Desaster. Der große Wurf gelingt ihm erst 1975 mit seinem Lied *Jö schau*, in dem er einen Nackerten durch das renommierte Wiener Café Hawelka flitzen läßt. Danzers musikalische Anekdote zeigt im Rückgriff auf Randy Newmans *Naked Man*, wie spontan der Österreicher aktuelle Themen umsetzen kann, und trägt dem Künstler die Goldene Schallplatte ein. Seine 1977 veröffentlichte Scheibe *Unter die Haut* bringt ihm unangenehme Schlagzeilen: Den Song *War das etwa Haschisch*, der die Gefahr der Droge gedankenlos herunterspielt, beantworten einige Rundfunkanstalten mit Sperrung. Die Zensur bewirkt aber das Gegenteil des gewünschten Effektes, denn *Unter die Haut* wird zu einem Verkaufserfolg. 1978, das Jahr, in dem sich der Terrorismus in Deutschland auf einem traurigen Höhepunkt befindet: Georg Danzer läßt sich vom Bundeskriminalamt für eine Propagandakampagne anwerben, schreibt in dessen Auftrag das Lied *Mach dich nicht mit Gewalt kaputt* – ein doppeldeutiger Text, mit dem Danzer viele seiner Anhänger enttäuscht, die ihren Sänger von der Staatsbürokratie vereinnahmt glauben. Ende 1980 nimmt Danzer in einem Gespräch zu den Vorwürfen Stellung:

»Es war ein Fehler von mir, nicht zu erkennen, daß man sich von einer guten Sache auch überlegen muß, für wen man sie macht, und vor allem, was die Leute, die einem wichtig sind, damit anfangen (. . .) Ich wollte etwas Gutes tun, indem ich jungen Leuten sagte: Paßt mal auf, Gewalttätigkeit ist nicht gut.«

Der Sänger modifiziert seine Haltung aber nicht bloß via Interview. Nicht lange nach dem »BKA«-Lied singt er im Rahmen der österreichischen Initiative Künstler gegen Zwentendorf sein *Wir werden alle überwacht* – ein Text, der in der Tradition der demokratischen Gesänge der Märzrevolution steht und die Überwachungspraxis des Bundeskriminalamtes aufs Korn nimmt. Bei seiner Deutschland-Tournee 1980, während der Danzer in zweiunddreißig Städten gastiert, küren die jugendlichen Zuhörer Danzers Friedenserklärung *Morgenrot* zu ihrem Kultlied, das sie stets mit einem Zeremoniell begleiten: Während des Vortrags erheben sie sich und lassen Streichhölzer und Feuerzeuge brennen.

Ende 1983 kommt es zu einem Bruch in der Laufbahn des Sängers. Sein langjähriger Schallplattenproduzent und künstlerischer Berater Gerhard Kämpfe gerät mit dem Gesetz in Konflikt und taucht unter. Im Januar 1984 gibt der Sänger in einem Rundschreiben an die Medien seine Trennung von Kämpfe bekannt. Seine in diesen ereignisreichen Tagen produzierte Langspielplatte *Menschliche Wärme* sowie die anschließenden Fernsehauftritte zeigen nach Meinung von Publizisten einen Georg Danzer, der von einer künstlerisch-menschlichen Krise gezeichnet ist. Doch bereits mit seiner nächsten Produktion *Weiße Pferde*, bei der er sich von einer neuen Musikerformation begleiten läßt, findet der Künstler wieder zu sich – wie die Medien berichten. –

Der Widerspruch seiner Lieder »pro« und »anti« BKA ist für den Liedermacher Georg Danzer typisch. Antagonismen bestimmen Werk und Person, besetzen beide mit Fragezeichen. Rauschgiftkonsum und Sexualität – zentrale Themen seiner Lieder – behandelt Danzer nahezu standpunktlos. Während er in *War das etwa Haschisch* naiv und bagatellisierend eine Droge besingt, attackiert er mit seinem Song *Zehn kleine Fixer* den Rauschgiftkonsum als Fahrstuhl in den Tod und stellt die Beziehungen zwischen Sucht und Gesellschaft klar, verkündet aber an anderer Stelle:

»Von mir aus soll jeder reinziehen, was ihm guttut, oder, wovon er glaubt, daß es ihm guttut. Ich möchte nur nicht einem Kollektiv von Menschen angehören, für die die Droge der zentrale Mittelpunkt ihrer Lebensinteressen geworden ist.«

Auch zur Sexualität weiß Danzer seinen Hörern eine Meinungspalette anzubieten. So behauptet er, ganz Sturm und Drang: »Ich will Tabus sprengen. Deshalb singe ich von Onanisten, von Fixern und sexuell Verklemmten. Ich will die Leute aus ihrer Selbstsicherheit herausfegen.« Doch viele seiner Titel widersprechen diesem Postulat: Mit seinem Lied vom *Sex-Appeal* erfüllt Danzer das alte Klischee von »schön, aber dumm«, im *Wixer-Blues* definiert er die etikettierte Tätigkeit als Notlösung eines Verklemmten, und auch mit seiner Aufforderung *Komm zieh' dich aus* berichtet er im wesentlichen nichts Neues. Für seine Laxheit in Fragen gedanklicher und sprachlicher Präzision lassen sich zwei Erklärungen anführen. Zum einen: Danzer arbeitet spontan und aus dem »Bauch« heraus; zum anderen gibt er der Musik den Vorrang. Georg Danzer bekennt: »Musik ist aber immer noch in erster Linie eine Gefühlssache für mich. Nicht etwas, das man intellektuell auslotet, und überlegt, jetzt die und die Harmonie. Das ist alles Scheiße. Es muß ganz einfach kommen. Die musikalisch besten Lieder, die ich geschrieben habe, sind in zehn Minuten passiert, nie lange getüftelt, immer frischweg – zack. Dann läuft's.«
Aber nicht nur der Komposition gesteht Danzer das Primat gegenüber dem Wort zu, nein, auch der Interpretation. Er singt locker, mit sanfter Stimme, auf Wohlklang bedacht. Er vermeidet dynamische Akzente, eine exakte Skandierung und sinnverdeutlichende Artikulation. Zusammenfassend charakterisiert sich der Sänger:
»Ich bin ein Liederschreiber. Ein Poet schreibt Texte, die auch ohne Musik dastehen können, die als Gedichte dastehen können, die man gedruckt lesen kann. Das ist bei mir sehr selten der Fall.«

Veröffentlichungen
Die gnädige Frau und das rote Reptil. Erzählungen, Lieder, Gedanken, Betrachtungen, 3. Auflage, München 1982.

Literatur
Thomas Rothschild, *Liedermacher. 23 Porträts,* Frankfurt a. M. 1980; Kerschkamp/Lindau, *Die großen Liedermacher,* München 1981; Bernhard Lassahn (Hg.), *Dorn im Ohr. Das lästige Liedermacher-Buch. Mit Texten von Wolf Biermann bis Konstantin Wecker.* Ausgewählt und kommentiert von B. L. Mit Kommentaren, Zürich 1982; Kathrin Brigl und Siegfried Schmidt-Joos, *Selbstredend . . . Interview-Porträts. Georg Danzer, Klaus Hoffmann, Peter Horton, Heinz Rudolf Kunze, Reinhard Mey, Erika Pluhar, Hans Scheibner, Stephan Sulke,* Reinbek 1985.

Diskographische Hinweise
Georg Danzer. Die ersten Zwei. 1976: Du mi a. 1977: Unter die Haut (Polydor 810 935-1); *Georg Danzer. Tournee '79* (Polydor 2679 069); *Georg Danzer. Liederbuch* (Polydor 2 LP 2630 101); *Georg Danzer* (Teldec 6.26360 AS).

Franz Josef Degenhardt (t/m)
geb. 3. 12. 1931 Schwelm (Westfalen)

»Hock dich auf meinen/Plattenteller, mon patron,/ton cul saura que ton col poise,/François Villon./Mach Platz Kumpan,/dem Wolkenstein,/der ist schon voll,/von Ulla Winblad sing uns,/Bellman, dreimal skål./Und Aristide im Schlapphut und mit rotem Schal,/ihr alle aus dem schönen/Nachtigallental./Ala – Kumpanen, Sangesbrüder,/kommt herein./Wir trinken unsern violetten Wein.« . . . eine stolze Ahnengalerie kann Franz Josef Degenhardt aufweisen. Aber er zitiert in seinem Lied *Ala – Kumpanen, Sangesbrüder* die klingenden Namen nicht aus dekorativen Gründen, trägt mit dem Hinweis auf seine Dichtersänger-Vorfahren

kein Lippenbekenntnis vor. Denn Person und Werk Franz Josef Degenhardts stehen in enger Beziehung zu den genannten Poeten: Von Villon hat Degenhardt das »Anstinken« der hohen Herren, den rotzfrechen Balladenton, vom Wolkensteiner die Streitbarkeit und die Vorliebe für reflektierende Ich-Lieder; seinem schwedischen Vorfahren Carl Michael Bellman gleicht Degenhardt in der Selbststilisierung als »versoffner Chronist«, während ihn mit Aristide Bruant das gesellschaftliche Engagement vereint. Und ebenso wie seine Dichterahnen ist Degenhardt nicht vom Fach, beginnt er nicht als »gelernter« Poet oder ausgebildeter Musiker, sondern arbeitet er zunächst in einem Beruf, der mit der Kunst des Liederschreibens nichts zu tun hat. Nach dem Abitur in Schwelm (1952), dem Studium der Rechtswissenschaften in Freiburg und Köln (1952 bis 1956), dem zweiten juristischen Staatsexamen (1960) geht Degenhardt 1961 als wissenschaftlicher Assistent an das *Institut für Europäisches Recht der Universität Saarbrücken* und promoviert 1966 mit einer Arbeit über *Die Auslegung und Berichtigung von Urteilen des Gerichtshofs der Europäischen Gemeinschaften.* Erst 1963 fällt der Startschuß für Degenhardts Laufbahn als Dichtersänger: Der Zweiunddreißigjährige nimmt bei Radio Bremen seine ersten Lieder auf, debütiert im renommierten *Jungen Theater Göttingen* und produziert seine erste Schallplatte: *Zwischen 0 Uhr und Mitternacht. Baenkel-songs* nennt Degenhardt seine makabren Gesänge:
»»Baenkel-songs« sage ich, weil ich in den Liedern die für den Bänkelgesang

Franz Josef Degenhardt

charakteristische Mischung aus ›Schauer‹ und ›Parodie‹ weiterzumixen versuche, bis aus Schauer und Parodie die zeitgemäßere ›Melancholie‹ entsteht.« Eine wirkungsvolle »Mixtur« gelingt Degenhardt mit seiner Gruselballade *Drei Kugeln*. Das Szenarium und die Leierkastenmelodie treffen exakt den Ton des traditionellen Bänkelgesangs. Mit seinen surrealistischen Bildern aber setzt der Dichtersänger komische Akzente, unterläuft er das herkömmliche Muster: »Der Wirt, der hat nur ein Auge,/und das trägt er hinter dem Ohr.« 1964 nimmt Degenhardt erstmals am Festival *Chanson Folklore International* auf Burg Waldeck teil. HEIN und OSS KRÖHER erinnern sich: »Da setzt sich ein kurzer, fester, sonnenbebrillter Westfale (...) auf die kleine Bühne, schlägt ein paar Akkorde an und hat im Nu alle in den Bann seines Vortrags geschlagen. Er singt von ›August, dem Schäfer, der Wölfe mitten im Mai gesehen‹ hat, oder von den ›Schmuddelkindern‹, mit denen ein Sohn besserer Leute nicht spielen darf.«

Degenhardts Lied *Spiel nicht mit den Schmuddelkindern*, das in den von Generation zu Generation weitergereichten Dünkeln dem Roman *Hundert Jahre Einsamkeit* von Marquez ähnelt, gilt bald als die klingende Visitenkarte seines Autors: 1965 ernennt Degenhardt es zum Titelsong seiner neuen Schallplatte, und seine unter der gleichen Überschrift erscheinende Chansonanthologie zählt heute (1987) mit über 200 000 verkauften Exemplaren zu den erfolgreichsten Veröffentlichungen ihrer Art. Stets an politischen Fragen interessiert – er ist seit 1961 Mitglied der SPD –, beteiligt sich Degenhardt 1967 und 1968 aktiv an der Studentenbewegung. Er diskutiert mit Rudi Dutschke, Wolfgang Neuss, Dietrich Kittner, demonstriert, unterstützt die Besetzungen der Springer-Verlagshäuser, begnügt sich in seinen Liedern nicht mehr mit der bloßen Darstellung gesellschaftlicher Gegebenheiten, sondern fordert zum politischen Handeln auf. In einem 1969 veröffentlichten Interview erklärt Degenhardt:

»Das Publikum hat ein Bedürfnis nach Kritik, und diese haben wir ihm geliefert. Und diese Kritik des Publikums wurde nicht umgesetzt in Aktion, um die Wirklichkeit zu ändern, sondern wir haben ihnen die Kritik so geliefert, daß sie wieder zufrieden waren, daß sie meinten, ach, es ist ja alles wieder in Ordnung. Und ich habe erkannt – in vielen Diskussionen mit meinen Genossen –, daß das eigentlich nicht der richtige Weg ist.«

Der Aufruf zur Veränderung der politischen Realität verweht nicht wie Schall und Rauch, vielmehr zieht Degenhardt auch persönliche Konsequenzen. 1969 gibt er seinen Universitätsposten und die geplante Habilitation auf, läßt sich in Hamburg als Anwalt nieder, spezialisiert sich auf die Verteidigung von Kriegsdienstgegnern, Mitgliedern der außerparlamentarischen Opposition (APO) und Mittellosen, setzt sich für ein Volksfrontbündnis ein. Er versucht wie vormals Kurt Tucholsky die doppelte Moral der Sozialdemokraten zu entlarven: Als die Parteispitze der SPD ihre Wähler auffordert, die Zweitstimme der FDP zu geben, empfiehlt Degenhardt öffentlich, die DKP zu stärken, um damit eine Linkskoalition zu ermöglichen – eine Kampfansage an den rechten Flügel seiner Partei, die dem Sänger prompt die Quittung beschert. Mit der Begründung, er rufe zur Wahl einer anderen Partei auf, entläßt ihn die SPD 1971 aus ihren Reihen. Die Lieder jener Jahre spiegeln Degenhardts Suche nach einer neuen politischen Orientierung deutlich wider. Registriert er noch mit seiner 1968 publizierten Schallplatte *Wenn der Senator erzählt* lediglich deskriptiv Prototypen und Verhaltensweisen der bundesrepublikanischen Gesellschaft, so versucht er bei den folgenden Produktionen, einen Schritt weiter zu gehen, aus Zustandsbeschreibungen konkrete Schlüsse zu ziehen, zu agitieren: »Mancher wird uns verraten./Sei wachsam, wo du bist./Wir müssen überleben,/kämpfen mit aller List« fordert er in seinem Song *Im Jahr der Schweine* auf der 1968 publizierten gleichnamigen Schallplatte, während der Titel *Progressivdynamisch mit Phantasie aber sachlich* aus dem Album *Die Wallfahrt zum Big Zeppelin* (1971) ein Fanal für die Ausrottung des Imperialismus setzt. Aber trotz seiner offenen Parteilichkeit, trotz seines unverhohlenen Engagements für ein Volksfrontbündnis verweigert Degenhardt den Funktionären sein Hosianna, bleibt er autark, beobachtet er wachsam auch die Fehler des eigenen Lagers: In seinem Song *Daß das bloß solche Geschichten bleiben* warnt der Sänger die Genossen davor, das politische Ziel aus dem Auge zu verlieren, es anekdotisch und romantisierend zu verbrämen. Mit seinem Lamento *Die Wallfahrt zum Big Zeppelin* mahnt er, nicht zu den Götzen »Pop und Pot« zu pilgern, über der blauen Blume nicht den Kampf zu vergessen. 1973 setzt Degenhardt das Plädoyer für die Einheit der Linken fort, allerdings mit Hilfe eines für ihn neuen Mediums, der Prosa: Sein Roman *Zündschnüre* erzählt die Geschichte einer deutschen antifaschistischen Widerstandsbewegung, die Jugendliche verschiedener politischer Couleurs organisieren. Der *Zündschnüre-Song*, 1975 auf dem Sampler *Der aufrechte Gang* veröffentlicht, greift das Thema erneut auf, widmet ihm die Schlußstrophe: »Und wie sie kämpften, litten/und lachten, liebten, stritten/in Solidarität,/in Solidarität,/das wird man dann noch lesen,/wenn das, was sonst gewesen,/ein Mensch nicht mehr versteht,/ein Mensch nicht mehr versteht.« Degenhardts nächste Schallplatte, *Wildledermantelmann*, 1977 produziert, überrascht nicht nur durch ihre musikalische Vielseitigkeit, indem sie ein Spektrum aus Rock, Folklore und Blues anklingen läßt, sondern sie läßt hinter dem konzeptionellen Denker Degenhardt auch wieder einen Menschen spüren, der schlicht und einfach Freude sucht, allerdings ohne sich von der Idylle betäuben zu lassen: *Im Gonsbachtal* trifft sich der Dichtersänger mit alten Freunden, schlürft er seinen Schoppen Roten, läßt sich aber von der Harmonie des Reservats nicht ertränken, sondern sieht und fürchtet den Einbruch der »Micky-Maus«. Für sein 1979 erscheinendes Album *Der Wind hat sich gedreht im Lande* wie auch für folgende Aufnahmen verbündet sich Degenhardt mit dem Gitarristen Jan Reimer und dem Mundharmonikaspieler Steve Baker, formuliert mit ihnen in der Ballade *Bon, la France* eine bewegende Anklage: Im trockenen Parlando-Stil stellt Degenhardt die Austauschbarkeit derer dar, die mit dem Krieg ihre Geschäfte machen, die stets zu Diensten sind, wenn es um Profite geht. Der Rhythmus der Degenhardtschen Begleitgitarre, wie eine Maschine unbeirrbar und mechanisch stampfend, zielt auf die scheinbar ewige Spirale von Krieg und Kommerz, wirkt geradezu hoffnungslos. Doch Reimer und Baker umspielen die Akkorde, ziselieren deren festen Block, lösen ihn auf und erzielen durch ihre Kontrapunkte eine dialektische Spannung, die dem Lied eine optimistische Wendung geben – Hanns Eisler ähnlich, übereignet Degenhardt in *Bon, la France* der Musik einen Teil der Aussage, verleiht er ihr semantische Kraft. *Der ganze Degenhardt*: Unter dieser Überschrift ediert die Schallplattengesellschaft Polydor 1981 eine Kassette mit sämtlichen Produktionen des Sängers – eine außergewöhnliche Hommage für einen deutschen Liedermacher. Nach *Brandstellen* (1975), *Die Mißhandlung* (1979) veröffentlicht Degenhardt 1982 sein viertes Prosawerk: *Der Liedermacher*. Es erzählt die Geschichte des Liedermachers Piet Atten, der im Konflikt zwischen den Idealen der APO-Zeit und der Realität des Kulturbetriebes seine Tätigkeit zu rechtfertigen sucht. Zudem läßt sich *Der Liedermacher* als Schlüsselroman einstufen, bedient Degenhardt sich doch ziemlich unverhüllt der Staffage sowie des Personals der einschlägigen »Szene«. Ad fontes zu gelangen, sich auf die Ursprünge und Ausgangspunkte zu besinnen – dieses Bemühen manifestieren die in den achtziger Jahren publizierten Schallplatten des

Dichtersängers. *Du bist anders als die andern* (1981), *Vorsicht Gorilla* (1985) und vor allem *Junge Paare auf den Bänken* (1986). Mit ihnen bekennt sich Degenhardt, der 1983 den Deutschen Kleinkunstpreis, Sparte Chanson, erhält, zu seinem Bruder in Apoll, zu Georges Brassens, dessen Chansons er in deutschen Übersetzungen nachspürt. –

HEINRICH VORMWEG charakterisiert den Dichtersänger und sein Werk: »Degenhardt dichtet mit seiner Gitarre. Degenhardts Lieder und Balladen sind, nur als Texte genommen, einfach nicht ganz das, was sie unterm Gitarrenschlag sind, auch wenn sie selbst als bloße Texte immer noch genügend beunruhigen, herausfordern und fesseln. Die Texte sind nur die halbe Sache.«

Und dennoch: Degenhardt ist in erster Linie Literat, ist kein Sängerdichter, sondern eben ein Dichtersänger, wie er sich auch selbst, von seinen Anfängen sprechend, in einem Interview einschätzt:

»Ich hatte mich schon immer für Literatur interessiert, und ich habe damals auch Gedichte geschrieben. Ich merkte aber bald, daß man mit geschriebener Lyrik zumindest nicht zu Potte kam. Wer las denn noch Gedichte – und wie konnte man an einen Verleger herankommen? Überhaupt nicht. Ich besann mich, daß ich Gitarre spielen konnte, machte Gedichte und trug meine Gedichte zur Gitarre vor – und es wurden Lieder.«

In zweifacher Hinsicht sind Degenhardts Gedichte der literarischen Tradition in Deutschland verpflichtet. Erstens bekennt sich der Sänger zum gereimten Vers:

»Ich reime, einmal, weil Gereimtes, jedenfalls gesungen, immer noch besser »gehört« wird als Ungereimtes, und zum anderen, um eine weitere Grenze für meine Phantasie zu haben.«

Zweitens setzt er in seinen Liedern immer wieder Zitate ein. Degenhardt degradiert die Literaturgeschichte aber nicht zu einem System von Fertigbauteilen, aus denen er sich sein eigenes Gebäude eklektizistisch zusammenklebt, sondern er funktionalisiert ihre Elemente, intensiviert mit ihnen die textliche Botschaft: In seinem Stimmungsbild *Deutscher Sonntag* benutzt er Verse des Walther von der Vogelweide und von Matthias Claudius (»decke Bein mit Beine« bzw. »und unsern kranken Nachbarn auch«), isoliert jedoch diese Zitatsplitter vom Liedganzen, indem er sie gleichermaßen unmotiviert wie bezugslos auftauchen läßt, beraubt seine literarischen Reminiszenzen so ihres Sinnes und symbolisiert auf diese Weise die Borniertheit und dumpfe Spießigkeit des Bildungsbürgertums, das er in *Deutscher Sonntag* attackiert – ein bevorzugtes Thema gerade des frühen Degenhardt, eine Vorliebe, die er mit seinem Vorbild Georges Brassens teilt. Auch musikalisch steht Degenhardt zu Beginn seiner Laufbahn den Chansons der Franzosen nahe: in dem periodischen Bau der Melodien, ihrem Duktus, in der Wahl der Harmonien, der europäischen Folklore verwandt. Doch zeigt sich der Komponist Degenhardt experimentierfreudiger als Brassens, vertraut er seine Texte doch mehr und mehr verschiedenen Stilrichtungen und Instrumentalbesetzungen an – eine Tendenz, der er seit 1968, seit seinem Song *Wenn der Senator erzählt* nachgibt: Um die sentimentale Verlogenheit und das heuchlerische Credo des Senators zu entlarven, läßt Degenhardt neben seiner Gitarre ein Streichquartett auftreten und erweckt so den Gedanken an die trügerische Festlichkeit gewisser Staatsakte. HANS-KLAUS JUNGHEINRICH analysiert die musikalische Entwicklung des Dichtersängers:

»Degenhardt hat die Musik seiner Lieder mit der Zeit kaputtgemacht. Besser vielleicht: Die Zeit hat sie kaputtgemacht. Die sanft-schummrigen Töne der Schmuddelkindertage, die allerdings durch die tenoral-deutliche Artikulation Degenhardts schon immer eine leicht aggressive Beimischung hatten, werden nicht mehr verwendet. Der Bänkelsängerton, in Dur, öfter noch in Moll, jedenfalls immer tonal, änderte sich immer mehr; die neueren Lieder Degenhardts, die diese Bezeichnung vielleicht gar nicht mehr verdienen, bringen oft auf weite Strecken nichts Melodisches mehr, lassen höchstens noch in einer refrainartigen Wendung Fetzen von Melodik herunterhängen, an denen sich ein Ohr festkleben kann. Der Gesang wird zum nuancierten und gleichwohl massiv-auffordernden Sprechen.

Veröffentlichungen

Zwischen Null-Uhr-Null und Mitternacht, Köln 1964; *Spiel nicht mit den Schmuddelkindern. Balladen, Chansons, Lieder*, Hamburg 1967; *Spiel nicht mit den Schmuddelkindern. Balladen, Chansons, Lieder*, neubearbeitete Ausgabe, Reinbek 1969; *Im Jahr der Schweine. 27 neue Lieder mit Noten*, Hamburg 1970; *Zündschnüre. Roman*, Hamburg 1973; *Laßt nicht die roten Hähne flattern, ehe der Habicht schreit. Lieder mit Noten*, Gütersloh 1974; *Brandstellen. Roman*, Gütersloh 1975; *Die Mißhandlung. Roman*, München 1979; *Kommt an den Tisch unter Pflaumenbäumen. Sämtliche Lieder mit Noten*, München 1979; *Der Liedermacher. Roman*, München 1982; *Die Abholzung. Roman*, München 1985.

Literatur

Oss und Hein Kröher, *Rotgraue Raben. Vom Volkslied zum Folksong*, Heidenheim 1969; Heinz Ludwig Arnold (Hg.), *Franz Josef Degenhardt. Politische Lieder 1964–1972*. Mit Beiträgen von Ilsabe Dagmar Arnold-Dielewicz, Hanno Beth, Hans-Klaus Jungheinrich, Thomas B. Schumann, Peter Schütt, Christian Törleff und Heinrich Vormweg, München 1972; Thomas Rothschild, *Liedermacher. 23 Porträts*, Frankfurt a. M. 1980.

Diskographische Hinweise

Der von Heinz Ludwig Arnold herausgegebene Band enthält eine ausführliche Diskographie. Zu ergänzen sind: Der ganze Degenhardt. Sonderausgabe zum 50. Geburtstag von Franz Josef Degenhardt (Polydor 2630 126); *Franz Josef Degenhardt. Du bist anders als die andern* (Polydor 2372 124); *Franz Josef Degenhardt. Vorsicht Gorilla* (Polydor 827 457-1); *Junge Paare auf den Bänken. Franz Josef Degenhardt singt Georges Brassens* (Polydor 829 112-1).

Marlene Dietrich
geb. 27. 12. 1901 Berlin

Gegensätze ziehen sich an – sagt man. Wie aber, wenn sie in einem Menschen vereint sind? Die Antwort auf diese Frage heißt Marlene Dietrich: Als Tochter eines preußischen Offiziers wächst sie zur ersten Femme fatale der Filmgeschichte heran, als Weltstar und Grande dame verblüfft sie ihre Kollegen durch hausfrauliche Tugenden; als Deutsche lernt sie die Prediger der »schönen deutschen Rasse« verachten; als naturalisierte Amerikanerin möchte sie in einem französischen Dorf begraben werden. Und auch ihr Lebenslauf zeigt Spannungen und Kontraste. Nach dem Abitur studiert sie Musik – mit dem Ziel, Konzertgeigerin zu werden. Doch als eine Sehnenscheidenentzündung die Elevin in ihren Studien zurückwirft, gibt sie kurzerhand das Geigenspiel auf, verläßt die Musikhochschule von Weimar und kehrt nach Berlin zurück, um sich als Schauspielerin ausbilden zu lassen. Ende 1921 spricht sie am Seminar Max Reinhardts vor – doch ohne Erfolg: Sie muß Privatunterricht nehmen. Nicht lange allerdings, denn schon 1922 erklimmt sie die ersten Stufen ihrer Bühnen- und Filmkarriere: Sie debütiert auf der Bühne des *Großen Schauspielhauses* als »Bianca« in *Der Widerspenstigen Zähmung*, während sie in dem Stummfilm *So sind die Männer* eine Zofe spielt. Erik Charell engagiert sie 1926 für die luxuriöse Ausstattungsrevue *Von Mund zu Mund* – eine musikalische Bilderfolge, in der Marlene Dietrich die Rolle der Commère singt und über Nacht ins Gespräch kommt. Vor allem aber beginnt sie nun, ihren

Marlene Dietrich

eigenen Stil als Sängerin zu entwickeln – beeinflußt von Claire Waldoff, ihrer prominentesten Partnerin in *Von Mund zu Mund*. CHARLES HIGHAM registriert: »Die tiefe Stimmlage (. . .), die Phrasierung, der aggressive Ton der Waldoff wurden von Marlene (. . .) häufig übernommen.«

Auch die Vorliebe für Männerkleidung teilt Marlene Dietrich damals mit der älteren Kollegin. Doch während die Waldoff auch privat den »Kerl« herausstellt, zu dem ihre rauhe Stimme, ihre Krawatten und Anzüge wie maßgeschneidert passen, stehen die männlichen Accessoires der Dietrich in krassestem Gegensatz zu ihrer weiblichen Ausstrahlung. Gerade die virile Hülle aber betont ihre Attraktivität als Frau – eine Wirkung, mit der die Künstlerin oft zu kokettieren weiß. 1928 nimmt Marlene Dietrich ein Engagement für die Revue *Es liegt in der Luft* an, zu der Marcellus Schiffer und Mischa Spoliansky Buch und Musik geschrieben haben. Während der Proben lernt sie die Arbeitsweise einer weiteren großen Diseuse kennen: den Stil von Margo Lion, der Frau Schiffers. Die exzentrische Künstlerin vermittelt der Dietrich eine Art des Vortrags, die jedes Gefühl gefrieren läßt, und eine Schminktechnik, die ihrem Gesicht eine leere Kälte gibt – von der Sängerin stets klug disponierte Mittel, um ihr erotisches Potential durch ein widersprüchliches Flair noch wirksamer einzusetzen. Eine Revue des Dramatikers Georg Kaiser, zu der wiederum Mischa Spoliansky die Musik komponiert hat, löst schließlich die Hollywood-Karriere der Dietrich aus: *Die zwei Krawatten*. In dieser bissigen Komödie sieht der Regisseur Josef von Sternberg Marlene als *Mabel* und lädt sie zu Probeaufnahmen für den *Blauen Engel* ein. Die Klappe fällt – Marlene Dietrich gelingt es, namhafte Mitbewerberinnen auszustechen, und sie bekommt die Rolle der Lola – die Sensation ist perfekt. Kann sich die Schauspielerin während der Dreharbeiten auch nicht mit der männermordenden Filmfigur identifizieren, so ist sie von den Chansons begeistert, die ihr Friedrich Hollaender schreibt. Die Lieder des Dichterkomponisten *Ich bin die fesche Lola* und *Ich bin von Kopf bis Fuß auf Liebe eingestellt* tragen denn auch nicht unerheblich zu der Entscheidung der Filmgesellschaft Paramount bei, der deutschen Schauspielerin einen Vertrag für Hollywood anzubieten. Im April 1930 verläßt Marlene Dietrich ihre Heimatstadt Berlin, um in Amerika zu arbeiten. Fünf Jahre lang bleibt Josef von Sternberg ihr Regisseur, prägt sie innerlich und äußerlich, baut monomanisch ihr Image auf – bis die Zusammenarbeit erlischt, weil es von Sternberg nicht gelingt, seine Gefühle für Marlene Dietrich von der beruflichen Aufgabe zu trennen.

Bei einem Parisbesuch 1933 nimmt die Künstlerin, immer bemüht, Notleidenden zu helfen, Lieder deutscher Emigranten für die Schallplatte auf – darunter das Chanson *Allein in einer großen Stadt* von Max Colpet mit der Musik Franz Wachsmanns. In den dreißiger Jahren lernt sie Erich Maria Remarque kennen, ist von dem männlichen Abenteurer und Schriftsteller fasziniert, der ihr seinerseits in seinem Roman *Arc de Triomphe* mit der Gestalt der Joan Madou ein Denkmal setzt. Kurz vor Ausbruch des Zweiten Weltkriegs stellt die Künstlerin in den USA den Antrag auf Einbürgerung. Das Nazi-Organ *Der Stürmer* kommentierte: »Die aus Deutschland stammende Filmschauspielerin Marlene Dietrich hat so viele Jahre bei den Kino-Juden von Hollywood verbracht, daß sie nun amerikanische Staatsbürgerin geworden ist.«

Im Jahre 1937 wegen eines Flops als »Kassengift« verschrien, gelingt der Schauspielerin 1939 ein Comeback – mit dem Western *Destry Rides Again*, in dem sie dank der Lieder Friedrich Hollaenders wieder einmal auch als Sängerin brillieren kann. Nach dem Zweiten Weltkrieg verliert Marlene Dietrich mehr und mehr ihr Interesse am Film. Folgerichtig beginnt sie 1953 eine zweite Karriere – als Chansonniere mit eigenen Liederabenden, die ihr überall in der Welt ein großes Echo sichern. Ihre Programme gehen teilweise auf ihr frühestes Repertoire zurück. Natürlich singt sie von »Lola, dem Liebling der Säsong«, aber die große Dame des Chansons erarbeitet sich auch neue Lieder von Cole Porter oder Oscar Hammerstein. Für die musikalische Handschrift der Arrangements zeichnet Burt Bacharach verantwortlich, er prägt bis in die sechziger Jahre den Live-Auftritten und Schallplattenproduktionen den Sound der Dietrich. Als *Zeugin der Anklage* und Partnerin von Charles Laughton schenkt sie 1958 der Filmgeschichte nochmals eine Sternstunde. Mitte der sechziger Jahre zieht sich Marlene Dietrich vom anstrengenden Filmgeschäft zurück. 1972 läßt sie sich angesichts einer gewaltigen Gage von 200 000 Dollar überreden, ihre erste Fernsehshow zu produzieren. Und als 1978 mit der Produktion des Films *Schöner Gigolo, armer Gigolo* in die zwanziger Jahre Berlins zurückgeblendet wird, ist sie als Partnerin von David Bowie mit von der Partie. –

Lili Marleen, die Hymne des Zweiten Weltkriegs, gehört zu den von der Dietrich am meisten geliebten Liedern. Sie nimmt es mehrfach für die Schallplatte auf: mal süßlich arrangiert, mal eher herb; mal kühl einstudiert, mal mehr impressionistisch. Immer aber beeindruckt die Interpretin durch ein raffiniertes Timing: Sie kann forcieren und raffen, versteht es, das Tempo zu dehnen, ohne den Ablauf der musikalischen Metrik zu stören. Zudem fasziniert sie durch die Dreidimensionalität ihrer Stimme, die ein sinnliches Körpergefühl vermittelt, durch ihre bewußt eingesetzte Distanz vom Emotionalen, mit der sie ein Vakuum schafft, das den Hörer quasi ansaugt. William Blezard, der Marlene Dietrich in späteren Jahren als Dirigent begleitet, beschreibt ihre Stimme:

»Sie umfaßt eineinhalb Oktaven (...) Sie hat die Stimmlage einer Bratsche. Sie phrasiert ungewöhnlich subtil: Sie machte die Sprechstimme populär und hat sie auch weiterentwickelt (...) Es gelingt ihr mühelos, über dem Orchester zu singen. Ein Lied interpretiert sie wie ein Bühnenschauspieler. Sie übernimmt dabei komische und dramatische Rollen.«

Kalt, ja, uninspiriert und mechanisch zu agieren – das ist ein Vorwurf, der gegen die Künstlerin immer wieder erhoben wird. Doch gerade durch das Sich-Zurücknehmen, das Unterkühlen der Gefühle erzielt Marlene Dietrich ihre einzigartige Wirkung, wie schon ERICH MARIA REMARQUE erkannt hat. In seinem Roman *Arc de Triomphe* beschreibt er das Gesicht der Joan Madou alias Marlene:
»Es war wie ein schönes, leeres Haus, das auf Teppiche und Bilder wartete. Alle Möglichkeiten waren in ihm – es konnte ein Palast und eine Hurenbude werden. Es kam auf den an, der es füllte. Wie begrenzt erschien dagegen alles, was schon vollgestopft war und eine Maske hatte.«

Veröffentlichungen

ABC meines Lebens, Berlin (West) 1963; *Nehmt nur mein Leben. Reflexionen*, München 1979; *Ich bin, Gott sei Dank, Berlinerin*, Berlin 1987.

Literatur

Franz Hessel, *Marlene Dietrich*, Berlin 1931; Hubert von Meyerinck, *Meine berühmten Freundinnen. Erinnerungen*, Düsseldorf/Wien 1967; Peter Kreuder, *Nur Puppen haben keine Tränen*, München 1971; Max Colpet, *Sag mir, wo die Jahre sind*, München 1976; Sheridan Morley, *Marlene Dietrich*, Frankfurt a.M. 1977; Robert und Einzi Stolz, *Servus Du. Robert Stolz und sein Jahrhundert*, München 1980; Helga Bemmann, *Marlene Dietrich. Ihr Weg zum Chanson*, Wilhelmshaven 1987.

Diskographische Hinweise

Helga Bemmanns Biographie enthält eine umfassende Auflistung von Dietrichs Chansonrepertoire. Zu ergänzen sind: Marlene Dietrich. Ich bin von Kopf bis Fuß auf Liebe eingestellt (EMI 1 C 028–46 075 M); Marlene Dietrich. Ihre großen Erfolge (mfp 1A 022 15 8299 1); Marlene Dietrich chante en allemand (CBS 64 866); Marlene Dietrich. Songs in German by the Inimitable Dietrich (EMI Capitol St 10397); Marlene Dietrich. Chansons 1928–1931 (ASV AJA 5039).

Blandine Ebinger (t)
geb. 4. 11. 1902 Berlin

Lotte Lenya und Kurt Weill, Blandine Ebinger und Friedrich Hollaender – zwei Paare, deren künstlerische Wege sehr ähnlich verlaufen: Auf der einen Seite jeweils eine hochbegabte Schauspielerin, auf der anderen ein genialer Komponist. Er findet jeweils in ihr sein ausführendes »Instrument«, kreiert mit ihrer Hilfe einen neuen Gesangsstil. Sie setzt sich für seine Musik ein, lebt für sie, bewahrt sie davor, der Vergessenheit anheimzufallen. Doch ist die künstlerische Arbeit Blandine Ebingers durch einen weiteren Faden mit dem Werk Hollaenders verknüpft: Er schreibt nicht nur die Noten für seine Sängerin, sondern auch die Texte – und dies seit ihrer Teenagerzeit. Blandine begegnet ihrem Komponisten und späteren Ehemann nämlich schon als Siebzehnjährige. Weil der Theatergigant Max Reinhardt seinen Regisseur Hans von Wolzogen bittet, geeignete Mitarbeiter einzuladen, um das Kabarett *Schall und Rauch* im Keller des Berliner *Großen Schauspielhauses* zu etablieren, erscheinen zu einer Art Gründungsversammlung: Kurt Tucholsky, Walter Mehring, Klabund und Ringelnatz, die Musiker Werner Richard Heymann, Mischa Spoliansky und Friedrich Hollaender, die Schauspieler Paul Graetz und Blandine Ebinger. FRIEDRICH HOLLAENDER erinnert sich:

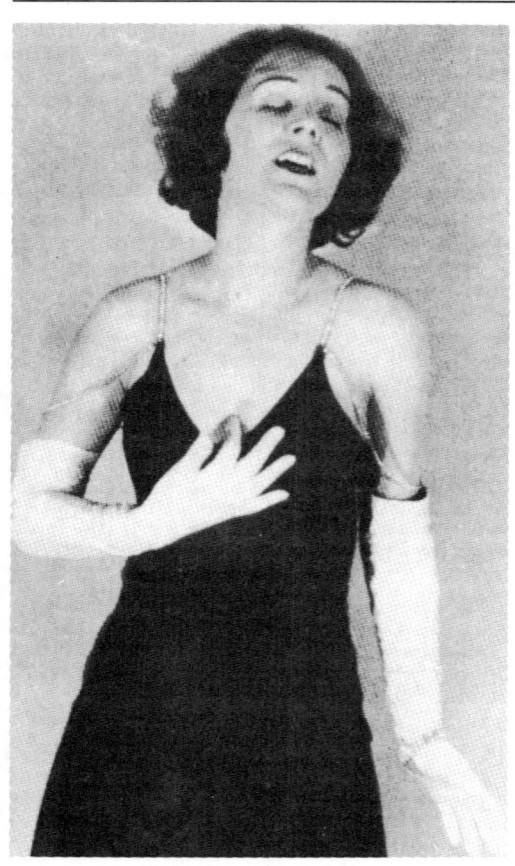

Blandine Ebinger

»Dann kommt ein junges Mädchen dran (. . .) Aus dem Stegreif. Ein fast zu schlankes Mädchen, mit einem Gesicht bleich – bleicher – am bleichesten unter dem dunklen Bubenschopf. Sieht aus wie der Geist von einem Geist. Mimt eine Barnutte. Setzt sich auf einen Barstuhl, der gar nicht da ist, kreuzt die Beine, zupft sich den Rock bißchen hoch, gebt mir mal 'n Cognacglas, und flötet sich einen von der Seele, so aus dem Metier (. . .) mit einem Witz, mit einer Beobachtungsgabe –, so müßte man schreiben können (. . .) Wie heißt denn das Wesen? Blandine? So heißt man doch nicht. Doch, so heißt man: Blandine Ebinger.«

Schauspielerin zu werden – dies ist ihr eigentlich in die Wiege gelegt, kommt Blandine doch als Kind eines Künstlerehepaares zur Welt. Ihr Vater ist ein hochbegabter, aber letztlich gescheiterter Pianist, ihre Mutter eine tüchtige Mimin, von der das Mädchen bereits als Schulanfängerin Schauspielunterricht erhält. Schon früh begegnet Blandine den Großen der Theaterwelt: Max Reinhardt engagiert sie. Ernst Deutsch und Walter Hasenclever gehören zu ihren Verehrern. Der Film interessiert sich für das frische Talent der Ebinger. Ernst Joseph Aufricht, Karl

Valentin und Henny Porten sind die Kollegen ihrer ersten Lichtspiele. 1919 heiratet Friedrich Hollaender sein »Wesen«, schreibt wenig später Chansons für seine Frau, die sie zunächst im *Schall und Rauch* aufführt. Doch erst als das Künstlerehepaar ein gemeinsames Engagement im *Café Größenwahn* annimmt, dem von Rosa Valetti geleiteten Kabarett, gelingt der Sängerin mit Hollaenders *Liedern eines armen Mädchens* der große Durchbruch, bewegt sie in Gestalt von Liesken Puderbach die Herzen der Berliner, zeichnet sie mit wenigen Versen das Bild eines bedrückenden sozialen Notstands: In *Wenn ick mal tot bin* malt sich Liesken, ein vernachlässigtes Hinterhofkind, das an Schwindsucht dahinsiecht, den Tag ihrer Beerdigung aus – mit so viel Phantasie und Schwärmerei, wie andere Mädchen ihren Brauttag: »Wenn ick mal tot bin, dann fängt erst mein Leben an,/Wenn ick durchs Wolkenmeer in Himmel schweben kann,/Die Engel tirilieren,/Die Geijen jubiliern,/Wenn zum Empfang von Liesken alle aufmarschiern./ Mensch! machen die een Krach,/Wenn ick mal tot bin,/Wenn ick mal tot bin,/Is mein schönster Tach!« Und in *Das Jroschenlied* bekennt sich Liesken zu einem kleinen Diebstahl, der sie schwer belastet: »Een Jroschen liegt auf meiner Ehre,/ Een Jroschen, unscheinbar und kleen./Wenn ick't bloß nich gewesen wäre;/Ick kann mir jarnich mehr im Spiegel sehn.« *Die Lieder eines armen Mädchens* – sie scheinen der zierlichen Blandine, diesem Vierzig-Kilo-Portiönchen, auf den Leib geschrieben zu sein, und wenn sie mit ihrer zerbrechlichen Lispelstimme auftritt, dann spielt sie nicht, nein, dann *ist* sie Liesken Puderbach. So sehr geht Blandine Ebinger in der Figur des armen Mädchens auf, daß die Kritiker sie voreilig auf den Typ des Proletariermädchens festlegen. Nur ALFRED KERR tönt solistisch aus dem Chor seiner Zunftkollegen:
»Das traditionslos Eigenwillige der Blandine Ebinger ist der Radikalismus ihres ausdruckhaften Stilisierens. Jede ihrer Vorführungen ist eigentlich im Grunde ein Linienspiel, dennoch kein bloßes Ornament, sondern aus dem Körperakzent geschöpfte Suggestivkraft erfüllt es. Dieses körperhafte Ausdrucksgenie ist an der Ebinger das Wesentliche, und es scheint mir grundfalsch, sie auf den zuerst von ihr gezeigten Typ des Berliner halbwüchsigen Mädels festzulegen, als wäre ihre Stilisierungskraft bloß an eine Proletariermädchenfigur gebunden. Aus der Eigenart ihres gebrechlichen kindlichen Körpers vermag sie ebensogut die subtile Lüsternheit wie Erotik zu entwickeln.«
Alfred Kerr soll Recht bekommen: Eines Tages fischt Blandine Ebinger aus Hollaenders Papierkorb die Skizze eines Liedes, das der Komponist für wertlos hält, bittet ihn, es dennoch zu vollenden, hebt das Chanson mit grandiosem Erfolg aus der Taufe, löst sich dank des erotischen Sujets von Liesken Puderbach, inszeniert zugleich einen Welterfolg: »Jonny,/wenn du Geburtstag hast,/bin ich bei dir zu Gast/ für eine Nacht.« Während der zwanziger Jahre tritt die Sängerin auch in den auf Hollaender zurückgehenden Kabarettrevuen auf, so 1928 in *Es kommt jeder dran.* Aus diesem Bühnenstück stammt das antimilitaristische Chanson *Die Trommlerin. Eine Schießbudenfigur,* für dessen Interpretation KARL KRAUS sich begeistert:
»Von allen späteren Antikriegsproduktionen (. . .) hat mir keine einen so starken Eindruck hinterlassen wie die Trommlerin (. . .) in der ergreifenden Gestaltung durch Blandine Ebinger.«
Doch nach dem Zweiten Weltkrieg, nach der Katastrophe von Hiroshima hält die Sängerin den Text der Trommlerin für zu wenig aggressiv und überarbeitet ihn, pointiert sie und aktualisiert die Aussage: »Die Herren, für die der Krieg zu kurz gewesen,/die treten gern an meine Bude hin/und zielen ohne Federlesen/auf meine Wenigkeit, die Trommlerin./Sie sehen sich im Wahne weitersiegen,/der General und auch so mancher Mann./Die Toten klagen an, die Kinder liegen/

atomverkrüppelt – denken die daran?/Und diesen Herren wirft die Trommlerin/so wie von ungefähr die Worte hin:/Ein Schuß zehn Pfennig, drei Schuß fünfundzwanzig Pfennig./Na, wer will noch mal?! Na –?! Wer schießt noch mal?!« Im krassen Gegensatz zu den zwanziger Jahren, die Blandine Ebinger von Erfolg zu Erfolg tragen, die ihr erste Schallplattenaufnahmen einbringen, ihr die Freundschaft Bertolt Brechts schenken (er schreibt für sie die leider Fragment gebliebenen *kouplets*), stehen die vom Schatten des Nationalsozialismus verdunkelten dreißiger: 1933 muß Friedrich Hollaender, als Jude akut bedroht, Deutschland verlassen. Und als seiner inzwischen von ihm geschiedenen Frau 1936 bedeutet wird, auch über ihr schwebe das Damoklesschwert der Verfolgung, entschließt sie sich wie Hollaender, nach Hollywood zu gehen. Auf sich allein gestellt, kann sie ihr Leben zwar nur mit kleineren Filmrollen und Aushilfjobs fristen, lernt aber viele bedeutende Emigranten kennen (Hanns Eisler, Lion Feuchtwanger, Heinrich Mann) und trifft außerdem Brecht und Peter Lorre wieder. Nach dem Zweiten Weltkrieg kehrt sie über Zürich nach Berlin zurück und nimmt erneut ihre Theaterarbeit auf. 1951 spielt sie die Frau von Wulkow in der Neuverfilmung von Heinrich Manns *Der Untertan* unter Wolfgang Staudte und arbeitet in den folgenden Jahren jedoch nur noch sporadisch beim Film und Fernsehen. Nach langer Pause tritt sie auf Anregung des Komponisten Juan Allende-Blin 1974 wieder mit den *Liedern eines armen Mädchens* vor ein Publikum – im Rahmen der Berliner Festwochen – und wird von den meist jungen Zuhörern begeistert aufgenommen. Ebenfalls während der Berliner Festwochen, am 1. 10. 82, gibt Blandine Ebinger ihre Abschiedsvorstellung. – Schon früh weist die Kritik auf die Parallele von Blandine Ebinger in der Rolle des »armen Mädchens« zu den Hinterhofjöhren Heinrich Zilles hin. Tertium comparationis dürfte wohl der beiden gemeinsame Ton sozialer Anklage sein, der sich bei der Sängerin wie auch bei dem Zeichner hinter der naiven Fassade verbirgt. Die Dialektik zwischen Attitüde und Aussage mag eine Erklärung für die künstlerische Spannkraft der Chansonniere sein. Aber Blandine Ebinger besitzt noch eine weitere Qualität, ihre nahezu visionär zu nennende Imagination: »Ein Wort baut bei mir eine Welt auf«, erklärt sie treffend ihrem Bewunderer Karl Kraus. Und diese Fähigkeit zur Assoziation verhilft ihr, immer wieder in andere Rollen zu schlüpfen, gibt ihrem Chansonrepertoire die Spannweite. Ob sie Hollaenders *Berlin, dein Tänzer ist der Tod* vorträgt oder seine *Trommlerin*, ob sie das ihr von Klabund gewidmete Lied *Ich baumle mit de Beene* singt oder Walter Mehrings Song *Wenn wir Stadtbahn fahren*, den der Dichter für sie geschrieben hat: immer versteht es die Interpretin, die Texte behutsam nachzuzeichnen, sie mit sparsamen Mitteln in Laut und Gebärde umzusetzen. Wie intelligent sie dabei verfährt, notiert eine Reihe namhafter Kritiker. So bescheinigt der Kabaretthistoriker Walter Rösler, die Sängerin könne einen Text mit Phantasie und Variantenreichtum, aber auch analytisch exakt umsetzen. Ihr Vermögen, eine dichterische Vorlage zu durchdringen, mit den Elementen der Poetik geschickt zu hantieren, beweist denn auch die Mitarbeit der Interpretin an den *Liedern eines armen Mädchens*, belegen ebenfalls ihre eigenen Texte, vor allem *Die Kindertragödie*.

Wenn Journalisten sie nach ihrem Alter fragen, gibt Blandine Ebinger keine Auskunft. Die Verweigerung aber ist nicht die eitle Geste einer alternden Dame, vielmehr ist sie die Lebensmaxime einer Künstlerin, für die das Alter eines Menschen völlig unwichtig ist. Diese Einstellung ermöglicht ihr, auch noch im hohen Alter die *Lieder eines armen Mädchens* zu singen: mit ungebrochener Stimme, hell und zart, aber so suggestiv, so engagiert einer verlorenen Zeit nachspürend, daß die Grenzen zwischen Alt und Jung niedergerissen werden, daß nur noch der Mensch, das Menschliche schlechthin interessiert.

Veröffentlichungen

»Blandine . . .«. Von und mit Blandine Ebinger, der großen Diseuse der zwanziger Jahre, der kongenialen Muse von Friedrich Hollaender, Zürich 1985.

Literatur

Friedrich Hollaender, *Lieder und Chansons für Blandine Ebinger,* Freiburg 1957; Friedrich Hollaender, *Von Kopf bis Fuß. Mein Leben mit Text und Musik,* München 1965; Friedrich Hollaender, *Chansons,* Berlin (West) 1967; Friedrich Hollaender, *Mit eenem Ooge kiekt der Mond. Chansons für ein altes Pianola.* Mit einer Schallplatte besungen von Blandine Ebinger und Annemarie Hase, Berlin (Ost) 1978; Walter Rösler, *Das Chanson im deutschen Kabarett 1901–1933,* Berlin (Ost) 1980.

Diskographische Hinweise

Blandine Ebinger singt Friedrich Hollaender (EMI 1 C 062-29 620); *Friedrich Hollaender und Blandine Ebinger singen Lieder und Chansons von Friedrich Hollaender. Sonderausgabe zur 750 Jahrfeier der Stadt Berlin 1987* (tele-sound--film Rainer Bertram, ohne Bestellnummer).

Léo Ferré (t/m)
geb. 24. 8. 1916 Monte Carlo

Er singt Apollinaire, Baudelaire, Rostand, Aragon, Verlaine und Rimbaud. Seine Lieder singen Juliette Gréco, Edith Piaf, Catherine Sauvage, Dalida, Cora Vaucaire, Germaine Montéro, Yves Montand. 1973 hat er einen eigenen Tour de chant im *Olympia* (dessen Bühne der qualitätserpichte Direktor, Bruno Coquatrix, nur den Vedettes zur Verfügung stellt, den Stars der Stars). In der zweiten Hälfte der siebziger Jahre erscheint eine diskophil ausgestattete Kassette mit Liedern, die er zwischen 1968 und 1974 auf Schallplatte eingesungen hat. 1981 kann der Auteur-compositeur-interprète ein weiteres, ebenso großzügig präsentiertes Schallplattenalbum veröffentlichen, das seine Vertonungen und Interpretationen der großen französischen Lyriker enthält. Dennoch: Die aktuelle Auflage der großen Larousse-Enzyklopädie stuft ihn als »Randerscheinung« ein – trotz der großen Namen, der punktuellen Erfolge. In der Tat hat Léo Ferré langfristig wenig Anerkennung gefunden, weder beim breiten Publikum noch bei der Mehrheit der Intellektuellen. In der Tat gibt es auf sein Werk im Gegensatz zu dem Œuvre von Jacques Brel oder Georges Brassens kaum ein anhaltendes Echo, weder in Frankreich noch Deutschland. Der Chansonexperte WILHELM NEEF versucht zu klären: »Ferré hat eine ganze Modewelle heraufgeführt. Sie nannte sich die ›Drei Minuten Poesie‹. Texte bedeutender Dichter komponierte Ferré als Chansons: von Rutebeuf, Ronsard, Baudelaire. Aber Ferrés ›Rutebeuf‹ unterscheidet sich musikalisch nicht von ›Ronsard‹ oder ›Baudelaire‹. Die Musiksprache ist und bleibt immer nur Ferré. Und die Poesie bleibt Mittel zum Zweck. Andere Chansonniers eiferten Ferré nach. Die Mode verebbte bald.«

BRUNSCHWIG/CALVET/KLEIN, die Autoren des 1986 publizierten *Dictionnaire de la chanson française,* nennen weitere Gründe für die relativ freudlose Ferré-Rezeption:

»Wenn er orchestriert, hat er die Tendenz, die Streicher zu überlasten und verbrauchte Klischees zu benutzen. Wenn er dirigiert, schlägt er den Takt zu langsam, gestaltet er seine Interpretationen zäh und schleppend. Auf der Bühne läßt er sich von achtzig Musikern begleiten, sofern die technischen Bedingungen es ermöglichen, andernfalls singt er zur Bigband im Playback: Das Publikum ist in beiden Fällen der Verlierer.«

Léo Ferré

Auch FELIX SCHMIDT konstatiert Ferrés brüchige Kommunikation mit dem Auditorium, setzt in seiner Kritik jedoch andere Akzente:
»Wegen seiner Grimassen und Raubvogelallüren, die nur zum Teil seine Schüchternheit verdeckten, bekam Ferré nur schlecht Kontakt zum Publikum. Dennoch gelang es ihm, ins *Olympia* zu kommen.«
Ferrés Musik steht im Kreuzfeuer der Rezensenten, seine Bühnenpräsentation wird niedergemacht – was eigentlich bleibt von dem Auteur-compositeur-interprète noch übrig? Es sind vor allem seine Gedichte, die ihm einen Platz in der Geschichte des Chansons sichern, Poeme, die als Ausfluß seiner Selbststilisierung als Anarchist zu verstehen sind, Grammatik wie Konventionen sprengend, jegliche Norm verachtend. Zu Recht sieht Juliette Gréco in Ferré den »Erfinder einer neuen poetischen Sprache, sinnlich, sexuell wie seine Liebesrasereien und seine logischen Haßtiraden«. Und zu Recht verknüpft DIETMAR RIEGER Ferrés anarchistische Pose mit den sprachlichen Neuerungen des Dichters:
»Ferrés Anarchismus bedeutet Nonkonformismus, Verweigerung (die zur Isolierung führt), Absage an jede Form von Kollektivismus, auch an jede Parteizuordnung. Er hat auch sprachliche Konsequenzen: Schockwirkung durch das Argot und sprachliche Verzerrungen der verschiedensten Art, die Distanz erzeugen und dennoch – ohne ein Publikum Gleichgesinnter geht es nicht – eine gewisse geheime Verbindung zu den ›copains‹ herstellt.«
Ein typisches Beispiel für Ferrés Stilmittel der Verzerrung, für seine systematische Gefriertrocknung der Gefühle ist sein 1952 publiziertes Chanson *Le temps de roses rouges*, in dem der Dichter zunächst poetische Bilder nach Art des Fin de siècle zitiert, dann aber die Attribute des Symbolismus durch die Wahl einer niederen

Sprachebene der Lächerlichkeit preisgibt, die bürgerliche Kunstauffassung mittels des harten Kontrastes negiert, ja, zertrümmert: »Au temps des roses rouges/Mon cœur sera glacé/Car mon oeil offensé/Taira les infortunes/Au temps des roses rouges/Je vendrai pour trois thunes/Le salaud d'à côté/Qui est un gars titré!//Et la roue tournera/Comme tourne la vie,/Mon couteau s'en ira/Fair' de la poésie« (Zur Zeit der Rosenblüte/Erstarrt mein Herz;/Denn mein beleidigtes Auge/Verschweigt das Unglück./Zur Zeit der Rosenblüte/Verkaufe ich für drei Eiermänner/Das Schwein von nebenan,/Einen Kerl von Stand!//Und das Rad dreht sich,/Wie das Leben sich dreht,/Mein Messer schickt sich an,/Poesie zu machen). Ferrés anarchistische Texte, sein Ruf »Épatez les bourgeois!«, seine antitraditionelle Haltung – sie können vor allem Interesse erregen, weil er die neuralgischen Punkte der bürgerlichen Gesellschaft genau kennt, weil er in den Senftöpfchen der Hautevolee nicht nur geschnuppert hat, sondern selbst ein Sprößling der »upper class« ist, nämlich der Sohn des Kurhausdirektors von Monte Carlo.

Auch die Ausbildung Ferrés verläuft zunächst ganz der sozialen Situation seiner Familie entsprechend: Er besucht ein katholisches Internat, zieht 1936 nach Paris, um Jura und politische Wissenschaften zu studieren, widmet sich nebenbei dem Klavier, beginnt zu komponieren. Zu Beginn des Zweiten Weltkriegs gibt Ferré sein Studium auf, zieht sich auf einen südfranzösischen Bauernhof zurück, schreibt jahrelang Opernpartituren, erhält gegen Kriegsende eine Anstellung bei Radio Monte Carlo, agiert dort als Sprecher, Pianist, Regieassistent, spielt in seiner Freizeit Orgel, schreibt Chansons, die keiner hören will, kehrt 1946 nach Paris zurück, tritt im Cabaret *Quod Libet* auf, das der Dominikanerpater, Homme de lettres und Filmregisseur Bruckberger begründet hat. Er gilt neben Catherine Sauvage bald als Hauptanziehungspunkt des Lokals – doch gründet sich seine Anerkennung nicht auf die Interpretationen eigener Lieder, vielmehr auf seine Präsentationen und Vertonungen der Werke arrivierter Dichter oder der Texte von Jean-Roger Caussimon (*Comme à Ostende, Monsieur William, Le temps du tango*). 1948 kann Ferré einen ersten Erfolg verbuchen, der ihm Achtung verschafft. Für Edith Piaf vertont er *Les amants de Paris*, ein Chanson, zu dem ein Kollege aus dem *Quod Libet*, Eddy Marnay, die Textvorlage liefert. Mit dem Einsatz eines Hintergrundchores erinnert der Komponist nicht nur stark an Charles Trenets 1945 kreiertes Lied *La mer*, sondern läßt zudem seine starke Neigung zu bombastischen Arrangements erkennen, die allerdings im Fall von *Les amants de Paris* durch das schnelle Walzertempo ihre Pompösität nicht voll entfalten können. Trotz seines allmählich wachsenden Renommees zieht sich Ferré Ende der vierziger Jahre mehr und mehr vom Chanson zurück: Er konzentriert sich auf die großen Formen der klassischen Musik, schreibt die Oper *La vie d'artiste* (1950), eine Satire auf die Verwertungsfabriken, sprich Musikverlage, komponiert Symphonien, Konzerte, schließlich das Oratorium *La chanson du mal aimé* (1954; Schallplattenproduktion 1972) nach einem Text von Apollinaire – ein umfangreiches Œuvre, das unter der Schirmherrschaft des Fürsten von Monaco in Monte Carlo zur Aufführung gelangt. Doch gegen Mitte der fünfziger Jahre holt ihn das Chanson wieder ein. Catherine Sauvage, die Nimmermüde, die seine Arbeit unentwegt lanciert, kann ihrem favorisierten Autor zur Anerkennung verhelfen: Sie integriert sein heute legendäres Lied *Paris-Canaille* in ihr Repertoire. Ein Schritt, den die Kritiker enthusiastisch begrüßen, aber auch ein Schritt, den Yves Montand, Mouloudji, die Frères Jacques nicht wagen. Ihnen nämlich bietet der Autor sein *Paris-Canaille* zunächst an, doch sie lehnen ab, sehen sich dem typischen Staccato-Stil Ferrés nicht gewachsen, stehen seinen kurzen Verszeilen, atemlos hervorgestoßen, ungewappnet gegenüber. Catherine Sauvage interpretiert aber nicht nur des Dichter-

sängers Abgesang auf die französische Hauptstadt, nein, sie besingt außerdem mit Ferrés Chanson *L'homme* eine Schallplatte und erhält für diese Produktion 1954 einen Grand Prix du Disque. In seinem preisgekrönten Lied berichtet der Autor von den schizophrenen Verhaltensweisen eines Menschen, vom Prototyp des bürgerlichen Mannes, der die Kommode seiner Seele, seiner Erinnerungen zwar aufräumt und mit niedlichen Seidenspitzen verziert, aber die Liebe wie einen Espresso konsumiert, der privat zwar voller Taschentuchgefühle steckt, aber in seinem Amt die Ritterrüstung rasseln, den Schlachtruf des Krieges ertönen läßt. 1956 erscheint Ferrés Gedichtsammlung *Poète, vos papiers!*, ein Rundumschlag des Hasses, eine Vademecum des Anarchisten, ein Versuch, Freigeist ohne Normen, ohne stabile Werte zu sein, ein Strauß Baudelairescher Blumen des Bösen: Das Poem *La vedette* (Der Star) gipfelt in der Frage, ob es im Kino des Todes auch einen Vorspann gäbe. Die Invektive *Les canons de chez Krupp* nennt die Völkerschlacht höhnisch den Liebesgesang eines Planeten, vergleicht die Kanonen Krupps mit Engels-Schenkeln, den Krieg mit einem Furz. Der Gesang *Dieu est nègre* (Gott ist Neger) stellt das christliche Bild von Gottvater mit Walla-Walla-Bart auf den Prüfstand, zielt aber auch auf die Apotheose des Trompeters Louis Armstrong. Das sarkastische Chanson *Madame la misère* schließt mit der schockierenden Strophe: »Madame la misère écoutez le silence/Qui entoure le lit défait des magistrats/Le code de la peur se rime avec potence/Il suffit de trouver quelques pendus d'avance/Et mon Dieu ça ne manque pas« (Frau Elend, hören Sie das Schweigen,/Welches das zerwühlte Bett der Gerichtsbeamten umgibt./Das Gesetzbuch der Angst reimt sich auf Galgen./Es reicht aus, einige im voraus Erhängte zu finden,/Und, mein Gott, daran mangelt's nicht). *Madame la misère* gehört zu den Gedichten der Kollektion *Poète, vos papiers*, die Ferré in Musik setzt, mit denen er eine Schallplatte besingt: Wie eine Gebetsformel trägt er die an »Frau Elend« gerichteten Verse vor, läßt er seine eher dünne Stimme von den Vokalisen eines massiven Hintergrundchores stützen, die Melodiebögen von wuchtigen Stößen der Blechbläser interpunktieren. Auch im *Psaume 151* okkupiert Ferré Elemente sakraler Kunst, unterwirft sie sich völlig, versklavt sie, unternimmt mit ihnen einen Ritt auf den Blocksberg, um sich dort in Trance zu versetzen und in einer schwarzen Messe den Herrn der Tiefe anzubeten – eine satanische Litanei, tropiert durch archaische Linien gregorianischer Gesänge, die von Jazz-Elementen kontrapunktiert, verweltlicht, verhöhnt werden. In *Poète, vos papiers*, dem Text, der die Gedichtsammlung ihren Titel verdankt, listet der Autor in für ihn typischer Manier asyndetisch, telegrammstilartig den Stoff seiner Träume auf: den Emigranten, der auf die Visa pißt, den Abenteurer mit den Pantoffeln unter dem Tisch des Nirwana, einen frischrasierten Totenkopf – ein exzentrisches Personal, ein exzentrisches Inventar, dem Fundus des dadaistischen Welttheaters entlehnt, das Ferré in *Poète, vos papiers* aufzählt und das er obendrein noch mit einer Tanzmusik übelster, billigster Sorte zu verbinden wagt. So abgebrüht zeigt er sich gegenüber der bürgerlichen Ästhetik, daß er jedem Anflug von Schönheit wie der Pest aus dem Wege geht, konsequent seinen Sätzen aus dem Vorwort des Bandes folgend: »Göttliche Anarchie, anbetungswürdige Anarchie, du bist kein System, keine Partei, kein Bezug, sondern ein Seelenzustand. Du bist die einzige Erfindung des Menschen; und seine Einsamkeit; und das, was ihm an Freiheit bleibt. Du bist der Hafer des Dichters.«
Weniger anarchistisch, vielmehr hochromantisch-sentimental im Sinne von Henri Murgers Künstlerroman *Scènes de la vie de bohème* gibt Ferré sich in seinem 1959 veröffentlichten Chanson *Saint-Germain-des-Prés*: Bei einem imaginären Bummel im Viertel von Saint-Germain-des-Prés trifft er Verlaine und Apollinaire. Die

Dichter möchten sich amüsieren, doch fehlt ihnen das nötige Kleingeld – eigentlich ein gutes Szenarium, aber Ferrés fabulatorische Selbsternennung zum armen Poeten à la Spitzweg gerät immer wieder in die Schußlinie der Kritik. So rügt FELIX SCHMIDT das theatralische Gebaren Ferrés:
»Peinlich sind dabei die Momente, in denen Ferré, Jaguar-Fahrer und Inselbesitzer, sich als Opfer der Gesellschaft, als ›poète maudit‹ beweint. Dann singt er mit riesigem Aufwand an Chor- und Geigenbegleitung ›von den Dichtern‹: ›Es sind komische Kerle, die das Unglück auf dem Klavier des Herzens und auf den Geigen der Seele besingen‹.«
Die von Schmidt kritisierten »Ungereimtheiten eines Arrivierten, der den Anarchisten hervorkehrt«, treten in Ferrés Gedicht *Les poètes* besonders kraß zutage, in dessen vierter Strophe es heißt: »Ils ont des chiens parfois compagnons de misère/ Et qui lèchent leurs mains de plume et d'amitié/Avec dans le museau la fidèle lumière/Qui les conduit vers les pays d'absurdité« (Manchmal sind ihnen Hunde Gefährten des Elends/Und lecken ihnen ihre freundlichen Dichterhände/Mit einem treuen Glanz auf der Schnauze,/Der sie in die Länder der Absurdität führt).
Doch trotz der zweifelhaften Gloriole, mit der sich Ferré zuweilen umgibt, muß man ihm attestieren, daß er sich engagiert für seine erwählten Dichter einsetzt. 1961 nimmt er eine Schallplatte mit von ihm vertonten Gedichten Aragons auf (*L'affiche rouge, Je chante pour passer le temps, Elsa, Blues, Je t'aime tant*) und erzielt einen immensen Verkaufserfolg, der den des Lyrikers um ein Vielfaches übertrifft: Während Aragon innerhalb von zwanzig Jahren 20 000 Exemplare seiner Gedichtbände verkauft, kann Ferré im Laufe eines Jahres eine Million Platten mit den von ihm vertonten Aragon-Texten absetzen! In den nächsten Jahren läßt der Dichtersänger seine literarischen Vorfahren wieder aufleben: 1964 veröffentlicht er zwei Schallplatten mit Lyrik von Verlaine und Rimbaud, 1967 zwei Schallplatten mit Werken von Baudelaire – ebenfalls in Ferré-Vertonungen. Ende der sechziger Jahre tritt »l'anar«, der Anarchist, erneut mit eigenen Texten in den Vordergrund, findet der nunmehr über Fünfzigjährige bei der 68er Jugend mit seinen Vorstellungen von einer freien Kunst, einer freien Gesellschaft starke Resonanz. Er bringt Jahr für Jahr eine Langspielplatte auf den Markt: L'été 68 (1969), *Amour anarchie* (1970), *La solitude* (1971), *Il n'y a plus rien* (1973), *L'espoir* (1974). Mitte der siebziger Jahre verlegt Ferré seinen Wohnsitz von Frankreich nach Italien, zieht sich für längere Zeit zurück und veröffentlicht schließlich 1980 die Schallplatte *La violence et l'ennui.* –
»Ich bin die einzige Institution, die ich respektiere«, sagt Ferré in einem Interview, plaudert mit diesem Satz aber nicht irgendeine Nichtigkeit dahin, sondern nennt die Chiffre zu seinem Werk, manifestiert das »Sesam-öffne-dich« zum Verständnis seiner Chansons. Denn Ferré taucht künstlerisch gesehen in keiner Strömung unter, schließt sich keiner Bewegung an, bildet keine Dichtergemeinde, sondern akzeptiert nur ein Gesetz, nämlich keinem Gesetz hörig zu sein, sich keiner poetologisch oder kompositionstheoretisch untermauerten Ästhetik zu verpflichten. Gemäß seiner Attitüde der Verneinung und Verweigerung erscheint es also durchaus stringent, wenn Ferré sich bei Chansons wie *Le chien* oder *La the nana* von der Popgruppe Zoo begleiten läßt, in dem Oratorium *La chanson du mal aimé* aber seine musikalischen Aussagen einem Symphonieorchester in großer Besetzung und gewaltigen Chören anvertraut, wenn sich der Dichtersänger partiell der Operettenseligkeit ergibt (*La nuit*, seine Liebeserklärung an die dunkle Tageszeit, erinnert in fataler Weise an Paul Linckes *Schlösser, die im Monde liegen* aus der Operette *Frau Luna*). Auf der anderen Seite bedient er sich aus den Töpfen klassischer Komponisten und eignet sich in seinen Baudelaire-, Apollinaire- oder

Verlaine-Vertonungen je nach Bedarf die Harmonik Debussys, die Klangfarben Ravels oder die Rhythmik Bartoks an. Als gesinnungslosen Eklektizismus bezeichnen traditionelle Kunst- und Erkenntnistheorien das Procedere Ferrés, seine Manier des artistischen Schaffens. Der Dichtersänger selbst aber sieht in dem Gebrauch divergenter Stile, Gattungen, Formen seinen Freiraum: Er prostituiert sich ihnen, um ebenso der bürgerlichen Gesellschaft wie ihren normierten Werten zu höhnen, um als Mensch und Poet bar jeglicher Fesseln zu agieren, um stolz und erhobenen Hauptes durch das Leben zu schreiten. Konsequent warnt er in der Introduktion seines Gedichtbandes *Poète, vos papiers* vor einer devoten, servilen Haltung der Poesie:
»Die zeitgenössische Dichtkunst singt nicht mehr. Sie kriecht. Sie hat indes das Privileg der Vornehmheit, sie verkehrt nicht mit verrufenen Wörtern, sie ignoriert sie (. . .) Man packt die Wörter nur mit Handschuhen an, sagt für ›Monatsblutung‹: ›Periode‹ (. . .) Aber weder macht die Wasserschale die sauberen Hände aus noch der Handkuß die Zärtlichkeit. Und es ist auch nicht das Wort, das die Poesie ausmacht, sondern es ist die Poesie, die das Wort auszeichnet.«

Veröffentlichungen

Poète, vos papiers, Paris 1956; *Testament Phonographe*, Paris 1980.

Literatur

Charles Estienne, *Léo Ferré*, Paris 1962 (NA: 1984); Dietrich Schulz-Koehn, *Vive la Chanson*, Gütersloh 1969; Wilhelm Neef, *Das Chanson. Eine Monographie*, Leipzig 1972; Felix Schmidt, *Das Chanson. Herkunft, Entwicklung, Interpretation*, Frankfurt a. M. 1982; Chantal Brunschwig/Louis-Jean Calvet/Jean-Claude Klein, *Cent ans de chanson française*, Paris 1981; Juliette Gréco, *Ich bin, die ich bin. Erinnerungen*, München 1983; Dietmar Rieger (Hg.), *Französische Chansons. Von Béranger bis Barbara*, Stuttgart 1987.

Diskographische Hinweise

Die Monographie von Charles Estienne enthält in der ersten Auflage eine ausführliche Diskographie, die in der Neuauflage von 1984 fehlt. Zu ergänzen sind:
Léo Ferré chante les poètes. Apollinaire, Aragon, Baudelaire, Rimbaud, Verlaine (Barclay 92 084/89); *Léo Ferré. 1968–1974* (Barclay 90 129/35).

Juliette Gréco
geb. 7. 2. 1927 Montpellier

Schwarz: uraltes Symbol der Negation, der Trauer, der Finsternis, der Nacht, der geheimen Mächte, des Totenreichs, der Weltverachtung, aber auch die Synthese aller Farben. – Ist es eine dekorative Attitüde der Sängerin, stets in Schwarz aufzutreten? Ist es die Gunst des Augenblicks, die Juliette Gréco als »schwarzen Kolibri« bekannt werden läßt? Oder ist die »schwarze« Kleidung Teil der künstlerischen Konzeption und Akzentuierung der Aussage? Das Repertoire der Sängerin weist den Weg. Schon ihr erster großer Erfolg, für den sie 1951 den Grand Prix de la S.A.C.E.M entgegennimmt, enthält »schwarze« Eigenschaften: Das Chanson *Je haïs les dimanches* (Ich hasse die Sonntage), dessen Text von Charles Aznavour stammt, negiert das Postkartengesicht des Sonntags, ruft zur Verachtung der bürgerlichen Welt auf, die sich scheinheilig kostümiert, um den Sonntag zu begehen. Trauer, Totenreich – diese Facetten des negativen Pols beschwört das schwarze Kleid der Sängerin, als Juliette Gréco in den siebziger Jahren *La nouvelle Grèce* singt, einen Text von Henri Gougaud. Das Chanson klagt die damalige griechische Militärdiktatur an: Die hellenischen Götter seien ausgewandert und die Poeten tot. Schwarz als Symbol für Nacht und Geheimnis charakterisiert aber die Gréco schon, als sie noch Jujube ist, das kleine Mädchen, das seine Erzieher durch nahezu autistisches Schweigen zur Verzweiflung bringt. Jujube errichtet sich ihr eigenes Reich, niemand darf es betreten, es ist tabu für jedermann. *Tabou*, so heißt denn auch jenes Kellerlokal der Existentialisten, von dem die Karriere der Sängerin ausgeht. Ein zufälliger Gleichklang? Wohl kaum, stellt Juliette Gréco doch ihrer 1983 erschienenen Autobiographie die These voran:

»Ich bin immer ›Wir‹ gewesen: Jujube, das Kind, und Gréco, die etwas entrückte schwarze Gestalt auf der Bühne.«

Jujubes Schweigen erklärt sich leicht in einem Mangel an Vertrauen: Da ihre Bezugspersonen ständig wechseln, teilt sie sich niemandem mit, um nicht verletzt zu werden. Ihren Vater, einen korsischen Polizeikommissar, lernt sie kaum kennen. Er entzieht sich völlig seinen familiären Pflichten, und die Mutter stellt ihre persönlichen Interessen über die der Familie. Es kommt zur Scheidung, und Jujubes wohlhabende Großeltern nehmen sich des Kindes an. Aber der Großvater stirbt bald, die Großmutter verfällt in Wahnsinn – so schickt sich die Mutter in ihre Aufgabe, widmet sich fortan der Erziehung von Jujube und ihrer Schwester, zieht mit ihren Töchtern nach Paris, ins Viertel von Saint-Germain-des-Prés. Die ersten Jahre des Zweiten Weltkrieges durchleben die Kinder relativ unbeschadet im Landhaus der Familie an der Dordogne, nahe Bergerac. Doch 1943 verhaften die deutschen Invasoren Juliettes Mutter, weil sie der Résistance, der Widerstandsbe-

Juliette Gréco

wegung, angehört. Französische Nazibüttel bringen schließlich auch Jujube und ihre Schwester ins Gefängnis. Ende Oktober 1943, nach zwei Monaten Haft, kann die Sechzehnjährige zwar die Welt der Gitter verlassen, aber sie ist völlig auf sich allein gestellt. Sie kehrt nach Paris zurück, kommt dank der Hilfe ihrer ehemaligen Französischlehrerin in einer Pension unter, in der, wie es der Zufall will, die Künstler ein- und ausgehen: Der junge Gérard Philipe hat sein Zimmer im Hause, der Maler Bernard Quentin sein Atelier, und die Schauspieler vom nahe gelegenen *Odéon*-Theater treffen sich in der Pension. Das Milieu färbt ab: Juliette möchte Schauspielerin werden, begibt sich unter die Fittiche von Solange Sicard, erhält von ihr kostenlos Unterricht und kann durch Vermittlung ihrer Lehrerin 1945 als Statistin in Paul Claudels *Le soulier de satin* (Der seidene Schuh) am *Théâtre Français* auftreten (unter der Regie von Jean-Louis Barrault). Ein Jahr später übernimmt sie in Roger Vitracs Komödie *Victor ou les enfants de pouvoir* (Victor oder die Kinder an der Macht) unter der Regie von Michel de Ré ihre erste Hauptrolle. Mit vollen Zügen taucht sie in das Leben der Boheme von Saint-Germain-des-Prés ein, verkehrt sie in deren Cafés, Bars und Kellerlokalen. Im Winter 1946 stößt sie im *Tabou*, einer während der ganzen Nacht geöffneten Bar, durch Zufall auf ein langgestrecktes, verliesartiges Gewölbe, läßt sich von dessen höhlenhafter Schönheit gefangennehmen und richtet es gemeinsam mit Anne-Marie Cazalis und anderen Freunden als einen im Nu begehrten Künstlertreffpunkt ein: Boris Vian, Raymond Queneau, Albert Camus, Simone de Beauvoir, Jean-Paul Sartre verkehren im *Tabou*, aber auch Jean Cocteau, Christian Bérard, Jean Genet. Jeder genießt die lebensfrohe Atmosphäre des Ortes, erfreut sich hier am neuesten Jazz – Sacha Distel mit seiner Gitarre ist häufig zu Gast, Boris Vian läßt sich auf der Trompete hören. Doch die Künstleridylle findet ein jähes Ende, als die Zeitung *Samedi soir* auf ihrer Titelseite ein Photo aus dem *Tabou* veröffentlicht: Es zeigt den noch unbekannten Roger Vadim, der mit einer Kerze die vor sich hinträumende Gréco beleuchtet – begleitet von der Headline »Höhlenmenschen! Existentialisten!« Eigentlich gedacht als Werbung für den *Tabou*, besiegeln diese Schlagzeilen aber den Niveauverfall des Clubs: Die Schikkeria bemächtigt sich seiner und sorgt für den Exodus der Künstler. Ebenso schlagartig wie das *Tabou* wird auch die Gréco durch die Aktion von *Samedi soir* berühmt: als das Mädchen mit den langen schwarzen Haaren, der schwarzen Kleidung und der blassen Haut, als »Königin der Existentialisten«, als »Muse von Saint-Germain-des-Prés«. Ja, sie gilt fortan sogar als Leitfigur der intellektuellen Jugend, wie ihre Rolle in Cocteaus 1949 gedrehtem Film *Orphée* belegt: Juliette Gréco steht in diesem Lichtspielgleichnis stellvertretend für ihre Generation, von deren Kunstauffassung sich der Dichter deutlich abgrenzen möchte. Die Cocteau-Biographen KIHM/SPRIGGE/BÉHAR interpretieren:

»Am Ende des Films wird Orpheus bei sich zu Haus von der lärmenden Jugend überfallen, unter der symbolischen Führung der zwei ›Musen des Saint-Germain-des-Prés‹: Juliette Gréco und Anne-Marie Cazalis.«

Außer der Zusammenarbeit mit Cocteau kann die Kino-Debütantin 1949 noch zwei andere Erfolge verbuchen: eine weitere Filmrolle, in *Au royaume des cieux* unter dem Regisseur Julien Duvivier, die ihr die Bekanntschaft mit ihrem späteren Mann Michel Piccoli einbringt, und den Start ihrer Laufbahn als Sängerin. Wie Juliette Gréco in ihren Memoiren berichtet, trägt vor allem Sartre dazu bei, die junge Schauspielerin von ihren Möglichkeiten als Chansoninterpretin zu überzeugen. Aber noch weit mehr als das: Der Schriftsteller hilft ihr bei der Auswahl des ersten Repertoires, stellt ihr eigene Texte zur Verfügung, empfiehlt sie an Joseph Kosma: der angesehene Komponist wiederum stellt sich der völlig Unerfahrenen als Korrepetitor zur Verfügung und vertont die ausgewählten Texte: *Si tu t'imagines* von Queneau, Jules Laforgues *L'éternel féminin* und das von Sartre beigesteuerte *Rue des Blancs-Manteaux*. Gewiß, ein schmales Repertoire, aber dafür eins vom Feinsten – ebenso wie der Schauplatz, auf dem die Sängerin sich erstmals der Öffentlichkeit stellt: *Le boeuf sur le toit*. – (Das in den zwanziger Jahren von Cocteau gegründete Cabaret hat eine Reihe illustrer Mitarbeiter aufzuweisen: die Sänger Damia, Jean Sablon, Marianne Oswald, den Komponisten Georges Auric, den Dadaisten Tristan Tzara und die Hauspianisten Jean Wiener und Clément Doucet. 1946 jedoch muß »Der Ochse auf dem Dach« aus wirtschaftlichen Gründen vorübergehend seine Pforten schließen.) Drei Jahre später also gibt die Wiedereröffnung des *Boeuf* der Sängerin Gelegenheit zum Debüt: an der Seite Jean Wieners. Wenn es sich auch nicht gerade als Sensation erweist, sichert es der Gréco doch ihren weiteren Lebensunterhalt, da Verpflichtungen im *Bobino* und in *La Rose Rouge* folgen. Obwohl das Publikum ihr anfangs eher distanziert gegenübersteht, bezeugt die Sängerin schon zu Beginn ihrer Karriere ein außerordentliches Selbstbewußtsein: Sie wählt ihre Texte ohne jede Rücksicht auf kommerziellen Erfolg aus und muß sich daher immer wieder den Vorwurf des Intellektualismus anhören. So lehnt sie etwa strikt ab, Norbert Glanzbergs Chanson *Padam! Padam!* aus der Taufe zu heben – eine Aufgabe, die daraufhin Edith Piaf mit großem Erfolg übernimmt. Ohne jegliches Zögern aber entschließt sie sich 1950 für Aznavours Text *Je haïs le dimanches*, der ihrem Image als »Höhlenkind« und Bürgerschreck entgegenkommt und ihr denn auch zum Durchbruch verhilft: Im folgenden Jahr bietet Jacques Canetti ihr einen Schallplattenvertrag an, 1952 reist sie wegen eines Gastspiels nach New York und unternimmt anschließend eine von Canetti organisierte Frankreichtournee. Auch der Film meldet sich wieder: 1953 spielt sie in *Boum sur Paris*, einem Werk des Regisseurs Maurice de Canonge, und in Jean-Pierre Melvilles *Quand tu liras cette lettre*. Einen ersten Höhepunkt ihrer Karriere erreicht die Sängerin 1954. Sie tritt im Pariser *Olympia* auf und wird vom Publikum gefeiert wie nie zuvor. Die zweite Hälfte der fünfziger Jahre steht für die Gréco unter der Vorherrschaft des Films: Sie spielt in *Elena et les hommes* unter der Regie von Jean Renoir. In *C'est arrivé à 36 chandelles*, einem Werk, das Henri Diamant-Berger in Szene setzt, agiert sie gemeinsam mit Charles Trenet und Aznavour. 1958 nimmt sie Darryl Francis Zanuck, Direktor der Twentieth Century Fox, für eine Reihe von Filmen unter Vertrag. Zwar kann die Aktrice nun mit erstklassigen Schauspielern zusammenarbeiten, wie Errol Flynn, Ava Gardner in *The Sun also rises* (1958) oder Orson Welles in *The Crack in the Mirror* (1960), aber alle Zanuck-Produktionen mit Juliette Gréco erweisen sich als Flops – ein Resultat, das sich nachhaltig auf die Laufbahn der Künstlerin auswirkt. Von 1962 bis 1987 begibt sie sich nur noch ein halbes dutzendmal vor die Kamera. Nach ihrem Zwischenspiel im amerikanischen Film stürzt sich die Gréco 1961 mit neuer Energie auf das Chanson, erweitert beträchtlich ihr Repertoire, startet im *Bobino* ihr Comeback: Léo Ferré schreibt für sie sein anzüglich-freches *Jolie môme*; Guy Béart widmet der Kollegin seinen nostalgischen Gesang *Il n'y a plus d'après*, einen Nachruf auf das Saint-Germain-des-Prés der Nachkriegszeit, auf den verwehten Geist der Existentialisten. Und auch Jacques Brel und Georges Brassens schneidern der Sängerin Lieder auf den Leib (*On n'oublie rien* respective *Le temps passé*). 1964 kehrt Juliette Gréco für kurze Zeit in die Theaterwelt zurück, als sie ein Engagement für das Bühnenstück *Bonheur, impair et passe* von Françoise Sagan annimmt, der sie auch den Chansontext *Sans vous aimer* verdankt. Zwei Jahre später bestreitet die nun fast Vierzigjährige gemeinsam mit Brassens im Pariser *Théâtre National Populaire* einen Chansonabend, der zu ihren größten Erfolgen zählt.

Mit einer neuen künstlerischen Konzeption wartet die Sängerin 1972 auf. Unter dem Titel *Un cri du cœur, un cri du corps* (Ein Schrei des Herzens, ein Schrei des Körpers) publiziert sie eine Schallplatte, deren Texte alle vom gleichen Autor stammen: Maurice Fanton. Mit dieser Veröffentlichung kündigt sie zudem ihre über zwanzig Jahre alte Zusammenarbeit mit der Schallplattengesellschaft Philips und schließt sich dem Verlagshaus von Eddie Barclay an. Zwölf Monate später tritt sie auf den besonderen Wunsch von Jacques Brel wieder vor die Kamera – für dessen Film *Le Far-West*, gemeinsam mit Ehemann Michel Piccoli und Georges Brassens. Im Laufe der siebziger Jahre zieht sich Juliette Gréco immer mehr von der Öffentlichkeit zurück. 1974 produziert sie ihre zweite Schallplatte bei Barclay, für deren musikalische Ausstattung ihr Pianist und späterer Lebensgefährte Gerard Jouannest sorgt. Ihre Kompetenz als Interpretin des literarischen Chansons beweist die Sängerin immer wieder bei sporadischen Auftritten auch im deutschen Fernsehen, etwa 1983 als Gast in Michael Heltaus *Liedercircus*. –

In ihren Memoiren definiert Juliette Gréco ihre Einstellung zum Singen, zur Aufgabe des Chansons:

»Gréco will dienen. Jenen dienen, deren Worte zwischen Buchseiten eingezwängt sind und so viel Mühe haben, daraus zu entfliehen. Jenen, die von eifersüchtig mit ihrem Wissen geizenden Einzelgängern gelesen werden. Sie will die Worte ›frei‹ dahinfliegen sehen, befreit von ihrem Etikett ›Luxusprodukt – nur für Eingeweihte‹ (. . .) In ihren Augen ist die Melodie das beste Mittel zur Befreiung der Wörter; so können sie herausgeholt werden aus ihrem Ghetto, ihrem Intellektuellenghetto.«

Gréco will dienen. Doch beim Wollen bleibt sie nicht stehen: Wie kaum ein anderer Interpret vermag sie es, den elfenbeinernen Turm der Dichtkunst zu sprengen, die Poeten aus der ungeliebten Klausur zu befreien. Den Literaturnobelpreisträger François Mauriac, den Philosophen Jean-Paul Sartre, die Romanautorinnen Françoise Sagan und Marguerite Duras, den großen Sprachvirtuosen Raymond Queneau – sie alle animiert die Sängerin, die hermetische Welt der reinen Literatur zu verlassen und Chansons zu schreiben. Aber die Gréco agiert nicht nur als Anregerin, auch als Interpretin bleibt sie ihrem Ziel treu, der Poesie zu dienen. So gestaltet sie ihre Chansons mit einer Technik des Understatements: Sie nimmt ihre Gefühle weitgehend zurück, vermeidet es, ihren Gesängen Stimmungen wie Haftetiketten aufzukleben, akzentuiert um so stärker die Aussagen und Nuancen der dichterischen Vorlagen, gibt den Wörtern die Möglichkeit zum Atmen. Und indem die Sängerin davon absieht, ihre Lieder mit Emotionen zu überschwemmen, ihnen den Stempel des eigenen Ego aufzudrücken, schafft sie Platz für die individuellen Gefühle ihrer Zuhörer. Grécos Technik der bescheidenen Geste, der Untertreibung wird jedoch häufig mißverstanden: Intellektualismus haben die Kritiker ihr vorgeworfen, Mangel an Humor, ja, an Herz. Ähnliche Defizite meinten seinerzeit auch die Widersacher Brechts bei dem Dramatiker feststellen zu müssen, denn er schreibt ebenfalls seinen Schauspielern eine antiromantische Interpretation vor, impft ihnen ein, sich nicht mit der Rolle zu identifizieren, sondern kritische Distanz zu halten. In Juliette Gréco fände Brecht eine ideale Verkörperung seiner Theorie vom epischen Theater: Die Aufnahme der Sängerin von *La fiancée du pirate* (Lied der Seeräuberjenny) aus der *Dreigroschenoper* belegt Grécos Affinität zu Brecht deutlich. Ihre künstlerische Nähe zu dem deutschen Dichter teilt Juliette Gréco mit vielen Vertretern des Existentialismus, etwa mit Boris Vian, der für sie als Texter arbeitete. Und auch mit Jean-Paul Sartre, der die Sängerin geradezu hymnisch als Stimme der Poeten feiert:

»Juliette Gréco hat Millionen in ihrer Kehle; Millionen von Gedichten, die noch nicht geschrieben sind, von denen man einige schreiben wird. Man schreibt Stücke für Schauspieler, warum nicht Gedichte für eine Stimme?«

Veröffentlichungen

Ich bin, die ich bin. Erinnerungen, München 1983.

Literatur

Henri C. Béhar/Jean-Jacques Kihm/Elizabeth Sprigge, *Jean Cocteau. Sein Leben – ein Meisterwerk*, München 1970; Michel Grisola/Françoise Mallet-Joris, *Juliette Gréco*, Paris 1975; Jacques Mazeau/Didier Thouart, *Acteurs et chanteurs*, Paris 1983.

Diskographische Hinweise

Die Veröffentlichung des Autoren-Teams Grisola/Mallet-Joris enthält eine vollständige Diskographie.
Juliette Gréco. Les feuilles mortes (Philips EVER-25); *A Portrait of Juliette Gréco* (Philips 9279 030).

Yvette Guilbert (t/m)
geb. 20. 1. 1867 Paris; gest. 2. 2. 1944 Aix-en-Provence

Sie ist die Ahnherrin aller Chansonsängerinnen. Einzigartig: ihr Ruhm, der sich ungehindert der Sprachgrenzen über die ganze Welt verbreitete. Ebenfalls ein singuläres Phänomen: ihr Lehrbuch *Die Kunst, ein Chanson zu singen* – ein Vademecum für jeden Chansonnier, jede Chanteuse – ein avantgardistisches Werk, das bislang ohne Nachfolger blieb. Klein fängt Yvette an, bevor sie sich zum gefeierten Star der Belle Epoque emporschwingt. Vom Vater verlassen, muß sie sich vom zwölften Lebensjahr an selbst ihr Geld verdienen – mit Nähen, dann als Mannequin und Verkäuferin. Ein Leben ohne Perspektiven ... bis das Wunder naht: Charles Zidler, Direktor eines Hippodroms, erklärt sich zu ihrem Mäzen. Yvette kann nun Schauspielunterricht nehmen, debütiert am *Théâtre Bouffes-du-Nord*, mehrere Engagements an unbedeutenden Theatern folgen. Als der große Erfolg sich jedoch nicht gleich einstellt, wechselt die Schauspielerin ihr Metier, vertauscht die Theaterszene mit der Bühne des Café-concert. Zunächst erfolglos – ihr Debüt des Sommers 1889 in Lyon wird zu einem völligen Fiasko. Nicht besser ergeht es ihr bei ihrem ersten Auftreten als Diseuse, wie sie sich jetzt nennt, im *Eldorado* von Paris. Die Sängerin nimmt in ihrer Autobiographie Stellung:
»Ich habe aber seither nie meine Art aufzutreten, zu grüßen, zu singen geändert; ich mache es heute genauso wie damals; aber meine Persönlichkeit und mein Genre waren eben neu.«
Mit der Verpflichtung an das *Eden-Concert* wendet sich das Blatt – das Publikum beginnt die Guilbert zu akzeptieren, die sich jetzt als »komisches junges Mädchen« präsentiert. WALTER RÖSLER ergänzt:
»Das ist die Zeit, in der sie ihren eigenen Stil findet, ihre ›Silhouette‹ mit den langen schwarzen Handschuhen und ihr eigenes, ganz ihren Ausdrucksmöglichkeiten entsprechendes Repertoire.«
Sie begegnet den Chansons von Léon Xanrof, dessen Sittenbilder aus der Bohème sie faszinieren. Und der von ihr verehrte Aristide Bruant erlaubt der Sängerin, seine Lieder aus dem Huren- und Gaunermilieu zu übernehmen. Ihre Silhouette beginnt die Maler zu interessieren. Henri Toulouse-Lautrec und Theophile Steinlen zeichnen die Guilbert gleich mehrfach. Nachdem die Chanteuse in der Sommersaison 1892 Triumphe in Lüttich und Brüssel gefeiert hat, trifft sie im

Montmartre-Kabarett *Divan Japonais* auf ein für sie neues Publikum, das aus Dichtern, Malern und Journalisten besteht und ihr die »Künstlerweihe« gibt – so wertet sie später aus der Rückschau. Von der Butte sacrée, damals noch ländlicher Vorort, zieht sie aus, um Paris zu erobern. Ihr Siegeszug beginnt im Café-concert *La Scala*: Bei einer Tagesgage von sechshundert Franc tritt sie hier bis 1900 auf. Bei ihrem Berliner Gastspiel im Februar 1901 muß sie allerdings heftige Kritik einstek-ken – nicht wegen ihrer Kunst, die unantastbar bleibt, sondern wegen ihrer Gage von 3000 Mark pro Tag. MAXIMILIAN HARDEN giftet:
»Eine kluge Sängerin, ganz einfach gekleidet, ohne Schmuck, die mit vollendeter Kunst und mit wehmütig nasalem Ton den Jammer der Prostituierten und ihrer Zuhälter singt: Das war neu (...), besonders prickelte der Gedanke, daß die schluchzende Artistin mit Hunderttausenden auf dem Goldminenmarkt engagiert war. Der Kapitalist, der vor Kapitalisten über die irdische Not der Elenden (...) bitterliche Zähren vergießt: Das ist vorläufig das letzte Bild aus der populären Ecke der französischen Literatur.«
Harden bezichtigt die Künstlerin allerdings zu Unrecht, nur dem Mammon nach-zustreben. Denn kurz nach 1900 kündigt Yvette Guilbert alle Verträge mit den Cafés-concerts, um sich unter großen finanziellen Verlusten ein zweites Repertoire aufzubauen, das nun aus Volksliedern und Chansons des 11. bis zum 19. Jahrhun-dert besteht. WALTER RÖSLER führt aus:

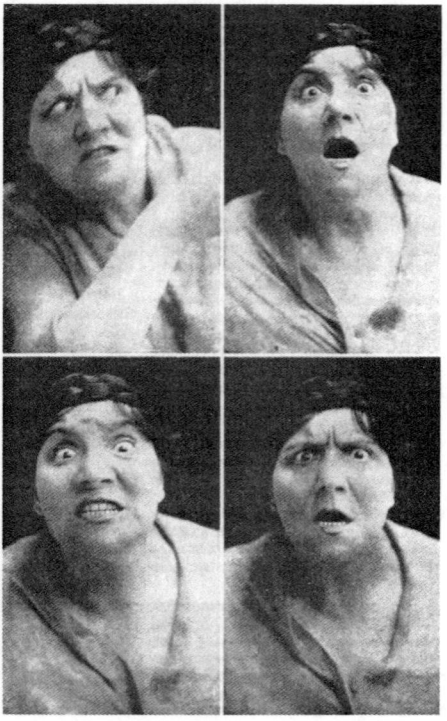

Yvette Guilbert

»Sie entdeckte, rekonstruierte und bearbeitete Chansons und trat anstatt mit den schwarzen Handschuhen jetzt in historischen Kostümen auf.«

Doch mit ihren neuen Programmen findet sie in ihrer Heimat wenig Zuspruch. Deutschland aber ist von ihren Exkursen in die Geschichte des Liedes fasziniert: Nach dem Ersten Weltkrieg feiert sie in Berlin ihre größten Triumphe, Alfred Polgar, Max Herrmann-Neiße und Kurt Tucholsky singen ihr Lobeshymnen. 1925 spielt sie die »Marthe Schwertlein« in der *Faust*-Verfilmung von F. W. Murnau. Zwölf Jahre später übernimmt sie die Rolle der Mrs. Peachum in Ernst Josef Aufrichts Inszenierung der *Dreigroschenoper* am Pariser *Théâtre de l'Étoile*. Es kommt ihr jedoch nicht nur auf die eigene Bühnenarbeit an, sie möchte ihre künstlerischen Auffassungen und ihre Technik auch an Schüler weitergeben und gründet daher Chanson-Schulen in New York, San Francisco, New Jersey und Interlaken. Sie stirbt nach einem wirklich erfüllten Künstlerleben. Doch die Wirren des Zweiten Weltkriegs unterdrücken jedes Echo auf die Nachricht ihres Todes. –

Überspitzt läßt sich sagen: Yvette Guilbert ist die Erfinderin des modernen Chansons. Hat sie es doch verstanden, das Chanson des Fin de siècle von den Theaterposen zu befreien, es vom Kunstlied abzusetzen und es schließlich als eigene Kunstform zu etablieren. Die Diseuse erläutert:

»Die Schauspielkunst im Dienste einer Sängerin ohne Stimme, die es jedoch vermag, ein Orchester oder das begleitende Klavier an ihrer Statt singen zu lassen – das ist meine Kunst!«

Gespräche der Guilbert mit Charles Gounod und Giuseppe Verdi ermuntern die Künstlerin, eine Gesangsart zu entwickeln, deren Ideale abseits vom Belcanto liegen, die nicht die »reine« Vokalität anstrebt, sondern sich um die Auslotung der dichterischen Gedanken bemüht. Um der poetischen Idee gerecht zu werden, setzt Yvette Guilbert alle Register der Stimme ein, singt je nach Bedarf Sopran, Alt, Tenor oder Baß und nutzt sämtliche Übergänge vom Sprechen zum Singen, um das Chanson als »un drame condensé« der poetischen Wahrheit zuzuführen. Die größte Leistung der Sängerin aber ist die Entdeckung und Entwicklung eines Gestaltungsprinzipes, von dem noch heute viele Interpreten zehren. In *Die Kunst, ein Chanson zu singen* erklärt die Autorin:

»Es ging darum, den musikalischen Rhythmus zu verlassen und ihn durch das rhythmisierte ›Wort‹ zu ersetzen, und dies den Betonungen und Anforderungen des Textes gemäß. Zu Beginn meiner Laufbahn war das Publikum davon begeistert, und selbst Gounod schwärmte für diesen Kunstgriff des Kolorierens.«

Guilberts Methode des »Gegen-die-Musik-Singens« beeinflußte vermutlich auch Bertolt Brecht, der sie den Interpreten seiner *Dreigroschenoper*-Songs empfiehlt. Das weitgespannte Repertoire der Sängerin, das vom Dirnenlied bis zu religiösen Gesängen reicht, hat allerdings bis heute keinen Erben gefunden. Bettina Wegner jedoch übertrug einige Lieder aus dem Repertoire der großen Diseuse ins Deutsche und tat so den ersten Schritt, die Chansons der Yvette Guilbert wiederzubeleben. Zu diesen Nachdichtungen gehört Paul de Kocks Text *Madame Arthur* (Musik: Yvette Guilbert – ein Chanson, das noch heute zu den Zugnummern der Pariser Travestie-Darsteller zählt: »Il fallait la voir à la danse;/Son entrain était sans égal,/Par ses mouvements, sa prestance,/Elle était la reine du bal./Au cavalier, lui faisant face,/Son pied touchait le nez, ma foi./Chacun applaudissait et surtout son je ne sais quoi! Madame Arthur« (Man mußt beim Tanzen sie erleben,/Ihr Schwung war ohnegleichen schön./An ihr schien alles nur zu schweben,/Die Nase streift sie mit den Zeh'n./Sie war die Königin des Balles,/Was ich nicht zu betonen brauch,/Die Anmut überragte alles/Und das gewisse Etwas auch!/Madame Arthur).

Veröffentlichungen

La chanson de ma vie, Paris 1928; *Lied meines Lebens*. Mit einem Vorwort von Alfred Polgar, Berlin 1928; *L'art de chanter une chanson*, Paris 1928; *Die Kunst ein Chanson zu singen*. Hg. von Walter Rösler. Mit zehn Chansons aus dem Repertoire der Yvette Guilbert in Nachdichtungen von Bettina Wegner, Berlin (Ost) 1981; *Mes lettres d'amour*, Paris 1933; *Chansons anciennes recueillies par Yvette Guilbert*, s.l. s.a.

Literatur

Helmut Hanke, *Yvette Guilbert. Die Muse vom Montmartre*, Berlin (Ost) 1974; Kurt Tucholsky, *Ein Pyrenäenbuch*. In: Gesammelte Werke in zehn Bänden. Bd. 5, S. 130, Reinbek 1975.

Diskographische Hinweise

Belles années du caf'conc'et du music-hall (Vogue VG 304 400006); *La fête du caf'conc' 1900–1925* (PATHÉ MARCONI/Emi 2 C̆ 150-15370/71).

Walter Hedemann (t/m)
geb. 17. 7. 1932 in Lübeck

»Unsere Kultur ist eine Reklamekultur. Wer gepusht wird – und nur der – findet allgemeines Interesse. Das hat mich nie daran gehindert, hindert mich bis heute nicht, mein Wörtchen mitzureden. Nur: die Illusion, eine breitere Beachtung zu finden, ist natürlich weg«, notiert Walter Hedemann Anfang 1987 – mit pessimistischem Unterton. Aber seine Sätze sind nur vordergründig resignativ, entlarven sich bei exakterer Betrachtung als realistische Erkenntnis eines Kulturkritikers, als sarkastische Bemerkung eines intellektuellen Spötters, der die Kultur seiner Zeit und Gesellschaft keinesfalls in Grund und Boden stampfen will, sondern sie mit Fragezeichen versieht, unter ihrer kosmetischen Deckfarbe den Rost aufspürt, ihre tradierten Werte auf Hohlstellen abklopft, weil er nicht abwarten möchte, »bis ein Kind in den Brunnen gefallen ist, oder gar acht oder zehn«, wie er es in seinem Chanson *Erst wenn* formuliert. Daher verstellt er in seinem zweideutigen Lied *Schöne Aussicht* eben diese durch Reaktoren und Raketendepots, daher warnt er in seinem Gesang *Der Speicherbürger* vor dem gierigen Auge des Großen Bruders, vor der staatlichen Vereinnahmung des Bürger durch die Datenverarbeitung, daher zeichnet er in seinem *Überlebens-Rezept* ein makabres Bild von der Vielzahl der gegenwärtig möglichen Katastrophen, gibt er, einen amtlichen Jargon imitierend, völlig sinn- und wirkungslose Anweisungen, sich dem Inferno zu entziehen.

Die deutliche Sprache des Chansonniers, seine klaren Stellungnahmen, seine Übergriffe auf Tabus machen angesichts seiner Position und seiner Wirkungsstätte erstaunen: Hedemann lebt als Oberstudienrat und Lehrer für Deutsch und Englisch in der niedersächsischen Kleinstadt Hameln. Doch die Nennung des Brotberufes kann täuschen, läßt allzu leicht an eine biedere Karriere denken, die Walter Hedemann weder angestrebt noch realisiert hat. Nach seinem 1950 in Naumburg an der Saale abgelegten Abitur immatrikuliert er sich zunächst nicht für das philologische Fach, sondern beginnt in Halle ein Musikstudium – mit dem ehrgeizigen Ziel, Konzertpianist zu werden. Nach wenigen Semestern wechselt er den Studienort, läßt sich in Berlin nieder, bricht 1954 sein künstlerisches Studium ab und widmet sich fortan der Germanistik und Anglistik. 1959 beendet Hedemann sein Studium und zieht aus beruflichen Gründen nach Hameln. Ein Zufall bringt ihn schließlich auf die Idee, seine musikalischen Fertigkeiten mit den literarischen Kenntnissen zu verbinden: 1961 verlebt er einen Urlaub

Walter Hedemann

in Wien, gerät in die *Marietta-Bar*, hört hier Gerhard Bronner, der am Klavier Chansons vorträgt. Und er läßt sich von dem Wiener Kabarettisten anregen, schreibt noch im gleichen Jahr mit *Der Verkehrsampelfan* sein erstes Lied, hat 1963 sein Rundfunkdebüt bei Radio Bremen. 1965 betritt er im Rahmen des Festivals *Chanson Folklore International* auf Burg Waldeck, an dem er sich auch in den beiden folgenden Jahren beteiligt, erstmals die Bühne. 1967 erlebt Walter Hedemann als Chansonnier seinen ersten großen Triumph: Bei einem »Sängerkrieg« auf den Wellen von Radio Bremen erringt er den ersten Preis – vor Hanns Dieter Hüsch, vor Kristin Horn. Aber trotz dieses Erfolges, trotz anschließender Schallplattenaufnahmen, trotz der folgenden, im Durchschnitt jährlich etwa fünf Hörfunk- und Fernsehproduktionen, trotz bester Kritiken bleibt Hedemann ante portas, vor den Türen der Vermarktungsindustrie, läßt er sich in keine der marktgängigen Schubladen stecken. So bestätigt KAAREL SINIVEER zwar 1981, Hedemann sei durch seinen sprachlichen Witz und durch die meisterliche Beherrschung aller satirischen Register eine Ausnahmepersönlichkeit, konstatiert jedoch im gleichen Zusammenhang:
»So entfällt die Möglichkeit der Einordnung als rein bürgerlicher Chansonnier bei Betrachtung der politischen Inhalte seiner Texte ebenso wie (. . .) die Zuordnung als politischer Kabarettist. Auf Grund dieser Position wurde er auch nach der Waldeck-Ära weder von den auf den Markt strebenden Kräften wie Reinhard Mey oder

Schobert und Black mitgezogen noch von der sich Anfang der siebziger Jahre etablierenden politischen Liederszenerie.« –
»Ich kann von manchen Dingen ein bißchen. Ich kann ein bißchen Klavier spielen und Noten zusammenfügen, ich kann ein bißchen Texte herstellen, ein bißchen singen. Das heißt, ich kann eigentlich nichts richtig«, lautet ein unglaubwürdiges Geständnis Hedemanns – unglaubwürdig deshalb, weil er sein Instrument meisterhaft beherrscht, er keine manuellen Probleme zu kennen scheint, sein Spiel nicht schwitzt, sondern sich stets schwerelos und elegant präsentiert; unglaubwürdig, weil er auch ein Virtuose des Wortes ist, der die schwere, holprige deutsche Sprache so lange zu kneten und walken vermag, bis sie beschwingt und leicht wie eine Feder tanzt; unglaubwürdig, weil er mit seinen Kompositionen an die große Tradition des deutschen literarischen Chansons in den zwanziger Jahren anknüpfen kann, an Friedrich Hollaender etwa oder an Edmund Nick und seine Erich-Kästner-Vertonungen; unglaubwürdig schließlich, weil er die Musik nicht allein als Vehikel seiner Texte gebraucht, sondern sie auch interpretierend einsetzt, sie aus der Sphäre der bloßen Unterhaltung heraushebt und ihr sinntragende Aufgaben überantwortet. Mit seinem leicht zu widerlegenden Credo entlarvt sich Hedemann aber keineswegs als der Lügenbaron des Chansons, vielmehr gewährt er mit ihm Einblick in sein künstlerisches Procedere, verrät er sich als Anhänger des stilisierten Understatements. So kommt in seinem *Das Kleine-Dinge-Lied* die Musik zuckersüß daher, mit melodisch niedlicher Geste, Hedemann deklamiert besonders weich, sorgt für einen intimen Tonfall, singt mit pfäffischer Milde, verbreitet eine plüschige Atmosphäre. Wie ein Peitschenhieb aber sitzt dann die textliche Schlußsequenz, zerhackt sie unbeirrbar wie eine Guillotine das trügerische Idyll: »An kleinen Bomben erkennt man die Terroristen, an großen die Demokratie.« Ein für Hedemann sehr typisches Verfahren: Zunächst duckt er sich, macht er sich klein, zieht er sich mit der Geschmeidigkeit einer Sprungfeder zusammen, dann jedoch schnellt er jäh wie ein Springteufel aus seinem Kasten, um voll gestauter Kraft seine Hörer zu erschrecken, zu verunsichern, ja, ihre festgefahrenen Positionen aufzubrechen.

Veröffentlichungen
Dorothea oder Wer hat Angst vor Hermann G.? Laienspiel, Kassel 1969; *Pampelmus und Blechpott. Laienspiel*, Kassel 1970; *Zum Prinzen – aber wie? Laienspiel*, Weinheim 1985; *Haushalt ohne Mama. Laienspiel*, Weinheim 1985; *Nicht im Angebot. Laienspiele*, Weinheim 1987; *Mißverständnisse. Laienspiele*, Weinheim 1987.

Literatur
Kaarel Siniveer, *Folk Lexikon,* Reinbek 1981.

Diskographische Hinweise
Walter Hedemann. Unterm Stachelbeerbusch (Xenophon X 5016); *Walter Hedemann. Herzlich willkommen* (EMI 1 C 062 31 129); *Walter Hedemann. Erfreuliche Bilanz. Chansons* (THOROFON ATH 204); *Walter Hedemann. Beim Frühstück. Chansons* (THOROFON ATH 227); *Kabarett aus Hameln. Von und mit Walter Hedemann* (THOROFON ATH 298).

André Heller (t/m)
geb. 22. 3. 1947 Wien

Er sei ein Verwandlungsreisender, behauptet Heller von sich – eine Selbstdarstellung, die ironisch klingt. Verwandlungsreisender, Handlungsreisender, der Vergleich liegt auf der Hand. Aber Heller möchte mit der Berufsbezeichnung wohl mehr die Nähe zu den von ihm verehrten fahrenden Artisten betonen, den Equilibristen und Parterre-Akrobaten aus Zirkus und Varieté. Freilich versteht sich der Wiener als Verwandlungsreisender im übertragenen Sinn: Er wechselt weniger die Kostümierungen als vielmehr die künstlerischen Metiers, tritt als poetischer Aktionist, Literat, Sänger, Zeichner, Regisseur und Gärtner in Erscheinung. Und innerhalb einer künstlerischen Disziplin benutzt er wiederum verschiedene Stile. Bunt gewandet kommen seine Lieder daher: Ihr musikalischer Stoff reicht von barocken Anklängen bis zum Rock, von Schrammel bis zum Schlager, von der Avantgarde bis zum Tango. Der zur Methode erhobene Stilwechsel, die Vielfalt der künstlerischen Medien und die stete Suche nach neuen Ausdrucksformen lassen nur eine Parallele zu, ja, machen sie unumgänglich: die zu Jean Cocteau, dem Vielgewandten, dem »dilettantischen Genie«. Die den Künstlern gemeinsame Spielfreude könnte in einer materiell sorglosen Kinder- und Jugendzeit begründet sein. Cocteau wie sein jüngerer Kollege entstammen dem Besitzbürgertum. Hellers ostjüdische Vorfahren sind Zuckerbäcker. Im 19. Jahrhundert lassen sie sich in Wien nieder, legen den Grundstock zu dem bedeutenden Familienvermögen, indem sie die Dragées erfinden und Zweigstellen ihrer Firma von New York bis Turin gründen. Doch Hellers Ahnen kümmern sich nicht nur um Kaufmännisches, zahlreich sind ihre musischen Interessen: Eine Großmutter

André Heller

zählt Arthur Schnitzler und Karl Kraus zu ihren Freunden, die andere soll mit Johann Strauß am Klavier musiziert haben. Hellers Mutter gehört zum Freundeskreis von Franz Lehár, und der Vater verbringt seine Exiljahre mit Joseph Roth in Paris. Auch André, der damals noch Franz heißt, zeigt schon als Kind künstlerische Ambitionen. Er spielt Trompete, schwärmt für das Theater und hat einen ausgeprägten Hang zur Phantastik, der seine Lehrer beunruhigt. Heller erinnert sich:

»Man kann meine Erzieher keinesfalls beschuldigen, nicht alles Menschenmögliche unternommen zu haben, um mich auf den Weg des Allgemeinen und Unauffälligen zu zwingen. Jahre in strengsten Internaten, Wochen im Karzer, tagelanges Sprechverbot sollten mir die Hingabe an das Phantastische austreiben.«

Nach dem Besuch der Mittelschule nimmt Heller Schauspielunterricht. Er debütiert in Fernando Arrabals *Das Dreirad* – doch ohne Erfolg. So gibt er vorerst seine Theaterpläne auf und tritt eine Stelle als Diskjockey beim Österreichischen Rundfunk an. Aber lange behagt es ihm nicht, bei »Ö 3 heiße Scheiben aufzulegen«. 1969 wirft er den Job hin – mit der Begründung, nicht länger als »Handlanger einer Verdummungsindustrie ins Mikrophon schwatzen zu wollen«. Bereits 1968 hat sich Heller der Öffentlichkeit erstmals als Sänger auf einer Schallplatte präsentiert. 1970 veröffentlicht er eine zweite, die ihn als legitimen Sohn des Ödön von Horváth ausweist. Wie der Dramatiker nämlich möchte Heller den Infarkt des goldenen Wiener Herzens herbeiführen und spricht zu diesem Zweck eine Sprache, die das EKG von Wien bedrohlich ausschlagen läßt: »denn wean, des is a oide frau, de wos mas stieren tuat./das beste war's, ma gabat ihr an gnodenschuß in huat./doch bin ich leider selbst aus wean,/a kind von der frau./drum wort i bis zum muttertag, daß i's derschlog, die sau.« Seinen Kampf gegen das Abziehbild von Wien setzt Heller 1972 fort: Mit seinem Einakter *King Kong King* verspottet er die dümmliche Verehrung vieler Österreicher für die k.u.k. Monarchie. Anfang der siebziger Jahre rückt sich der Dichtersänger durch eine eigene Fernsehshow ins Bewußtsein einer breiteren Öffentlichkeit: *Wer war André Heller?* – eine »Selbstverherrlichungs-Revue«. Während seiner ersten Deutschlandtournee im Jahre 1974 prägt der Journalist Siegfried Schmidt-Joos ein einsichtsvolles Wort über Heller. Er charakterisiert ihn als »genialischen Wiener Kunst-Zigeuner, der die morbide abendländische Kaffeehauskultur vielleicht als einziger in die Rock-Ära herüberretten kann.«

Der Schriftsteller Gert Jonke schreibt in dem Vorwort zu Hellers Sammlung von Liedertexten *Die Sprache der Salamander*, welche Bedeutung Träume für Heller haben, wie sensibel und geschickt er mit ihnen umzugehen versteht; der Dichtersänger verkündet, er sei im Verwirklichen von Kindheitsträumen unerbittlich. 1976 tritt Heller für diese Behauptung den Beweis an: Gemeinsam mit dem vormaligen Graphiker Bernhard Paul gründet er den *Zirkus Roncalli* und führt Regie bei diesem Unternehmen, das einen sensationellen Publikumserfolg verzeichnen kann. Doch Hellers Ausflug in die Reservate der Akrobatik, in die Nostalgie der Artistik findet ein vorzeitiges Ende: Wegen Streitigkeiten mit Paul verläßt er *Roncalli* noch im Premierenjahr. Aber nicht nur der Zirkus-Regisseur, sondern auch André Heller, der Sänger, begibt sich auf eine nostalgische Reise: Unter dem Titel . . . *ausgerechnet Heller* legt er 1979 eine Schallplatte vor, auf der er Schnulzen, Schlager und Chansons aus den zwanziger bis vierziger Jahren singt. MONIKA SPERR kommentiert:

»Als Profi muß ich vor dieser Platte warnen: sie macht besoffen. Das liegt nicht an den Liedchen, die wie gute alte Bekannte daherkommen. Das liegt einzig und allein an Hellers Interpretation. Er nimmt diese Schlager ernst, wie sie überhaupt noch nie ernstgenommen worden sind. Singt sie ganz ohne Spott, ganz ohne ironische Distanz. Singt sie mit der Gläubigkeit eines Kindes. Dem Ernst eines Poeten.«

Mit seiner 1981 publizierten Schallplatte *Verwunschen* geht Heller noch weiter in die Geschichte zurück als mit den nostalgischen Schlagern. Bei einigen Liedern läßt er sich von dem Spezialisten für Alte Musik René Clemencic und dessen Consort begleiten: Dem Klangteppich des Hellerschen *Schnitterliedes* geben mittelalterliche und Renaissanceinstrumente archaische Farben; Heller singt den Text zudem im Wechsel mit einem außergewöhnlich kräftigen Countertenor, einer im Mittelalter bevorzugten Stimmlage, – so erreicht sein *Schnitterlied*, das gegen die Kälte und Verlogenheit der heutigen Großstädte zu Felde zieht, die Intensität und Ausstrahlungskraft des Planctus, des gotischen Klagegesangs. Eine andere Art von Kälte beschreibt das *Angstlied* der Schallplatte *Verwunschen*. Schüler quälen einen Kameraden, weil er dick, unsportlich und scheu ist – um die Essenz dieses Gefühlsfrostes noch bitterer schmecken zu lassen, bedient sich Heller der musikalischen Sprache des Fin de siècle, der Endzeitstimmung: Der Streichquartettsatz des *Angstliedes* könnte von dem jungen Arnold Schönberg stammen. Hellers Produktion *Verwunschen*, ein beeindruckendes Dokument für den zum Prinzip erhobenen Stilwechsel des Dichtersängers, erhält 1981 den Deutschen Schallplattenpreis. Im gleichen Jahr setzt Heller seine mit dem *Zirkus Roncalli* begonnene Arbeit fort. Er deutet ihn jetzt als ersten Teil seiner geplanten *Trilogie der möglichen Wunder,* deren zweites Bild er nun als poetisches Varieté realisiert: Das Spektakel *Flic Flac,* aufwendig inszeniert, mit gut einem halben Hundert Akteuren und einem luxuriösen Aufwand an Kostümen, geht erstmals in dem Gebäude der Wiener Secession über die Bühne. Und die Kritik feiert *Flic Flac* enthusiastisch – als neue Gattung, entstanden aus dem Altwiener Zauberspiel, dem *Triadischen Ballett* Schlemmers und dem *Grand Magic Circus* von Savary. FRITZ RUMLER rezensiert:

»Flic Flac ist wahrhaftig ein ›Ort der möglichen Wunder‹, eine magische irrlichternde Freak-Revue, ausgeführt von Spitzenprofis ihres Hand- und Fußwerks; durchschossen und zusammengehalten von den ideologischen Lamettafäden des Wort-Kaskadeurs André Heller.«

1983 vervollständigt Heller seine *Trilogie der möglichen Wunder,* in Lissabon kommt sein *Theater des Feuers* zur Aufführung: Mit Hilfe riesiger pyrotechnischer Bilder und eines quadrophonisch beschallten Freilufttonraums erzählt der Poet Geschichten, erweckt er die barocke Tradition des Feuerwerks zu neuem Leben. Ein Jahr später geht das Ereignis zum zweiten Mal über die Bühne: in Berlin, mit mehr als einer halben Million Zuschauer. Die geteilte Stadt gibt dem Sucher nach der verlorenen Zeit 1985 erneut die Möglichkeit, einen Traum zu verwirklichen: Im Rahmen der Deutschen Bundesgartenschau »malt« Heller ein Bild aus vierzigtausend Pflanzen – sie formieren ein Labyrinth und die Wörter *Mißtraue der Idylle. Nachdenkmal* nennt der Künstler das Objekt. Nachdem er sich mit ihm den Boden erobert hat, wendet er sich 1986 der »magischen Himmelsbühne« zu: Im Auftrag der Stadt Wien läßt er über den Kapitalen Europas Skulpturen der Luft kreisen – riesige Ballons, halb Montgolfieren, halb Zeppeline, sollen den Zuschauern »Augenblicke des Staunens« schenken. Ebenfalls 1986 geht die Revue *Begnadete Körper – Großmeister der chinesischen Akrobatik* auf Welttournee – eine Demonstration uralter Traditionen, bei der Heller für die Zusammenstellung und die Regie verantwortlich zeichnet. –

André Heller ist ein Künstler von faszinierender Produktivität. Trotz seines vielseitigen Engagements veröffentlichte er zwischen 1968 und 1985 allein vierzehn

Schallplatten – jede mit einer eigenen Prägung, mit überraschenden Klangereignissen, die auch dem erfahrenen Hörer Momente kindlichen Staunens schenken können: Immer wieder bringt sein Erfindungsreichtum, seine ungebändigte Phantasie un-erhörte Texte und Musiken hervor, die Sprache und Töne zum Urerlebnis werden lassen. Dennoch sieht sich André Heller nicht als Liedermacher:
»Zunächst einmal habe ich mich nie als Liedermacher empfunden. Ich bin Aktionist, Verwandlungsreisender mit einem sentimentalen oder cholerischen Hang zum Singen. Ich schreibe sehr selten Lieder, und wenn, dann in extremen Situationen quasi als Notausgang. Über meinen Standort in der deutschen Landschaft weiß ich nichts. Ich habe mich immer in aller Bescheidenheit als eigene Landschaft empfunden.«
Was nun bietet die Region Heller? Da sind zunächst die urbanen Reize seiner Heimatstadt, von denen sich der Dichtersänger immer wieder animieren läßt. Freilich geht Heller mit seiner Animierdame Wien nicht gerade charmant um, vielmehr beschimpft er sie meist unflätig, besonders grob aber auf der Schallplatte *Heurige und gestrige Lieder*, die Heller 1979 mit Helmut Qualtinger aufgenommen hat. Mit aller Kraft singen die beiden gegen den berühmt-berüchtigten Wiener »Schmäh« an, entlarven sie die Heurigenseligkeit, indem sie gemütliche Melodien im Dreivierteltakt mit bitterbösen und grausigen Texten kontrastieren. Und indem sie auch alte Lieder einbeziehen, die in ihrer Schärfe gegenüber den neuen keineswegs zurückstehen, entlarven die Sänger das Märchen von der gesellschaftlichen Harmonie in der »King-Kong-Kaiser«-Zeit. Hellers Texte *Das Lied eines unbekannten Wieners* und *Gemma schaun* hingegen lassen die Fassade bürgerlicher Idylle bröckeln: Sie verraten die Ignoranz des Wiener Bourgeois und dessen dumpfe Freude an der Katastrophe. Bei *Gemma schaun* wendet Heller zudem eine verblüffende Montage-Technik an: Er läßt den Blitz einschlagen, verwebt die anschließenden Donnerschläge mit dem Rhythmus der Musik und deutet so an, wie leicht die Katastrophe den Schaulustigen treffen kann. Völlig anders, nämlich für intime, private Töne, setzt Heller das Wienerische auf seiner 1985 produzierten Schallplatte *Narrenlieder* ein: In *Waast es eh*, einem Liebeslied, erblickt der Sänger den ewigen Kreislauf von Liebe und Tod. Seine Betroffenheit führt aber nicht zur Resignation, sondern zur Forderung, keine Zeit zu vergeuden. Hellers Erkenntnis, eine Variante des barocken Carpe diem!, könnte auch eine Erklärung für seine vitale Produktivität und Abenteuerlust sein. Auf seiner 1976 publizierten Schallplatte *Stationen* bekennt der Poet:
»Die wahren Abenteuer sind im Kopf, in meinen Kopf,/und sind sie nicht in meinem Kopf, dann sind sie nirgendwo./Die wahren Abenteuer sind im Kopf, in deinem Kopf, und sind sie nicht in deinem Kopf, dann suche sie.«

Veröffentlichungen

»Sie nennen mich den Messerwerfer«, Lieder, Worte, Bilder, Frankfurt 1974; *Die Ernte der Schlaflosigkeit in Wien,* Wien/München/Zürich 1975; *Auf und davon. Erzähltes,* Hamburg 1979; *Die Sprache der Salamander. Lieder 1971–1981,* Hamburg 1981; *Flic Flac. Ein poetisches Varieté.* Fotografiert von Stefan Moses, Frankfurt/Berlin/Wien 1982; *Die Trilogie der möglichen Wunder. Roncalli. Flic Flac. Theater des Feuers,* Wien/Berlin 1983; *Himmelszeichen,* München 1986; *Luna Luna.* Photographisch dokumentiert von Sabina Sarnitz. Mit einem Essay von Hilde Spiel, München 1987.

Literatur

Bernhard Lassahn (Hg.), *Dorn im Ohr. Das lästige Liedermacher-Buch. Mit Texten von Wolf Biermann bis Konstantin Wecker. Ausgewählt und kommentiert von B. L.,* Zürich 1982; Kathrin Brigl und Siegfried Schmidt-Joos, *Selbstredend ... Interview-Porträts. André Heller, Jürgen von der Lippe, Manfred Maurenbrecher, Ulla Meinecke, Herman van Veen, Stefan Waggershausen, Konstantin Wecker,* Reinbek 1986.

Diskographische Hinweise

In Hellers 1981 erschienener Liedersammlung erschien eine ausführliche Diskographie. Zu ergänzen sind: André Heller. Stationen (CHRYSTAL *038 CRY 45 243); André Heller (mit Wolfgang Ambros, Konstantin Wecker u. a.). Stimmenhören* (EMI 1 C 066 1467481); *André Heller (mit Astor Piazolla u. a.). Narrenlieder* (Polydor 825 689-1).

Michael Heltau
geb. 5. 7. 1933 Ingolstadt

»Statt zu reden/nehme ich die Worte/und schenke sie einfach her/an die Musik./ Und ich freu' mich,/wenn daraus ein Lied wird,/dann gibt's keine Trennung mehr von der Musik./Meine Lieder sind nicht für's Jahrhundert./Nein, die sing' ich für den Augenblick«, – Verse aus dem Auftrittslied seines ersten Chanson-Programmes, geschrieben von Werner Schneyder, in Töne gefaßt von Robert Opratko; Verse, die auf den ersten Blick schlicht, ja, banal klingen mögen, sich bei näherem Hinschauen jedoch als künstlerisches Konzept, als wohldurchdachtes Programm entpuppen: Der Chansonnier versteht sich nämlich nicht als Vertreter eines Chanson à voix, einer Art von Lied, bei dem das Hauptgewicht auf der Musik ruht, sondern er akzeptiert die Priorität, die Dominanz des Wortes, strebt sie sogar an, nähert sich den Kondensaten aus Text und Noten nicht als Sänger, sondern als Schauspieler, gibt keine Konzerte, sondern Theaterabende mit Musik, bei denen er im raschen Wechsel in die Rolle des Clowns, des Tragöden oder des Illusionisten schlüpft. In diesem Sinne charakterisiert RUDOLF JOHN den Chansonnier Ende 1979 im Wiener *Kurier.*
»Seine Stimme, seine Mimik, seine Gebärden bewirken Magie. Er wirft eine Handvoll Konfetti, und es ist Fasching. Er tut einen Cancanschritt, und man ist im Pariser Lido. Er dreht den Kopf, und man sieht ein Ringelspiel. Und er dehnt das letzte E in Regenbogen – schon sitzt man im Zirkus.«
Den Schauspieler über dem Sänger zu vergessen, Kothurn und Clowns-Maske abzulegen, um allein der Musik zu dienen – das wäre Michael Heltau wohl auch gar nicht möglich: Zu eng ist seine Biographie mit dem gesprochenen Wort, mit der Theaterbühne verstrickt. Zwar engagieren sich seine Eltern in sogenannten bürgerlichen Berufen, der Vater arbeitet als Bauingenieur, die Mutter als Kontoristin, aber Heltau fällt schon als Kind durch seine ungewöhnliche schauspielerische Begabung auf, gerät ins Blickfeld der Mimin Käthe Dorsch, die seine Eignung für den künstlerischen Beruf erkennt, besucht nach dem Abitur eine Schauspielschule, das *Reinhardt-Seminar* in Wien, studiert an dem renommierten Institut von 1951 bis 1953. Gerade volljährig, tritt Heltau 1954 sein erstes Engagement an den *Städtischen Bühnen* von Würzburg an, steht im gleichen Jahr für eine Reihe von Filmen vor der Kamera (*Kabarett, Schloß Hubertus, Der letzte Mann*) und erhält ebenfalls noch 1954 durch Fritz Kortner einen Ruf an das Münchener *Residenztheater.* 1957 läßt der Schauspieler sich endgültig in seiner Wahlheimat Wien nieder, unterzeichnet einen Vertrag mit dem *Theater in der Josefstadt*, verkörpert nun die großen Gestalten der dramatischen Literatur, spielt William Shakespeares »Romeo« oder »Hamlet«, profiliert sich obendrein in den Werken österreichischer Dramatiker, kann sich als »Anatol« in Arthur Schnitzlers gleichnamigem Bühnenwerk feiern lassen, gastiert am Berliner *Schillertheater* sowie am *Deutschen Schauspielhaus* in Hamburg und debütiert 1967 am Wiener *Burgtheater*. Doch trotz seiner steilen Karriere, trotz seiner Beliebtheit beim Publikum, trotz der Gunst

Michael Heltau

so bedeutender Regisseure wie Giorgio Strehler begnügt sich der Mittdreißiger nicht mit dem Erreichten, schlafft seine schöpferische Spannkraft nicht ab, bildet er sich fort, studiert er drei Jahre lang Gesang an der Musikakademie von Wien. 1972 vermag Heltau erstmals von den musikalischen Kenntnissen und Fertigkeiten zu profitieren, die er sich neben seinem professionellen Tagewerk in harter Arbeit abgerungen hat: Bei der Wiener Uraufführung des Udo-Jürgens-Musicals *Helden, Helden* (Libretto nach George Bernard Shaw) singspielt er die Hauptrolle, den Part des Hauptmann Bluntschli, erscheint als solcher einhundertsiebzigmal auf der Bühne – und lenkt die Aufmerksamkeit der Schallplattenproduzenten auf sich, kann alsbald mit seinen Schallplattenerstlingen *Statt zu reden, Heltau singt Brel* sowie *Heltau live* beeindruckende und vielbeachtete Zeugnisse seiner Fähigkeiten als Chansonnier vorlegen. Den Schallplattenerfolgen fügt sich die Fernsehkarriere Heltaus nahtlos an: 1975 präsentiert er sich als Liederinterpret in seiner Einmann-Show *Auf'd Nacht Herr Direktor*, ein Jahr später schlägt er im Zweiten Deutschen Fernsehen erstmals die Zelte des *Liedercircus* auf, einer Sendung, in der er seither in unregelmäßigen Abständen die internationalen Größen des Chansons vorstellt. Und schließlich erobert sich der Chansonnier auch die Konzertbühne, fasziniert das Auditorium durch seine Sprechkultur, begeistert es mit seiner Bühnenpräsenz. Im Oktober 1980 referiert DIETER KREBS, Kritiker der *Berliner Zeitung*:

»In Heltaus Vortrag (. . .) entstehen Lieder-Geschichten voll nachdenklich machender Schönheit, auch Schwermut bisweilen, die aber dann blitzschnell durch ein Augenzwinkern gekontert wird. Und ehe die Trän' im Aug' erglänzt, landet sie im

Knopfloch. Das Besondere an Heltau scheint mir: Er nimmt die Lieder und Chansons zum Anlaß, kleine Szenen auf der Bühne zu skizzieren.« –
Doch Michael Heltau läßt sich nicht von seinem Renommee als Chansonnier und Entertainer in Beschlag nehmen, weicht dem Feuer der Kritiker, die ihn auf den Gesang festnageln wollen, immer wieder durch kühnes Hakenschlagen aus: Er brilliert zunächst als »Mozart« in Peter Shaffers *Amadeus*, steigt dann ins schwere Heldenfach ein, spielt 1983 am Wiener *Burgtheater* Schillers »Wallenstein«, um endlich einen der schlüpfrigsten Anti-Helden der dramatischen Weltliteratur darzustellen: den »Mackie Messer« der Brecht-Weillschen *Dreigroschenoper*, die Giorgio Strehler in der Theatersaison 1986/87 am Pariser *Châtelet*-Theater inszeniert. –
Anläßlich eines Interviews mit Sabine Schneider, das die Berliner Zeitung *Junge Welt* im Herbst 1980 wiedergibt, entgegnet Michael Heltau auf die Frage, ob er lieber Schauspieler oder Liedersänger sei:
»Ich sage immer, die Lieder, die zu singen ich vor etwa sechs Jahren begonnen habe, sind wie ein zweites Bein, d. h., beides ist mir gleich wichtig. Dabei versuche ich die Grenzen zwischen den Gebieten etwas zu verwischen. Oft gebraucht man das Wort Unterhaltung ja im Ton der Geringschätzung, aber in Wirklichkeit ist ein Theater ohne Unterhaltungswert sinnlos. So verstehe ich jedenfalls meinen Beruf.«
Käfige sprengen, starre Konstrukte zum Einsturz bringen – das also möchte Heltau; und dazu: unterhalten, als Entertainer agieren. Das eine leistet der Chansonnier, indem er bei seinen Liederabenden die einzelnen Nummern nicht willkürlich und unverbunden aneinanderreiht, sondern durch Zwischentexte Übergänge schafft – collagierte Koppelungen, die etwa von Bertolt Brecht, Alfred Polgar oder Peter Altenberg stammen; indem er versucht, die Melange seiner Chansons konsequent dramaturgisch zu gestalten, sich dabei meist auf ein Szenario seines steten Mitarbeiters Loek Huisman stützend; indem er sich mit den wechselnden Personen wie Inhalten seiner Lieder identifiziert, er sich ergo als Vertreter des Illusionstheaters zu erkennen gibt. Und das andere bringt Heltau zuwege: indem er nicht als Aufklärer daherkommt, nicht das Kreuz auf der Stirn trägt, sondern unterspielt, sich die rote Pappnase des Clowns überstülpt, seine literarischen Zwischentexte mit ›Kennen Sie den?‹ einleitet; indem er seine Erkenntnisse dem Zuhörer nicht mit dem Vorschlaghammer einbleut, sondern mit Hintersinn und Ironie arbeitet – mit Essenzen, die sich gleichermaßen zum eleganten Duftstoff wie zum Nervengift entfalten können. Aber ob als Entertainer oder ob als Gratwanderer zwischen der Schauspielkunst und der Welt des Gesangs: Immer kann sich Heltau auf sein handwerkliches Rüstzeug verlassen, auf seinen intonationssicheren, flexiblen, in der Tiefe wie Höhe gleichermaßen geschmeidigen Bariton, auf seine ausdrucksstarke Gestik, sein Bewegungstalent, sein präzises Timing, sein Gespür für die Atmosphäre. Nach Heltaus UNICEF-Gala, dargeboten Ende 1978 im *Theater an der Wien*, konstatiert RUDOLF JOHN begeistert:
»Bei Heltaus Shows gibt es kein Verschnaufen, keinen Stillstand (...) In harten, verblüffenden Übergängen kontrastieren Songs und Sprüche, Lieder und Zitate. Einem Las-Vegas-reifen ›I'm in Heaven‹ folgt ein heurigenseliges ›Verkaufts mei Gwand‹. Heltau zaubert das hauchzarte L von ›L'amour‹ ebenso elegant von den Lippen, wie er bei einem ›Schleich di‹ mühelos das Ottakringer L aus der Mundhöhle rollen läßt. Und wenn er Schmalz vergießt, wischt er es gleich mit einem schrägen Chanson wieder auf. Nonsens neben Evergreen. Literatur neben Kitsch. Expressionismus neben Gartenlaube. Fremdes neben Eigenem. Was es auch ist: Es kommt genau richtig.«

Diskographische Hinweise

Michael Heltau. Statt zu reden (Polydor 2376 010); *Heltau singt Brel* (Polydor 2376 022); *Michael Heltau. Statt zu singen* (Preiser Records SPR 3204); *Heltau Live* (Polydor 2679 041); *Michael Heltau. Ich bin* (Ariola 201860 365); *Michael Heltau. Ich schau euch an* (Polydor 2371 816); *Michael Heltau. Wienerische Lieder I* (Ariola 200853 365); *Michael Heltau. Wienerische Lieder II* (Ariola 205389 365); *Michael Heltau. Kinder und Narren* (Preiser Records SPR 3217); *Michael Heltau. Ich stelle mich* (Ariola 204402 365); *Michael Heltau. Danke* (Polydor 823516-1).

Ludwig Hirsch (t/m)
geb. 28. 2. 1946 Weinberg (Steiermark)

Eine winterlich weiße, ebene Ackerlandschaft. Durch die hauchdünne Schnee-schicht brechen die Zacken der gefrorenen Erde. Zwei Vogelscheuchen, bekleidet mit Hut und Mantel, halb Skelett, halb Marionette, erheben sich als sinnentfrem-dete Elemente und tanzen ihren Totenreigen. Freund Hein spielt ihnen auf, aber es friert und schauert ihn, er hat den Kragen seines Mantels nach oben geschlagen, zieht die Schultern hoch. So, als Stehgeiger des »großen schwarzen Vogels«, als Tanzmeister der Unterwelt, dem sein eigenes Tun einen Kälteschock versetzt, sieht sich Ludwig Hirsch auf dem Cover seiner Langspielplatte *Landluft*. Der Sänger benutzt dieses Bild aber nicht zur vordergründigen Dekoration, vielmehr ist es ihm Bekenntnis. Es bestimmt seinen Standort als den eines Visionärs, in dessen Texten der Horror vorherrscht. Wie ein Alp lastet die Phantasie des Schreckens auf der Brust des Dichtersängers, wie die Halluzinationen eines Fie-berkranken befallen ihn die Gesichte des Greuels. Doch vermag Ludwig Hirsch den Fratzen und Zerrbildern standzuhalten, indem er sie beim Namen nennt und

Ludwig Hirsch

mitteilt. Schreiben, Liedermachen bedeutet für ihn also nicht zuletzt die Überwindung irrationaler Ängste – eine Funktion von Kunst, derer Hirsch ebenso bedarf wie die großen Visionäre Edgar Allan Poe, Gustav Meyrink oder Howard Philips Lovecroft. Der Schlüssel zu seinen Liedern aus dem Schattenreich könnte die Stadt sein, in der Hirsch seine Jugend verbringt, nämlich Wien. In näherer oder weiterer Nachbarschaft des Großen Schnitters, der ja bekanntlich aus der Stadt an der Donau stammt, geht Ludwig auf das Gymnasium, absolviert seine Matura, studiert an der *Hochschule für Angewandte Kunst,* gründet eine Rockband und besucht die *Schauspielschule Krauss,* die von Fritz Muliar geleitet wird. 1973 verläßt Ludwig Hirsch den Ort der moribunden Walzerseligkeit, um als Schauspieler ans *Stadttheater Regensburg* und später an die *Vereinigten Bühnen Wuppertal* zu gehen. Doch schon bald zieht es ihn wieder an die dunkelgraue Donau zurück. Seit 1975 ist er festes Ensemblemitglied des *Theaters in der Josefstadt,* und seit 1978 gastiert er regelmäßig bei den Salzburger Festspielen. Seine Karriere als Sänger beginnt 1977 in einer Silvesterveranstaltung, anläßlich derer Fritz Muliar ihn öffentlich vorstellt. Die 1978 und 1979 erscheinenden ersten Schallplatten Hirschs, *Dunkelgraue Lieder* und *Komm großer schwarzer Vogel,* werden in Österreich zu Goldenen und ebnen ihm den Weg zum professionellen Liedermacher. Als solcher wird er 1980 mit dem Deutschen Schallplattenpreis und mit dem Titel »Künstler des Jahres« ausgezeichnet. –

Ludwig Hirsch kann seine Herkunft nicht verleugnen: Die Satzmelodie, die Einfärbung der Vokale, die Wortwahl – alles deutet auf Wien. Er kann nicht, er will aber auch nicht. Ganz bewußt stellt er sich der Tradition seiner Heimatstadt, versteht er seine Lieder als Fortsetzung der alten Wiener Couplets und Theatergesänge. Allerdings ist Hirsch alles andere als ein Archivar verstaubter Postillen, sondern er benutzt überliefertes Material meist, um zunächst eine Atmosphäre der Vertrautheit herzustellen. Hat sich die Idylle erst einmal ausgebreitet, dann brechen seine Horrorvisionen um so tiefer in die scheinbar heile Welt ein und demonstrieren so die Brüchigkeit des Glücks. In seinem *Wienerlied* beschwört er zunächst den »ach, so lieben Augustin«, alsbald hängt der Himmel voller Geigen, auch wenn sie schon schmierig sind, dann blühen im Prater wieder die Bäume . . . und vorbei ist's mit dem Idyll à la *Der Kongreß tanzt,* auf geht's zum infernalischen Treiben! Plötzlich erwachen die Bäume in Geilheit, Robert Stolz werden Menschenopfer dargebracht, die Weinkeller in Grinzing verwandeln sich in KZs, und den Opfern des Heurigen fressen Ratten die Zungen aus dem Maul. Das *Wienerlied* – ein Gesang der Finsternis und des Grauens, der sehr typisch für Hirsch ist. Der Sänger erklärt in einem Interview:

»Das ist, glaube ich, das Ur-Wienerische in mir. Das haben wir alle. Ich steh' dazu. Aber das ist dieser Masochismus, dieses Sich-Selber-Weh-Tun-Wollen. Das haben alle Wiener. Und wenn man zum Beispiel diese alten Wiener Lieder hört, immer ist vom Tod (. . .) die Rede.«

Mit Edgar Allan Poe verbindet Hirsch nicht nur die Fähigkeit zur Vision, sondern auch die Furcht, lebendig begraben zu werden. Ausfluß dieser Vorstellung ist sein Melodram *I lieg am Rückn,* in dem er detailliert die Horrorsituation beschreibt. Mit seiner ungemein sonoren Stimme, die sich über einem süßlichen Klangteppich erhebt, erzählt er, wie es ihn friert und wie die Würmer in ihm dinieren. Die Divergenz zwischen Inhalt und Darbietung verstärkt das Grauen des Alptraums. Sie ist das wichtigste Stilmittel des Liedermachers Ludwig Hirsch. Die Autoren KERSCHKAMP und LINDAU beobachten richtig:

»Am Theater muß er das suggestive Sprechen gelernt haben, ein durchgängiges Kennzeichen des Vortrags seiner Lieder. Süffig, einschmeichelnd, genau akzentuiert zieht einen diese Sprechweise in den Bann. Hirsch nutzt diese Kunst im Überfluß, schwelgt in ihr, läßt sich von ihr davontragen, wickelt seine Texte darin ein wie ein blutiges Schlachtermesser in ein weiches Samttuch.«

Veröffentlichungen

Ich hab's wollen wissen. Lieder, Bilder, Texte, München 1983.

Literatur

Hartmut Huff, *Liedermacher. Songpoeten, Mundartsänger, Blödelbarden, Protestsänger,* München 1980; Kerschkamp/Lindau, *Die großen Liedermacher,* München 1981.

Diskographische Hinweise

Ludwig Hirsch. Zartbitter (Polydor St 2372 031); *Liederbuch Ludwig Hirsch* (Polydor 2 LP St 2679 075); *Ludwig Hirsch. Traurige Indianer. Unfreundliche Kellner* (Polydor 823 559-1); *Ludwig Hirsch. Landluft* (Polydor St 829 089-1).

Klaus Hoffmann (t/m)
geb. 26. 3. 1951 Berlin

Immer wieder schert er aus, verläßt das Zuhause bei der Mutter, flieht aus der Arbeitswelt, bricht mit der vertrauten Umgebung – stets auf der vielbeschworenen Suche nach dem eigenen Ich. So treibt es Edgar Wibeau, jener Aussteiger, den Ulrich Plenzdorf in *Die neuen Leiden des jungen W.* einsteigen läßt. So macht es aber auch Klaus Hoffmann, dessen Leben und Laufbahn sich ebenfalls im Wechsel von Aus- und Einsteigen konturieren. Kein Wunder also, wenn der Schauspieler und Sänger mit seiner Darstellung des seelenverwandten Wibeau überzeugen kann, für seine Filmrolle mit bedeutenden Preisen ausgezeichnet wird. Erstaunlich ist jedoch, wie sich aus dem Muttersöhnchen »mit den fetten Oberschenkeln«, das »so nah am Wasser gebaut« hat, so Hoffmann über Hoffmann, ein Künstler entwickelt, zu dessen Tugenden Durchhaltevermögen und der Mut gehören, sichere Pfründe freiwillig aufzugeben. Verluste prägen die Kindheit Hoffmanns, Verluste, die auch den Erwachsenen noch schmerzen. Als Klaus zehn Jahre alt ist, stirbt sein Vater, ein Finanzbeamter, der seinen Beruf nicht geliebt und sein Heil in der Krankheit gesucht hat. Hoffmann schaut zurück:

»Ich habe dieses Vorbild Vater eigentlich nur krank und leidend erlebt. Kein strenger Vater, der dir mal eine reinhaut, der dir Grenzen setzt, aber das habe ich nie bedacht. Ich habe nie so an ihn gedacht. Deshalb war wohl diese Empfindung, diese Betroffenheit auch so stark und auch die Traurigkeit.«

Zwei Jahre nach dem Tod des Vaters heiratet die Mutter wieder. Der Junge empfindet ihre Hingabe an einen anderen Mann als weiteren Verlust, hat das Gefühl, den Platz räumen zu müssen:

»Ich hab nie meinen Stiefvater als meinen Vater angenommen in dieser Zeit, weil ja mein eigener Vater innerlich noch so eine große Rolle spielte, die mir gar nicht bewußt war.«

In der Folge zieht sich Klaus von der Familie zurück, versucht, sich eine eigene Welt zu schaffen, indem er Lieder schreibt, sehnt sich nach dem liebreichen Land des *Feuervogels,* wie einer der ersten Texte heißt: »Komm in das Land,/wo der Feuervogel wohnt,/der mit Liebe dich belohnt,/weil dort Leben nur die Liebe ist.« Klaus beginnt eine Lehre in der Stahl- und Eisenbranche, verläßt das Elternhaus, darf sich seit 1968 Außenhandelskaufmann nennen. Und steigt aus. Mit

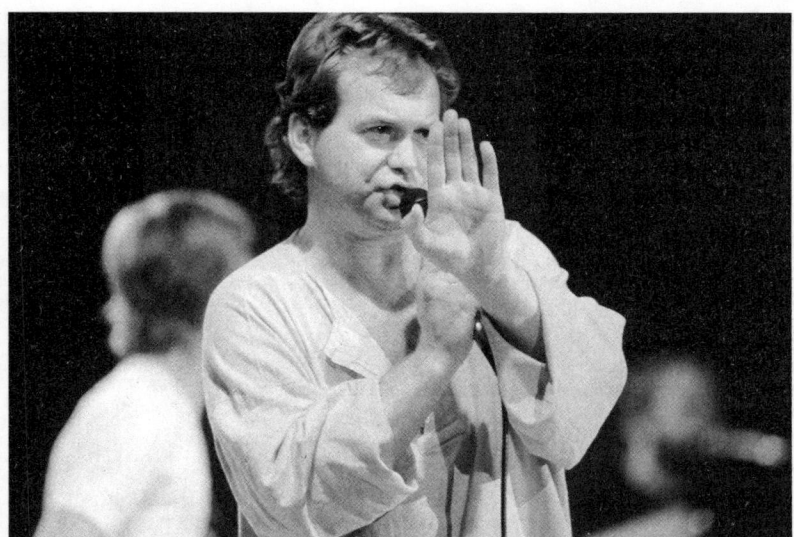

Klaus Hoffmann

Freunden reist er für lange Zeit durch Asien. In der Türkei überschlägt sich ihr Wagen, an der persischen Grenze lassen sie ihn stehen, ziehen zu Fuß weiter, bei nur knappem Geld gelangen sie bis nach Kabul, körperliche Strapazen und Entbehrungen bestimmen ihren Rückweg. »Diese Reise war ein krasses Durchschneiden der Nabelschnur«, urteilt Hoffmann und kondensiert später die Befreiung von seiner Über-Mutter in dem Lied *Ciao bella:* »Ich drohte zu ertrinken,/ich dachte zu versinken,/in dir und ohne dich«.

Zurück in Berlin, ergreift der Neunzehnjährige die Initiative, meldet sich zur Aufnahmeprüfung in die *Max-Reinhardt-Schule* und besteht. Bis 1974 dauert sein Schauspielstudium, nebenher tingelt er, wie schon in seiner Lehrlingszeit, mit Liedprogrammen durch Clubs und Kneipen. Dann aber, nach seiner Ausbildung zum Schauspieler, setzt seine Karriere ein, vehement, abrupt, ohne jede Anlaufzeit. In der Saison 1974/75 erhält er ein Engagement an der *Freien Volksbühne Berlin* und macht durch die Interpretation des Alan in Peter Shaffers *Equus* von sich reden. Noch 1974 beginnt er seine professionelle Laufbahn als Sänger mit Liedern von Jacques Brel, die er ins Deutsche überträgt. Im selben Jahr erscheint seine erste Schallplatte, und er erhält den ersten größeren Fernsehpart. Das Jahr 1976 steht für ihn ganz im Zeichen der Television. Hoffmann wirkt bei einer Reihe von Fernsehproduktionen mit. Seine Rollengestaltung des Edgar Wibeau in Plenzdorfs Film *Die neuen Leiden des jungen W.* jedoch gerät ihm zum Kabinettstück, läßt ihn über Nacht in Deutschland bekannt werden und bringt ihm zwei hohe Auszeichnungen ein: Goldene Kamera (1976), Bambi (1977). Die Theatersaison 1977/78 führt ihn als Mitglied des *Thalia-Theaters* nach Hamburg. Ab 1978 arbeitet Klaus Hoffmann wieder mehr als Liedermacher. In diesem Jahr bekommt er seine zweite Fernsehshow, in der er als Sänger auftritt. Wenige Monate später nimmt er den Deutschen Kleinkunstpreis für seine Brel-Interpretationen entgegen, während ihm 1980 für seine Schallplatte *Westend,* die eigene Lieder enthält, der Preis der Deutschen Phonoakademie zugesprochen wird. Und ein weiteres Mal unterbricht Hoffmann die Geradlinigkeit seiner Biographie, schert aus, taucht 1980 unter, um nach zwei Jahren mit einem neuen musikalischen Konzept wieder einzusteigen. In einem Interview vom Oktober 1982 äußert Hoffmann: »Früher habe ich mich sehr an das französische Chanson angelehnt. Als Brel dann tot war, habe ich mich sehr von all' den ›Vatertypen‹ distanziert, die ich hatte. Das war nicht nur Brel, sondern auch Brassens und Ferrat (. . .) Bis ich in den letzten drei Jahren mit Leuten zusammentraf, die aus der Jazz- und Rock'n'Roll-Szene kamen und mich einfach angestoßen haben.«

Veränderungen – unter diesem programmatischen Titel veröffentlicht Hoffmann denn auch seine erste Schallplatte nach der selbstverordneten Pause. Er etikettiert aber mit der Überschrift nicht allein seinen neuen musikalischen Stil, den Rock, sondern er spricht mit ihr auch private Erfahrungen an: Durch *Veränderungen* möchte Klaus Hoffmann den »lieben Jungen« hinter sich lassen, der es jedem recht machen will, auch wenn er sich dabei selbst zerstört – sich suchen, nicht: sich finden, heißt die Losung des Künstlers. –

Obwohl sein Repertoire zu einem großen Teil aus Liedern Jacques Brels besteht, obwohl viele seiner eigenen Texte die Kindheit nachklingen lassen, ist Klaus Hoffmann vor allem der Sänger seines Berlins. Seine Huldigungen an die Bärenstadt strahlen allerdings nicht mehr den naßforschen Optimismus der Gründerzeit aus, wie Paul Linckes Geschwindmarsch *Berliner Luft,* auch entbehren sie jenes sentimentalen Überschwangs, wie ihn Claire Waldoff in ihrem *Es gibt nur ein Berlin* eingebracht hat. Hoffmanns Liebe zu seiner Stadt ist ohne erotisches Raffinement, ist mehr eine Kumpelei: Er umarmt die Berolina nicht, klopft ihr eher kameradschaftlich auf die Schulter. »Verkauf dich nicht,/Berlin,/jung bist du nicht,/du alterst so schnell,/buckelst zu sehr,/trägst an den Geldern/der Freier so schwer./ Die werden gehn,/dich sterben sehn,/Berlin,/Geliebte Berlin«, mahnt Hoffmann in seinem *Berlin*-Lied. Zärtlicher geht er mit seiner Schönen in *Morjen Berlin* um: »Ick lieb deine Farben, ick lieb deine Töne,/och wenn du langsam graumeliert klingst./Morjen Berlin, morjen du Schöne.« Hoffmanns *Kreuzberger Walzer* und *Was fang ich an in dieser Stadt* sind weitere Nuancierungen seines Berlin-Bildes: hier die sterbende Stadt, die nur noch durch Antibiotika vor dem Kollaps bewahrt bleibt; dort die Mauer als perverses Symbol unterbrochener Kommunikation. Aber ob es sich um seine Berlin-Gesänge handelt, ob er »seinen« Brel vorträgt oder ob er in seinen Liedern Fragmenten der Kindheit nachhängt: Immer zeichnet sich der Interpret Klaus Hoffmann durch seine »Anti-Show« aus. Ganz schlicht bringt er seine Lieder zu Gehör, unterstützt von seiner gutsitzenden, intonationssicheren Stimme, läßt er Texte und Musik wirken. Und er singt seine »Tschangzongs«, er spielt sie nicht, fällt nicht ins Chargieren, sondern stellt sie ohne Maske und Schminke vor: Dem Künstler Klaus Hoffmann ist es wie kaum einem anderen seines Fachs gelungen, den Sänger vom Schauspieler zu trennen. KONSTANTIN WECKER hat diese Qualität seines Kollegen erkannt: »Es gibt Lieder von Klaus Hoffmann, die mich wirklich in der Seele treffen, weil er die Fähigkeit hat, mit seiner Stimme und mit seinen Worten Gefühle anzusprechen, die sich andere oft nicht anzusprechen trauen.«

Veröffentlichungen

Wenn ich sing. Tschangzongs, vastehste? Lieder und Texte. Mit einem Porträt von Alice Franck, Reinbek 1986; *Lieder aus fünfzehn Jahren,* Berlin (West) 1983.

Literatur

Kerschkamp/Lindau, *Die großen Liedermacher,* München 1981; Kathrin Brigl und Siegfried Schmidt-Joos, *Selbstredend . . . Interviewporträts. Georg Danzer, Klaus Hoffmann, Peter Horton, Heinz Rudolf Kunze, Reinhard Mey, Erika Pluhar, Hans Scheibner, Stephan Sulke,* Reinbek 1985.

Diskographische Hinweise

Eine vollständige Diskographie enthält der Anhang seiner Anthologie Wenn ich sing. *Hier soll auf den Mitschnitt seines Tourneeprogrammes von 1979 hingewiesen werden:*
Klaus Hoffmann. Ein Konzert (stille-music PL 28405 2 LP).

Peter Horton (t/m)
geb. 19. 9. 1941 Feldsberg (heute Valtice, Tschechoslowakei)

»Das Kleine ist groß, wenn es natürlich, fließend und leicht geschrieben und gründlich gesetzt ist«, schreibt Leopold Mozart an seinen Sohn. Peter Hortons künstlerisches Aktionsfeld ist »das Kleine«: Literarisch meidet er die epische Breite, bevorzugt er den Aphorismus, als Sänger deklamiert er keine Chansons de geste, keine Heldenlieder, wendet sich vielmehr den Dingen des Alltags zu, und als Instrumentalist ist sein Orchester die Gitarre. Ist seine Gitarre aber auch ein Orchester, weisen seine Alltagsbetrachtungen über Subjektives hinaus, bringen seine Aphorismen die Wahrheit auf den Punkt, ist »das Kleine« bei ihm also auch groß? Ein Blick auf seine Vita gibt Antwort. Sie offenbart einen Musiker, der sein Handwerk von der Pike auf gelernt hat, der an einem Tag Peter Schreier oder Ulf Hoelscher begleiten kann und am nächsten im gitarristischen Tandem mit Siggi Schwab auftritt, der sich mit östlichen Kulturen beschäftigt und mit dem amerikanischen Blues ebenso vertraut ist wie mit dem brasilianischen Bossa Nova: Peter Horton – ein für neue Eindrücke offener Mensch, ein mobiler Wanderer, ein überzeugter Sucher, mißtrauisch den Findern gegenüber, die den Stein des Weisen für sich reklamieren. Schon in früher Kindheit erhält er ein solides Fundament für seine (geistige) Beweglichkeit und universale Musikalität. 1945 kommt er durch die Nachkriegswirren mit seinen Eltern und den drei Geschwistern nach Österreich, verbringt seine Kindheit zunächst in Markersdorf bei St. Pölten, dann in Wien. Im Alter von sechs Jahren bekommt er seine ersten Klavierstunden, qualifiziert sich als Achtjähriger für den Chor der Wiener Sängerknaben und reist mit dem angesehenen Ensemble durch die Welt. Nach dem Stimmbruch läßt er sich auf Wunsch der Mutter an der Handelsakademie zum Industriekaufmann ausbilden. Den eigenen Interessen hingegen entspricht sein Studium am Wiener Konservatorium: Klarinette und Klavier sind seine Instrumentalfächer. Schon ab 1958 aber spielt er, teils mit eigenen Bands, in den Jazzlokalen Wiens, musiziert mit dem Jazz-Klarinettisten Fatty George, tritt in Georg Bronners Kabarett *Marietta-Bar* auf. Hortons Entscheidung, sich eine Existenz als Berufsmusiker zu schaffen, fällt endgültig 1960: Als Sänger und Baßspieler tritt er der Band *The Flamingos* bei. Drei Jahre später zieht Horton nach Stuttgart, ergänzt das bisherige Musikstudium durch Gesangs- sowie Gitarrenunterricht. Und nun erhält seine Karriere ihren ersten Schub. Erwin Lehn, der Leiter des Südfunk-Tanzorchesters, lädt ihn zu Aufnahmen ein. In der Silvestersendung 1964/65 debütiert der Sänger im Fernsehen, und wenige Monate später erscheint seine erste Schallplatte. 1967 holt ihn der Regisseur Paul Vasil für die Beat-Oper *Robinson 2000* an das Berliner *Theater des Westens*. Wenn sich die Inszenierung auch als Reinfall entpuppt, wie Horton selbst wertet, kann er das Fiasko jedoch auffangen – durch seine wachsen-

Peter Horton

den Erfolge als Schlagersänger, durch Konzerte und Tourneen als Gitarrist und
Entertainer auch außerhalb Europas in England, Polen, Ungarn, Malta, Monaco,
Brasilien. Doch trotz des guten Echos peilt er ab 1971 eine neue Richtung an.
Horton, der Wanderer und Sucher, wendet sich konsequent vom Schlager ab
und dem Chanson, der Kleinkunst zu. In einem Interview beschreibt er seine
Entwicklung:
»Es gab eine Zeitlang nichts anderes als Schlager (. . .) Ich habe das gemacht, um
das notdürftigste Verpackungsmaterial für die frühen Chansons zu haben. Auf
meiner ersten Langspielplatte ›Zwischen Himmel und Erde‹ waren acht Chansons
und vier Stücke drauf, die man (. . .) Schla-sons nennen könnte. Diesen Begriff
habe ich damals geprägt für ein Mittelding zwischen Schlager und Chanson. Ein
relativ einsamer Versuch, das Schlagerlied in Richtung Chanson zu qualifizieren.«
Ein relativ einsamer Versuch, aber auch einer, der nur sehr langsam vor sich geht,
der nicht nur plakatiert, sondern auch erarbeitet sein will. So ist seine 1975
erschienene Langspielplatte *Irgendwie geht es immer* noch durchaus janusköpfig.
Zwar stehen die Texte deutlich in der Tradition des französischen Chansons: die
Liebeserklärung an Stuttgart *(Stadt aus Stahl und Glas)* oder das an Brel gemah-
nende *Adieu, Maurice,* zwar zeugt die musikalische Substanz von melodischem
und rhythmischem Einfallsreichtum, die Arrangements aber, mit den süßlichen
Streicherteppichen und der wuchtigen Instrumentation, weisen in die Nähe des
Schlagers. 1976 jedoch scheint das Ziel erreicht: Mit dem Titelsong seiner Schall-
platte *Ein Mann geht auf dem Asphalt* veröffentlicht Horton ein Chanson hoher

Qualität, ein Individuallied, in dem die Musik den Text nicht wie eine Klarsichtfolie überzieht, sondern mit ihm zu einer unauflösbaren Einheit verschmilzt: Es erzählt von einer Begegnung mit einem Fremden, der den Asphalt aufbricht, um zur Natur zu kommen, der den Panzer der Menschen knacken will, damit ihre Seelen atmen können – eine Christus-Vision, die durch den ostinaten perkussiven Baß, den stampfenden Blues-Rhythmus der Gitarre, den melodramatischen Einsatz der Sprechstimme eine suggestive Kraft entfaltet. Zwei Jahre nach der Veröffentlichung des religiös motivierten Liedes steigt Hortons Popularitätskurve jäh an. Er übernimmt als Gastgeber und Moderator die ARD-Unterhaltungssendung *Café in Takt,* die binnen kurzem zu einem hochkarätigen Forum musikalischen Entertainments avanciert. Horton bewährt sich im *Café* als Programmgestalter mit sicherem Gespür für Qualität und dem Mut, zu neuen Ufern aufzubrechen. Er bietet talentierten Nachwuchskräften ein Sprungbrett, konfrontiert seine Zuhörer mit ungewöhnlichen Instrumentalbesetzungen, lädt Musiker des klassischen Fachs ein. Vor allem aber versucht er, die Grenzen zwischen der ernsten Musik und der Unterhaltungsmusik aufzuheben – ein Ziel, dem er auch in anderen Positionen mit Hingabe dient: als Dozent für Popularmusik an der *Hochschule für Musik und darstellende Kunst* in Hamburg und als Gitarrenduo-Partner von Siegfried Schwab. Gemeinsam mit diesem vielseitigen Instrumentalisten erarbeitet sich Horton ein weitgefächertes Repertoire. Es reicht von klassischen Werken des italienischen Gitarristen Fernando Carulli über neobarocke oder fernöstlich beeinflußte Eigenkompositionen bis hin zu südamerikanischen Liedern und improvisationshaft angelegten Jazz-Sätzen – einmal mehr verweigert Horton sich der Einäugigkeit. Sein Bemühen, den Korrosionsprozeß musikalischer Verkrustungen zu fördern, gibt er auch nicht auf, als er im April 1984 seine Mitarbeit am *Café in Takt* kündigt. Denn schon zwei Jahre später präsentiert er ein ähnliches Podium, *Hortons kleine Nachtmusik,* eine Serenade des Zweiten Deutschen Fernsehens, die schon im Titel ihre musikalische Spannweite andeutet. –

Obwohl er seine Kindheit und Jugend in Wien verbringt, obwohl er auf seine Weise fest mit der Walzerstadt verbunden ist, läßt sich Horton nicht von der Donaumetropole vereinnahmen, thematisiert er weder den »lieben Augustin« noch den Prater, weigert er sich, der moribunden Endzeitstimmung Wiens zu huldigen: Das »Weanerische« als Sujet fehlt in seinen Liedern. Diese Distanzierung vom Berufs-Wienertum, dem allzu viele Künstler erliegen, begründet der Sänger in einem Interview:

»Der Wiener neigt zuerst einmal zur Selbstironie (...) Doch wenn man die alte Wiener Musik hört: ›I brauch ka schöne Leich‹, sondern ›Es genügt mir ein Glas Wein‹, dann war das doch schon damals eine im höchsten Grade dekadente Volkskunst, die immer nur das Versoffensein und das Daniederliegen und ›tragt's mi aussi‹ und ›haut's mi eini in die Grub'n‹ besingt (...) Wenn man sich dagegen argentinische oder amerikanische (...) Musik anhört, da kommen schon wichtigere Motive zum Vorschein, nämlich das Überleben oder die Angst vor dem Unterdrükker, politische Motive.«

Horton verachtet den resignativen Grundzug der Wiener Seele, bekennt sich zu einem konstruktiven Optimismus, glaubt, wie er selbst sagt, »unerschütterlich an das Positive«. Jedoch liegt es ihm fern, mit seinen Liedern Bausteine für eine heile Welt des Traums zu liefern. Unmißverständlich fordert Horton zur Wachheit auf: »Träumen lasse ich nur gelten als ein zielgerichtetes Denken (...) Ich lasse es nicht gelten als dieses Wegdriften in eine nicht-reale Welt. Wir träumen schon genug! Uns explodiert die Welt über den Köpfen im Augenblick (...) Was wir brauchen, ist

Wachsein, und zwar Wachsein mit der zärtlichen Berührung zum Du. Nicht Wachsein mit der Waffe in der Hand.«

Hortons *Umwelt-Blues,* seine Lieder *Tatort Umwelt* oder *Saurer Regen* künden von diesem Wachsein. Mit offenen Augen betrachtet der Sänger aber nicht nur die großen gesellschaftlichen Themen der potentiellen Leitartikel, seine besondere Sorge gilt vielmehr Menschen und Begebenheiten, die nicht zu Schlagzeilen taugen: In *Eva* versucht er den Selbstmord einer Frau zu ergründen, die Geringschätzung alter Menschen geißelt er in *Der Mohr,* während er mit dem *Disco Charly Funky-Blues* einen eitlen Gockel und dessen Flitter-Welt demaskiert. Gerade mit diesen Schilderungen, die unmittelbar ansprechen, weil sie auf allgemein menschlichen Erfahrungen fußen, hat Horton sein selbstformuliertes Lied-Ideal realisieren können, nämlich »Harmonie von Wort und Ton als Denkanstoß, Humoreske, Zärtlichkeit« und nicht »kunstvolle Wortruinen, durchspukt von blutloser Musik«.

Veröffentlichungen
Wer andern nie ein Feuer macht. Texte und Chansons, München 1983; *Cosmic Guitarman. Kompositionen für Gitarre,* Köln 1983; *Hoffnung hat Appetit. Aphorismen und Poesie,* München 1983; *Die andere Saite. Aphorismen, Satire, Poesie, Meditationen.* 7. Auflage, Würzburg 1985; *Eine Handvoll schöner Gedanken,* Wiesbaden 1986.

Literatur
Kathrin Brigl und Siegfried Schmidt-Joos, *Selbstredend . . . Interview-Porträts. Georg Danzer, Klaus Hoffmann, Peter Horton, Heinz Rudolf Kunze, Reinhard Mey, Erika Pluhar, Hans Scheibner, Stephan Sulke,* Reinbek 1985.

Diskographische Hinweise
Liederbuch Peter Horton (Polydor 2 LP 2630 100); *Peter Horton. Lieder, die wie Falken sind* (Nature/Metronome 0060.123); *Peter Horton. Vierzig Jahre Leben* (Nature/Metronome 0060.440); *Guitarissimo. Peter Horton/Siegfried Schwab* (Nature/Metronome 0060.131); *Rock on Wood. Peter Horton/Slava Kantcheff* (JETON 2186089).

Hanns Dieter Hüsch (t/m)
geb. 6. 5. 1925 Moers

»Ich sing für die Verrückten/Die seitlich Umgeknickten/Die eines Tags nach vorne fallen/Und unbemerkt von allen/An ihrem Tisch in Küchen sitzen/Und keiner Weltanschauung nützen.« Ein Statement Hüschs – er möchte mit seinen Liedern ein Denkmal setzen, aber nicht eins für den unbekannten Soldaten, sondern eins für die unbekannten Menschen, die nicht kämpfen können, »weil Trost und Kraft nicht reichen«. Des Dichtersängers programmatische Erklärung von 1969 enthält latent aber auch eine Verweigerung: denen, die im Rampenlicht stehen, den auswechselbaren Geschichtsbuchhaltern, seine Gefolgschaft zu versagen. »Ich sing für die Verrückten . . .« – diese Zeilen dienen Hüsch zudem zur Abgrenzung von Gegnern aus dem eigenen Lager: Während der 68er Studentenrevolte gilt er aggressiven linken Gruppierungen als »liberaler Scheißer«, in dessen Texten sich ein Kitschgemüt konsolidiert und sich ein bourgeoiser Verniedlichungstrend breitmacht, hingegen das Wort Revolution fehlt – ein Vorwurf, der ihn zwar hart trifft, ihn aber nicht dazu bringt, seine dichterischen Ansprüche aufzugeben, denen er sich seit Beginn seiner künstlerischen Laufbahn verpflichtet fühlt. Denn schon früh hat Hüsch das literarische Chanson zu seinem Genre erwählt. Der Sohn eines Verwaltungsbeamten schreibt sich zwar in den letzten Monaten des Zweiten Weltkriegs an der Medizinischen Fakultät der Universität Gießen ein, wechselt dann aber Studienort wie -fach und gelangt über die Literatur-

und Theaterwissenschaft an der Mainzer Alma mater zum Kabarett. Die Spielzeit 1947/48 sieht ihn bereits auf Tournee: Mit dem von Studenten gegründeten Ensemble *Die Tolleranten* zieht er durch westdeutsche Universitätsstädte. 1949 entsteht sein erstes Soloprogramm *Chansons, Gedichte und Geschichten,* ein Jahr später sein zweites: *Das literarische Klavier,* mit dem er wieder eine Gastspielreise unternimmt. Mit der Form des Soloprogramms hat bereits der Mittzwanziger zu dem künstlerischen Medium gefunden, das seiner Mentalität entspricht und sein Werk prägen wird:

»Ja, ich war immer der Einzelgänger. In meiner Kindheit, in meiner Jugend, heute. Ich bin eigensinnig, eigenwillig, ja, von eigenem Sinn, von eigenem Willen. Ich höre immer wieder den guten Spruch: ›Gemeinsam sind wir stark‹ und sage mir dann immer: ›Alleine bin ich am stärksten‹.«

Doch neben den Soloprogrammen, die das Schaffen des Kabarettisten wie Säulen tragen, erprobt Hüsch auch und immer wieder die künstlerischen Möglichkeiten des Ensembles. Von 1953 bis zum Ende der fünfziger Jahre bringt er jeweils zur Weihnachtszeit sein *kritisches Oratorium für Solo, Chor und Reißnagelklavier* zur Aufführung: *Weihnachtsmänner machen Geschichten.* 1956 gründet er in Mainz das Kabarett *arche nova,* das bis 1962 existiert. Als die APO sich zu organisieren

Hanns Dieter Hüsch

beginnt, tritt Hüsch im Quartett mit Franz Josef Degenhardt, Wolfgang Neuss und Dieter Süverkrüp auf, während er 1972 gemeinsam mit Hannes Wader und Schobert & Black auf Tournee geht. Der Einzelgänger Hüsch scheut es auch nicht, sich als Schauspieler einem Ensemble einzufügen. An der *Komödie Basel* spielt er 1962 die Titelrolle in Brechts *Der Hofmeister.* Sechs Jahre später steht für den Mimen Hüsch wieder Brecht auf dem Programm – er übernimmt eine Rolle in *Flüchtlingsgespräche,* einer Inszenierung des *Theater am Turm* in Frankfurt. Schließlich ist er von 1976 bis 1980 in der Fernsehserie *Goldener Sonntag* zu sehen, die der *Süddeutsche Rundfunk* Stuttgart produziert. Dem Chansonnier, dem Schauspieler Hüsch tritt 1968 der Synchronsprecher zur Seite: Er schreibt zu Stummfilmen der Kintopp-Zeit neue Texte, die den alten Streifen mit Pat und Patachon oder Dick und Doof unterlegt werden:

»Ich synchronisiere seit 1968 diese Filme fürs ZDF. Viele Leute haben sich schon gefragt: ›Warum macht der das, macht der das fürs Geld?‹ Nein. Ich mache das, weil das eine professionelle Arbeit ist, bei der ich unendlich viel gelernt habe, was das Schauspielerische betrifft.«

Neben seinen Arbeiten für das Fernsehen ist Hüsch seit Beginn seiner Karriere auch im Hörfunk von steter Präsenz: Moderationen, Matineen, Features, Talk-Shows bei verschiedenen Sendern füllen seinen Terminkalender. Seit 1976 fungiert er zudem als Mitautor und Dialogpartner von Helmut Ruge in *Hammer und Sichel,* einem satirischen Dämmerschoppen des Westdeutschen Rundfunks Köln. Und zwischen seinen vielseitigen Arbeiten für Fernsehen und Hörfunk findet Hüsch immer wieder Zeit, Schallplatten zu produzieren, die häufig Dokumentationen seiner Soloprogramme darstellen: *Chansons, Gedichte und Geschichten* (1966), *Enthauptungen* (1971), *Das schwarze Schaf vom Niederrhein* (1978), *Das Neue Programm* (1981) und schließlich *Und sie bewegt mich doch* (1986). Dem Künstler Hanns Dieter Hüsch werden zahlreiche Ehrungen zuteil: 1972 und 1982 erhält er den Deutschen Kleinkunstpreis, 1977 die Ehrenbürgerwürde der Stadt Mainz, im Jahr darauf die Gutenberg-Plakette. –

Sich Hüsch und seinem Werk zu nähern bedeutet, sich auf unsicheres Terrain zu begeben. Der feste Boden unter den Füßen schwindet schon, wenn man den Beruf nennen will: Ist Hüsch ein Liedermacher? Wohl kaum, die Bezeichnung wäre allzu eng gefaßt. Hüsch schreibt schon Chansons, bevor der modisch gewordene Begriff Liedermacher überhaupt existiert. Ist er Kabarettist? Wenn ja, dann nur in einem sehr eingeschränkten Sinn, entbehren seine Programme doch weitgehend der Tagespolitik. Ist er ein Dichter? Dem widerspricht, daß viele seiner Werke von der Umsetzung ins Akustische leben. Ist er Hüsch? Ein sattes Ja sei die Antwort, das »Aber« darf jedoch auch hier nicht fehlen: Hüsch läßt sich nicht fixieren, er ist ständig in Bewegung, geht Wege und Umwege zu einem Ziel, das er noch nicht gefunden hat: *Typisch Hüsch* könnte man mit dem Titel einer Schallplatte sagen. Auf ihr singt Hüsch den *Marsch der Minderheit,* der ihn wieder einmal »on the road« zeigt: »Wir sind auf dem Marsch./Für eine bessere Welt,/Für eine glücklichere Zeit,/Sind wir auf dem Marsch,/Auf dem Marsch der Minderheit.« Die Schwierigkeiten in der Annäherung begründen vor allem aber die Texte Hüschs. Sie vermitteln ein komplexes Weltbild, differenzieren, malen nicht schwarzweiß, geben keine pragmatischen Gebrauchsanweisungen für das Handeln im politischen Alltag, vereinfachen nicht. Vielmehr offenbaren sie: Hüsch taugt nicht zum Leittier, das einer suchenden Herde den Pfad trampelt, bietet keine Patentrezepte für Konfliktlösungen an, sondern bringt durch schlichtes Fragen Ordnungen ins Wanken, spielt nicht den Starken, sondern teilt seine Unsicherheiten den Hörern mit. Solche Eigenschaften bringen ihn Ende der sechziger Jahre in schroffen Gegensatz zur Studentenrevolte, als FRANZ JOSEF DEGENHARDT formuliert:

»Zwischentöne sind nur Krampf/im Klassenkampf.«

Dieses Verdikt und seine Begleiterscheinungen treffen Hanns Dieter Hüsch mit voller Wucht: 1968 stürmen einige Linke, Leute, denen er sich politisch verbunden fühlt, die Bühne, als er im Rahmen des Festivals auf Burg Waldeck auftritt. Sie unterbrechen das Programm, ernennen sich zum Tribunal, indem sie Hüsch inquisitorisch nach seiner politischen Haltung befragen. In den folgenden Jahren versuchen linke Gruppierungen immer wieder, Hüschs Veranstaltungen zu Diskussionsrunden umzufunktionieren. 1970 sieht Hüsch keine andere Möglichkeit mehr: Er erklärt öffentlich, er werde vorerst nicht mehr in Deutschland auftreten. Für zwölf Monate beugt sich der Künstler der Zensur von links – eine Übung, die schon zehn Jahre vorher zu seinem Repertoire gehört hat, allerdings in einer Variante: Die Zensur ist damals nämlich von rechts erfolgt. 1959 schreibt Hüsch im Auftrag des Westdeutschen Rundfunks Köln seine *Carmina urana – Vier Gesänge gegen die Bombe.* Doch der WDR weigert sich, das »Tonspiel« zu senden. THOMAS ROTHSCHILD beschreibt, wie Hüsch die alttestamentarische Erzählung vom König Belsazar in das Zeitalter der Atombombe verlegt:

»Diese Geschichte montiert Hanns Dieter Hüsch mit Gesprächen besoffener Fabrikanten, Generäle und Politiker über die Bombe und den nächsten Krieg, mit Songs, die in Form und Diktion das Vorbild Brechts keinen Augenblick verleugnen, mit Tatsachenmeldungen, etwa über die Zahlen von Mißgeburten in Hiroshima. Das Ganze, in vier Teile zerlegt, von einer Gruppe mit Musik- und Geräuscheffekten geschickt dargeboten, ist von einer Kühnheit und Dichte, die nichts zu wünschen übrig läßt.«

Ob Kritik von links, ob Kritik von rechts, die Zensurengeber gehen in einem Punkt stets konform: Hüsch ist ein Virtuose der Sprache. Selbst KLAUS BUDZINSKI, der ihn in den sechziger Jahren wegen seiner angeblich bourgeoisen Haltung auf das schärfste attackiert hat, gesteht ihm zu:

»Sein Sprachwitz entlarvt durch Wiederholungen und durch verbalen Leerlauf das unsäglich Kleinbürgerliche, das er auf diese Weise indirekt anprangert und sozusagen durch sich selbst der Lächerlichkeit preisgibt.«

Wortgeklingel zu entlarven, modische Versatzstücke der Sprache in ihrer armseligen Klischeehaftigkeit bloßzulegen – dies gehört in der Tat zu den großen Leistungen von Hanns Dieter Hüsch. In seinem Chanson *Liedermacher* verspottet er das Insider-Geschwätz der Zunft: »Karl Gustav macht polit-gynäkologische Lieder,/Fritz Ottmar macht emanzipierte-protestantische Lieder,/Heinz-Detlev macht sado-poetische Bekenntnislieder,/Und ich mach dummes Zeug.« Seine literarischen Vorbilder nennt Hüsch selbst: die Dadaisten, Hans Arp, Jakob van Hoddis und in jüngerer Zeit Thomas Bernhard, dessen Skeptizismus sich vor allem in der Figur des »Hagenbuch« niederschlägt, jenes von Hüsch erfundenen, bildungskranken Intellektuellen. Zu unverbrauchten Tönen gelangt der Dichtersänger, indem er auf Idiome seiner niederrheinischen Heimat zurückgreift.

Musikalisch zeigt Hüsch eine Flexibilität, die von Sachkenntnis und Experimentierfreudigkeit zeugt, hat er doch einst sein theaterwissenschaftliches Studium mit dem Ziel begonnen, Opernregisseur zu werden. Auf seinem Schallplattenalbum *Nachtvorstellung* spielt er mit der barocken Form der Suite, setzt er Geräusch-Playbacks ein und hantiert auf witzige Art mit der Kunstkopf-Stereophonie. Auf seiner LP *Typisch Hüsch* arbeitet er mit Jazzmusikern wie Volker Kriegel, Eberhard Weber oder George Gruntz zusammen, während er sich für die Schallplatte

Hagenbuch hat jetzt zugegeben ausnahmsweise die Musik einmal schreiben läßt: Konstantin Wecker heißt der Komponist.

Veröffentlichungen

Frieda auf Erden, Zürich 1959; *Cabaretüden,* Zürich 1963; *Carmina Urana,* Ahrensburg 1964; *Archeblues und andere Sprechgesänge,* Zürich 1968; *Enthauptungen,* Ahrensburg 1971; *Den möch' ich seh'n,* Köln 1978; *Rede- und Schreibweisen,* Köln 1979; *Hagenbuch,* München 1983; *Das schwarze Schaf vom Niederrhein,* München 1984.

Literatur

Thomas Rothschild, *Liedermacher. 23 Porträts,* Frankfurt a. M. 1980; Elke Frühling, *Hanns Dieter Hüsch . . . ein Mainzer Kabarettist,* Mainz 1983; Bernd Schroeder, *Hanns Dieter Hüsch hat jetzt zugegeben . . .,* Zürich 1985.

Diskographische Hinweise

Bernd Schroeders Hüsch-Biographie enthält eine ausführliche Diskographie. Zu ergänzen ist:
Hüsch. Und sie bewegt mich doch! (Intercord 180.068).

Joana (t/m)
geb. 11. 10. 1944 Neustadt/Schwarzwald

Brücken schlagen, Seile spannen, den Fahrstuhl besteigen, um Länder, Kulturen, Epochen, Generationen, Menschen zu verbinden – das ist die eine Seite der Dichtersängerin. Brücken abbrechen, Seile kappen, den Fahrstuhl blockieren, um soziale Fronten zu klären und gesellschaftliche Probleme freizulegen, um Konflikte nicht mit trügerischer Harmonie zu übertünchen, sondern sie auszufechten – das ist die andere. So besingt sie den mittelalterlichen Walther von der Vogelweide, der den Minnesang von verlogenen Konventionen befreit, indem er den Eros nicht mehr als aseptische Fiktion sieht, sondern der Liebe Körper aus Fleisch und Blut verleiht *(Mit ungebrochenen Schwingen);* so erinnert sie an den polnischen Arzt Janusz Korczak, der mit den ihm anvertrauten Kindern in die Gaskammern zieht, obwohl er selbst einen Passierschein der Nazi-Mörder in der Tasche hat *(Für Janusz Korczak);* so greift sie auf Chansons französischer Kollegen wie Georges Brassens oder Georges Moustaki zurück und schreibt im gleichen Atemzug für die Blues-Sängerin Joy Fleming Lieder, die sich des literarisch wenig hofierten Mannheimer Dialektes bedienen. Aber: so wehrt sie sich auch gegen religiöse Heuchelei und Krieg *(Für Dich, du heile Welt, Lupus,);* so erhebt sie auch ihre Stimme gegen die Unterdrückung und Ausbeutung der Indianer *(Schon 500 Jahre lang)* oder kämpft gegen jene Kurzsichtigen, die den Profit dem Erhalt der Natur vorziehen *(Rettet mich, den Wald, Im Jahr 2010).* Joanas stilistische Vielfalt und ihr weiter Horizont sind allerdings keine späte Ernte ihrer Karriere, sondern sie durchziehen die Laufbahn der Sängerin wie ein roter Faden: Schon als Kind, als geborene Johanna Emetz, betritt sie die Bühne, trägt sie Gedichte und Lieder in Mannheimer Mundart vor; 1960 schließt sie sich als Sängerin und Gitarristin einer Schüler-Band an; zwei Jahre später nimmt sie ein klassisches Gesangsstudium auf, entdeckt sie ihre Vorliebe für die Lieder Franz Schuberts, lädt der Süddeutsche Rundfunk die junge Sängerin zu ersten Aufnahmen ein; 1964 debütiert Joana im deutschen Fernsehen, in Peter Frankenfelds Sendung *Und Ihr Steckenpferd?,* mit dem von Edith Piaf kreierten Chanson *Non, je ne regrette rien;* wenige Monate später stellt sie ihre ersten abendfüllenden Programme vor, die Folklore, französische Chansons (Jacques Brel, Georges Brassens, Jean Ferrat, Barbara) und Werke des deutschen literarischen Kabaretts enthalten (Erich Kästner, Kurt Tucholsky,

Klabund, Frank Wedekind, Walter Mehring). Doch obwohl sie gute Anfangserfolge aufweisen kann, sie 1966 ihre erste Schallplatte bei der Firma Thorofon publiziert, obwohl sie 1968 bei dem Nachwuchswettbewerb *Les no. 1 de demain* der französischen Radiostation Europe No. 1 in die Endausscheidung gelangt, am großen Finale im Pariser *Olympia*-Theater teilnimmt und der *Olympia*-Direktor Bruno Coquatrix der Gekürten sogar empfiehlt, ihre Zelte in Paris aufzuschlagen, bleibt sie ihrem 1965 aufgenommenen Deutsch- und Französisch-Studium treu. Erst 1970, als sie ihr Zweites Staatsexamen ablegt und einen weiteren Talentwettbewerb gewinnt, der ihr unter achttausend Bewerbern den ersten Platz und einen langfristigen Vertrag mit der Schallplattengesellschaft Intercord einbringt, entschließt sich Joana als freischaffende Sängerin und Liedermacherin zu arbeiten. Bereits ein Jahr später legt sie ihre erste Schallplatte mit eigenen Texten und Kompositionen vor. Seither markieren regelmäßige Konzerttourneen in der BRD, aber auch nach Schweden, Algerien oder Marokko, häufige Gastspiele in Hörfunk und Fernsehen, Auftritte bei Festivals und die Produktion von vierzehn Langspielplatten das Künstlerleben Joanas. 1986 erringt die Dichtersängerin mit einem ihrer französischen Chansons den zweiten Platz beim Grand Prix de la Chanson Française, einem Wettbewerb, den die Verwertungsgesellschaft SACEM und Radio France Culture tragen. –

THOMAS ROTHSCHILD beschließt einen Artikel über die Sängerin:
»Die vielseitigen Interessen Joanas, ihre Offenheit für neue Ideen und Einflüsse machen neugierig auf die weitere Entwicklung dieser einen Frau, die sich im deutschen Unterhaltungsdschungel durchsetzen konnte, ohne faule Kompromisse zu machen.«

Joana

In der Tat behauptet sich Joana seit zwanzig Jahren in ihrem Metier, ohne in selbstgefälliger Routine zu erstarren, meistert sie immer wieder die schwierige Hürde, sich zu entwickeln, zu verändern, aber sich dennoch treu zu bleiben. Ihre Kontinuität indes überrascht nicht, ist vielmehr Konsequenz ihres künstlerischen Selbstverständnisses. Denn wie kaum eine ihrer Kolleginnen reflektiert Joana ihre Rolle als Dichtersängerin: Sie liefert Beiträge für wissenschaftliche Publikationen, schreibt Hörfunk-Essays zu Spezialthemen aus dem Bereich Chanson und denkt zudem in vielen Liedern kritisch über ihren Beruf nach *(Als Frau in dem Metier, Egal, was du tust, Reimen muß sich's auch, Herrlich ist das Künstlerleben, Das war alles für heute)*. Aber der theoretische Überbau allein vermag Joanas stete Präsenz in Hörfunk und Fernsehen nicht zu erklären, auch das handwerkliche Potential der Künstlerin begründet ihren Erfolg: Die Sängerin wartet mit einer gut sitzenden, intonationssicheren Stimme auf, einem kräftigen Alt, der durch ein sehr charakteristisches, warmes Timbre fasziniert; die Textautorin beherrscht die sprachlichen Mittel des Genres, versteht es, ihre Geschichten geschickt und in wenigen Zeilen zu exponieren, ihre Pointen auf den Punkt zu bringen. Die Komponistin weiß, griffige, dem Volkslied nahestehende Melodien zu finden, die nicht Gefahr laufen, durch ein zu starkes Eigenleben die textliche Aussage zu gefährden, sondern bescheiden und zurückhaltend auftreten, um dem Versen Raum zu geben; und als sozial engagierte Künstlerin schließlich offenbart sie ihre Fähigkeit, Politisch-Analytisches mit Entertainment zu koppeln, Stellung zu nehmen, ohne missionarisch und sauertöpfisch zu agieren – eine Maxime, die Joana 1985 in einem Interview mit einem Vertreter der Deutschen Umweltstiftung selbst benennt: »Alles, was um mich herum geschieht im großen und im kleinen, fließt in meine Lieder ein, ob es nun ganz privat um zwischenmenschliches Miteinander geht oder um Ereignisse, die ich als engagierte Friedensfrau und Ökologiekämpferin und als aktive Demonstrantin hautnah miterlebe (...) So bestehen auch meine Lieder- und Chansonabende aus einem breiten Themenspektrum, (...), wo bei allem Ernst, bei aller Hintergründigkeit auch das Kabarettistische nicht zu kurz kommt, es was zu lachen gibt; denn gerade auch beim Lachen (...) kommen uns Erkenntnisse und Einsichten.«

Veröffentlichungen
Mit ungebrochenen Schwingen. Lieder, Notizen und Gedanken, Frankfurt a.M. 1982.

Literatur
Kerschkamp/Lindau, *Die großen Liedermacher,* München 1981; Thomas Rothschild, *Liedermacher. 23 Porträts,* Frankfurt a.M. 1982.

Diskographische Hinweise
Die 1982 erschienene Anthologie der Lieder Joanas enthält eine ausführliche Diskographie. Zu ergänzen ist: Joana: Denn wir sind viele (Intercord 192.572).

Georg Kreisler (t/m)
geb. 18. 7. 1922 Wien

Biedermann und Brandstifter – Wörter, die nicht nur den spannungsgeladenen Titel eines Theaterstücks von Max Frisch markieren, sie charakterisieren auch den Künstler Georg Kreisler und seine Lieder. Aber anders als bei dem Schweizer

Dichter, der die Pole Scheuklappenträger und Aggressor aus dramaturgischen Gründen auf zwei Bühnenfiguren verteilt, übernimmt Georg Kreisler beide Rollen in einer Person, ist er Biedermann und Brandstifter zugleich, lädt er sich eine Doppelexistenz auf, die ihn um so schärfer der Konfliktsituation aussetzt. Denn wie in Frischs Schauspiel so bekämpft auch in der Person Kreislers der Brandstifter den Biedermann, will das Böse die falsche Idylle zerstören, dem vordergründig Guten die Maske abreißen. Diese Dauerkrise ist Kreislers Lebenselixier, sie bestimmt sein Denken, seinen Impetus und selbst scheinbare Äußerlichkeiten wie die Hüllen seiner Schallplatten. Auf dem Cover der von ihm kreierten *Everblacks* schaut Kreisler den Betrachter an, freundlich lächelnd, »seriös« gekleidet, mit dem Charme eines Regenschirmvertreters, die Hände andächtig gefaltet; kaum fällt auf, daß deren rechte skelettiert ist: Der Tod läßt grüßen! Weitaus brutaler noch behandelt der Brandstifter den Biedermann in Kreislers vielzitiertem *Frühlingslied Nr. 1.* Er entlarvt nicht nur sein Gesicht, nein, er bespritzt es obendrein mit Säure: Erst läßt er die Frühlingsglocken läuten (zwei Herzen im Dreivierteltakt), dann fordert er seine Zuhörer, weil das Wetter auch gar zu schön ist, zum Spaziergang in den Park mit anschließendem Taubenvergiften auf. Kreislers *Frühlingslied,* Frischs Lehrstück von Biedermann – beide in den fünfziger Jahren geschrieben, geißeln die verlogene Idylle, erkennen in ihr die Brutstätte des Verbrechens. Die »heile«

Georg Kreisler

Welt, äußerlich glatt, geliftet, inwendig aber brüchig und krank, lernt Kreisler
schon als Kind kennen. Zwar wächst er in gutsituierten Verhältnissen heran – der
Vater ist Rechtsanwalt –, zwar lernt er schon als Vierjähriger lesen, bekommt er
schon früh allerhand Bildung mit, aber Nestwärme sucht er zu Hause vergebens.
Kreisler erinnert sich:
»Mein Vater brüllte mich an und prügelte mich, dadurch lernte ich (. . .) Rechnen.
Ich wurde allerdings auch oft geprügelt, ohne etwas dabei zu lernen (. . .) Als ich
sieben Jahre alt war, begann ich mit dem Klavierunterricht (. . .) Es wurde sehr
gespart und es wurde angeordnet, daß es mir Spaß zu machen hatte. Ich war eine
Art Haushund: Alles, was gesagt wurde, stimmte.«
In der Volksschule empfindet Georg sich als Außenseiter, weil er Jude ist und dick
und weil er von Anfang an lesen kann. Auch die sechsjährige Gymnasialzeit
belastet den Jungen, bedrückt ihn in ihrer Hoffnungs- und Trostlosigkeit. Selbst
das anschließende Studium am Wiener Konservatorium mit den Fächern Klavier,
Violine und Theorie bringt ihm nicht die ersehnte Erlösung von seinem Außen-
seitertum, seiner inneren Einsamkeit. Horribile dictu – aber Licht in sein Dasein
bringt eigentlich erst ein gewisser Herr Hitler, indem er Österreich »heim ins
Reich« holt. Akut gefährdet emigrieren die Kreislers in die Vereinigten Staaten,
und Georg fühlt sich so frei und fröhlich wie nie zuvor:
»Der böse graue Wiener Mantel wurde umgestülpt, und siehe! sein Innenfutter
war bunt, und ich war in ein Wunderland geraten. Die Orangen lächelten, die
Mädchen waren eßbar, die Häuschen tanzten in den Mickymausgärtchen.«
In den USA nimmt Kreisler zunächst sein Musikstudium wieder auf: an der
University of Southern California. Und schon bald widerfährt ihm das Glück des
Tüchtigen. Durch Vermittlung seines Vetters Walter Reisch avanciert er zum
Mitarbeiter in Hollywoods Traumfabrik. Er schreibt und arrangiert Filmmusiken,
dirigiert Shows und Revuen. Nach seiner Einbürgerung erlebt Kreisler ab 1942
den Zweiten Weltkrieg als amerikanischer Soldat. Doch auch in Uniform bleibt er
seinem Metier verbunden. Er unterhält seine Mitsoldaten mit eigenen Kompositionen, Texten und Inszenierungen. 1945, im Jahr des Friedens, kehrt Kreisler
nach Hollywood zurück. Aber es kommen ihm nun Zweifel am Wert der Filmindu-
strie. Stumpfen Mechanismus wirft er ihr vor, zudem platte Orientierung am Geld.
Und obwohl der Musiker Erfolge verzeichnen kann, obwohl er für den Film
Monsieur Verdoux keinem Geringeren als Charlie Chaplin zur Seite steht, übersiedelt Kreisler 1946 nach New York. In der Stadt von Wallstreet und Broadway
riskiert er es, noch einmal in die »Schule« zu gehen. Er tingelt, lernt mit dem
Publikum umzugehen, schreibt Musicals, die nicht aufgeführt, und Romane, die
nicht gedruckt werden. Ab 1951 jobt er in einer kleinen Bar, um allabendlich das
Publikum mit Klavierspiel und Gesang zu unterhalten, unternimmt gelegentlich
Ausflüge zum Broadway oder in die Rundfunk- und Fernsehanstalten. Zwar ver-
dient Kreisler genug, um zu leben, seine Arbeit allerdings erstarrt bald in Routine.
Doch findet er die Kraft, den eingeschlagenen Weg zu verlassen, bricht 1955 seine
Zelte in New York ab und kehrt nach Wien zurück. Sein erstes Engagement an der
Donau findet er zum Jahreswechsel 1955/56. In Gerhard Bronners *Marietta-Bar*
stellt Kreisler eigene Chansons vor, auch sein *Frühlingslied,* das die Bürokraten
umgehend aus der Reserve lockt: Sie setzen es auf den Index, verbieten seinen
Einsatz im Hörfunk. Doch von Widerständen läßt sich der Chansonnier nicht
einschüchtern. Zusammen mit Bronner übernimmt er die Leitung des *Intimen
Theaters,* produziert er das Programm *Blattl vorm Kopf,* in dem außer den beiden
Direktoren Louise Martini, Carl Merz, Helmut Qualtinger und Peter Wehle mitwirken. Friedrich Torberg zeigt sich begeistert:

»Diese Mischung von Witz und Musikalität ist außerhalb Wiens nicht zu haben (...) Mit sparsamen Mitteln wird hier der eigentliche, so oft kläglich mißverstandene Auftrag des politischen Cabarets erfüllt: Hintergründe satirisch auszuleuchten und kurzschlußartige Verbindungen herzustellen.«

Doch trotz des positiven Echos auf seine Arbeit kann sich Kreisler in seiner Heimatstadt nicht so recht akklimatisieren. Er vermißt die in den USA erfahrene Kollegialität und beklagt das Intrigantentum. So packt er wieder die Koffer und zieht mit seiner Frau, der Kabarettistin Topsy Küppers, 1958 nach München – mit dem Rückfahrbillet nach Wien in der Tasche. 1961 löst er es ein. Auftritten im Hörfunk und Fernsehen gilt nun sein Engagement. Vor allem aber widmet er sich in den folgenden Jahren verstärkt der Schallplattenproduktion seiner Chansons, die er 1961 erstmals in Buchform veröffentlichen kann. Obwohl die Publizität wächst, betrachtet Kreisler jene Zeit in der Rückschau eher skeptisch:

»Das Publikum kam zu mir, so daß die Leute, die mich nur ungern engagierten, trotzdem in meinen sauren Apfel bissen. Es waren arbeitsreiche Jahre, in denen ich prominent wurde, sonderlich aufregend waren sie für mich nicht. Jede Prominenz ist, nach anfänglicher Genugtuung, ein Störfaktor.«

Die Studentenrevolte Ende der sechziger Jahre zieht Kreisler in ihren Bann. Unter ihrem Einfluß verändern sich seine Lieder, beziehen sich zunehmend auf Politisches, äußern sich mehr und mehr unmittelbar – eine Entwicklung, die bis heute anhält. Wirft er in seinem 1969 auf der Schallplatte *Anders als die andern* veröffentlichten Lied *Warum?* den Menschen ganz allgemein Untertanengeist und Duckmäuserei vor, so beschreibt er zehn Jahre später in dem Chanson *Mit dem Rücken zur Wand* das aktuelle Lebensgefühl vieler Deutscher, die sich von den staatlichen Beglückern, von den Institutionen und der Industrie in die Enge gedrängt sehen – ihnen bleibt kein Ausweg mehr, sie können nur noch die Flucht nach vorn antreten. Kreislers »neue Töne« beruhen aber nicht nur auf seiner Erfahrung der Studentenbewegung, sie haben auch einen sachlichen Hintergrund. 1976 verlegt er einmal mehr sein Domizil, Berlin ist jetzt sein Wohnsitz. Sein Dasein als »Insulaner« konfrontiert ihn unausweichlich mit der deutschen Realität. Nun steht auch er »mit dem Rücken zur Wand« und versucht auf seine Art die Flucht nach vorn. Seine 1983 angekündigte Schallplatte *Taubenvergiften für Fortgeschrittene* enthält einen pessimistischen Abgesang: Mit dem Lied *Wo der Pfeffer wächst* schildert er scheinbar die von Korruption und Manipulation geprägten gesellschaftlichen Verhältnisse irgendeiner »Bananenrepublik«. In Wirklichkeit jedoch zielen Kreislers Ausführungen auf die Gegebenheiten seines Hier und Jetzt. –

Hans Weigel formuliert bei einer Annäherung an Kreislers Schöpfungen:
»Sie sind Lieder, die keine Lieder sind, sondern Chansons, die keine Chansons sind; sie sind sowohl lyrische Dichtungen mit Musikbegleitung als auch Musikstücke mit Textbegleitung, aber sie sind weder das eine noch das andere wirklich.«

Weigels Sätze offenbaren die Schwierigkeiten, Kreisler und seinem Werk gerecht zu werden, Schwierigkeiten, die teilweise in der Sache selber liegen, teilweise aber auch in der Persönlichkeit Kreislers verankert sind. So ist einerseits Kreislers Palette sehr farbenreich, neigt sie doch zu ständig neuen Mischungen: Unter seinen Liedern finden sich virtuose Wortspiele, humorvolle Nonsensgeschichten wie die *Telephon-Polka* oder der im böhmischen Dialekt vorzutragende *Bluntschli*. Eine andere Gruppe von Texten legt schonungslos die menschlichen Schwächen bloß, Freunde auszunützen *(Der guate alte Franz)*, jemandem in den Arsch zu kriechen *(Der Staatsbeamte)* und Titelsucht *(Professor Dr. med.)*. Schließlich bilden die politischen Chansons ein bedeutendes Element in Kreislers Werk. Doch der Dichtersänger verweigert sich selbst jeder Einordnung, weil er sich von keiner

Partei vereinnahmen lassen will, nicht »dazu«-gehören möchte, da er sich als Jude zu seiner Heimatlosigkeit bekennt. Einer solchen Haltung entspricht nicht nur sein Pendeln zwischen Amerika, Österreich und Deutschland, sondern ihr entspricht ebenso sein schöpferischer Ansatz. Denn auch künstlerisch pendelt Kreisler zwischen den Welten, zwischen Heute und Gestern, indem er Phänomene seiner Zeit mit »unzeitgemäßen« Mitteln darlegt: Seine Sprache läßt gelegentlich das nahezu ausgestorbene Jiddisch anklingen, seine Musik bedient sich herkömmlicher Formen wie Polka oder Walzer oder erinnert wie in *Maria Galetta* an die eleganten Melodien Rudolf Nelsons. Kreislers Spiel mit traditionellen Elementen und neuen Inhalten, verstärkt durch seine fulminante Klaviertechnik und variable Stimme, ermöglicht ihm, Biedermann und Brandstifter gleichzeitig zu sein und trickreich Sabotage zu betreiben: an der Bevormundung durch den Staat, an der Ordnung »Wir da oben, ihr da unten«, an der etablierten Macht. Zu Recht stellt KLAUS BUDZINSKI fest: »Über alle Verschiedenheit ihrer Kategorien hinweg sind Georg Kreislers ›seltsame Gesänge‹ (wie er sie selber nennt) Ausflüsse eines am durchorganisierten Chaos der Zeit leidenden Geistes, der die Freiheit im scheinbaren Blödsinn und im schwarzen Humor sucht (. . .) Darum ist das, was Kreisler bringt (. . .), nicht mehr Zeitkritik von außen, es ist die Unterminierung der Zeit von innen her.«

Veröffentlichungen
Zwei alte Tanten tanzen Tango – und andere Lieder, Zürich 1961; *Der guate alte Franz – und andere Lieder*, Zürich 1962; *Ich weiß nicht, was soll ich bedeuten*, Zürich 1973; *Taubenvergiften für Fortgeschrittene*, München 1983; *Worte ohne Lieder. Satiren*, Wien 1986.

Literatur
Klaus Budzinski, *Die Muse mit der scharfen Zunge. Vom Cabaret zum Kabarett*, München 1961; Thomas Rothschild, *Liedermacher. 23 Porträts*, Frankfurt a. M. 1980.

Diskographische Hinweise
Kreislers Chansonsammlung Taubenvergiften für Fortgeschrittene *enthält eine ausführliche Diskographie.*

Hein und Oss Kröher (t/m)
geb. 17. 9. 1927 Pirmasens

»Mit der volkstümlichen Musik, die immer noch und immer wieder als sogenannte deutsche Innigkeit verkitscht oder mit zackigem Marschstiefelrhythmus an den Mann gebracht wird, mit solch aufdringlicher Popularität haben die Volkslieder, die Hein und Oss singen, nicht das geringste zu tun«, erklärt die Rundfunk-Journalistin Sofie Fendel den Hörern der Deutschen Welle im September 1977. Die aufdringliche Popularität allerdings fehlt nicht nur dem Repertoire der Kröhers, auch die Sangeszwillinge selber und ihr Vortragsstil meiden jegliche Anbiederung, jegliches Buhlen um Publikumsgunst: Schlicht präsentieren sie ihre Gesänge, alles Artifizielle vermeidend; perfektionistischer, zur Asepsis führender Studioarbeit gehen sie aus dem Wege; einen realistischen, natürlichen Klang streben sie an, der den Zuhörer nicht durch Akrobatik und falschen Zauber erschlägt, sondern ihm Raum läßt für eigene Gedanken, ja, ihn auffordert in die Lieder miteinzustimmen, selbst aktiv zu werden. Das Bild eines mündigen Publikums schwebt den Barden vor – im Einklang mit ihrem Fundus an Texten und Melodien, der im wesentlichen aus demokratisch-freiheitlichen Liedern besteht;

im Einklang aber auch mit ihrer musikalischen Sozialisation: Hein und Oss stoßen schon im Kindesalter zur Jugendbewegung, lernen als Anhänger dieser Gemeinschaft zunächst Flöte, dann Klavier und Gitarre spielen, lassen sich zum Liedersingen, -texten und -komponieren anregen und begegnen dem Ideal eines schrankenlosen, gemeinschaftlichen Musizierens. THOMAS ROTHSCHILD schreibt über die beiden Troubadours:

»Aus der Jugendbewegung aber blieb ihnen die Lust am Singen, die Freude am Gemeinschaftserlebnis. Bis heute haben sie sich die ungekünstelte, naiv-frische, kräftige Art des Gesangs bewahrt, bis heute lädt ihr Vortrag mehr zum Mitsingen als zum andächtigen Zuhören ein.«

Aber Hein und Oss verdanken der Jugendbewegung nicht nur ihren musikalischen Hintergrund, sondern auch ihren weiten Horizont, ihre ausgeprägte Neigung zur Vagabondage, zur Ethik der Unruhe und Unsicherheit, ihre Abenteuerlust, ihre Achtlosigkeit gegenüber Grenzpfählen: Nach ihrem 1947 abgelegten Abitur schlagen sie sich zunächst als Waldarbeiter und Schmuggler durchs Leben, trecken sie vier Jahre später mit einem Motorrad nebst Beiwagen durch den mittleren und fernen Osten, treten als Corano Brothers in einem Programm mit Feuerschluckern und Zauberern auf, bringen ihre Stimmen erstmals in den Rundfunkstationen von Bagdad und Teheran über den Äther. Wieder in Deutschland, widmen sie sich ihrer beruflichen Ausbildung, nimmt Oss ein pädagogisches Studium auf, beginnt Hein eine kaufmännische Lehre. Und sie ziehen, meist zu Pfingsten, regelmäßig auf die im Hunsrück gelegene Burg Waldeck, treffen sich hier mit Freunden internationaler Folklore, lernen durch das schwedische Sängerpaar Hai und Topsy israelische Horas, durch Dirk Hespers niederländische Geusenlieder kennen, hören Negrospirituals, Railroadsongs, Rebetikas, aber auch Kabarettlieder Ger-

Hein und Oss Kröher

hard Bronners – Impressionen, die zur Gründung einer heute legendären Einrichtung führen. Zur Etablierung des Burg Waldecker Festivals *Chanson Folklore International,* das auf Anregung von Hein und Oss, Peter Rohland und Mitgliedern des Arbeitskreises Burg Waldeck von 1964 bis 1969 jährlich über die Bühne geht und die Weichen für die kommenden deutschen Liedermacher und Chansonniers stellt (s. S. 26 f.). In den siebziger Jahren konzentrieren sich die singenden Zwillinge vermehrt auf die Einspielung von Schallplatten, ediert Oss eine Reihe fachdidaktischer Aufsätze zum Thema »Demokratisches Lied in der Schule«, publiziert er gemeinsam mit seinem Bruder und der Illustratorin Gertrude Degenhardt das umfangreiche Volksliederbuch *Das sind unsere Lieder,* das zu den bedeutendsten seiner Art zählt. Zahlreiche Tourneen, etwa für die Niederlassungen des Goethe-Institutes in den Niederlanden, in Frankreich oder Schweden, und die Mitwirkung in Fernsehfilmen des Westdeutschen Rundfunks Köln *(»Wer ein Lied zu singen weiß«. Nachrichtenlieder von Walter von der Vogelweide bis zu Wedekind,* 1981; *»Der Arme muß ins Feld«. Soldatenlieder des gemeinen Mannes,* 1982; *»Glück auf«. Bergmannslieder,* 1984) markieren die Arbeit der Kröhers während der achtziger Jahre. –

Ende August 1986 schreibt FRANZ JOSEF DEGENHARDT im *Vorwärts,* dem Traditionsblatt der Sozialdemokratischen Partei Deutschlands:

»Wie sie gleich, und das heißt in eineiiger Zwillingsähnlichkeit, Schulter an Schulter, die Gitarren wie Arbeitsgeräte aus der guten, alten Handwerkszeit haltend und benutzend, breitbeinig dastehen, wie ihre Mienen beinahe gleich und nach Jahren der Routine immer noch naiv und beinahe ungeschützt das jeweilige Liedgefühl widerspiegeln. Und ihre Stimmen! Ein Singsang aus voller Brust sozusagen in einem rauhen, manchmal knarzigen Tonfall, Baßbariton mit raspeligem Tremolo. Die größere Stimme hat der Hein, das raffiniertere Gitarrenspiel der Oss. Beides macht den Kröher-Sound.«

Dieser vom Sangesbruder Degenhardt beschriebene Kröher-Sound, mal im perfekt synchronen Unisono, mal in rauher Zweistimmigkeit verlaufend, mal voller Lagerfeuerromantik, mal voller plebejischem Trotz und Rotz, – dieser unfrisierte, nicht herausgeputzte Kröher-Sound trägt nach dem Zweiten Weltkrieg wesentlich dazu bei, das deutsche Volkslied von der Okkupation durch die Nationalsozialisten zu befreien, es nicht mehr zur Geschichtsklitterung und Propaganda zu mißbrauchen, sondern es als Element einer Geschichtsschreibung »von unten« zu verstehen. Ein Ziel, das Hein und Oss aber nicht nur mit der ihnen eigenen Ästhetik erreichen wollen, sondern auch auf dem Wege der Aufklärung, der sachlichen Information ihres Publikums. THOMAS ROTHSCHILD resümiert:

»So sind die Zwillinge aus Pirmasens nicht nur Sänger, sondern auch Volkskundler, und sie geben kein Konzert, ohne Herkunft und Bedeutung ihrer Lieder zu erklären, sie in einen historischen und gesellschaftlichen Kontext zu stellen.«

Ob mit ihren Seemanns-, Soldaten-, Landsknecht-, Arbeiter- oder Partisanenlieder, ob mit ihren Interpretationen französischer Chansons, angloamerikanischer Songs, deutscher Volkslieder und eigener Werke – in den eintausendfünfhundert Titeln ihres Repertoires überzeugen Hein und Oss stets durch handwerkliche und menschliche Ehrlichkeit, durch den Mut zum Ich, durch das Bekenntnis zu ihrer pfälzischen Heimat, deren Laute sie nie verleugnen. MICHAEL BAUER, ihr Landsmann und zwanzig Jahre jüngerer Kollege, kommentiert Anfang Februar 1978 im Südwestfunk:

»Allein das Wissen der beiden Vaterfiguren der deutschen Folkloreszene ist gar nicht hoch genug einzuschätzen. Ebenso aber ist auch der Stil ihrer Interpretationen wichtig und richtungsweisend. Denn sie singen gradlinig und klar, ohne so zu tun, als seien sie dabeigewesen: bei der russischen Revolution etwa, bei den amerikanischen Bürgerrechtskämpfen oder im französischen Widerstand während des Zweiten Weltkriegs. Viele der jüngeren Folkloresänger betrügen ihre Zuhörer, indem sie ihre Darbietungen mit Sentimentalitäten aufputzen, die sie dann als revolutionären Elan oder demokratische Begeisterung ausgeben. Auch ihnen sei dringend empfohlen, sich die (...) *Freiheitslieder* von Hein und Oss anzuhören.«

Veröffentlichungen

Rotgraue Raben. Vom Volkslied zum Folksong, Heidenheim/Brenz 1969; *Sing out! 67 angloamerikanische Songs,* 2., erweiterte Auflage, Stuttgart 1974; *Joli Tambour. 70 französische Chansons,* Stuttgart 1976; *Das sind unsere Lieder. 220 Volkslieder,* Frankfurt a.M. 1977; *Cowboylieder,* Mainz 1980; *Der neue Zupfgeigenhansl. 121 junge Lieder,* Mainz 1983; *Unsere Liederpfalz. Ein Liederbuch,* Neustadt a.d. Weinstraße 1987.

Literatur

Don Paulin, *Das Folk-Music-Lexikon,* Frankfurt a.M. 1980; Thomas Rothschild, *Liedermacher. 23 Porträts,* Frankfurt a.M. 1980; Kaarel Siniveer, *Folk Lexikon,* Reinsbek 1981; Florian Steinbiß, *Deutsch-Folk: Auf der Suche nach der verlorenen Tradition,* Frankfurt a.M. 1984.

Diskographische Hinweise

Hein und Oss. Soldatenlieder (Da Camera SM 95038); *Hein und Oss. Haul Away. Seemannslieder* (Da Camera 95016); *Hein und Oss. Bertolt Brecht. Lieder, Balladen, Songs* (Da Camera 95026); *Hein und Oss. Auf der großen Straße* (Da Camera SM 95026); *Hein und Oss. Songs of the World* (SAGA FID 2110); *Hein und Oss. Halali. Jägerlieder* (SAGA FID 2109); *Hein und Oss singen Arbeiterlieder* (Büchergilde Gutenberg 15001); *Hein und Oss singen Volkslieder. Auf den Plätzen, in den Straßen* (Büchergilde Gutenberg 20028/0); *Hein und Oss. Freiheitslieder* (Büchergilde Gutenberg 20151/0); *Hein und Oss. Lieder vom Hambacher Fest* (Büchergilde Gutenberg 20606/0); *Hein und Oss. Partisanenlieder* (SK-Records SK 04).

Maxime Le Forestier (t/m)
geb. 10. 2. 1949 Paris

Maxime Le Forestier, ein typischer Vertreter der Nach-Achtundsechziger-Phase, engagiert sich zwar politisch, aber gebärdet sich nie dogmatisch. Er sieht zwar soziale Notstände, versucht sie aber nicht mit den holzschnittartigen Mitteln der Agitprop und des Pamphlets zu bekämpfen, sondern mit den leisen Tönen der Poesie, mit dem weichen Element des Wassers, das allmählich den harten Stein aushöhlt. Vor allem aber verharrt Le Forestiers Engagement nicht in der Theorie, bewährt es sich vielmehr auch im praktischen Leben. So kontrolliert er die Preise für die Eintrittskarten seiner Galas, um sie in vertretbaren Grenzen zu halten; so löst er nach und nach die vertraglichen Bindungen mit seinen Verlegern, um sich sein eigenes Vertriebssystem aufzubauen; so führt er bei seiner Tournee 1977 eine Art Zeitungskiosk mit sich, in dem er den Zuhörern die Publikationen der alternativen Presse anbietet. Bei allem Idealismus handelt Le Forestier jedoch nie als blauäugiger Unternehmer seiner selbst, sondern er zeigt sich bestens auf seinen Beruf vorbereitet – betätigt sich doch schon seine Mutter in einem künstlerischen Metier. Sie setzt amerikanische Filmserien für das französische Fernsehen um und kann sich aufgrund ihrer selbständigen Arbeit sowie der Möglichkeit, ihren Stundenplan in freier Selbstbestimmung zu gestalten, ausgiebig um ihre drei Kinder kümmern. Der Musik räumt Maximes Mutter im Rahmen ihrer Erziehung einen besonders hohen Stellenwert ein. Solfeggien und Instrumentalspiel bestimmen den Tagesablauf der Kinder und führen rasch zum Erfolg. Anne, die ältere der beiden Töchter, reüssiert als Pianistin, während Maxime und Catherine komponieren, sich dem Chanson verschreiben, als Gesangsduo auftreten und schon im jugendlichen Alter beachtliche Erfolge vorweisen können. Bereits 1968 nehmen sie ihre ersten Schallplatten auf. Im gleichen Jahr schreibt Maxime Chansons für prominente Kollegen: *Édith* für Serge Lama und die *Ballade pour un traître* für Serge Reggiani. Nach seinem Wehrdienst als Fallschirmjäger trennt sich Maxime von seiner Schwester, versucht er als Solist sein Glück. Er wechselt seine Schallplattenfirma, produziert seine ersten Singles bei Polydor, tritt 1972 im Vorprogramm der *Bobino*-Konzerte von Georges Brassens auf und veröffentlicht zur gleichen Zeit sein erstes Album. Zwei Jahre später hat Le Forestier bereits vier Langspielplatten publiziert, die zu den meistverkauften Frankreichs gehören. Erst jetzt schickt sich der Sänger an, auch die Welt der Bühne für sich zu erobern. 1974 präsentiert er sich gemeinsam mit dem Bassisten Patrice Caratini und dem Gitarristen Alain Le Douarin im Pariser *Théâtre de la Ville,* 1975 kann man das Team im *Palais des Congrès* hören, und 1977 schließlich bestätigt es seine meisterhafte Bühnenregie im *Cirque d'hiver.* 1981 wartet Le Forestier mit einem veränderten Repertoire auf. Bei seinem Gastspiel im *Bobino* überrascht er sein Auditorium mit neuen Chansons und leitet so die zweite Phase seiner Karriere ein. –

Viele Lieder des Auteur-compositeur-interprète beziehen sich deutlich auf Autobiographisches: Seine Militärzeit etwa verarbeitet Maxime Le Forestier in *Parachutiste* (Fallschirmjäger), einem Chanson, das dem Militarismus eine klare Abfuhr erteilt; eine Anfang der siebziger Jahre unternommene Reise nach den USA findet ihren Niederschlag in der Idylle *San Francisco,* die atmosphärisch an Arlo Guthries Talking Blues *Alice's Restaurant* erinnert und in die friedliche Welt

Maxime Le Forestier

von Hippies und Flower-Power einführt; die Begegnung und Zusammenarbeit mit Julien Clerc führt zur Entstehung des Chansons *Amis,* in dem der Autor das Wesen der Freundschaft zu ergründen sucht. Aber Le Forestiers autobiographische Werke verlieren sich nicht im egozentrischen Subjektivismus, sondern bleiben übertragbar, sind spontan nachzuvollziehen. Daher kann Joan Baez den *Parachutiste* ohne weiteres in ihr Repertoire aufnehmen, können sich Millionen von den Altersgenossen des Autors mit der in *San Francisco* skizzierten Lebensweise, mit der in *Amis* proklamierten Form der Freundschaft identifizieren.

Le Forestier verleiht seinen Chansons die leichte Eingängigkeit vor allem durch zwei stilistische Qualitäten. Er bedient sich eines schlichten, unverschlüsselten Vokabulars und versteht es, sprachlich klare Bilder zu projizieren, zu deren Verständnis der Rezipient keine literarische Vorbildung benötigt. In seinem Poem *Comme un arbre* vergleicht sich der Autor mit einem Baum in der Stadt. Wie sein grüner Leidensgefährte muß er in Beton und verpesteter Luft leben, hat er Lieder in seinen Blättern – zur Freude der Menschen. Aber eines Tages sieht er sich entwurzelt, seines Lebens beraubt – zugunsten von Parkplätzen.

Der sprachlichen Unmittelbarkeit Le Forestiers entsprechen seine Musik und ihre Darbietung. Seine Melodien vermeiden komplexe Strukturen, bezeugen eine Nähe zum Volkslied oder orientieren sich am Blues; seine Stimme tönt nicht, fasziniert vielmehr durch ihren seltsam spröden Klang; seine Arrangements und seine Performances sind nicht abhängig von der Steckdose, verlieren sich nicht im Gewirr von Kabeln und Drähten, sondern bezeugen ihre Menschlichkeit, indem sie der Technik einen hinteren Rang zuweisen. Maxime Le Forestier überfordert sein Auditorium nicht, spielt sich nicht als Übermensch auf, sondern gibt den Hörern Raum und Motivation zur Nachgestaltung. In diesem Sinn notiert das Journal *Ouest-France* im Dezember 1974:

»Man könnte Le Forestier auf dem Bürgersteig hören, in der Métro, in einem Bistrot, seine Chansons hätten immer die gleiche Resonanz.«

Literatur

Chantal Brunschwig/Louis-Jean Calvet/Jean-Claude Klein, *Cent ans de chanson française,* Paris 1981; Lucien Rioux/Geneviève Beauvarlet, *Maxime Le Forestier,* Paris 1982.

Diskographische Hinweise

Die Monographie von Rioux/Beauvarlet enthält eine ausführliche Diskographie. Zu ergänzen ist:
Maxime Le Forestier (impact 6993 053).

Gisela May
geb. 31. 5. 1924 Wetzlar

Zwar wirft sie bei ihren Chanson-Interpretationen das ganze Gewicht ihrer Persönlichkeit in die Waagschale, zwar steht sie mit Leib und Seele hinter ihrem Vortrag, möchte sie mit ihrem Gesang auch emotional auf die Hörer einwirken. Aber sie konfrontiert ihre Persönlichkeit stets mit der Realität der Lieder, mit der Verzahnung von Struktur und Inhalt, trägt bei aller Sinnlichkeit den Kopf immer höher als den Bauch, versucht, die Hörer nicht mit Gefühlen zu betäuben, appelliert in erster Linie an deren Verstand. Folgerichtig vermeidet sie jeden Anflug von Sentimentalität (es sei denn, diese wäre ein bewußt zu setzendes Stilmittel), weicht sie jedem Hauch von Subjektivität aus (es sei denn, der Text verlangte eben diese),

Gisela May

schreckt sie vor jedem plakativen Effekt zurück (es sei denn, er diente der Deutung) – Qualitäten einer Diseuse, die auf ihre Zugehörigkeit zu einer exakt benennbaren Gemeinschaft weisen: zur Künstlergruppe um Bertolt Brecht und Hanns Eisler. Gisela Mays Anschluß an diesen Kreis von Schauspielern, Regisseuren, Musikern und Dramaturgen, ihre Entwicklung zur Lied-Interpretin mag durch den engen Focus der Anekdote betrachtet als Zufall erscheinen: 1957 springt sie für eine erkrankte Kollegin bei einer Brecht-Matinee im Berliner *Deutschen Theater* ein, trägt sie im Wechsel mit Ernst Busch einige Songs aus der *Dreigroschenoper* vor – so überzeugend, daß Hanns Eisler, der die Vorstellung als Zuschauer miterlebt, hinter die Bühne kommt und der Schauspielerin rät: »Das sollten Sie weitermachen.« Gewiß, die Empfehlung des bedeutenden Komponisten kommt einer hohen Auszeichnung gleich. Aber sie ist – entgegen der immer wieder zu lesenden Anekdote – nur ein Glied in der Kette von Umständen, die aus Gisela May eine bedeutende Interpretin der Lieder Brechts, eine der profiliertesten Diseusen deutscher Sprache erwachsen lassen. Künstlerisch schon durch ihre Eltern »vorbelastet«, der Vater schreibt Texte für sozialistische Kabaretts und Agitprop-Truppen, die Mutter singt Volkslieder zur Laute und spielt in einem Kollektiv kommunistischer Schauspieler mit, erhält Gisela schon früh Klavierunterricht bei dem Musiklehrer Schmidt-Sas, einem Freund ihrer Eltern, der als aktiver Gegner der Nationalsozialisten 1944 hingerichtet wird:

»Sas war es, der mir als jungem Mädchen die Schönheiten in der Musik bewußt

machte. Er lehrte mich Bach lieben, der für ihn der Größte war und es auch für mich bis zum heutigen Tag geblieben ist.«
Die Werke des großen Thomas-Kantors lernt Gisela aber nicht nur am Klavier kennen, sondern auch bei den Proben und Aufführungen eines Chors, dem sie angehört und auf dessen Programm Bachmotetten stehen. Zudem kann sie ihren musikalischen Horizont mit Hilfe der elterlichen Schallplattensammlung erweitern, die Aufnahmen von Ernst Busch und Lotte Lenya enthält – ein in der Nazi-Zeit gleichermaßen gefährliches wie reizvolles Unterfangen. Doch trotz ihrer Liebe zur Musik entscheidet sich das junge Mädchen für die Theaterbühne, besucht die Leipziger Schauspielschule und nimmt 1943 ihr erstes Engagement am *Komödienhaus* in Dresden an, einem Privattheater, das die leichte Muse pflegt. Danzig und Görlitz sind die nächsten Stationen der Debütantin – noch während des Zweiten Weltkriegs. Den demokratischen Neubeginn aber erlebt die Schauspielerin in Leipzig, spielt an der dortigen Bühne in Nikolaj Gogols *Heirat* die »Agafja«, in Gerhart Hauptmanns *Biberpelz* die »Leontine«, läßt sich 1947 auf ein Intermezzo in Schwerin ein, sammelt drei Jahre lang wertvolle handwerkliche Erfahrungen (unter der Schauspiel-Direktorin Lucie Höflich), wechselt für eine Saison an das *Landestheater* nach Halle, brilliert als »Schellenbarbell« mit ihren Song-Interpretationen in Günter Weisenborns *Ballade vom Eulenspiegel, vom Federle und von der dicken Pompanne,* überzeugt als »Tatjana« in Maxim Gorkis *Feinden* nicht nur ihr Publikum, sondern auch Wolfgang Langhoff, den Intendanten des *Deutschen Theaters* von Berlin, und sieht so 1951 ihren Wunsch erfüllt, Mitglied eines hauptstädtischen Ensembles zu sein. In dem traditionsreichen Haus an der Schumannstraße erobert sich Gisela May nun ein neues Feld, verkörpert vor allem Rollen der zeitgenössischen und ausländischen dramatischen Literatur, ist aber auch in klassischen Werken zu sehen: als »Marie« in Georg Büchners *Woyzeck* oder als »Regan« in William Shakespeares *König Lear,* als »Frau von Fischer« in Johann Nestroys *Jux* oder als »Prinzessin Eboli« in Friedrich Schillers *Don Carlos* – ein enorm vielseitiges Repertoire, das allerdings für die Schauspielerin Fluch und Segen zugleich bedeutet. Segen, weil sie einen breiten Radius an Rollen und Charakteren kennenlernt, sie sich ein außergewöhnliches Spektrum an Farben und Tönen erarbeiten kann; und Fluch, weil sie sich nicht auf einen bestimmten Typ festlegen läßt, ihr infolgedessen Hauptrollen versagt bleiben, die gewohnheitsmäßig an typfixierte Schauspieler vergeben werden. So zieht Gisela May 1961 die Konsequenzen: Nach ihren anhaltenden Erfolgen mit Brecht-Songs und nach intensiven Gesprächen mit Helene Weigel verläßt sie das *Deutsche Theater,* schließt sie sich dem *Berliner Ensemble* an und konzentriert fortan ihre darstellerische Kraft auf die Bühnenwerke Brechts. In einem Gespräch mit ihrem Biographen Dieter Kranz begründet die Künstlerin den Schritt:
»Zu den Besonderheiten von Brechts Dichtungen gehört, daß er in einzigartiger Weise den Song, das Lied in die Dramatik einbezogen hat. Bei Brecht fand also nicht nur mein Interesse an der darstellenden Kunst, sondern auch die Liebe zum gesungenen Vortrag die besten Vorlagen, so daß es für meine künstlerische Entwicklung geradezu notwendig wurde, der Interpretation seines Werks den Vorrang in meiner Arbeit zu geben.«
Eine Erkenntnis, die sich in der Praxis bewährt: Gisela Mays Interpretationen der »Mrs. Peachum« in der *Dreigroschenoper* (1966) beziehungsweise der »Mutter Courage« in Brechts gleichnamigem Antikriegsrequiem (1978) finden internationale Beachtung, gehören zu den inszenatorischen Höhepunkten des *Berliner Ensembles.* Doch trotz der Bindung an die renommierte Theatertruppe vermag die Schauspielerin sich immer wieder neue Terrains zu erobern. 1963 debütiert sie im

Bereich des Musiktheaters, übernimmt sie eine Gastrolle an der Deutschen Staats-oper, den Part der Anna I in Brecht/Weills *Die sieben Todsünden der Kleinbürger,* steht 1967 für eine Schallplattenproduktion als Anna I und Anna II zur Verfügung und empfängt ein Jahr später aufgrund ihrer Interpretation den Grand Prix du Disque; seit 1969 zeichnet sie für eine Reihe von Gastdozenturen im Fach Chanson verantwortlich, etwa an den Staatlichen Schauspiel- und Musikhochschulen in Berlin, Weimar, Brüssel, Stockholm, Helsinki oder Stuttgart; 1970 singt und agiert sie erstmals in einem Musical, spielt sie am Berliner *Metropoltheater* die Hauptrolle in *Hello, Dolly,* dem Welterfolg von Michael Stewart und Jerry Herman. Über diese Tätigkeiten hinaus dokumentieren zahlreiche Verpflichtungen in Fernsehspielen, die Produktion von bisher über zwanzig Langspielplatten, ausgedehnte Tourneen sowie Einladungen zu Festivals das Engagement Gisela Mays, die 1972 in die Akademie der Künste (DDR) aufgenommen und seit 1973 mehrfach mit dem Nationalpreis der DDR ausgezeichnet wird. –

»Mir sind die Chansons am liebsten, die eine Geschichte erzählen. Es kann ruhig eine dramatische Geschichte sein, umso stärker kann ich ausdrucksmäßig ›einstei-gen‹. Konkret soll sie sein, erkennbar, nachvollziehbar«, erklärt die Diseuse in einem Interview mit Dieter Kranz. So läßt sie denn auch die Sprache über die Musik dominieren, gibt sie dem Programm, der Aussage gegenüber dem Wohl-klang den Vorzug, scheut sie sich nicht, die musikalische Phrase zu brechen, um den Text und seinen Sinn deutlicher hervortreten zu lassen. Der Interpretations-ansatz Mays gründet aber keinesfalls auf einem musikalischen Defizit. Im Gegen-teil, sie kann sich ihn leisten, weil sich ihre Musikalität in spannungsreichem Gleichgewicht zu ihren intellektuellen Fähigkeiten, zu ihren textanalytischen Qualitäten befindet: Die Sängerin besitzt ein stimmlich kräftiges Material von warmem Timbre, ist also in der Lage, auch in größeren Sälen ohne elektronische Verstärkung zu singen, kann mit einer stabilen Intonation aufwarten und hat ein sicheres metrisches Gefühl, das sie auch komplizierte Rhythmus-Wechsel mei-stern läßt. Zudem bescheinigt ihr der Komponist und Arrangeur HENRY KRTSCHIL: »Ich arbeite viel mit Schauspielern zusammen. Wie mühsam ich manchen Melo-die und Rhythmus einpauken muß! Giselas Repertoire umfaßt rund dreihundert Lieder. Ich möchte wetten: Wenn man sie nachts weckt und irgendeinen Titel nennt, dann hat sie auf Anhieb alles parat (. . .) Ihr Gedächtnis ist phantastisch!« Die interpretatorische Intelligenz von Gisela May kommt auch in ihrem Willen zur Differenzierung zum Ausdruck: Sie erschließt sich ihre Chansons nicht an-hand präfabrizierter Denkmodelle, trägt sie nicht mit jener schlechten Art von Routine vor, die das Eigenleben der Wortmusikgebilde schon im Keim erstickt, sondern sie versucht, die Individualität der Lieder zu würdigen, jedes von ihnen als Sonderfall zu respektieren – und gelangt so zu einer immensen Vielfalt an Gefühlswerten: Ob sie Brechts exakt durchstrukturierte Songs singt, ob sie Fried-rich Hollaenders flapsigen Humor über die Rampe bringt oder die Wort-Messer Walter Mehrings aufblitzen läßt, stets achtet sie die charakteristischen Konturen der Vorlagen. In diesem Sinn nimmt Gisela May auch zu ihren Interpretationen der Chansons von Jacques Brel Stellung:

»Ich habe versucht, die Titel von meiner Persönlichkeit ausgehend zu gestalten. Dabei bin ich mit großer Emotion eingestiegen und habe mich mit meinem ganzen Temperament für diese Lieder engagiert, anders als bei den Liedern von Brecht, wo doch die strengere Form das Zurücktreten des Interpreten hinter die Aussage verlangt. Beim französischen Chanson und speziell bei Brel ist die Identifikation mit dem Chanson vonnöten. Die Persönlichkeit des Interpreten muß stark in den Vortrag einbezogen werden.«

Veröffentlichungen

Mit meinen Augen. Impressionen und Begegnungen, Berlin (Ost) 1976.

Literatur

Dieter Kranz, *Gisela May. Schauspielerin und Diseuse,* Berlin (Ost) 1982; Klaus Budzinski, *Das Kabarett. 100 Jahre literarische Zeitkritik – gesprochen, gesungen, gespielt,* Düsseldorf 1985.

Diskographische Hinweise

Gisela May singt Brecht/Weill (Philips 843783); *Brecht-Songs mit Gisela May* (Deutsche Grammophon 144035); *Die sieben Todsünden. Brecht/Weill/May* (Deutsche Grammophon 139308); *Gisela May singt Tucholsky* (Deutsche Grammophon 144030); *Gisela May singt Erich Kästner* (Deutsche Grammophon 144032); *Gisela May live* (EMI 1 C 062-31136); *Gisela May singt Brecht/Dessau* (Nova 885101); *Eisler. Lieder mit Gisela May* (Nova 885037); *Gisela May, Die großen Erfolge* (Amiga 855454); *Pablo Neruda. Der Große Gesang* (Amiga 845138); *Jacques Brel. Chansons bleiben Chansons* (Amiga 855612); *Gisela May singt Jacques Brel* (Philips 6435113); *Rudolf Wagner-Régeny. Gisela May* (Nova 885118); *Im Ernst, wir meinen es heiter* (Amiga 855679).

Reinhard Mey (t/m)
geb. 21. 12. 1942 Berlin

»Ich wollte wie Orpheus singen«, bekennt der Sänger in seinem ersten eigenen Chanson. Das ist ihm nicht gelungen, entgegnen seine Kritiker. Mittelmäßigkeit werfen sie ihm vor, politische Lauheit, ja, sie nennen ihn den »Heino fürs Dritte Programm«. Worin sind diese Vorwürfe begründet? Werden sie erhoben, weil er sich nicht vereinnahmen läßt, weil er sich als Individuum keiner Gruppierung anschließt? Dann wäre ihm das Lob des unbestechlichen Karl Kraus sicher, der den Platz zwischen den Stühlen für den einzig richtigen hielt. Oder entspringen sie der Kritik an der Unverbindlichkeit Meys, an seinem Anachronismus, wie ein Enkel der Wandervogel-Bewegung mit Stimme und Gitarre gereimte Niedlichkeiten zu verkünden? Noch dazu angesichts einer radikal veränderten Gesellschaft? In diesem Fall träfe ihn die Kritik BERNHARD LASSAHNs zu Recht: »Reinhard Mey ist der herausragende Vertreter der Harmlosigkeit, die im Gestus des Liedermachens selber liegen kann, in der Selbstbescheidung, der Klampfenseligkeit, der Leisestärke. Lieb und nett, auch im bösen Sinne des Wortes.« Reinhard Mey entstammt einer Beamtenfamilie. Musikalisches Interesse kündigt sich schon bei dem Heranwachsenden an. Als Zwölfjähriger erhält er Klavierunterricht, in den folgenden Jahren eignet er sich autodidaktisch das Trompeten- und Gitarrenspiel an. In der Zeit, als die Mädchen Petticoats und Pferdeschwänze zu tragen beginnen, schließt er sich einer Skiffle-Gruppe an. Zusammen mit Schobert Schulz gründet er Anfang der sechziger Jahre das Ensemble Les Trois Affamés. Der Name der Gruppe ist ein äußeres Zeichen der Verbundenheit Reinhard Meys mit Frankreich: Als Austauschschüler hat er im Lande de Gaulles seine Favoriten Georges Brassens und die Frères Jacques kennengelernt – nun versucht er, die gesammelten Eindrücke künstlerisch umzusetzen. Im Jahr 1963 verläßt Mey das Französische Gymnasium in Berlin mit Abitur und Baccalauréat in der Tasche, um eine Lehre als Industriekaufmann zu beginnen. Zu einem entscheidenden Erlebnis wird für ihn 1964 die Teilnahme am Festival *Chanson Folklore International,* dem ersten der legendären Treffen auf Burg Waldeck. Sein »Opus 1« *Ich wollte wie Orpheus singen* findet große Resonanz. Der Weg zum professionellen Liedermacher scheint gefunden zu sein. Zwar schließt Mey noch seine Lehre ab, zwar immatrikuliert er sich 1965 noch an der Technischen Universität Berlin für das Fach Betriebswirtschaft, aber seine anschließend veröffentlichte erste Single

Geh' und fang den Wind beendet seine bürgerliche Laufbahn. Reinhard Mey kommentiert:
»Ich konnte mir als Sproß einer Familie, die vorwiegend aus Lehrern und Beamten bestand, kaum vorstellen, einmal so einen unseriösen Beruf zu ergreifen. Als es dann soweit war, war es sehr überraschend, nicht nur für mich, sondern auch für meine Eltern.«
Überraschend auch der Erfolg und das Arbeitstempo des Mittzwanzigers: Bis 1967 legt er gleich drei Langspielplatten mit größtenteils eigenen Liedern vor. Und knapp ein Jahr später steigt er gar in eine künstlerische Doppelexistenz ein. Als Frédérik veröffentlicht er seine erste französische Platte, die einen gewichtigen Preis erhält – den Prix International der Académie de la Chanson Française. Das Echo auf die Lieder von Frédérik in den folgenden Jahren ist bemerkenswert: Bereits 1971 erscheinen Texte Reinhard Meys in französischen Schulbüchern. Im Jahr darauf erhält die zweite Frédérik-Platte den Grand Prix du Disque. 1974 darf Reinhard Mey den Parnaß der Chansonniers besteigen, sprich sein erstes Solokonzert im Pariser *Olympia* geben. Im ebenfalls renommierten und traditionsreichen *Bobino* gastiert er 1979, und vier Jahre später hat Frédérik bereits acht Langspielplatten veröffentlicht. Die Karriere seines deutschen Bruders verläuft nicht minder ereignisreich. Seit 1969 produziert Reinhard Mey nahezu jedes Jahr eine Langspielplatte, mal im Studio, mal als Live-Mitschnitt: Angefangen von

Reinhard Mey

Ankomme, Freitag, den 13., über *Ikarus* und *Tournee* bis hin zu *Hergestellt in Berlin.*
Ausgedehnte Konzertreisen in Deutschland, Frankreich, Holland, Belgien, in der
Schweiz und Österreich sowie eine Unzahl von Fernsehauftritten haben zu dem
immensen Verkaufserfolg Reinhard Meys beigetragen: Bis heute (1987) konnte der
Sänger etwa drei Millionen Langspielplatten verkaufen. –
Yvette Guilbert, der weibliche Pionier des modernen Chansons, verlangt von
ihren Kollegen, das gesamte Werk eines Dichters zu beachten, um einzelne Texte
von ihm zu interpretieren. Wendet man diesen Rat auf Reinhard Mey und sein
Œuvre an, so relativiert sich die an ihm oft vehement geübte Kritik, er sei ein
oberflächlicher Schnurrenerzähler und ängstlich dazu. Gewiß, er hat *Annabelle*
geschrieben, und man muß nicht Anhänger der Frauenbewegung sein, um die
Metaphern dieses Liedes als unglücklich zu empfinden. Aber war nicht Otto
Reutter im Ersten Weltkrieg sogar ein Hurrapatriot, und hat Kurt Tucholsky nicht
trotzdem ausgerufen:»Und doch, welch ein Künstler auf seinem Gebiet!« –? Also,
Mey hat *Annabelle* in die Welt gesetzt; er hat behauptet *Wir sind alle lauter arme
kleine Würstchen,* und seine Fleischereiprodukte riechen nach Untertanengeist
und Peter Alexander; er ist auf Udo Lindenbergs *Sonderzug nach Pankow* gesprun-
gen, um als Trittbrettfahrer in Dresden singen zu können . . . Und doch, welch ein
Künstler auf seinem Gebiet! Welche Kraft entfaltet er in *Von Wand zu Wand sind es
vier Schritte,* in dem er unpathetisch und präzise protokollierend das Leid eines zu
Unrecht Inhaftierten und Gefolterten beschreibt. Mit welcher Einfühlsamkeit
wirbt er in *Der irrende Narr* um Verständnis für eine an Kriegsgreueln zerbrochene
Seele. Wie geschickt verarbeitet er die Brechtsche These *Erst kommt das Fressen,
dann kommt die Moral* in seiner Ballade *Bauer, ich bitt' euch.* Und auch sein
Plädoyer für *Kaspar* (Hauser) ist hier zu nennen, den die Gesellschaft mordet, weil
er nicht erklärbar ist.
In anderen Liedern erweist sich Reinhard Mey als exakter Dokumentarist der
kleinen, alltäglichen Begebenheiten. Er registriert den Kampf mit der Bürokratie
und dem Formularkram, ärgert sich über die Schlamperei von Handwerkern,
wundert sich über die Gier der Wohlstandsbäuche am kalten Büffet – und erzeugt
eine Heiterkeit, die der von Otto Reutter ähnelt. Es ist gewiß kein Zufall, daß beide
die Form des Couplets und den Viervierteltakt bevorzugen. Eine andere Gruppe
von Chansons verdankt ihre Entstehung dem Hobby Meys: Er ist passionierter
Pilot. Seine Texte *Über den Wolken* und *Auf eines bunten Vogels Schwingen* sind also
nicht fiktiv, sondern poetische Deutungen des fliegerischen Abenteuers. Wie stark
seine Lieder vom Erleben geprägt sind, erklärt Reinhard Mey in einem Interview:
»Ich glaube wirklich, daß 80 Prozent meiner Lieder oder deren Inhalte auf persönliche Beobachtungen oder auf Begebenheiten in meiner Umgebung zurückzufüh-
ren sind. Auch Menschen, die mir begegnet sind, Aussprüche, die sie gemacht
haben, Situationen, die sich mir eingeprägt haben, dienen mir natürlich irgendwann dazu, ein Lied darüber zu machen oder in irgendeinem Lied wieder vorzu-
kommen.«

Veröffentlichungen

Ich wollte wie Orpheus singen. Chansons, Bonn/Bad Godesberg 1969; *Neue und alte Chansons,* Bonn/Bad
Godesberg 1974; *Von Anfang an,* Bonn/Bad Godesberg 1977.

Literatur

Bernhard Lassahn (Hg.), *Dorn im Ohr. Das lästige Liedermacherbuch. Mit Texten von Wolf Biermann bis Kon-
stantin Wecker.* Ausgewählt und kommentiert von B. L., Zürich 1982; Kathrin Brigl und Siegfried Schmidt-Joos,
*Selbstredend . . . Interview-Porträts. Georg Danzer, Klaus Hoffmann, Peter Horton, Heinz Rudolf Kunze, Reinhard
Mey, Erika Pluhar, Hans Scheibner, Stephan Sulke,* Reinbek 1985.

Diskographische Hinweise

Reinhard Mey Live (INTERCORD 180.018); *Ich bin aus jenem Holze* (INTERCORD 160.039); *Ikarus* (INTER-CORD 160.011); *Frédérik Mey à l'Olympia* (INTERCORD 180.024); *Reinhard Mey. 20.00 Uhr. Live aufgenommen in der Philharmonie Berlin* (INTERCORD 180.000); *Reinhard Mey. Hergestellt in Berlin* (INTERCORD 160.198); *Reinhard Mey. Alleingang* (INTERCORD 160.208).

Mistinguett
geb. 5. 4. 1873 Enghien-les-Bains; gest. 5. 1. 1956 Bougival

»Je suis née dans l'faubourg Saint-Denis,/Faut pas m' la fair',/j'suis un' gross' de Paris« – im Faubourg Saint-Denis sei sie geboren, bekennt die Mistinguett in einem ihrer populärsten Lieder, sie brauche sich nicht erst zu stylen, sich auf Pariserin zu trimmen – sie sei eben von Natur aus eine echt Pariser Pflanze. In der Tat sind die Mistinguett und ihre Karriere ohne Licht und Luft der Seine-Metropole nicht denkbar, zeigen sie sich eng mit der Eleganz und dem Lebensstil der Belle Epoque verknüpft. Denn Ausstrahlung wie Bühnenpräsenz verdankt die Sängerin ihrer »kessen Lippe«, ihren Allüren eines Pariser Vorstadtjungen, ihrer unverhüllten Erotik und der Verknüpfung dieser Eigenschaften mit einem mondänen Auftreten, mit viel Sinn und Geschmack für modische Kleidung – gemäß der Maxime ihres populären Chansons *Je suis née dans l'faubourg Saint-Denis:* »Un bout d'satin/Mis dans les mains/D'un' Parisienne/Par un p'tit rien/Bientôt devient/ L'manteau d'une reine« (Aus einem Fetzen Satin,/anvertraut den Händen/einer Pariserin,/aus einem kleinen Nichts/entsteht rasch der Mantel einer Königin). Die Spannung zwischen plebejischem Charme und luxuriösem Chic, zwischen Kleinbürgertum und großer Welt begründet aber nicht nur das künstlerische Charisma der Sängerin, sondern charakterisiert auch ihre Biographie. Mitte der zwanziger Jahre, zur Zeit ihrer größten Triumphe, kann Mistinguett binnen kurzem drei Millionen Schallplatten des von ihr kreierten Chansons *Valencia* absetzen, kassiert sie für ihre Engagements in Revuen Spitzengagen, wird sie von der Schriftstellerin Colette als »Nationaleigentum« angehimmelt, ihre Jugend aber verlebt sie in Enghien, einem Pariser Vorort – trostlos und ebenso grau wie ihr bürgerlicher Name: Jeanne Bourgeois. Doch die Tochter kleiner Geschäftsleute, die Matratzen verkaufen und reparieren, findet sich mit ihrem prosaischen, glanzlosen Leben nicht lange ab, äußert schon als Kind den Wunsch, zur Bühne zu gehen. Sie nimmt Geigen-, Gesangs- sowie Schauspielunterricht, hungert nach Theaterluft, verkauft vor dem Casino von Enghien Blumen, um wenigstens in der Nähe einer Bühne zu sein, wächst zu einer attraktiven, von Männern bestürmten jungen Dame heran, debütiert Anfang der neunziger Jahre durch die Vermittlung des Revueschreibers Saint-Marcel im Café-concert *Trianon* und erhält durch ihn ihren Künstlernamen. 1897 empfängt Mistinguett ihre erste höhere artistische Weihe, nimmt ein Angebot im Caf'-conc' *Eldorado* an, bleibt der Institution zehn Jahre lang treu, verläßt sie 1907 – im Besitz all jener Gaben, die eine Vedette des chansons auszeichnen: des rationellen Gebrauchs ihres vokalen Reservoirs, eines eigenen, unverwechselbaren Profils und professioneller Disziplin. 1909 erklimmt sie in der *Moulin Rouge* vollends die Höhen ihres Metiers. Mit Max Dearly als Partner präsentiert sie den *Valse chaloupée,* tanzt und singt sie sich endgültig in die Herzen der Pariser. Drei Jahre später lernt sie Maurice Chevalier kennen, kürt ihn zum beruflichen und privaten Partner – eine problematische Verquickung. Zwischen beiden kommt es nämlich zu solchen Eifersüchteleien und solchem

Mistinguett

Kollegenneid, daß sich das französische Traumpaar der Revue nach dem Ersten Weltkrieg, auf der Rückreise von einer erfolgreichen Tournee durch die USA trennt.

Die zwanziger Jahre inthronisieren Mistinguett als Königin der Pariser Revuetheater, lassen Schlag auf Schlag die großen auf Mistinguett zugeschnittenen Ausstattungsrevuen folgen: *Paris, qui danse, Paris qui jazz, Paris en l'air, En douce, Ça c'est Paris*. 1926 erlebt KURT TUCHOLSKY bei einem Aufenthalt in Paris den verehrten Star:

»Sie ist alt, aber das Publikum nimmt sie immer noch auf den Arm. Wenn sie parisert, rauscht es durch die Stehplätze – da fühlen sich alle zu Hause. Sie singt *Valencia*, das Lied mit der Pause und dem Trommelrhythmus, wie eine Maschine arbeitet der Takt. Sie ist frech und steht allemal in der ersten Reihe.«

Mistinguetts Sehnsucht nach dem Theater, nach der Revue aus Glanz und Glitter bleibt auch in späteren Jahren leidenschaftlich. Noch 1948 tritt sie in der Musichall *A.B.C.* auf, agiert sie in einer Revue als Blumenverkäuferin und schließt so den Kreis ihres Künstlerlebens. –

»Hinter jedem guten Chanson steckt immer ein Erlebnis. So war für mich, dank der Erinnerung an Maurice, *Mon homme* immer mein Chanson, mein Lieblingslied. Jedes Wesen besitzt sein eigenes Chanson. Doch muß es erst entdeckt werden. Diese Art von Chansons können nur aus einem brutalen Schock hervorgehen. Ein dichterisches Wort bannt dann den Schmerz oder die Schmerzen in Worte.«

Ein Credo aus der Autobiographie von Mistinguett, aber ebenso ein Schlüssel zu dem Geheimnis ihres Erfolges: Hinter dem Strauß und den Federn ihrer Revuekostüme, hinter den beschwingten Jazz- und Tanzrhythmen, die José Padilla und Maurice Yvain für sie ersinnen, hinter den sorglosen, heiteren Texten, die Albert Willemetz und Jacques Charles für sie verfassen, hinter aller Schminke läßt die Sängerin stets den Menschen spüren, bringt sie sich und ihre Emotionen in die Lieder ein. Sie schlüpft in keine Rolle, sondern identifiziert sich mit den Inhalten ihrer Lieder – ein Interpretationsansatz, der es dem Publikum erleichtert, seinem Star ins Reich der Phantasie zu folgen, Mistinguetts Jungmädchenträumen nachzuspüren, wie den Reverien vom reichen Märchenprinzen *(Je cherche un millionaire),* vom harmlosen Liebesgeplänkel *(Un boy, c'est gentil)* oder von der Sehnsucht, die Tristesse des bürgerlichen Alltags verlassen zu können *(J'en ai marre).* So fungiert die Mistinguett als Hoffnungsträgerin der kleinen Leute: Sie sehen in der Sängerin wie später in Edith Piaf eine Frau aus dem Milieu, eine, die es geschafft hat, das graue Nest zu verlassen. In diesem Sinn charakterisiert auch JEAN COCTEAU die Mistinguett:

»Diese Schauspielerin verkörpert unsere Stadt. In ihrer attraktiven Stimme vibrieren die Rufe der Zeitungsverkäufer und der Marktfrauen.«

Veröffentlichungen
Mein ganzes Leben, Zürich s. a.

Literatur
Kurt Tucholsky, Artikel *In der ersten Reihe.* In: K. T.: *Gesammelte Werke in zehn Bänden.* Bd. 4, S. 415 ff., Reinbek 1975; Chantal Brunschwig/Louis-Jean Calvet/Jean-Claude Klein, *Cent ans de chanson française,* Paris 1981; Felix Schmidt, *Das Chanson. Herkunft, Entwicklung, Interpretation,* Frankfurt a. M. 1982.

Diskographische Hinweise
Casino de Paris. Mistinguett (PATHÉ MARCONI/EMI 2 C 78-15422/3).

Yves Montand
geb. 13. 10. 1921 Monsumano Alto (Italien)

Montand de mon temps – ein Wortspiel, das 1974 eine Fernsehshow Montands überschreibt. Der Titel wirbt aber nicht nur mit dem Effekt des Gleichklangs, er dient auch als Losung und Bekenntnis des Künstlers. Denn Montand ist ein stets aufmerksamer Beobachter des Zeitgeschehens, will in seinen Liedern Ausdruck der Epoche sein. Mehr noch – er besetzt keinen Logenplatz, kommentiert nicht von der hohen Warte aus, sondern stürzt sich mitten ins politische Getümmel. Schon 1950 unterzeichnet er den Stockholmer Friedensappell, das totale Verbot der Nuklearwaffen fordernd. Während des Indochinakriegs singt er antimilitaristische Lieder. 1968 verliest er im Rahmen einer Fernsehaufzeichnung einen Text für Amnesty International. Und 1974 gibt er ein Benefiz-Konzert für chilenische Flüchtlinge. Montand de mon temps, den Montand meiner Zeit – ihn lernen Generationen als politisches Leitbild kennen. Montand engagiert sich für die Armen und Entrechteten aber nicht allein aus intellektueller Einsicht, sondern auch aus persönlicher Betroffenheit, autobiographischen Motiven. Weil sein Vater

Giovanni Livi mit den Sozialisten sympathisiert, brennen die Faschisten Anfang der zwanziger Jahre das Haus der Familie nieder. So wandern die Livis aus – mit dem Ziel: Amerika. Doch in Marseille erfahren sie, die USA hätten die Grenzen für Emigranten geschlossen. Ohne jegliche Perspektive und völlig mittellos beschließt Giovanni Livi, sich in der französischen Hafenstadt niederzulassen. In ärmlichen Vierteln verlebt Yvo Livi, wie Montand damals noch heißt, seine Kindheit. Als Elfjähriger muß er die Schule verlassen, um Geld zu verdienen. Er verdingt sich als Handlanger in einer Teigfabrik, dann als Friseurgehilfe im Salon seiner Schwester, legt die Gesellenprüfung ab. Und als er schließlich eine Stelle in einem ehrbaren Friseurgeschäft findet, das im Zentrum von Marseille liegt, scheint das kleinbürgerliche Schicksal Yvos besiegelt zu sein.

Doch zur gleichen Zeit läßt sich der Friseurgeselle vom Film- und Theaterbazillus anstecken: Im Vorstadtkino lernt er die Männerwelt des Wilden Westens kennen, sieht er Fred Astaire tanzen, hört er Louis Armstrongs Jazz und sehnt sich nach Amerika. Schallplatten von Charles Trenet aber lösen seine Lust zu singen aus. Die Gelegenheit, sich öffentlich zu produzieren, erhält Yvo Livi bald. Berlingot, der Betreiber eines Marseiller Vorstadt-Varietés, schafft sie. Er rät dem Friseur auch, sich einen französisch klingenden Künstlernamen zuzulegen. Yvo Livi erinnert sich, wie seine Mutter ihn als Kind von der Straße ins Haus gerufen hat: »Yvo! Monta!« Dieses »Komm rauf!«, ein Wortzwitter aus Italienisch und Franzö-

Yves Montand

sisch, erhebt der angehende Chanteur zu seinem Künstlernamen: Yves Montand. Nomen est omen – von gelegentlichen Rückschlägen abgesehen, beginnt nun die steil ansteigende Karriere des Sängers. Nachdem sein erster öffentlicher Auftritt sich als voller Erfolg erweist, bietet ihm Berlingot 1939 die Chance, im renommierten *Alcazar* von Marseille aufzutreten. Und schon offenbart sich Montands Wille zu künstlerischer Eigenständigkeit. Hat er bei seinen ersten Vorstellungen noch Lieder von Charles Trenet *(C'est la vie qui va)* und Maurice Chevalier *(On est comme on est)* gesungen, so kann er im *Alcazar* bereits eine eigene Nummer präsentieren: *Les plaines du Far-West* – ein Titel, den Charles Humel, ein blinder Komponist, für den amerika- und westernbegeisterten Montand schreibt. Mit Humels Lied erobert sich Montand im Sturm das Publikum des *Alcazar*, aber weniger durch sängerische Qualitäten als vielmehr durch seinen dynamischen Vortrag. Im festen Glauben an seine zukünftige Karriere kündigt Montand nun seine Stelle im Friseursalon, um sich ganz auf seinen Beruf als Chanteur zu konzentrieren. Doch als der Zweite Weltkrieg ausbricht, muß Yves zunächst in einer Fabrik als Metallarbeiter seinen Lebensunterhalt verdienen, und anschließend erhält er eine Einberufung zum französischen Jugendarbeitsdienst. Zurück in Marseille, lernt er den Impresario Audiffred kennen. Der Sproß einer Artistenfamilie nimmt Montand unter die Fittiche. Yves bekommt Unterricht im klassischen Tanz, lernt Notenlesen und übt sich in der englichen Sprache. Bald wagt sein Impresario, ihn auf eine Tournee durch südfranzösische Städte zu schicken und ihn als »amerikanischen« Sänger anzukündigen. Publikum wie Kritiker überschlagen sich – Montand sonnt sich im Erfolg. Doch 1944 reißt ihn ein Gestellungsbefehl des Service de Travail obligatoire, der staatlichen Organisation für Arbeitszwangsverpflichtung, aus seinen Träumen. Montand will ihm nicht Folge leisten, fühlt sich in Marseille nicht sicher, beschließt, nach Paris zu ziehen, und hat Glück: Audiffred verhilft ihm zu einem Engagement im *A.B.C.*, der größten Music-hall im Paris jener Jahre. Montands Auftritt im *A.B.C.* am 18. Februar 1944 wird zur Sensation. Wenige Monate vor Kriegsende erhält er einen Vertrag für die *Moulin Rouge.* Und wieder klettert er die Karriereleiter etliche Sprossen hinauf: In der *Moulin Rouge* nämlich soll Montand als »Anheizer« für den Star der Stars fungieren, für Edith Piaf. Der »Spatz von Paris« begegnet dem aufstrebenden Sänger zunächst mit Skepsis, hält ihn für keine großen Angebot; als sie ihn jedoch auf der Bühne erlebt, gerät sie ins Schwärmen. Zwischen ihnen entsteht eine Freundschaft, sie teilt den Schatz ihrer Erfahrungen mit ihm und gibt ihm entscheidende Ratschläge, die Montand im Rückblick dankbar anerkennt:
»Sie hat mir sehr geholfen. Nicht, daß sie mich lanciert hätte, wie man oft behauptet hat. Aber sie hat mich Zeit gewinnen lassen, und das ist unbezahlbar. Ich sang mehr auf die amerikanische Tour (...) Cowboy- und Gangsterlieder (...) Auf lange Sicht hätte ich das von alleine nicht geändert.«
Um Yves Montand von seiner Western-Mentalität abzubringen und für ihn ein neues Repertoire zu schaffen, ergreift die Piaf sogar erstmals selbst die Feder: Texte wie *Mais qu'est-ce que j'ai, La grande cité* und *Il fait des ...* entstehen. Außerdem stellt sie ihren Favoriten bedeutenden Autoren vor: dem Komponisten Loulou Gasté, dem Texter Jean Guigo, denen der Sänger das Lied *Luna Park* verdankt; oder dem Dichter Henri Contet, der mit *Gilet rayé* eines der populärsten Chansons des Chanteurs erschafft. Das Jahr 1945 setzt einen weiteren Meilenstein in der Karriere Montands. An der Seite von Edith Piaf agiert Montand in *Étoile sans lumière* und eröffnet mit diesem Film seine Laufbahn als Leinwanddarsteller. Ein chineastisches Werk des folgenden Jahres, *Les portes de la nuit,* erweist sich für Montand als weitaus bedeutender: Es gerät zwar ins Kreuzfeuer der Kritik, und

dies nicht zuletzt wegen Montand, der als Anfänger einer Hauptrolle noch nicht gewachsen ist; aber die musikalischen Einlagen des Films, *Les enfants qui s'aiment* und *Feuilles mortes,* begründen seine Zusammenarbeit mit Jacques Prévert sowie Joseph Kosma und werden zu Welterfolgen – gegen den anfänglichen Widerstand des breiten Publikums, den Montand erst nach Jahren brechen kann: »Les enfants qui s'aiment s'embrassent debout contre les portes de la nuit/Et les passants qui passent les désignent du doigt./Mais les enfants qui s'aiment ne sont là pour personne/Et c'est seulement leur ombre qui tremble dans la nuit excitant la rage des passants« (Die Kinder, die sich lieben, umarmen sich im Stehen, an die Pforten der Nacht gelehnt,/Und die Spaziergänger, die vorübergehen, deuten auf sie./ Aber die Kinder, die sich lieben, sind für niemanden da,/Und es ist nur ihr Schatten, der in der Nacht zittert und den Zorn der Passanten erregt). Dem Bürgerschreck Prévert verdankt Montand aber nicht nur eine Reihe wertvoller Texte, sondern er lernt durch ihn auch Francis Lemarque kennen, der sich neben Prévert und Kosma als wichtigster Partner des Sängers profiliert. *La ballade de Paris, Le chemin des oliviers, Cornet de frites, Quand un soldat* – das sind einige der berühmten Titel, die Lemarque zum Repertoire Montands beisteuert. Vor allem aber fördert er das politische Bewußtsein des Sängers, lehrt er ihn, das ewige Kräftespiel von Staat und Macht zu durchschauen, für Gerechtigkeit und Menschenwürde einzutreten. So beweist Montand denn auch gerade in den fünfziger Jahren seine Zivilcourage. Im Zeitalter des kalten Krieges, der Kämpfe von Indochina, in der Ära der Hexenjagden, zu denen der amerikanische Senator Mac-Carthy einlädt, singt er immer wieder die Chansons von Lemarque: Klagelieder auf das Leben der Armen, Spottgesänge über die Bourgeoisie mit ihren zweihundert führenden Familien, Manifeste gegen Militär und Krieg. Die Antwort der Reaktion erfolgt auf dem Fuß: Störtrupps zerstören seine Plakate, werfen in seinen Vorstellungen Stinkbomben oder setzen gar Tränengas ein.

Mitte der fünfziger Jahre wendet sich Montand gemeinsam mit seiner Frau, der Filmschauspielerin Simone Signoret, dem Theater zu. Sie treten in Arthur Millers Schauspiel *Die Hexenjagd* auf. Der amerikanische Dramatiker schildert in seinem Theaterstück zwar ein historisches Geschehen, hat jedoch die aktuellen Hetzkampagnen seines Landsmannes MacCarthy im Visier. So mutet es fast wie eine Ironie des Schicksal an, wenn Yves Montand in der *Hexenjagd* zwar ein Jahr lang sein Publikum begeistert, das Schauspiel mit ihm sogar verfilmt wird (auf der Grundlage eines von Jean Paul Satre erstellten Drehbuchs), er zur gleichen Zeit aber selbst in den Mittelpunkt einer Hetzkampagne gerät: Weil er Ende 1956 eine Konzertreise in die Sowjetunion unternimmt, für die er sich bereits 1955 verpflichtet hat, bläst ein großer Teil der bürgerlichen Presse zum Halali auf Montand. Mit der Argumentation, der Sänger legitimiere mit seiner Tournee die brutale Niederwerfung des ungarischen Volksaufstandes durch die Sowjets im November 1956, veröffentlichen rechte Kreise Hetzartikel gegen Montand, drohen sie ihm unverhüllt und verhindern vor der Abreise ein Konzert Montands in *Olympia.* Im Zuge dieser Aktionen erhält Montand Hunderte von anonymen Schmähbriefen. Dennoch entschließt er sich, seinen Vertrag zu erfüllen. In Moskau angekommen, teilt Montand den sowjetischen Machthabern seine Erschütterung über ihr Vorgehen in Budapest mit. Trotz seiner unverblümten Kritik verweigert eine Reihe von Produzenten und Verleihern nach der Tournee die Zusammenarbeit mit Montand. Aber nicht nur in Frankreich schlagen die Wellen hoch: Als Montand 1959 erstmals am Broadway auftreten will, verweigern ihm die Einreisebehörden der USA zunächst das Visum – wegen seiner Sympathie für den Sozialismus. Allein die hartnäckig vorgetragenen Interventionen des Konzertveranstalters verhelfen ihm zu den notwendigen Reisepapieren. Doch bei allen Startschwierigkeiten, Montand erobert mit seinen Liedern die Herzen der Amerikaner wie im Flug. Und er darf als weiteren Erfolg ein Engagement für den Film *Let's make love* verbuchen – seine Partnerin ist Marilyn Monroe.

Die sechziger Jahre stellen sich als eine Phase dar, die Yves Montand künstlerisch wie politisch zur Neuorientierung und Besinnung nutzt. Von 1961 bis 1965 entzieht er sich dem Filmgeschäft, konzentriert sich auf seine Tätigkeit als Chanteur und spielt Theater. Höhepunkt dieser Jahre ist sein fünfundzwanzigjähriges Bühnenjubiläum, das er 1963 im *Théâtre de l'Étoile* begeht. Die zweite Hälfte der sechziger Jahre steht für Montand ganz im Zeichen des Cinéma. Er übernimmt mehr als zehn große Filmrollen; Claude Lelouch *(Vivre pour vivre),* Costa-Gavras *(Z)* und Alain Resnais *(La guerre est finie)* gehören zu seinen Regisseuren. 1968 ist das Jahr, in dem die Soldaten des Warschauer Paktes in die Tschechoslowakei einmarschieren, in dem die Studentenunruhen sich auf dem Höhepunkt befinden: Wieder einmal enttäuscht vom Handeln des sowjetischen Regimes, nicht willens, sich in opportunistischer Manier der Studentenbewegung anzuschließen, seine alten Kampflieder wieder aufzukochen, noch dazu in einer politisch veränderten Situation, und müde vom Showrummel, verkündet er anläßlich eines Konzerts im *Olympia* seinen Rücktritt von der Bühne. 1972 erklärt er in einem Interview: »Ich mußte mit der One-man-show, dieser morbiden, narzistischen, abstumpfenden Selbstbetrachtung, aufhören. Indem ich mir jeden Abend applaudieren ließ, war ich so weit gekommen, daß ich mich selbst für Montand hielt.«

Trotz der rigorosen Absage geht der Sänger »a.D.« 1974 wieder einen ersten Schritt in Richtung Konzertbühne: Er gibt einen Liederabend zugunsten chilenischer Flüchtlinge, die den Greueln der Militärs entfliehen konnten. Wie wichtig es für ihn ist, sich mit den Geknechteten solidarisch zu erklären, zeigt die Sorgfalt seiner Vorbereitung: Vor dem Benefiz-Konzert verzichtet er wochenlang aufs Rauchen, meidet er den Alkohol, treibt Gymnastik, begibt er sich auf weite Spaziergänge. Spätestens seit 1978 scheint sich Montand ernsthaft mit dem Gedanken zu befassen, wieder ein Chanson-Programm vorzustellen, veröffentlicht er doch eine Single mit zwei politisch sehr engagierten Texten: *Cassetéte (Zertrümmerter Schädel)* von Gébé und *1974* von Jorge Semprun. Vierzig Jahre nach seinem ersten, bescheidenen Auftritt in einem Vorstadt-Varieté erhebt Montand mit seiner neuen Schallplatte ein weiteres Mal seine Stimme, um für die Unterdrückten und Gequälten zu sprechen, indem er die grauenhaften Zustände in Argentinien und Chile geißelt. In der Öffentlichkeit findet Montands Einsatz für das Menschenrecht große Resonanz. Dennoch bleibt der Sänger seinem Comeback gegenüber mißtrauisch. In aller Stille, unter strikter Geheimhaltung bereitet er eine Langspielplatte vor: *Montand d'hier et aujourd'hui.* Sie kommt 1980 auf den Markt, enthält neben Texten von den Klassikern Baudelaire, Prévert und Aragon auch Chansons neuer Autoren wie Jean-Loup Dabadie oder David MacNeil. Ihr gewaltiger Erfolg veranlaßt Yves Montand, sein neues Programm auch auf der Bühne vorzustellen. An seinem sechzigsten Geburtstag präsentiert er seinen alten und neuen Zuhörern den »Montand von gestern und heute« – aus der schlichten Freude am Singen, wie er erklärt:

»Und wenn ich zum Chanson zurückkehre, dann vor allem, weil ich plötzlich große Lust habe, wieder zu singen. Eigentlich habe ich das Chanson nie ganz aufgegeben. Sagen wir mal, ich habe eine Reise gemacht, ich komme nach einer gewissen Zeit zurück und finde es voller Glück wieder. Es geht also um das Vergnügen am Singen, um nichts weiter.« –

Als Fünfundsechzigjähriger kann Yves Montand auf ein gewaltiges Lebenswerk

zurückblicken. Nahezu sechzig Filmrollen hat er verkörpert, mehrere tausend Male seine Chansonprogramme auf der Bühne dargebracht, ein Dutzend Schallplatten produziert – eine immense Leistung, die Willensstärke, Disziplin und den unbestechlichen Blick für Qualität voraussetzen. Schon der Siebzehnjährige betritt die Bühne, um dem Publikum seines Vorstadt-Varietés ein besseres, ehrlicheres Repertoire als die üblichen Schnulzen zu bieten. Als aufstrebender Star unterwirft Montand sich wochenlang harten Sprachübungen, versucht er mit einem Bleistift im Mund, seinen italienischen Akzent abzulegen. Bei aller Begabung bleibt Montand stets ein »Arbeiter«, der den Vierzehn-Stunden-Tag nicht scheut, stellt er sich immer wieder in Frage, um zur höchsten Perfektion zu gelangen. Sein Streben nach Vollendung läßt ihn aus dem bloßen Chansonabend auch seine legendäre One-man-show entwickeln, die das Programm mit artistischen und mimischen Elementen anreichert. FELIX SCHMIDT beschreibt diese für das französische Chanson neue Art der Performance:
»In diesen Shows (. . .) vollbringt er wahre Akrobatenstücke. Er schüttelt sich, dreht sich, reckt sich, macht den Rücken krumm, geht auf den Händen – und das alles mit einer unglaublichen Leichtigkeit. Sie ist das Ergebnis von zwanzig Jahren täglichem Training.«
Aber Montand sieht in der Perfektion seiner Darbietung keinen Selbstzweck, wie es ihm Kritiker zuweilen vorwerfen. Nein, er nimmt anstrengende Übungsprogramme und mönchische Askese auf sich, weil er sich dem Publikum gegenüber verantwortlich fühlt. Auf für ihn typische, offene Art erklärt er 1980 in einem Interview:
»Es stimmt schon, daß es auch glücklich macht, sich vor zweitausend Leuten hinzustellen, die einem vertrauen und von einem erwarten, daß man sie nicht enttäuscht, indem man ausdrückt, was sie empfinden, aber selbst nicht auszudrükken vermögen. Daher das Lampenfieber. Weil man eine Antwort geben muß auf diese Flut von Sympathie und Zärtlichkeit, auf die Überdosis von Leidenschaft, die sich da über einen ergießt, und auf dieses großartige Vertrauen.«
Der strenge Maßstab, den Montand an sich legt, führt auch zu einer Selbstbeschränkung: Nie schlüpft der Künstler aus seiner Rolle als Chanteur und Akteur, nie versucht er, sich als Autor zu betätigen – ein Mangel, wie manche Kritiker meinen. Yves Montand jedoch versteht es, ihn umzuwerten:
»Mein Vorteil ist dagegen der, daß gerade diese Tatsache es mir erlaubt, hier oder da das Wesentliche herauszuklauben, das Beste von dem, was irgendwelche Autoren, ob zeitgenössische oder andere, geschrieben haben. Und wenn ich den oder jenen großen Dichter auswähle, dann ganz sicher nicht, weil das auf dem Plakat oder auf der Plattenhülle gut aussehen könnte, sondern weil er meinem eigenen Universum entspricht, meiner eigenen Wahrheit.«
Montands berufliches Ethos, sein engagiertes Eintreten für die Rechte der Unterdrückten und seine menschliche Offenheit sind auch die wichtigsten Gründe für seine außergewöhnliche Beliebtheit in Frankreich: Als er Anfang 1984 in einer Fernseh-Talkshow auftritt, freimütig aus seinem Leben erzählt und Stellung zu politischen Fragen bezieht, hören ihm über zehn Millionen Franzosen bis weit nach Mitternacht gebannt zu – ein Publikumserfolg, den ihm Politiker aller Couleur mit Neid und Beschimpfungen vergelten.

Veröffentlichungen
Du soleil plein la tête, Paris 1955.

Literatur

Alain Rémond, *Yves Montand. Seine Filme. Sein Leben,* München 1982; Felix Schmidt, *Das Chanson. Herkunft, Entwicklung, Interpretation,* Frankfurt a. M. 1982; Richard Cannavo/Henro Quiqueré, *Yves Montand.* Vorwort von André Glucksmann, Stuttgart/Herford o. J.

Diskographische Hinweise

Yves Montand (CBS MET 7001); *Yves Montand. D'hier et d'aujourd'hui* (Philips 9101 289).

Walter Moßmann (t/m)
geb. 31. 8. 1941 Karlsruhe

Unsere Gesellschaft begegnet ihren Kritikern mit der vielzitierten bürgerlichen Toleranz. Sie läßt ihre Widersacher öffentlich protestieren, stellt ihnen für die Artikulation ihres Unmuts die Medien zur Verfügung, ja, verleiht ihnen Preise und Stipendien; aber indem die Gesellschaft sich bei ihren Mahnern anbiedert, entschärft sie deren Argumente und verschlingt soziale Anklagen wie ein Moloch. Einer, der diese Gefahr erkennt und ihr bisher erfolgreich ausweicht, ist Walter Moßmann: Er scheut nicht den Konflikt mit Hörfunk und Fernsehen, entzieht sich ihrer Macht ohne Rücksicht auf wirtschaftliche Nachteile und duldet keinerlei Zensur; vor allem aber schreibt er Lieder, deren Qualitätsmaßstab nicht die merkantile Ausschlachtbarkeit, sondern die Verwertbarkeit im politischen Kampf ist. Die so markierte Position Walter Moßmanns resultiert aus einer langjährigen Entwicklung. Schon dem Zwanzigjährigen sind die Interessengebiete klar, mit denen er sich in den nächsten Jahrzehnten beschäftigt: Nach dem Abitur studiert er Germanistik, Soziologie und Politikwissenschaft an den Universitäten von Freiburg, Tübingen und Hamburg. Als Liedermacher findet er erstmals bei den Festivals auf Burg Waldeck ein größeres Publikum. Seine stark verschlüsselten Texte bringen ihm zunächst den Ruf ein, er sei die singende Verkörperung der Soziologie, doch schon bei dem Waldeck-Treffen 1966 gilt er als »die Entdeckung des Jahres«. Wenige Monate später erscheint seine erste Schallplatte. Sie trägt den Titel *Achterbahn. Chansons* und offenbart einen Walter Moßmann, der sich an französischen Chansonniers orientiert – Georges Brassens und Boris Vian sind seine Vorbilder. In den Jahren der Studentenbewegung, für die sich Moßmann aktiv einsetzt, werden die Lieder des Sängers politisch konkreter. THOMAS ROTH-SCHILD beschreibt die Entwicklung des Liedermachers:
»Von Metaphern, die dem bürgerlichen Poesie-Verständnis des 19. Jahrhunderts entsprechen, fand Moßmann zu den kräftigen Bildern der Alltagssprache, des plebejischen Jargons. Vom Versuch, ›schön‹ zu singen, gelangte er zur expressiven Artikulation, auch darin ein Schüler Biermanns.«
Moßmanns 1966 entstandene *Ballade vom Kriegsdienstverweigerer Thomas M.* ist ein früher Beleg für die Technik des Autors, konkrete Ereignisse zu verarbeiten. Politische Situationen in seinen Liedern exakt zu erfassen, die Dinge beim Namen zu nennen – das sind denn auch die Gründe, warum der Plan Moßmanns scheitert, eine Sammlung seiner Lieder zu veröffentlichen. Der Hamburger Verlag Hoffmann und Campe erklärt sich zwar bereit, das Manuskript zu drucken, doch besteht er auf »mildernden« Änderungen, denen der Sänger nicht Folge leisten will und kann.
Nach den Erfahrungen in der Studentenbewegung erscheint Moßmann ein Weiterstudium sinnlos. So bricht er 1970 mit dem universitären Leben. Gleichzeitig

Walter Moßmann

hört er auf, als Liedermacher öffentlich zu agieren, findet aber bald eine neue Tätigkeit: Beim Südwestfunk moderiert er eine kritische Jugendsendung. Und auch in dieser Position eckt Moßmann an. Seine Art, die Themen anzupacken, gefällt den Programmverantwortlichen nicht; der offene Konflikt bricht aus, als Moßmann sich weigert, die ihm als unsinnig erscheinende Regel zu befolgen, Wortbeiträge dürften nicht länger als drei Minuten dauern. Er verläßt die Sendeanstalt. Seither arbeitet Walter Moßmann als freier Autor, beschäftigt sich mit Themen der Dritten Welt und ist für Bürgerinitiativen tätig. Seine Teilnahme an Demonstrationen und Versammlungen – vor allem gegen das geplante Kernkraftwerk Wyhl – bringt den Liedermacher wieder auf den ursprünglichen Weg. Er ärgert sich über die langweiligen Flugblatt- und Sprechchoräußerungen und möchte die Protestveranstaltungen mit seinen Liedern beleben. In einem Interview des Jahres 1982 erklärt Walter Moßmann:

»Als ich 1974 wieder angefangen habe, Lieder zu machen, habe ich in erster Linie nur solche veröffentlicht, von denen ich dachte, sie hätten einen öffentlichen Gebrauchswert. Das waren ganz eindeutig politische Lieder. Wenn ich traurig oder lustig oder verliebt oder beklommen war, habe ich das für mich auch immer wieder in Liedern ausgedrückt. Ich sah nur keinen Anlaß, sie zu veröffentlichen. Da hat sich inzwischen meine Haltung ein bißchen geändert. Sonst wird der öffentliche Liedermacher zu einem Fachidioten für Ermutigung und politische Mitteilungen.«

Moßmanns Lieder wie *KKW nein Rag* oder *Wacht am Rhein* sind von öffentlichem Gebrauchswert, erklingen sie doch immer wieder bei den Anti-Atomkraft-Bewegungen und werden wie alte Volkslieder auf neue Bedürfnisse »zurechtgesungen«. 1975 dokumentiert Walter Moßmann erstmals seine neuartige Gebrauchskunst: auf der Schallplatte *Flugblattlieder,* deren zweite Partie er 1977 folgen läßt. Im gleichen Jahr wendet sich Moßmann auch einem anderen Medium zu. Gemeinsam mit dem Musikwissenschaftler Peter Schleuning schreibt er das Buch für den ARD-Fernsehfilm *Zweierlei Volksmusik.* 1978 setzen die Autoren Moßmann und Schleuning ihr Teamwork fort: Ihre Bestandsaufnahme *Alte und neue politische Lieder* erscheint – ein Buch, das als einer der bedeutendsten Beiträge zur politischen Volksmusik in der Bundesrepublik gilt. Im Vorwort erklären die Verfasser: »Es ist uns sinnlos erschienen, aus dem Sessel des Kunstkritikers heraus über politische Lieder jeder Art zu räsonnieren (. . .) Politische populäre Lieder leben vom und im alltäglichen Gebrauch, sind Teil in einem Prozeß, den man von solchen Produktionen nicht ablösen kann.«

In den folgenden Jahren setzt sich Walter Moßmann auch theoretisch mit dem politischen Lied auseinander: 1980 zeigt die ARD seinen Film *Dreyeckland,* der sich mit dem gesungenen Protest im regionalen Kampf beschäftigt. Als erste öffentliche Auszeichnung erhält Moßmann 1981 den Deutschen Kleinkunstpreis in der Sparte Chanson, eine Würdigung, die er zwar entgegennimmt, doch ironisiert: »Außerdem bekam ich damals den ersten Kunstpreis, ein Sendeverbot im ZDF für ein Lied, das das Militär madig macht. Weitere Preise dieser Art zähle ich heute nicht mehr.« –

Walter Moßmann sieht sich heute ähnlich wie Hannes Wader als Volkssänger. Eine wesentliche Voraussetzung für diese Funktion erkennt er in einer gewissen Kunstlosigkeit seiner Lieder, die nicht synthetische Produkte, sondern leicht nachvollziehbar sein sollen:

»Ich habe nie mit elektronischem Aufwand gearbeitet, also mit Gruppen, bei denen man einen Drei-Stunden-Soundcheck braucht. Ich habe eigentlich immer die Holzgitarre und meine Stimme benutzt. Das sind einfache Mittel, die jeder schnell zur Verfügung haben kann. Und darin besteht auch durchaus ein Bezug zu dem, was früher einmal Volksmusik war.«

Der Funktion des Volkssängers entspricht es auch, wenn Moßmann bei seinen Liedern auf den Dialekt zurückgreift. Seine auf badisch vorgetragene Mahnung *In Mueders Stuebele,* in dem er die Menschen warnt, zugunsten eines kurzsichtigen Profits ihr Land zerstören zu lassen, gehört sogar zu seinen erfolgreichsten Nummern. Trotz seines aufrechten politischen Engagements ist Moßmann kein haßerfüllter Dogmatiker. Seine Texte sind meist als Bestandsaufnahmen angelegt, seine Stimme ist frei von jeder Marktschreierei, neigt vielmehr zum Melancholischen. Daß er aber nicht mit seinem politischen Anspruch kokettiert, beweisen Texte wie die *Ballade vom toten Matrosen Walter Gröger,* die auf die politische Vergangenheit des zurückgetretenen baden-württembergischen Ministerpräsidenten Filbinger zielt, oder das *Lied an meine radikalen Freunde.* Das Autorenduo KERSCHKAMP/ LINDAU resümiert:

»Dieser Liedermacher bietet keine Patentlösungen, spielt sich nicht als Inhaber höherer Weisheiten auf. Er beobachtet nur wie ein unbestechlicher Reporter und stellt sich anschließend selbst in Frage.«

Veröffentlichungen

(Mit Peter Schleuning). *Alte und neue politische Lieder. Entstehung und Gebrauch. Texte und Noten,* Reinbek 1978; *Flugblattlieder. Streitschriften,* Berlin 1980 (West); (Mit Barbara James). *Glasbruch 1848. Flugblattlieder und Dokumente einer zerbrochenen Revolution,* Darmstadt und Neuwied 1983.

Literatur

Thomas Rothschild, *Liedermacher. 23 Porträts.* Frankfurt a. M. 1980; Kerschkamp/Lindau, *Die großen Liedermacher,* München 1981; Florian Steinbiß, *Deutsch Folk – Auf der Suche nach der verlorenen Tradition,* Frankfurt a. M. 1984.

Diskographische Hinweise

Die Abhandlung von Florian Steinbiß enthält eine ausführliche Diskographie. Zu ergänzen ist:
Walter Moßmann u. a. Glasbruch 1848 (Trikont US-08-0114); *Walter Moßmann meets Sophie Laroche* (Trikont Unsere Stimme US 0138).

Marcel Mouloudji (t/m)
geb. 16. 9. 1922 Paris

Schauspieler, Schriftsteller, Maler, Sänger: Mouloudji habe all diese Talente – begeistern sich seine Biographen Boubeker Ourabah und Jean-Paul Ollivier – und mit jedem künde er vom Freiheitswillen, von der Liebe zur Liebe, von der Verweigerung der bürgerlichen Paraden. Er besinge Paris, die Kindheit, die Freundschaft, die Begegnungen, die Zärtlichkeit, den Zufall, die gegen das Unannehmbare erhobenen Fäuste. Bei ihm lösten sich die Antinomien auf, und die Kategorien verschwämmen, als Vertreter des Chansons ignoriere er die Grenzen der Poesie. Enthusiastische Worte, aber angesichts des nahezu märchenhaften Lebens und des weit gespannten Werks von Mouloudji fällt das Schwärmen leicht.
Marcel kommt in Belleville, einem Elendsviertel von Paris, zur Welt. Die vierköpfige Familie lebt in einem einzigen Raum, der mit nur einem Bett möbliert ist. Marcels Vater, ein Araber, arbeitet als Maurer, seine aus der Bretagne stammende Mutter als Haushaltshilfe. Um mitzuhelfen, das Einkommen seiner Familie aufzubessern, verkauft Marcel Orangen und begeht kleine Diebstähle, singt aber auch schon auf den Arbeiterfesten des Viertels. Hier entdeckt ihn eines Tages der Theaterregisseur und Filmschauspieler Sylvain Itkine. Er stellt den Zehnjährigen seinem Kollegen Jean-Louis Barrault vor, der den Jungen in die Groupe Octobre einführt. Nun nehmen sich Jacques Prévert und Marcel Duhamel, die dem schon damals bekannten Theaterensemble angehören, des Kindes an. Duhamel stellt ihm sogar ein Zimmer in seiner Wohnung zur Verfügung. Marcel, genannt Moulou, erweist sich als dankbarer Schüler, verschlingt geradezu die gutbestückte Bibliothek seines Gastgebers, liest Baudelaire, Apollinaire, Rimbaud, geht zu einer Schauspielschule für Kinder, lernt dort seinen Mitschüler Charles Aznavour kennen und steht 1936 zum ersten Mal vor der Kamera. Er präsentiert in dem Lichtspiel *Jenny* unter der Regie von Marcel Carné ein von Joseph Kosma vertontes Prévert-Gedicht.
Während der folgenden Jahre entwickelt sich Mouloudji zu einem gefragten Filmschauspieler, dessen Karriere auch der Zweite Weltkrieg nicht unterbrechen kann. Doch der Mime bleibt bei dem erlernten Metier nicht stehen: 1944 veröffentlicht er seinen ersten Roman *Enrico,* der den Prix de Pléiade erhält; 1950 stellt er im Pariser Cabaret *Gypsy's* seinen ersten Tour de chant vor, erregt mit ihm die Aufmerksamkeit von Maurice Chevalier und kann bereits drei Jahre später den Grand Prix du Disque entgegennehmen. Bei seinem Debüt als Interprète singt

Marcel Mouloudji

Mouloudji nur Gedichte anderer Autoren, wie Bernard Dimey, Boris Vian, Raymond Queneau und Jacques Prévert, im Verlauf seiner Karriere aber greift er immer mehr auf eigene Texte zurück *(Le mal de Paris, Méfiez-vous filletes)*. 1961, nach den Dreharbeiten zu seinem bislang letzten Film *(La planque* unter der Regie von Raoul André), zieht sich Mouloudji nach und nach von der Öffentlichkeit zurück: einerseits, um sich intensiv der Malerei zu widmen, um Expositionen seiner Werke vorzubereiten; andererseits weil er spürt, daß seine stillen Chansons nicht in das Jahrzehnt des Beats passen. 1971 taucht der Dichtersänger aus seiner selbstauferlegten Klausur wieder auf, erringt mit Vians antimilitaristischem Credo *Allons z'enfants,* mit dem er schon 1952 reüssierte, einen zweiten Erfolg. Und auch seine eigenen Chansons *(Comme une chanson de Bruant, Comme le dit ma concierge, Autoportrait)* rücken während der siebziger Jahre wieder in den Blickpunkt des Publikums, werden 1974 mit dem Prix Charles-Cros ausgezeichnet. –
FELIX SCHMIDT schreibt über die Anfänge des Chanteurs:
»Er suchte sich ein antibürgerliches Repertoire zusammen, mit Liedern von poetischen Liebschaften, Schönheiten aus den Armenvierteln, ›Prinzessinnen in Lumpen‹, skurrilen Snobs, die jeden Morgen reiten, weil sie den Geruch von Pferdemist lieben, aber auch Lieder von Arbeiterkindern, die, genauso wie einst er, nicht wissen, was Ferienreisen sind: ›Süße Kinder von Aubervilliers, die Ferien und der Sommer sind da, aber euer Strand, eure Riviera, euer Luftkurort, das ist Aubervilliers‹ (...)«
Wie Aristide Bruant ist Mouloudji ein Sänger der Lichterstadt an der Seine; wie Bruant vermag Mouloudji aber auch in die Schatten einzudringen, die das helle Licht mit sich bringt; wie Bruant lokalisiert er häufig die Pariser Schauplätze seiner Chansons, nennt er Ménilmontant, Belleville, Aubervilliers, Villette, um soziale

Brennpunkte zu konkretisieren – eine Affinität mit dem Stammvater der modernen Chansonniers, die sich auch in einer Bruant gewidmeten Monographie Mouloudjis ausdrückt. Das betont kämpferische Politchanson jedoch, das den Gegner angreift und niedermacht, lehnt Mouloudji mit der Begründung ab, er sei viel zu wenig mit sich selbst zufrieden, um sich das Recht anzumaßen, andere zu kritisieren. Der lyrischen Grundhaltung des Autors entsprechen seine Mittel als Interprète und Compositeur: Mouloudjis Stimme klingt weich, fragil, verletzt und verletzlich, seine Vertonungen vermeiden Jazzklänge, orientieren sich an alter Musik, an volkstümlichen französischen Tänzen wie Musette und Java. Exakt charakterisieren die Autoren BRUNSCHWIG/CALVET/KLEIN Mouloudji und seine Chansons:

»Man glaubt immer, hinter ihm eine Drehorgel zu hören. Er ist der Sänger reinster Vorstadtromantik, der Spielmann einer sehr edlen Musette (. . .), ein herangereifter Pariser Lausejunge, der lieber redet, als zu schreiben, der Elisionen wagt, der das ›Man‹ häufiger als das ›Wir‹ benutzt; ein Dichter des Großstadtpflasters vom gleichen Schlag wie die Poeten der Ländlichkeit: in perfekter und eigensinniger Übereinstimmung mit seiner Umgebung.«

Veröffentlichungen

Aristide Bruant, Paris 1972; *Complaintes. Chansons pour ma mélancolie. Complaintes pour une rose noire. Le mal de Paris*. Paris 1975.

Literatur

Boubeker Ourabah/Jean-Paul Ollivier, *Mouloudji*, 3. Auflage, Paris 1975; Angèle Gullert, *Le 9e Art. La chanson française contemporaine. Pour une connaissance de la chanson française contemporaine (de 1945 à nos jours)*, Bruxelles 1978; Chantal Brunschwig/Louis-Jean Calvet/Jean-Claude Klein, *Cent ans de chanson française*, Paris 1981; Felix Schmidt, *Das Chanson. Herkunft, Entwicklung, Interpretation*, Frankfurt a.M. 1982; Jacques Mazeau/Didier Thouart, *Acteurs et chanteurs*, Paris 1983; Ursula Mathis, *Existentialismus und französisches Chanson*, Wien 1984.

Diskographische Hinweise

Mouloudji (Impact 6371 105); *Mouloudji. Faut vivre* (Disques Mouloudji 1916); *Edition La Chanson. Vol. VIII. Mouloudji* (Philips 9198 367); *Mouloudji et Francesca Solleville chantent Bruant* (AZ STEC LP 72).

Georges Moustaki (t/m)
geb. 3. 5. 1934 Alexandria (Ägypten)

»Ich kam am 12. November 1951 im fünfzehnten Bezirk von Paris zur Welt« behauptet Moustaki in seinem 1973 erschienenen Buch *Questions à la chanson*. Will er sich jünger machen? Lügt er? Natürlich nicht, denn eine so platte Unwahrheit fiele dem intelligenten Interpreten, dem sensiblen Sänger niemals ein. Doch seine erste Aufenthaltsgenehmigung für Frankreich trägt das genannte Datum, die genannte Adresse, und mit diesem amtlichen Papier beginnt für den Einwanderer das eigentliche Leben, gelangt er in die Sphäre, der er seine künstlerische Entwicklung eigentlich verdankt. Das Gefühl aber, Immigrant zu sein, als Fremder in Frankreich zu leben, sich als Einzelgänger der Isolation anheimgeben zu müssen, prägt den Menschen Moustaki, findet Eingang in seine Chansons, reift zu dem zentralem Thema heran. Noch 1968 beherrscht ihn seine Außenseiterstellung so stark, vermag er sie so eindringlich zu formulieren, so ergreifend darzustellen, daß ihm der langersehnte Durchbruch als Chanteur gelingt: mit *Le métèque,* einem Text, in dem autobiographische Elemente mit den Motiven eines Chanson d'amour verschmelzen: »Avec ma gueule de métèque/De Juif errant de pâtre grec/Et mes cheveux aux quatre vents/Je viendrai ma douce captive/Mon âme sœur ma source vive/Je viendrai boire tes vingt ans« (Mit meiner Visage eines Kanaken/Eines ewigen Juden, eines griechischen Hirten/Und meinen zerzausten Haaren/Werde ich kommen, meine süße Gefangene,/Meine Seelenverwandte, meine Lebensquelle,/Werde ich kommen, deine zwanzig Jahre zu trinken). Der Metöke Georges, Sohn des griechischen Buchhändlers Nessim Moustaki und seiner Frau Sarah, besucht zunächst das französische Gymnasium in Alexandria, legt sein Examen ab, zieht dann als Siebzehnjähriger nach Paris, arbeitet im Verlagshaus seines Schwagers, bricht aber mit ihm und verdingt sich als Barmann. Eine Zeitlang verkauft er Bücher von Tür zu Tür, begleitet einen Freund, der sich als Straßensänger versucht, auf der Gitarre, schreibt bald seine ersten Verse, verkehrt in den Cafés am Rive gauche, im Montparnasse-Viertel, lernt Barbara, Jacques Brel, Léo Ferré, Anne Sylvestre und Félix Leclerc kennen. Er debütiert in den Cabarets *La Colombe, Le Port du Salut* sowie im *College Inn,* wird von Georges Brassens mit aufmunternden Worten bedacht (»Er hat den steilen Weg gewählt, den Weg ohne die Möglichkeit umzukehren; er hat das Vertrauen des Publikums gewonnen«); zudem nehmen Henri Salvador und Catherine Sauvage Moustakis Lieder in ihr Repertoire auf. 1957 stellt der Gitarrist Henri Crolla, ein Cousin von Django Reinhardt, ihn dem »Spatz von Paris« vor, der Primadonna des Chansons,

Georges Moustaki

der gleichermaßen vom Volk wie von den Intellektuellen angebeteten Edith Piaf. Als Freundin rascher Entschlüsse kürt sie Moustaki stante pede zu ihrem »Patron«, zu ihrem neuen Hausherrn, durchlebt mit ihm eine kurze, aber leidenschaftliche Liaison und nimmt ihn auf in ihre legendäre »Fabrik«, ihre Schule der Stars. Moustaki beschreibt seine Förderung durch die Piaf:
»Die Sängerin legt meine natürliche Anziehungskraft zugunsten eines verständlicheren, klareren Ausdrucks frei. Sie emanzipiert mich aus der etwas hemmenden Situation als Schüler von Brassens. Meine Liebe zum Volkslied entsteht durch die Piaf. Was ein Treffen aus Neugier hätte werden können, gibt sich als emotionales Ereignis zu erkennen. Ich lerne, daß ein Sänger oder eine Sängerin über eine geradezu charismatische Kraft verfügen kann.«
Moustaki dankt seiner Förderin, indem er Chansons für sie schreibt: Anhand des *Eden Blues* skizziert er ihr – über den sentimentalen Klängen eines Slows – die Utopie einer Idylle. Er widmet ihr die Liebesgeschichte *La gitan et la fille* (Der Zigeuner und das Mädchen), die er in das Gewand einer ungarischen Rhapsodie kleidet. In dem zarten Poem *Les orgues de barbarie* (Die Drehorgeln) beschwört er die Magie der alten Drehorgeln von Paris, deren Klänge verweht, aber für die wahrhaft Liebenden noch zu hören sind, während er in *Un étranger* einmal mehr die Situation eines Außenseiters, dessen Isolation und Hoffnungslosigkeit beklagt.
1959 faßt Moustaki für die Piaf die Geschichte einer ehrbaren Dirne in Verse, verbindet die Strophen visionär mit den Tonfolgen eines mechanischen Klaviers, dessen Melodien er in seiner alexandrinischen Kindheit vernommen hat, teilt Text und Hörvorstellung der Komponistin Marguerite Monnot mit und: *Milord* ist geboren. Es ist das Chanson, das sich im Nu die Herzen der Hörer erobert: »Allez! venez Milord/Vous asseoir à ma table/Il fait si froid dehors/Ici, c'est confortable./ Laissez-vous-faire, Milord/Et prenez bien vos aises/Vos peines sur mon cœur/Et vos pieds sur une chaise/Je vous connais, Milord/Vous n' m'avez jamais vue,/Je n' suis qu'un fill' du port/Une ombre de la rue/Allez! venez Milord« (Los, kommen Sie, Mylord,/Setzen Sie sich an meinen Tisch,/Es ist doch kalt draußen,/Hier ist's gemütlich./Machen Sie's sich bequem, Mylord,/Und laden Sie Ihre Sorgen,/Ihre Nöte bei mir ab./So, schön die Beine auf den Stuhl./Ich kenne Sie, Mylord./ Geseh'n haben Sie mich nie./Ich bin nur ein Mädchen vom Hafen,/Ein Flittchen von der Straße./Los, kommen Sie, Mylord). Den immensen Erfolg der Romanze vom Mylord und dem Mädchen, der nicht zuletzt auf der expressiven Interpretation, der selbstaufopfernden Darstellung der Piaf beruht, erläutert das Autorenteam BRUNSCHWIG/CALVET/KLEIN:
»Dieses Chanson verdankt seine internationale Popularität mehreren Tatsachen: dem Mythos der Hure mit dem guten Herzen (der Seelentrösterin des jungen Bourgeois und Engländers); der musikalischen Struktur, die auf zwei verschiedene Gattungen zurückgreift (auf den langsamen Walzer in der Hauptstrophe, auf den Charleston im Refrain) und sich dabei perfekt der Textgestalt anschließt, die auf den Gegensatz von Alltag und Fest abhebt.«
Milord – das ist nicht nur ein in Wort und Ton perfekt formuliertes Chanson, sondern es ist zugleich Moustakis Abschiedsgeschenk an Edith Piaf. Er schreibt es für sie und ihre USA-Tournee 1959/60. Er folgt ihr auch noch über den Ozean, begleitet sie bei den Konzerten auf der Gitarre, aber als die Sängerin im Februar 1960 auf der Bühne des New Yorker Hotels *Waldorf Astoria,* wegen ihres langjährigen und exzessiven Alkohol- und Drogenmißbrauchs zusammenbricht und operiert werden muß, spielen die Nerven Moustakis nicht mehr mit. Ihr Geliebter besucht die Genesende zwar noch im Krankenhaus, aber ab dann trennen sich ihre Wege. MONIQUE LANGE resümiert:

»Er hat den Kelch bis zu Neige geleert. Sie nennt ihn Misthaufen, aber ihn ekelt es zu sehen, wie alle ihre falschen Freunde ihr Alkohol und Drogen verschaffen und sie in mystische Verzückungen einhüllen wollen.«

Die Piaf, dieser gigantische Spatz, dieses ewige Stehaufmännchen, dieser unerschütterliche Optimist, verwindet den Bruch scheinbar leichter, bahnt noch im Krankenbett eine neue Beziehung an. Moustaki aber trägt schwer an der Trennung, muß sein Privatleben neu ordnen, sich um eine berufliche Existenz abseits der Piaf kümmern. Jahre später bekennt der Sänger:

»Nach meinem Bruch mit der Piaf bleibe ich für mehrere Monate der ›Milord-Mann‹ – in der Sprache meines Metiers: der Typ, der Hits schreiben kann. Doch diejenigen, die auf eine Dynastie von ›Milords‹ warten, werden bald enttäuscht. Ohne die Inspiration durch Edith Piaf verlassen mich Lust und Drang zu schreiben. Ich stürze mich ins Mißgeschick, in das Vergessen. Dieselben Hofschranzen, die mir vorher schmeichelten, zermalmen mich jetzt mit ihrer Gleichgültigkeit.«

Moustaki durchlebt eine Durststrecke, leidet jahrelang unter seiner Lage, dem zurückschlagenden Pendel des Glücks, dem drängenden Erfolgszwang. Doch der Metöke hat gelernt zu kämpfen. Er perfektioniert seine kompositorischen Kenntnisse, löst sich in der zweiten Hälfte der sechziger Jahre mehr und mehr aus der Erstarrung, der Schreibblockierung, kann sich durch seine vorerst langsam wachsende, dann plötzlich potenzierte Reputation an den Hofschranzen rächen. Den Stein ins Rollen bringt seine Kollegin Barbara. Für sie schreibt er *La dame brune,* seinen ersten Erfolgstitel nach *Milord.* In dem Chanson von der braunen Dame stellt sich Moustaki als der fiktive Dichter des französischen Volksliedes *Au clair de la lune* vor, der seiner Angebeteten ein lyrisches Liebesgeständnis darbringen möchte. Beim Schreiben des intimen Gedichts fallen dem Dichter nach und nach die Zeilen jenes alten Gesanges ein, die von der braunen Dame freudig begrüßt und selig angenommen werden. Die Gedanken des Liebhabers und den Kommentar der verehrten Frau trennt der Autor konsequent in Vor- und Nachstrophe, greift also mit *La dame brune* auf eine archaische Struktur der Liebeslyrik zurück, auf eine poetische Form der Troubadours und Minnesänger, den sogenannten Wechsel. Die 1967 entstandene Schallplattenaufnahme des Chansons, bei der Moustaki in die Rolle des Dichters schlüpft, Barbara den Part der braunen Dame übernimmt, findet nicht nur das einhellige Lob der Kritik, sondern führt auch weiter: Auf Veranlassung von Barbara trifft sich Moustaki mit Serge Reggiani, zeigt sich auf Anhieb von dem bescheidenen Wesen des renommierten Schauspielers und Chanteurs eingenommen. Cécile Barthélemy kommentiert die Begegnung:

»Es war eigentlich kein besonders großes Ereignis, doch eins mit wichtigen Folgen; denn Moustaki stellt sich von neuem einer Herausforderung: Wie die Piaf einige Jahre vorher veranlaßt ihn Reggiani zu arbeiten und zu überarbeiten.«

Sarah – so heißt das erste Produkt, das die Werkstatt Moustaki-Reggiani verläßt. Über drei Monate feilen die beiden Künstler an ihrem Opus, prüfen es immer wieder auf Herz und Nieren, verleihen jedem Wort das richtige Gewicht, das passende Kolorit, den nötigen Nachdruck, um mit wenigen Gedankensplittern, pointillistisch gesetzt und Assoziationen provozierend, die Liebe eines Mannes zu einer körperlich unattraktiv gewordenen Frau zu erklären: »Et c'est son cœur/ Couvert de pleurs/Et de blessures/Qui me rassure« (Und es ist ihr Herz,/Bedeckt von Tränen/Und von Wunden,/das mich stärkt). *Ma liberté* – so überschreibt Moustaki sein zweites Chanson, das er Reggiani widmet, das wie ein persönliches Bekenntnis wirkt, Abrechnung und Rechtfertigung zugleich ist. Es stößt ohne Umschweife in das Zentrum des Krisenherdes vor, protokolliert die zwangsläufigen Konflikte zwischen Unabhängigkeit und Bindung, die Spannung zwischen Einsamkeit und menschlicher Zuwendung, notiert die für die Freiheit erlittenen Verluste und ruft am Ende den Sieger aus: »Et je t'ai trahie pour/Une prison d'amour/Et sa belle geôlière« (Und ich habe dich verraten für/Ein Gefängnis der Liebe/Und seine schöne Wärterin). 1968 produziert Reggiani eine Schallplatte, die neben *Sarah* und *Ma liberté* noch ein weiteres Chanson Moustakis *(Madame Nostalgie)* enthält, für die er den Grand Prix du Disque erhält. Durch diese Auszeichnung ermutigt, wagt es Moustaki, nun mehr und mehr seine Lieder selbst zu interpretieren: Er singt 1968 seine Chansons *Il est trop tard* und *Joseph* im französischen Rundfunk, begibt sich im gleichen Jahr für die Produktion von *Le métèque* und *Voyage* ins Schallplattenstudio, tritt 1969 mit Barbara im *Olympia* auf, hat 1970 seinen eigenen Tour de chant in der Music-hall *Bobino*, rückt nun auch als Chanteur in die Garde der Weltstars vor, erobert sich mit Liedern wie *Ma solitude, La ligne droit, Joseph, Il est trop tard* die Konzertsäle der ganzen Welt. Anfang der siebziger Jahre entdeckt Moustaki zudem ein neues Medium für sich: Er schreibt eine Reihe von Filmmusiken, etwa für die Lichtspiele *Le pistonné* (1970) und *Le trèfle à cinq feuilles* (1973). –

Erstens: »Der einzige Maßstab für die Qualität eines Chansons ist das Vermögen, ein besonderes Klima entstehen zu lassen, die Fähigkeit, durch die Verschmelzung von Klängen und Wörtern ein Gefühl mitzuteilen.« Zweitens: »Das Chanson ist der wahrhaftigste Ausdruck des Volkes, die einzige Kunst, die bei den Quellen verblieben ist.« Drittens: »Ich habe mich zum Komponisten ernannt – ohne eine Note zu kennen; zum Autor – ohne jegliche literarische Berufung; zum Interpreten – ohne ein Minimum an Vokaltechnik.« Drei Thesen Moustakis, entnommen seinen *Questions à la chanson,* die seine künstlerischen Positionen als Auteurcompositeur-interprète erläutern. Der Dichtersänger steuert mit seinen Liedern nicht den Parnaß an, will keine artifiziellen Gebilde konstruieren, möchte keine elfenbeinernen Mauern errichten, peilt nicht das ausgesprochene Chanson littéraire an. Im Gegenteil: Moustaki gebraucht schlichte Melodien, die er nicht durch massive Orchesterarrangements aufbläht, sondern kammermusikalisch einkleidet, spricht eine klare Sprache, die er nicht symbolistisch überfrachtet, sondern von jeglichem poetologischen Dekor freihält, versteht sich als Chansonnier populaire, berührt mit seinen Appellen unmittelbar die Gefühle der Hörer und dringt auf direktem Weg in ihr Herz. Die sprachliche und musikalische Zurückhaltung Moustakis, die einfache Textur seiner Chansons darf aber nicht mit Primitivität, Simplizität, Plattheit oder gar Trivialität verwechselt werden. Vielmehr kennzeichnet sie das Bemühen des Autors um handwerkliche Sauberkeit, um Ehrlichkeit gegenüber dem Material, gegenüber dem Publikum, das er nicht durch Mogelpackungen betrügen möchte, kurz – um künstlerische und menschliche Wahrhaftigkeit. So könnten jene Eigenschaften, die der deutsche Gelehrte Johann Joachim Winckelmann den antiken Vorfahren Moustakis und ihren klassischen Skulpturen zugestand, wie der Sinn für Proportion, für Einfachheit und Klarheit der Form, auch für die Chansons des Dichtersängers gelten. Überhaupt zeigt Moustaki eine starke Affinität zur griechischen Kultur, läßt er doch einige seiner Texte von Mikis Theodorakis vertonen *(Enfants de la Grèce, Nous sommes deux, L'homme au cœur blessé),* und reflektieren viele seiner Lieder die Klangwelt der Sirtakis und Rebetika *(Grand-père, Danse, Le métèque).* Dies ist ein Aspekt seiner Chansons, dem er nicht zuletzt seinen großen Aufschwung der endsechziger Jahre verdankt, jener Zeit, in der die Studentenbewegungen aller Länder gegen den amerikanischen Imperialismus kämpften und auch eine Ausbreitung der amerikanischen Unterhaltungsmusik argwöhnisch beobachteten. Einen Aufschwung, den

Edith Piaf mit ihrem untrügerischen Gespür ihrem »Patron« Moustaki vorausge-
sagt hatte:
»Deine Lieder voller Sonne, ferner Inseln, Eingeborenenmädchen und wilder
Liebe werden großen Erfolg haben.«

Veröffentlichungen
Questions à la chanson. En collaboration avec Mariella Righini, Paris 1973.

Literatur
Simone Berteaut, *Ich hab' gelebt, Mylord. Das unglaubliche Leben der Edith Piaf.* Vorwort von Georg Stefan
Troller, Bern/München 1970; Cécile Barthélemy, *Georges Moustaki,* Paris 1970; Chantal Brunschwig/Louis-
Jean Calvet/Jean-Claude Klein, *Cent ans de chanson française,* Paris 1981; Monique Lange, *Die Geschichte der
Edith Piaf. Ihr Leben in Texten und Bildern.* Mit einer Diskographie, Frankfurt a.M. 1985.

Diskographische Hinweise
Die Monographie von Cécile Barthélemy enthält eine vollständige Diskographie. Zu ergänzen sind:
Georges Moustaki in Concert. »Je suis un autre« (Polydor 2679 002); *Moustaki. Live* (Polydor 2696 023); *Georges
Moustaki. Versions originales* (Polygram 827 309-1).

Edith Piaf (t)
geb. 19. 12. 1915 Paris; gest. 11. 10. 1963 Paris

Akzeptiert man die Definition Georg Stefan Trollers, ein Chansonsänger sei
»zuerst einmal eine Persönlichkeit, die gewisse Traumvorstellungen ihrer Zeit in
sich verkörpert und zusammenfaßt«, dann denkt man unwillkürlich an Edith Piaf.
Das heißt nicht, ihr habe die Stimme gefehlt oder gar das Berufsethos. Ihre Stimme
ist durch das Conservatoire de la rue, durch die Musikhochschule der Straße
geschult, steigt aus einem kräftigen, schier unerschöpflichen Organ empor. Und
ihr Berufsethos kommt in harter Probenarbeit zum Tragen. Wochenlang feilt sie an
der Interpretation ihrer Chansons; sich allein auf die Inspiration zu verlassen – das
ist ihre Sache nicht. Zeitgeist, Stimme und Berufsethos lassen aus der kleinen,
rachitischen Edith Gassion die vom Volk verehrte Königin Piaf werden. Wie die
Kapitel eines Kolportageromans muten die Stationen ihres Lebens an. Die Eltern,
ein Artistenehepaar, können sich nicht lange um ihr Baby kümmern: Der Vater
muß in den Krieg ziehen, die Mutter als Sängerin in den Cabarets vom Montmartre
Geld verdienen. So bringt Louis Gassion sein Töchterchen bei seiner Mutter
unter, die in der Normandie ein Bordell betreibt. Die Kinderliebe von Prostituierten ist bekannt, und so kümmern sich die Damen gut um die Kleine. Doch diese
für das Mädchen sicherlich glückliche Zeit findet bald ein Ende. Ein Geistlicher
überredet ihren Vater, sein Kind aus dem »Sündenpfuhl« zu befreien. Als Konsequenz daraus nimmt Louis Gassion seinen Beruf wieder auf, verdient sein
Geld als fahrender Artist auf der Straße, und die nicht einmal siebenjährige Edith
assistiert ihm dabei. Acht Jahre später verläßt die Heranwachsende den Vater, um
auf Hinterhöfen und in den Kasernen zu singen. Ihren Lebensunterhalt kann sie
sich so gerade sichern, aber sie muß häufig im Freien oder in Kellern übernachten.
Eine Art Heim findet sie in einem schäbigen Hotel der Rue de Belleville, jener
Straße, auf der sie zur Welt kam. Sie lebt jetzt dort mit ihrem ersten Geliebten.
Doch die Liebe zerbricht, und die gemeinsame Tochter stirbt, kaum zwei Jahre alt.
Die Straßensängerin scheint nun vollends unter die Räder zu kommen, schließt
sich einem Zuhälter an, gerät in kriminelle Kreise und sackt immer tiefer, bis der

Edith Piaf

Kabarettbesitzer Louis Leplée sie aus dem Morast zieht. Er hört 1935 Edith auf der Straße singen, ist der jungen Frau und ihrer Stimme sofort verfallen, lädt sie in sein Kabarett *Le Gerny's* ein, arrangiert ihr ein kleines Programm (mit Aristide Bruants *Nini peau d'chien*), tauft sie *Piaf,* wie im Pariser Argot der Spatz genannt wird, stellt sie der Mistinguett, Maurice Chevalier, Fernandel vor und bahnt ihr so den Weg zum Star. Aber das Schicksal meint es in der Folgezeit nicht gut mit ihr. Doch als ein Strichjunge den homosexuellen Leplée erschießt, hat die Piaf ihren Beschützer verloren, schlimmer noch: Sie gerät selbst in den Verdacht, Leplée ermordet zu haben. Zwar muß schon bald dieses Odium von ihr genommen werden, doch wieder droht sie abzugleiten, bis Raymond Asso sie auffängt. Er schreibt mit *Mon légionnaire* nicht nur das erste große Lied ihrer Laufbahn, sondern bereitet die Piaf so systematisch, wie es ihre explosive Vitalität erlaubt, auf die große Karriere vor. Deren Ausgangspunkt ist das *A.B.C.,* eines der renommiertesten Varieté-Theater von Paris. Im »kleinen Schwarzen«, das später ein Markenzeichen der Piaf wird, und mit gut gestylter Frisur erringt sie auf der Bühne des *A.B.C.* ihren ersten großen Triumph. Zwei Jahre darauf kann sie ihn im *Bobino* noch steigern. Als 1939 der Zweite Weltkrieg ausbricht, wird Raymond Asso eingezogen, die Piaf nimmt sich einen neuen Liebhaber – Paul Meurisse. Die komplizierte Beziehung der beiden inspiriert Jean Cocteau zu seinem Einakter *Le bel indifferent,* der 1940, mit Meurisse und der Piaf besetzt, zur Uraufführung gelangt. Ein Jahr später muß auch Paul Meurisse ins Feld rücken – und wieder geht eine Beziehung der Piaf zu Ende.

Doch die Sängerin, die das Verliebtsein so liebt, ja nach ihm süchtig ist, sucht sich schon kurze Zeit später einen neuen Herrn ihrer Gunst. Ihre Wahl fällt auf Henri Contet, der schon für Lucienne Boyer Chansons geschrieben hat und nun zu einem der wichtigsten Texter der Piaf avanciert. Anders als Asso drillt er die Sängerin nicht, sondern versucht undoktrinär und ohne missionarischen Eifer mit ihr zu diskutieren. Er verhilft der Chansonniere zu einer klaren Vorstellung von ihren künstlerischen Anforderungen, die Edith Piaf Anfang der vierziger Jahre exakt zu formulieren vermag:

»Ein Chanson, das ist eine Geschichte, aber das Publikum muß daran glauben können. Für das Publikum bin ich die Liebe. Die muß aufwühlen, die muß schreien, das ist meine Persönlichkeit: ich habe das Recht, glücklich zu sein, aber nicht lange; mein Äußeres läßt das nicht zu. Ich brauche einfache Texte. Mein Publikum denkt nicht; das, was ich singe, trifft die Leute ganz tief in ihrem Inneren. Ich brauche Poesie, die sie träumen läßt.«

Die letzten Kriegsjahre eröffnen eine Periode der Piaf, die sie in der Rückschau als *Fabrik* bezeichnet, denn seit dieser Zeit »fabriziert« sie Sänger. Ihr erstes »Produkt« ist Yves Montand, dem sie zu einem neuartigen Repertoire und einer eigenen Silhouette verhilft. Für Montand schreibt die Piaf auch ihre ersten Texte: *Elle a des yeux* und *Mais qu'est-ce que j'ai*. 1945 stehen die Frischverliebten für den Film *Etoile sans lumière* gemeinsam vor der Kamera. Doch Edith Blaubart lockt es wieder zu neuen Ufern, brüsk trennt sie sich von Montand, um die Compagnons de la Chanson zu »fabrizieren«. Das Lied der *Trois Cloches,* der Gesang von drei Glocken, bei dem die Compagnons als Hintergrundchor alla cosacca fungieren, während Edith Piaf den Vorsänger darstellt, wird zum größten Schallplattenerfolg der Zusammenarbeit. Über eine Million Exemplare werden verkauft.

Der Zweite Weltkrieg ist vorüber. Edith Piaf schickt sich an, mit ihrer Stimme die USA zu erobern. Nach einer dilettantisch inszenierten Premiere am Broadway gelingt es ihr aber erst im *Versailles,* dem elegantesten Kabarett von New York, das Publikum zu verzaubern. Die Prominenz jubelt ihr zu: Henry Fonda, Orson Welles, Judy Garland, Charles Boyer, Bette Davis ... allen voran aber Marlene Dietrich. Auch Marcel Cerdan gehört zu ihren Bewunderern. Der Boxchampion, ein gütiger, nobler Mensch, ruft die Piaf eines Tages in ihrem Hotel an, eine Romanze beginnt, die Sängerin ist verliebt, verzichtet dem Sportler zuliebe sogar auf Alkohol und andere Ausschweifungen, fühlt sich erstmals als Frau und Partnerin. Aber wieder zertrümmert der Tod das Glück der Chanteuse: 1949 kommt Marcel Cerdan bei einem Flugzeugunglück ums Leben. Edith Piaf ist gebrochen, vierzehn Jahre bleiben ihr noch, doch schon beginnt ihr Totentanz. Die Biographin Monique Lange berichtet:

»Für die Piaf beginnt die Zeit der Unfälle, Krankheiten, der Tranquilizer, der Drogen und der Betäubungsmittel.«

Zunächst jedoch beendet der Spatz von Paris die Betriebsferien in der »Fabrik« – die neuen Favoriten der Piaf: Charles Aznavour, der ihr als »Mädchen für alles« dient, ihr zugleich Chauffeur und Chansondichter ist; sowie Eddi Constantine, der bei ihr allerdings eher für die Erotik zuständig ist. Weiter geht der Totentanz, zwei Radsportler sind die Partner der nächsten Runde, die Piaf verunglückt zweimal hintereinander mit dem Auto, bricht sich den Arm, die Rippen, nimmt wegen der Schmerzen Morphium, droht dem Leben zu entgleiten ... bis Jacques Pills schützend den Arm um sie legt. Der Ex-Ehemann von Lucienne Boyer arbeitet mit Gilbert Bécaud zusammen, der Pills' Chansontext *Je t'ai dans la peau* vertont hat. Die Piaf ist hingerissen, nicht nur von dem Lied, nein, auch von Jacques. Und sie heiraten, 1952, in New York – doch auch diese Verbindung zerreißt. Immer stärker von Drogen abhängig, kollabiert die Sängerin 1954, geht in die Entziehungskur, pausiert mehrere Monate. Ein triumphales Comeback gelingt ihr 1956 in der *Carnegie Hall* von New York. Kaum hat Edith Piaf sich künstlerisch gefangen, da beginnt auch ihre »Fabrik« ein weiteres Mal zu arbeiten: Sie macht Georges Moustaki zu ihrem Gitarristen und Geliebten, er kreiert für sie *Milord*. Aber auch sie trennen sich bald in Unfrieden. Der Piaf geht's elend, aber wieder erscheint ein Retter: Charles Dumont. Er prägt die letzten Lebensjahre der Piaf und schreibt ihr das Chanson, das wie ein Testament der Sängerin klingt: »Non! Rien de rien . . ./Non! Je ne regrette rien . . ./Ni le bien,/Qu'on m'a fait,/Ni le mal,/Tout ça m'est bien égal!/Non! Rien de rien . . ./Non! Je ne regrette rien . . ./C'est payé/Balayé, /Oublié« (Nein! Überhaupt nichts . . ./Nein! Ich bedaure nichts/Weder das Gute, das man mir getan hat,/Noch das Schlechte,/Das alles ist mir völlig gleichgültig! /Nein! Überhaupt nichts . . ./Ich bedaure nichts . . ./Das ist bezahlt,/Weggefegt, /Vergessen). Gesundheitlich völlig zerrüttet, bäumt sich Edith Piaf 1962 ein letztes Mal gegen den Tod auf und heiratet Théo Sarapo, einen zwanzig Jahre jüngeren Griechen. –

GEORG STEFAN TROLLER charakterisiert das Publikum der Piaf:

»Es gönnte ihr den Aufstieg zur Prinzessin, weil sie das Aschenputtel nie verleugnete. Sie blieb stets ›diese Kleine aus unserem Viertel‹. Der Arbeiter, der Kleinbürger, der Asoziale unserer Gesellschaft glaubt ja nicht an den dauernden Erfolg. Für ihn ist das Leben ein Auf und Ab, Glück mischt sich mit Pech, man muß die Dinge nehmen, wie sie kommen. Ediths Leben entsprach dieser Vorstellung.«

Aber mehr noch: »Die Kleine aus unserem Viertel« bot ihren Hörern auch die Möglichkeit, sich mit ihr zu identifizieren und die Lasten und Sorgen des Alltags bei ihr abzuladen. Wie ein Jesus der Vorstadt und der Straße trägt Edith Piaf das Kreuz ihrer Herkunft, bereit, den Schmerz vieler auf sich zu nehmen:

»Meine Stimme singt nicht allein, eine Menge anderer Stimmen singen mit mir. Die Stimme eines neuen Kummers, die Stimme eines Kindes, das geschlagen wird, die Stimme eines Vogels, der erfriert.«

Und doch sind Mitleid und Erbarmen nicht allein der Motor ihrer Kunst, nein, ihre Antriebskräfte sind ebenso die Selbstreinigung, der hemmungslose Wahrheitswille und schließlich der Kampf ums Dasein, um die nackte Existenz. Denn nur, wenn die Piaf singt, lebt sie ihr Leben – so könnte eine Frage von JEAN COCTEAU beantwortet werden:

»Wie ist es möglich, daß sie überhaupt singt? Wie vermag sie es, ihrem Inneren Ausdruck zu geben? Wie gelingt es ihr, aus ihrer engen Brust die großen Klagen der Nacht herauszureißen?«

Veröffentlichungen

Mein Leben. Reinbek 1966.

Literatur

Pierre Hiegel, Edith Piaf, Paris 1952; Simone Berteaut, *Das unglaubliche Leben der Edith Piaf*. Vorwort von Georg Stefan Troller, Bern und München 1970; Gilles Costaz: Edith Piaf, Paris 1974; Monique Lange, *Die Geschichte der Piaf. Ihr Leben in Texten und Bildern*. Mit einer Diskographie, Frankfurt a.M. 1985; Margaret Crosland, *Piaf,* München und Berlin 1986.

Diskographische Hinweise

Die Piaf-Biographie Monique Langs enthält eine ausführliche Diskographie. Zu ergänzen ist:
Edith Piaf. L'integrale de ses enregistrements 1946–1963 (Columbia 2 C 152 72085/98).

Erika Pluhar (t)
geb. 28. 2. 1939 Wien

»Es war einmal eine Schauspielerin, die auch Lieder sang. Sie sang allerlei – altbekannte Lieder, oder solche, die verschiedene Herren eigens für sie geschrieben hatten. Aber mit der Zeit stellte sich heraus, daß allzu viele Menschen diese gesungenen Worte so auslegten, als hätte sie, die Schauspielerin, sie selbst erdacht. Darüber begann sie nachzudenken, mehr und mehr. Und es gefiel ihr nicht. Und eines Tages fing sie an, sich ihre eigenen Worte aus dem eigenen Kopf und dem eigenen Herzen zu holen und ihre Lieder selbst zu schreiben.« Autobiographisches der Erika Pluhar – sie stellt es in der Form eines Märchens dar, akzentuiert ihren dergestalt fixierten Gedanken als künstlerisches Credo, indem sie ihn zur Textbeilage ihrer 1985 veröffentlichten Schallplatte *Trotzdem* erwählt. Aber die Form eines Märchens will nicht so recht zu dem Leben der Pluhar passen, das von bürgerlicher Ordnung und Seßhaftigkeit geprägt ist, wirkt wie eine Flucht aus dem Trott einer konstanten Karriere. Die Schauspielerin charakterisiert ihre Kindheit: »Ich war ein absolutes Wiener Kind. Ich habe mein Leben nur in Wien verbracht (. . .) Ich hatte eine gute Kindheit, eine ganz normale, kleinbürgerliche, zufriedene und auch recht geborgene Kindheit. Ich ging gern zur Schule, ich war immer Vorzugsschülerin.«

Erika Pluhar

In Schulaufführungen auch steht die Tochter eines Verwaltungsbeamten erstmals auf der Bühne. Nach dem Abitur 1957 besucht sie das Wiener *Max-Reinhardt-Seminar* und folgt 1959 einem Ruf an das *Burgtheater,* dessen Ensemble sie bis heute angehört. Von Beginn an ist ihr Repertoire breit gefächert, reicht von »Charakter« bis »Salon«. Sie spielt Strindbergs »Fräulein Julie«, das »Fräulein Else« Schnitzlers, tritt in Shakespeares *Othello* auf und wirkt in Tschechows *Onkel Wanja* mit. Erika Pluhar kommentiert:

»Ich glaube, daß man in mir so ziemlich alles finden kann. Von der Heiligen bis zu irgend etwas ganz Schlimmem.«

Mit einundzwanzig Jahren heiratet sie den Designer Serge Kirchhofer, wenig später kommt ihre Tochter Anna zur Welt. Doch erst nach der Scheidung setzt die große Karriere der Pluhar ein: 1968 vertraut der Regisseur Helmut Käutner ihr die weibliche Hauptrolle in der Verfilmung von Maupassants Roman *Bel ami* an, den er für das Fernsehen verfilmt. Der Schauspielerin gelingt mit ihrer Darstellung ein immenser Publikumserfolg, den weitere TV-Filme wie Schnitzlers *Zwischenspiel oder die neue Ehe,* Remarques *Die Nacht in Lissabon,* Handkes *Die Angst des Torwarts beim Elfmeter* oder *Verbannte* von Joyce festigen. Doch zieht die wachsende Popularität auch Negatives nach sich. Filmemacher und Publikum betonieren das Bild der Künstlerin mehr und mehr ein, schrauben es auf Schlagworte zurück: leicht vampige Blondine, mal melancholisch, mal eher leicht und ein wenig morbid – ein Image, an dem Erika Pluhar aber nicht ganz unschuldig ist, wie sie später erkennt:

»Ich nenne diese Jahre immer meine Femme-fatale-Zeit. Da ließ ich mich in eine bestimmte Richtung pressen, ließ es mit mir geschehen, einfach aus einer komischen Form von Bravheit und Es-recht-tun-Wollen (. . .) Das war sicher eine Zeit, in der ich mich denunziert habe.«

1970, nach ihrer Heirat mit André Heller, betritt sie neue Gefilde, tastet sich langsam zu ihrer Karriere als Chansonsängerin vor. Sie interpretiert zunächst Texte Hellers, singt Schlager der zwanziger und dreißiger Jahre und gibt 1974 ihr erstes Konzert in Köln. Es folgen Schallplatten und eigene Fernsehshows: *So oder so ist die Pluhar* und *Hier bin ich.* Mitte der siebziger Jahre findet Erika Pluhar, nachdem sie sich bereits 1973 von André Heller getrennt hat, in Peter Vogel einen neuen Lebensgefährten – eine Verbindung, die tragisch endet: 1978 begeht der Schauspieler Selbstmord. Dem Erleben dieses Todes spürt die Sängerin mit ihrem Lied *Die Nacht vom 20. zum 21. September* nach, das sie 1981 auf ihrer Schallplatte *Narben* veröffentlicht. –

»Es war einmal eine Schauspielerin . . .« – wie in dem Märchen folgt auf die Chansonsängerin die Autorin Pluhar. Sie entschließt sich, Texte zu schreiben, als sie spürt, wie leicht ihre Auffassung vom Singen mißverstanden werden kann:

»Eigentlich habe ich es getan, wie eine Schauspielerin eine Sängerin spielt (. . .) Es hat mir auch Spaß gemacht, aber in einer komödiantischen Form. Und ganz langsam bin ich dahintergekommen, daß man mich ja damit identifiziert. Ich habe plötzlich beobachtet, viel mehr als in der Schauspielerei, daß die Leute nicht sagen: ›Aha, die spielt da jetzt was‹, sondern: ›Die singt das, die meint das‹.«

Die Rollen abzustreifen, ganz Erika Pluhar zu sein, das ist nach diesen Erfahrungen der Wunsch der Chansonniere – ein Konzept, das sie erstmals bei ihrer Schallplatte *Narben* zu realisieren sucht, indem sie konsequent auf eigene Texte zurückgreift. Um sich mit ihnen solidarisieren zu können, wendet die Pluhar ein einfaches, für sie sehr typisches Mittel an. Sie schreibt ihre Lieder nur aus konkretem Anlaß. Doch stets verschleiert sie sprachlich den realistischen Hintergrund, indem sie sich bildhaft und symbolisch ausdrückt, sich einem »phantastischen

Realismus« annähert, und inhaltlich, indem sie die individuelle Situation objekti-
viert. Thematisch zeigen ihre Lieder ein breites Spektrum: Neben den allgegenwär-
tigen Gesängen von Liebe und Tod stehen vor allem Texte, die vor dem Hintergrund der Frauen- oder Friedensbewegung zu sehen sind: *Frau, lauf weg, Die
Frauen, Anarchistenlied, Polisario:* Doch nicht nur in ihren Liedern engagiert sich
die Sängerin. Häufig nimmt sie an Aktionen und Konzerten für den Frieden teil,
scheut in der Öffentlichkeit das klare Wort nicht. Mut gehört auch zu ihrem Schritt,
Wolf Biermanns Lieder auf die Schallplatte zu singen. Mut, gegen ein überstarkes
Vorbild anzukämpfen, Mut, die anheischigen Verrisse zu ertragen, Mut, um einen
Dichter aus der Fixierung zu befreien, Mut – und nicht das ihr unterstellte Kalkül.
Der resignativen Grundhaltung der Pluhar-Texte entspricht das stimmliche Mate-
rial der Sängerin. Sie neigt zum Dramatischen und Schwerblütigen und kann die
berufliche Provenienz nicht leugnen. ANDRÉ HELLER bringt es auf den Punkt:
»Sie spricht Lieder unter Zuhilfenahme des Gesangs.«

Veröffentlichungen
Über Leben. Lieder und ihre Geschichten, Reinbek 1982; *Lieder,* Reinbek 1986.

Literatur
Kathrin Brigl und Siegfried Schmidt-Joos, *Selbstredend . . . Interviews. Georg Danzer, Peter Horton, Heinz Rudolf
Kunze, Reinhard Mey, Erika Pluhar, Hans Scheibner, Stephan Sulke,* Reinbek 1985.

Diskographische Hinweise
Erika Pluhar singt Wolf Biermann. Vom Himmel auf die Erde falln sich die Engel tot (Teldec 6240 90 AT); *Erika
Pluhar. Liederbuch* (Polydor 815 966–1); *Trotzdem. Das Trio: Erika Pluhar, Antonio V. Almeida, Peter Marinoff*
(Rillenschlange 5610).

Serge Reggiani
geb. 2. 5. 1922 Reggio-Emilia (Italien)

Mit einer bemerkenswerten Karriere, mit einem markanten biographischen Dia-
gramm kann der Acteur-chanteur aufwarten: Erst Mitte der sechziger Jahre, im
Alter von über vierzig Jahren, entdeckt er seine große Begabung für das Chanson,
wagt er sich an die Kunst, Gedichte zu singen. Die späte Entscheidung wirkt um so
erstaunlicher, als der begehrte Filmschauspieler schon in den vierziger Jahren die
Welt des Chansons streift. 1940 nämlich rezitiert er in einem Programm mit der
Chanson-Interpretin Agnès Capri Gedichte von Baudelaire. Fünf Jahre später
steht Reggiani gemeinsam mit Edith Piaf vor der Kamera – in *Étoile sans lumière,*
einem Film von Michel Blistène. In dem Lichtspiel *Les portes de la nuit* spielt er
1946 an der Seite von Yves Montand, der für diesen Film eines der berühmtesten
französischen Chansons kreiert: *Les feuilles mortes* nach Jacques Prévert. Anders als
Montand aber kommt Reggiani zunächst nicht auf die Idee, seinen Beruf des
Schauspielers mit dem Metier des Chansonniers zu verbinden, obwohl das Leben
beider Künstler eine Reihe von verblüffenden Übereinstimmungen aufweist. Wie
Yves verlebt Serge seine Jugend in Paris als Sohn italienischer Einwanderer; wie
Yves hantiert Serge mit Kamm und Schere, bevor er den Friseursalon in Richtung
Theater verläßt; wie Yves gelangt Serge als totaler Anfänger auf die Bühne; und
wie Yves bleibt Serge stets seinem Handwerk als Interpret treu, kommt er nie in
die Versuchung, sich als Autor oder Komponist zu erproben.
Reggiani beginnt in der Position des Statisten, sich die Welt der Bühne zu erobern:
im *Théâtre du Châtelet* und in der *Comédie Française.* 1940 besteht er die Aufnah-

meprüfung zum Conservatoire, erhält er einen Preis für seine mimischen Leistungen. So stellt sich denn auch der Erfolg schnell ein. 1941 erhält der Eleve seine erste größere Rolle in *Les parents terribles* von Jean Cocteau, ein Jahr später debütiert er im Film, in *Le voyageur de la Toussaint* unter der Regie von Louis Daquin. Die Nachkriegszeit offenbart Reggiani bereits als hochbegehrten Star, der allein 1949 in fünf Filmen unter verschiedenen Regisseuren zu sehen ist. 1952 entsteht unter der Ägide von Jacques Becker eines der bekanntesten Kinofilme mit Reggiani: *Casque d'or* – ein Werk, in dem der Schauspieler den Liebhaber eines schönen, durch Simone Signoret verkörperten Mädchens mimt, das wegen seiner blonden Haare Goldhelm genannt wird. Simone Signoret trägt aber nicht nur in der Gestalt von Goldhelm zum Ruhm des Schauspielers bei, sondern sie arrangiert auch eine für ihn entscheidende Begegnung. Mitte der sechziger Jahre nämlich treffen sich bei ihr Reggiani und andere Freunde, kommen im Gespräch plötzlich auf die Idee, der Schauspieler müsse Chansons singen, helfen ihm bei den anfänglichen Schritten. Die erste, Boris Vian gewidmete Schallplatte Reggianis verläßt schon bald das Preßwerk, bringt einen Chanteur mit vielen Facetten an den Tag, einen Sänger mit dem Gefühl für Komik *(Arthur, où t'as mis le corps)* wie Verzweiflung *(Je bois)* und dem Willen zum Engagement *(Le déserteur)*. Bei den folgenden Schallplatten kann Reggiani seinen Reichtum an Tönen und Gefühlen noch effektiver einsetzen, versteht er es doch, sehr unterschiedliche Autoren und Komponisten um sich zu

Serge Reggiani

vereinen, die ihm eine Reihe bedeutender Chansons schreiben: Georges Moustaki *(Ma liberté, Sarah)*, Jean-Loup Dabadie *(Le petit garçon)*, Albert Vidalie *(Les loups)*, Claude Lemesle *(Le barbier de Belleville)*, Maxime Le Forestier *(Ballade pour un traître)*. Doch auch auf der Bühne vermag sich der Sänger zu profilieren. Dank seiner ausgefeilten Interpretion, dank seines perfekten Gebärdenspiels und seiner sprechenden Mimik erobert sich Reggiani die Music-halls im Triumphzug: mit Galas im *Bobino* (1971) und im *Olympia* (1981). –

Chanteur – mit dieser auf den ersten Blick unverfänglichen Vokabel belegen die Kritiker immer wieder Serge Reggiani, mit ihr ordnen sie ihn ein. Allerdings trifft der Terminus nicht ins Zentrum: Denn Reggiani singt seine Chansons nicht, versucht sich nicht zum Kantor aufzuschwingen, sondern rezitiert die Texte mit Hilfe des Sprechgesangs, deklamiert sie in der Art eines antiken Rhapsoden, singt die Töne meist nur an, klammert sich nicht an ihnen fest – und gelangt so zu einer leichten, die textliche Vorlage nicht erdrückenden Vortragsweise. Reggianis Arrangeure gehen geschmeidig auf seine dem Melodram verwandte Interpretationstechnik ein, arbeiten weniger kammermusikalisch als vielmehr symphonisch, bevorzugen nicht die pointillistisch gesetzte Farbe, sondern den vollstimmigen Satz, den breit ausgelegten Klangteppich. Das Zusammenspiel zwischen Arrangeur und Interpret findet in Moustakis Chanson *Ma solitude* ein deutliches Beispiel. Während Moustaki seine Einsamkeit über den schlichten Klängen der Gitarre zu besingen pflegt, läßt sich Reggiani bei seinem Soliloqium durch getragene Streicherakkorde unterstützen, die von einer Rhythmusgitarre kommentiert und belebt werden – ein Sound entsteht, der es dem Sänger ermöglicht, die Wörter secco zu nehmen, das Poem fast beiläufig vorzustellen und so jeden Anflug von Kitsch oder Pathos zu vermeiden. Reggianis Interpretationsansatz, die Texte nicht zu übersingen, sie nicht durch Kantabilität zu verdecken, läßt denn auch die athmosphärische Vielfalt der dichterischen Vorlagen zur Geltung kommen. Zu Recht resümieren JACQUES MAZEAU und DIDIER THOUART:

»Serge Reggiani gelingt das Wunder, alle Charaktere zu verkörpern: die ernsten, die brutalen, die lässigen, die komischen, die leidenschaftlichen, die offenen, die unbeständigen, die finsteren; immer aber bleibt er sich treu.«

Literatur

Chantal Brunschwig/Louis-Jean Galvet/Jean-Claude Klein, *Cent ans de chanson française*, Paris 1981; Jacques Mazeau/Didier Thouart, *Acteurs et chanteurs*, Paris 1983.

Diskographische Hinweise

Serge Reggiani (Polydor 48901); *Serge Reggiani* (Polydor 2664127); *Serge Reggiani* (Polydor 2393057); *Serge Reggiani. Poètes* I (Polydor 2473027); *Serge et Stephan Reggiani en scène* (Polydor 2473048); *Serge Reggiani* (Polydor 2393126); *Serge Reggiani* (Polydor 2473064); *Serge Reggiani. Poètes IV* (Polydor 2473121); *Serge Reggiani* (Polydor 2393283).

Otto Reutter (t/m)
geb. 24. 4. 1870 Gardeleben; gest. 3. 3. 1931 Düsseldorf

Für Otto Reutter, der heute als der große Klassiker seines Faches gilt, ist der Weg nach oben mühsam. Er entstammt kleinen Verhältnissen: Sein Vater muß mit dem Einspänner übers Land ziehen, um als Hausierer das Nötigste zu verdienen. Geistige Anregungen oder gar fundierte Bildung werden Otto Reutter weder zu Hause noch in der Schule vermittelt. Der Vater zwingt ihn in eine kaufmännische

Lehre – doch der Sohn bricht mit seiner ganzen Kraft aus der bürgerlichen Welt aus, legt den elterlichen Namen Pfützenreuter ab und startet seine Karriere. Anfang der neunziger Jahre schließt er sich den Karlsruher Volkssängern an, schreibt für sie und tritt mit ersten eigenen Texten auf. Um 1893 läßt er sich bereits auf eigenen Plakaten ankündigen. Varieté-Engagements in Bern, Dresden, Düsseldorf und Hamburg führen 1896 zu seiner Verpflichtung an das *Apollo-Theater* in Berlin, 1899 zu seinem Debüt im *Wintergarten,* dem bedeutendsten Varieté der Jahrhundertwende. Über Jahrzehnte ist Reutter hier ständiger Gast. Die Situation des dreißigjährigen Künstlers charakterisiert seine Biographin HELGA BEMMANN:

»Er wird von Engagementsangeboten überhäuft und macht einen Siegeszug über die Bühnen, der in der Geschichte des Varietés einzig dasteht. Das Publikum strömt ihm aus allen Teilen Deutschlands zu. Schlechtgehende Theater werden durch seine Zugkraft gefüllt. Durch ihn (. . .) wird eine neue Epoche des deutschen Varietés eingeleitet.«

In den ersten Jahren seiner Engagements im *Wintergarten* perfektioniert Reutter seine Spezialität, Tagesaktualitäten in sein Programm einzubeziehen. Er nimmt zum Russisch-Japanischen Krieg Stellung, begleitet die Ballon-Nordpolfahrt Andrées oder spottet über Preußens Gloria in seinem Couplet von der *Geschichte des Hauptmanns von Köpenick.* Zeitkritik kann er aber nicht unbegrenzt einbringen. Die kaiserlichen Zensurbehörden verbieten eine große Anzahl seiner

Otto Reutter

Lieder. Bei der durchaus kritischen Einstellung des Sängers zu Staatsbürokratie und Militär ist es erstaunlich, ihn 1914 als Apologeten des Völkermordens zu erleben: Er schreibt für das *Palast-Theater am Zoo* die Kriegsrevue *1914* – einen säbelrasselnden Kaisergeburtstagsschmarren, der mit erschreckender Gedankenlosigkeit die Kriegsgreuel verharmlost. 1915 übernimmt Reutter die Direktion des *Palast-Theaters,* um für drei Jahre sein Leben als fahrender Artist zu unterbrechen. Nach dem Krieg begibt er sich erneut auf ausgedehnte Tourneen, gönnt sich kaum Urlaub, benutzt die wenigen erholsamen Stunden im Hotel, um neue Couplets zu schreiben oder um zu repetieren. Und gerade in diesem letzten und ruhelosen Lebensjahrzehnt entstehen Reutters wichtigste Couplets wie *Der Überzieher, Bevor du sterbst* oder *Sei modern.* Aber das Übermaß an Arbeit fordert seinen Tribut: Am 26. 2. 1931 erleidet Otto Reutter in Breslau starke Herzattacken, schleppt sich dennoch auf die Bühne, sagt auch das folgende Engagement in Düsseldorf nicht ab. Wenige Tage später berichten die Zeitungen von seinem Tod: »Bevor du sterbst, schau nach dem Wärmemesser,/stell die Heizung ab, für dich ist Kälte besser./Bestell den Milchmann ab und auch den Bäcker,/zieh' deine Uhr auf, aber nicht dem Wecker./Und dann stirb pünktlich, Frauen woll'n zum Schneider,/sie könn'n nicht trauern ohne Trauerkleider./Ja, manche die bestellen's schon vor dem Tode,/wenn du dann wartest, dann ist es aus der Mode.« – Otto Reutter schreibt über eintausend Lieder – als musikalischer und literarischer Autodidakt, der sich nur auf seinen Instinkt sowie auf seine Erfahrung verlassen kann. Dennoch versteht er es, sich den Klischees zu widersetzen und an deren Stelle Prägnanz und Eigenart zu placieren. Es gelingt ihm, zündende Melodien mit vitaler Rhythmik zu schreiben, die sich an der zeitgenössischen Tanz- und Unterhaltungsmusik orientieren und sich elegant dem Textablauf anschmiegen. Im musikalischen Parodieverfahren weiß er geschickt die Melodien anderer Komponisten zu verwerten; Jacques Offenbach, Oscar Straus und Paul Lincke sind hier zu nennen. Der Rückgriff Reutters auf bereits Vorhandenes ist aber nicht Mangel an Erfindungsgabe, sondern eher ein künstlerischer Akt, der den Reiz auskosten will, eine bekannte Melodie mit neuem Text zu verbinden. Die Texte Reutters beurteilt KURT TUCHOLSKY 1932:
»Er hatte gegen eine Sprache zu kämpfen, die schwerfällig ist, die man erst biegen und kneten muß, mit der man Jahre und Jahre zu üben hat, bis sie tanzt (. . .) bei ihm hopste sie. Massig, polternd, am besten und gemütlichsten im Dreiviertel-Takt (. . .), lustig im Vierviertel-Takt, was bei uns immer wie ein beschleunigtes Marschtempo anmutet.«
Die Texte Reutters sind nicht nur in ihrer Art sprachlich virtuos. Sie leisten auch inhaltlich Neues, indem Reutter nicht mehr – wie seine zeitgenössischen Kollegen – von der Liebe des Herrn Grafen zu irgendeiner Miezi oder Striezi flötet, sondern sich der Alltagsprobleme annimmt und aus der Froschperspektive gelegentlich sogar die große Politik anspringen kann. Reutter äußert sich im *Internationalen Artisten-Almanach* von 1906/07:
»Mein Hauptgenre ist: Zeitereignisse und Strömungen in möglichst drastischer Form, soweit es die Zensur zuläßt, zu glossieren.«
Auch der Vortragskünstler Reutter stößt ins Neuland vor: Er entkleidet das Couplet der Gestik, setzt ähnlich wie Yvette Guilbert in Frankreich allein auf die Macht des Wortes, des gesungenen Gedankens und auf das Mittel der Stimme. Wieder hält KURT TUCHOLSKY fest:
»Ein schlecht rasierter Mann mit Stielaugen, der so aussieht wie ein Droschkenkutscher, betritt in einem unmöglichen Frack das Podium. Er guckt dämlich ins Publikum und hebt ganz leise, so für sich hin, zu singen an. Diese Leichtigkeit ist

unbeschreiblich (. . .) Welch ein Künstler! Alles geht aus dem leichtesten Handge-
lenk, er schwitzt nicht, er brüllt nicht, er haucht seine Pointen in die Luft, und alles
liegt auf dem Bauch.«

Veröffentlichungen

Unsterbliche Reutter-Vorträge, Bd. 1–5, Köln s.a.; *Alles weg'n de Leut'.* Hg. von Helga Bemmann, Berlin (Ost)
1969.

Literatur

Bruno Wiesner, *Otto Reutter hinter den Kulissen,* Leipzig 1931; Egon Jameson, *Mein lachendes Spree-Athen,*
Berlin (West) 1968; Kurt Tucholsky, Artikel *Otto Reutter.* In: K. T., *Gesammelte Werke in zehn Bänden, Bd. 3,*
S. 7f., und Bd. 10, S. 32ff., Reinbek 1975; Helga Bemmann, *Ick wundre mir über jarnischt mehr. Eine
Otto-Reutter-Biographie,* Berlin (Ost) 1985.

Diskographische Hinweise

Otto Reutter. In fünfzig Jahren ist alles vorbei (Karussel 2652 042).

Peter Rohland (t/m)
geb. 22. 2. 1933 Berlin; gest. 5. 4. 1966 Berlin

»Lieber Kollege, ich glaube, Sie müssen unter Menschen!« schreibt Willy Schaeffers dem Sänger, als er ihn 1956 zum ersten Mal hört. Und der Altmeister der
Conférence, Talententdecker sowie langjähriger Leiter des Kabaretts der Komiker,
geht mit Peter Rohland »unter Menschen«, holt ihn aus dem *Historischen Weinkeller* zu Pichelsdorf an der Havel heraus, bringt ihn im *Chanson-Cabaret Kelch*
unter, stellt ihm seine eigene Kleinkunstbühne, das *Tingeltangel,* zur Verfügung,
verhilft dem Barden und seinen Volksliedern zu Engagements auf der *Vaganten-
Bühne.*
». . . ich glaube, Sie müssen unter Menschen!« – dieser Satz hat zwei Jahrzehnte
nach Rohlands Tod wieder Gültigkeit. Ins Abseits gestellt sind der Sänger und sein
Werk. Vergessen seine Interpretationen jiddischer Lieder, denen der Kritiker
Joseph Wulf bestätigt, man sänge sie selbst in New York, wo mehr Juden leben als
in Israel, nicht besser. Vergessen seine Beiträge zum kulturellen Aufbau der
Bundesrepublik Deutschland – wie seine Pionierarbeit auf dem Gebiet des demo-
kratischen Liedes, wie sein Anteil bei der Gründung des Chanson-Festivals auf
Burg Waldeck. Vergessen seine mächtige Baßstimme, die in Schönheit und Volu-
men ihresgleichen sucht und ohne Zweifel die bedeutendste ihres Genres ist.
Vergessen, weil der von ihm besungene Schnitter ihn allzu früh holt – bevor die
Studentenbewegung dem politischen Lied wieder zu Geltung verhilft, bevor die
Medien und Schallplattenfirmen den Markt der Liedermacher für sich entdecken,
bevor der Künstler seine Begabung voll ausschöpfen kann.
Optimales Rüstzeug für seinen Beruf als Sänger erhält Peter Rohland bereits in
früher Jugend: Sein Vater, zwar praktizierender Jurist, aber auch ausgebildeter
Musiker, denn er hat in Italien eine Opernschule besucht, übernimmt die Stimm-
bildung seines Sohnes. Als seine erste musikalische Impression aber nennt Rohland später das Mundharmonikaspiel der Clowns vom Breslauer *Liebich-Theater,*
die er 1938 hört und deren fröhliches Musizieren ihn zur Nachahmung anregt. In
der schlesischen Hauptstadt, ihrer Heimat, haben sich die Eltern bald nach Peters
Geburt niedergelassen. 1939 jedoch trennen sie sich, die Mutter zieht mit Peter
und seinen Geschwistern zunächst nach Stuttgart-Sonnenberg, dann, durch die

Peter Rohland

Bomben und Evakuierungen hin und her getrieben, nach Freudenstadt und anschließend nach Freudental, um nach dem Krieg in Göppingen für sich und ihre Kinder einen dauerhafteren Wohnsitz zu finden. Im Göppinger *Haus der Jugend,* so weiß Rohlands Mutter zu berichten, sei der Keim zu Peters Entwicklung gelegt worden, hier habe er Anschluß an die Schwäbische Jungenschaft gefunden, hier sei sein Fernweh geweckt worden:

»So ging es auf Fahrten mit dem ›Affen‹ auf dem Rücken überall hin, im Lande und im Ausland, mit den sparsamsten Mitteln. Per Anhalter oder auf ›Schusters Rappen‹. So traf er Vagabunden, Landstreicher, fromme und unfromme Menschen jeden Schlages.«

Rohlands Interesse für Lyrik und die Gesänge anderer Kulturen ist eng verknüpft mit seiner Zugehörigkeit zur Schwäbischen Jungenschaft. HEIN KRÖHER, sein bündischer Weggefährte, konstatiert:

»Die Illegalität aus der Nazizeit hatte in der Jungenschaft im Musischen zu wesentlichen Begriffserweiterungen geführt. Brecht und Spirituals waren en vogue.«

Neugier auf das Leben und die Lieder fremder Nationen bringt Rohland nach dem Abitur dazu, eine große Orientfahrt zu unternehmen. 1954 reist er über Griechenland nach Bagdad: Lieder der Völker sammelnd, eigene schreibend. Nach Deutschland zurückgekehrt, studiert er zunächst Jura in Tübingen, dann in Berlin, belegt das Fach Musikwissenschaft, besucht aber – vor allem seit der Förderung durch Willy Schaeffers, seit 1956 – die Universität nur noch sporadisch, bis er letztlich den Entschluß faßt, sich völlig dem Gesang zu widmen. Und wie das Leben spielt: Sein Vater, auf dessen Wunsch hin Rohland ja nur das Studium der Rechte aufgenommen hat, unterstützt ihn auch in der Zeit des künstlerischen Lernens verständnisvoll – materiell wie ideell. Der Sohn nutzt die Chance, probiert sich und sein Repertoire aus, singt in Obdachlosenheimen, christlichen Hospizen, Hochschulen, Berufsinnungen, Gefängnissen, Jugendheimen und Kirchen.

1961 lernt er in Berlin den Pariser Chansonnier Daniel Lalou kennen, der ihm von den literarischen Cabarets und den Chansonkellern der französischen Kapitale erzählt. Peter Rohland glaubt, das für ihn optimale Betätigungsfeld gefunden zu haben: Anfang Januar 1962 rollt er in Paris, im Gare du Nord, ein, stößt auf das Cabaret *La Contrescarpe.* Die nahe der Rue Mouffetard gelegene Kleinkunstbühne bietet Programme mit Pantomimen, Märchenerzählern, avantgardistischen Filmleuten, Chansonniers und Folkloresängern – Rohland erhält einen Probeauftritt, wird auf der Stelle engagiert, singt zudem bald allabendlich auf dem Podium des *Petit Pont,* und auch der R.T.F. (Radio-Télévision Française) entdeckt den Deutschen. Doch nach wenigen Monaten spürt der Sänger, daß er in einer fremden Sprache nicht heimisch werden kann, sein Ringen um künstlerische Wahrhaftigkeit erfolglos bleiben muß. In einem Interview begründet er seinen Exodus aus Paris:

»Ein Chansonnier ist auf die vollkommene Beherrschung der Sprache, in der er singt, angewiesen, auf die Kenntnis des Landes, seiner Gesellschaft, seiner Geschichte und all dieser Mosaiksteinchen, aus denen ein Sänger sein Lied zusammensetzt, durch Text und Interpretation Assoziationen hervorruft.«

Noch drei Jahre hat Peter Rohland nach seinen Erfahrungen in Paris zu leben. Künstlerisch gefestigt, mit einem klaren Ziel vor den Augen wird er sie zu rastloser, produktiver Arbeit nutzen, die Welt des Chansons und der Folklore wie kaum ein anderer bereichern. Auf Anregung von jüdischen Bekannten in Paris beginnt er zunächst, sich intensiv mit jiddischen Liedern zu beschäftigen. Er läßt sich von Max Sprecher beraten, dem Lektor für Jiddische Sprache an der Universität von Heidelberg; er setzt sich unter Anleitung von Siegmund Wolf, dem Herausgeber eines Jiddischen Wörterbuches, mit der Sprache, Literatur und Geschichte der Ostjuden auseinander; arrangiert die Gesänge für Stimme, Violine, Gitarre und stellt sein Programm (gemeinsam mit dem Geiger Hanno Botsch) 1963 in der Berliner *Galerie Diogenes* vor. Angeregt durch die 1903 erschienenen *Lieder aus dem Rinnstein* Hans Ostwalds sowie die Memoiren dieses ehemals als Goldschmiedegeselle auf die »Walz« gehenden Journalisten, zudem durch die Tippelbrüder, die »Kunden«, inspiriert, die er auf den eigenen Wanderungen kennengelernt hat, erarbeitet sich der Sänger sein zweites konzeptionell geschlossenes Programm: *Landstreicherballaden.* Erneut präpariert er sich gründlich und betreibt Feldforschung. Er besucht die Herbergen der wandernden Vagabunden, fragt die »Kunden« nach ihrem Leben, zeichnet ihre Lieder auf, legt ein Wörterbuch ihrer Sprache an, des »Rotwelschen«, kauft von einem alten Zirkus-Clown eine Concertina und drückt sie seinem neuen musikalischen Partner in die Hand: Schobert Schulz, der ihn bei den *Landstreicherballaden* auf diesem Instrument begleitet. 1964 nimmt Rohland bei der Gesellschaft Thorofon seine erste Schallplatte auf. Sie enthält literarische Chansons in Vertonungen des Sängers wie Werner Helwigs *Ich schaukle meine Müdigkeit,* ein Abendlied, von Peter Rohland mit einer Melodie unterlegt, die durch ihren natürlichen Fluß besticht, oder

Manfred Hausmanns grausige Balladeske *Herr Glomme,* deren Heimlichkeit die dunkle Stimme des Interpreten und der tückisch wiegende Rhythmus musikalisch vertiefen. Ebenfalls 1964 gelingt es Peter Rohland gemeinsam mit den Brüdern Kröher, einen schon im Herbst 1961 ausgebrüteten Plan zu realisieren. Sie rufen auf Burg Waldeck im Hunsrück das Festival *Chanson Folklore International* ins Leben, das sie als eine Art Bauhaus des Lieds verstehen. Ein berechtigter Anspruch – nahezu alle Vertreter der sogenannten Liedermacherszene beteiligen sich in der Folge am Waldecker Treffen, erringen auf der Burg ihre ersten Erfolge: Hannes Wader, Reinhard Mey, Franz Josef Degenhardt, Dieter Süverkrüp, Walter Moßmann, Hanns Dieter Hüsch, Christof Stählin, Walter Hedemann und natürlich die Initiatoren selber. So stellt Rohland beim Waldecker Festival 1965 seine *Lieder deutscher Demokraten 1848* vor, ein Programm, das ihn ein weiteres Mal als Wegbereiter auszeichnet, denn Süverkrüp, Wader, die Gruppen Zupfgeigenhansl, Liederjan und Ougenweide treten das Erbe des Sängers an, übernehmen seine demokratischen Lieder und statten ihm auf ihre Weise Dank für seine Anregung ab. Doch Peter Rohlands Bemühungen stoßen anfangs auf taube Ohren. WALTER MOSSMANN bekennt in einem Interview:

»1965/66, als ich die 48er Lieder von Peter Rohland gehört habe, fand ich sie nicht so gut wie die raffinierten Zeitgedichte von Heine. Heute denk ich anders. Ich bin selber vom Podest runter gekommen, hab andere Erfahrungen gemacht.«

Das dritte Waldecker Festival geht Pfingsten 1966 über die Bühne. Peter Rohland mit seiner Gitarre ist nicht mehr dabei. Durch eine heimtückische Gehirnkrankheit starb er plötzlich im Alter von 33 Jahren. Und schon beklagt HEIN KRÖHER:

»Nirgends im Programm des Festes war ein Wörtchen, eine Note der Erinnerung an ihn zu hören...«

Rasch entflieht der Name Peter Rohlands dem Bewußtsein des Publikums, verschwindet das Werk des Sängers in der Versenkung. Zu seinem zehnten Todesjahr jedoch publiziert seine Schallplattenfirma Thorofon eine Kassette mit dem Gesamtwerk Peter Rohlands: fünf Langspielplatten, zum Teil mühselig aus dem Privatarchiv des Sängers zusammengeschnitten. Der erwartete und angemessene Schallplattenpreis für die editorische Leistung bleibt aus. –

In einem kurz vor seinem Tod geführten Interview kommentiert Peter Rohland seinen Interpretationsansatz:

»Der Chansonnier, auch der Volksliedsänger, will seinem Publikum etwas sagen – von rein gefühlsbetontem Gesang halte ich nichts, selbst ein ›rein‹ lyrisches Chanson ist ohne intellektuelle Interpretation ein Unding. Chansons, ja, selbst Volkslieder, dürfen wir heute nicht mehr unreflektiert singen.«

Peter Rohland will nicht der Rattenfänger seiner Zuhörer sein, will sie nicht mit Sentimentalität und billigen Effekten umgarnen, sie nicht durch hohles Pathos blenden. Sein Wille zur objektiven Aussage, zur aufklärerischen Kunde, zur Mitteilung dokumentiert sich im dosierten Einsatz seines nahezu omnipotenten stimmlichen Materials. Nie läßt der Sänger sich verführen, es als tönenden Selbstzweck einzusetzen, mit ihm zu prahlen, vielmehr ordnet er den Gebrauch seiner Stimme in kluger Selbstbescheidung der textlichen Botschaft unter. Seine Interpretation des Liedes *O König von Preußen,* in dem ein Soldat den brutalen militärischen Drill beklagt, läßt jede laute, agitatorische Geste, jeden Unterton des Hasses vermissen. Im Gegenteil – Rohlands Vortrag ist einfach, schlicht, von hohem ästhetischen Reiz; so schafft er eine dialektische Spannung zwischen Inhalt und Wiedergabe, so betont er die im Text angesprochenen Greuel. Der Haltung des Interpreten entspricht die des Komponisten. Rohlands Vertonungen der *Lieder des François Villon* etwa imponieren zwar durch ihre kantablen und expressiven

Linien, versperren sich aber dem reinen Amüsement, der bloßen Konsumierbarkeit, indem sie zu asymmetrischen Bildungen neigen und freche Harmonien aufblitzen lassen. ECKARD HOLLER würdigt den engagierten Künstler: »Peter Rohland besaß ein sicheres Gespür für Lieder, in denen eine noch nicht abgegoltene Vergangenheit erscheint, so daß sein Singen eine politische Funktion erfüllt (...) Als roter Faden zieht sich durch sein Repertoire die Solidarität mit unterdrückten Minderheiten, ins Asoziale abgedrängten einzelnen und mit Gruppen, die sich für Menschenwürde und Freiheit engagieren. Selbstbetroffen von einer Gesellschaft, die ihre Menschen zu Funktionsteilen im Wirtschaftsprozeß verstümmelt, fand Peter Rohland im Gesange seine individuelle Möglichkeit, uns – wie er selbst sagte – ›auf das Ungeheuerliche aufmerksam zu machen, an dem wir Tag für Tag mitwirken‹.«

Literatur

Oss und Hein Kröher, *Rotgraue Raben. Vom Volkslied zum Folksong*, Heidenheim 1969; Helga Mees/Heinz Mees/WG Reinheimer (Hg.), *Peter Rohland*, Rüsselsheim 1976; Florian Steinbiß, *Deutsch-Folk. Auf der Suche nach der verlorenen Tradition*, Frankfurt a. M. 1984.

Diskographische Hinweise

Peter Rohland. Das Gesamtwerk: Lieder deutscher Demokraten 1848/Lieder des François Villon/Jiddische Lieder/Landstreicherballaden/Lieder von anderswo (THOROFON THK 151/5).

Christof Stählin (t/m)
geb. 18. 6. 1942 Rothenburg/o. T.

Ein altes Märchen erzählt von einem Wettstreit zwischen Schneider und Schmied: Der Amboßmann fordert das Schneiderlein auf, einen mächtigen Hammer zu schwingen. Der Ellenmann versagt, bittet aber nun den Schmied, eine zarte Nadel zu erfassen – dessen zwar starke, aber schwielige Hände sind nicht in der Lage, die Nadel vom Boden aufzuheben. Teilte man die deutschen Dichtersänger in Schmiede und Schneider ein, so gehörte Christof Stählin zur letzteren Zunft, denn sein Instrument ist die Nadel. Mit ihr vermag Stählin Gedichte von zartester Poetik anzufertigen und filigrane Wortarbeit zu leisten. Aber er setzt die Nadel auch aggressiv ein: Auf dem Titelblatt seines Buches *Mag denn keiner die Bundesrepublik?* spießt er die Bundesrepublik, dargestellt durch einen Fetzen Papier, einem toten Insekt gleich, mit Nadeln auf. Wie ein Präparator jedoch will Stählin nichts zerstören, benutzt er nicht den Hammer, sondern führt er den schlanken Stahl, um zu konservieren, um zu bewahren, was in unserer Gesellschaft oft zerstört und auf den Müll geworfen wird. Doch: Stählins Nadel piekst nicht nur. Sie ist eine erbarmungslose Waffe, wenn es darum geht, Wortballons zum Platzen zu bringen, die hohle Aufgeblasenheit modischer Begriffe zu demaskieren. Um den Kampf mit der Nadel ausfechten zu können, benötigt Christof Stählin Distanz, einen Posten, der es ihm erlaubt zu beobachten. So hat er sich für ein Leben abseits der Großstadt entschieden, für die Provinz, die ihm auch erste Heimat gewesen ist. Seine Kindheit hat Stählin in Mittelfranken erlebt, 1956 zieht er nach München. In der bayerischen Metropole nimmt er von 1957 bis 1960 Unterricht bei dem Lautenlehrer Oscar Besemfelder, der ihn im Liedspiel und in der Satztechnik ausbildet. Nach dem Abitur und seiner Bundeswehrzeit studiert Stählin vergleichende Religionswissenschaft und Völkerkunde zunächst in Marburg, danach in

Bonn, schließlich in Tübingen, wo er bis heute (1987) wohnt. 1963 beginnt Stählin, gemeinsam mit Michael Wachsmann aufzutreten. Ihr Repertoire, es reicht von englischen und deutschen Renaissance- und Barockliedern bis zu modernen Chansons, stellen die beiden Sänger 1964 im Rahmen des Festivals *Chanson Folklore International* auf Burg Waldeck vor. Auch in den folgenden Jahren, bis 1969, ist Stählin auf diesem legendären Treffen vertreten. Die »Waldecker Jahre« bringen dem Sänger erste Schallplattenerfahrungen ein: Er wirkt auf dem Sampler *Makaber macht lustig* mit. Ende der sechziger Jahre kann Stählin sein erstes Programm mit eigenen Beiträgen präsentieren, doch erst 1973 produziert er es unter dem Titel *Privatlieder* für die Schallplattengesellschaft Intercord. In einem auf der Hülle der *Privatlieder* abgedruckten Interview äußert sich Stählin ziemlich unwirsch über die Vermarktung seiner Lieder:

»Der kommerzielle Musikmarkt hat so seine Gesetze und sein Vokabular. Sympathisch ist mir das alles nicht, aber ich habe mich da auch nirgends hineingedrängt.«

So zieht Stählin Mitte der siebziger Jahre die Konsequenzen aus seiner Abneigung gegen die Musikvermarktungsbranche. Er gründet die Verlags-GmbH Nomen + Omen, unter deren Signet er fortan eigene Schallplatten- und Buchprojekte realisiert und auch Arbeiten befreundeter Künstler veröffentlicht. Die erste Produktion mit eigenem Label sind Stählins *Lieder für andere* – zu ihnen gehört der Text *Verstopft,* der sich ironisch gegen Okkupationen wehrt, mögen die Besatzungsmächte Wörter, Institutionen oder Wissenschaftstheorien heißen. Der Refrain des Liedes verrät gar Programmatisches: »Beißende Säure/Ätzende Lauge/Reicht mir was langes Spitzes herein/Zum Stechen zum Stochern/Zum Sticheln zum Bohren/Laßt mich da durch/Ich muß da raus/Ich muß da rein.« Die Stählinsche Nadel – bei

Christof Stählin

den *Liedern für andere* offenbart sie sich erstmals in ganzer Schärfe! Für den virtuosen Umgang mit diesem Instrument wird Christof Stählin denn auch 1976 mit dem Deutschen Kleinkunstpreis, Sparte Chanson, geehrt. 1977 legt der Sänger eine Schallplatte mit Liedern Johann Christian Günthers vor – eine Veröffentlichung, die ein rein kommerziell orientiertes Unternehmen nie gewagt hätte. Günther, ein zwar hochkünstlerischer, von Goethe aber geschmähter Barockdichter, wurde von der Literaturwissenschaft oft moralisch diffamiert, und so ist zu erwarten, daß das Projekt nicht mit einem Verkaufserfolg Hand in Hand geht. Dennoch wagt sich Stählin an die Rehabilitierung des unterschätzten Dichters und die Vertonung seiner Gedichte. Die Ergebnisse zeigen, wie einfühlsam Stählin mit den Poemen anderer Autoren umzugehen weiß, wie adäquat er textinhaltliche Strukturen musikalisch umzusetzen vermag. Dem Güntherschen Gedicht *Abschied von seiner ungetreuen Liebsten (Wie gedacht)* etwa unterlegt Stählin einen Tonsatz, der die klagenden Enjambements der Verse und ihre Metrik geschmeidig umkleidet. Bei seiner ersten Günther-Platte wie auch bei seiner zweiten, die 1979 folgt, steht dem Dichtersänger aus Tübingen ein prominenter Partner zur Seite: der bedeutende amerikanische Trompeter Edward Tarr. Gemeinsam mit ihm hat Christof Stählin 1974 das einzigartige Ensemble Fanfare der Poesie gegründet, wie es im Hüllentext heißt, und gemeinsam mit ihm nimmt er 1978 die Schallplatte *Das Einhorn* auf. Sie manifestiert die visionäre Kraft des Dichtersängers, dessen Phantasie aber nicht kosmische Weiten sucht, sondern sich am Alltäglichen, am scheinbar Selbstverständlichen entzündet: Stählin eröffnet Dingen, die jeder sehen kann, neue Dimensionen. In seinem *Schneeflockentanz* beschreibt Stählin lyrisch, doch mit der Präzision eines Chirurgen ein optisches Phänomen: Schaut man bei Schneefall gen Himmel, so sieht der Betrachter nach einer Weile in seinen Augen Schlieren auf- und absteigen, die im Ensemble mit den Schneeflocken eine atemberaubende Choreographie vorlegen. Mit wahrer Entdeckerfreude dringt Stählin in diese winzige Zone der menschlichen Wahrnehmungswelt vor, ist er fähig, von ihr Kunde zu geben, da seine Phantasie konkret, überprüfbar, somit kommunikativ ist. Der Sänger formuliert sein Anliegen: »Meine Aufmerksamkeit bewegt sich dort, wo das Privateste allgemein ist, wo das Triviale ins Geheimnisvolle umschlägt.«

Dem »Gewimmel« des *Schneeflockentanzes* verleiht Stählin aber nicht nur sprachlich und gedanklich Ausdruck, sondern er setzt es auch musikalisch um. Er unterlegt dem Lied keine akkordische Begleitung, sondern einen polyphonen Satz, dessen kreisende, ineinander verzahnte Stimmführungen, realisiert von Laute, Kontrabaß, Trompete, Alt und Countertenor, dem Wirbel der Schneeflocken und den Netzhautschlieren folgen. Stählins Produktion *Das Einhorn* und mit ihr auch *Der Schneeflockentanz* erhält 1979 den Deutschen Schallplattenpreis. Im Auftrag der Berliner Festspiele GmbH schreibt Stählin zwei Jahre später ein Programm zum Preußen-Jahr: *Schneeluft im Treibhaus.* Der Titel der ersten Nummer, *Sinnliche Annäherung,* erläutert das Vorgehen des Autors. Stählin fragt: Was von Preußen ist heute im Alltag spürbar, in unserer Erziehung, in unserem Staatswesen, im Verhalten von Bürgern und Politikern? Und ihm gelingt es, wie in einem komplizierten chemischen Prozeß, das preußische Element aus der Schmelzmasse der bundesrepublikanischen Gesellschaft zu lösen. Stählins Lamento *Was ist uns von Preußen geblieben?* gibt uns eine wichtige Antwort: »Nicht weinen, früh aufstehn, nie krank sein,/gerade sich halten und schlank sein,/nicht lügen und Schmerzen verbeißen,/das ist uns geblieben von Preußen.//Nur das essen, was wir bedürfen,/ und nur das tun, was wir auch dürfen,/die Dürftigkeit von Kirchenmäusen/steckt tief in uns drinnen seit Preußen.« Den Staat Friedrichs des Großen respektiert

Stählin als starke Macht; er unternimmt nicht den aussichtslosen Versuch, Preußen niederzureiten, in Grund und Boden zu treten. Er schleicht sich quasi an den Gegner heran, kreist ihn ein und gelangt so zu einer packenden Interpretation von geschichtlichen Vorgängen: Betroffen macht sie, baut keine objektivierende Distanz auf, läßt vielmehr spüren, daß Geschichte nichts Verstaubtes ist, nichts mit Papiergrüften zu tun hat, sondern den Menschen von heute berührt, ja, prägt. Die Behutsamkeit, mit der Stählin sich dichterisch an das Thema herantastet, findet eine musikalische Entsprechung. Seine »Preußengesänge« bevorzugen die ruhigen Sechsachtel-Takt und Melodien, die dem Wiegenlied oder der Siciliana des 18. Jahrhunderts nahestehen – und nicht etwa dem *Hohenfriedberger Marsch.* Angeregt durch seine Beschäftigung mit Preußen, versucht Stählin, sich auch der Bundesrepublik poetisch zu nähern. *Mag denn keiner die Bundesrepublik?* heißt sein neues Programm, das 1984 bei »Nomen + Omen« als Schallplatte und Buch erscheint. Seine Auseinandersetzung mit der Bundesrepublik – bei aller fundamentalen Kritik eine literarische Landesverteidigung – löst einen der spektakulärsten Fälle von Fernsehzensur in den achtziger Jahren aus: Im Mai 1986 lädt Dieter Hildebrandt den Dichtersänger ein, an der satirischen Fernsehsendung *Scheibenwischer* mitzuwirken und Teile seines Bundesrepublik-Programms vorzustellen. Unter Berufung auf einen Satz Stählins, aus dem man angeblich herauslesen könne, die Bundesrepublik sei ein großes KZ, verbietet Fernsehdirektor Oeller vom Bayerischen Rundfunk, diese Folge des *Scheibenwischer* zu senden. Der krasse Fall von Zuschauerbevormundung spitzt sich zu, als der Intendant des Bayerischen Rundfunks, Reinhold Vöth, sich schützend vor Oeller stellt und erklärt, der mündige Bürger sei im Rundfunkgesetz nicht vorgesehen. Doch durch ihr Handeln und Reden entlarven Oeller und Vöth sich als borniert Programmverantwortliche – den Zwischentönen gegenüber taub und impotent, Stählins ach-so-anstößige Aussage zu verstehen: »Ich wollte etwas Positives über mein Land sagen. Da haben sie mich gefragt, wer denn eigentlich dahintersteht. Da sagte ich, es habe Mängel, aber es sei doch immerhin kein großes KZ, wie manche behaupten. Da fragten sie, wer denn da eigentlich bezahlt.« –
Christof Stählin möchte nicht als Liedermacher bezeichnet werden. Er wehrt sich gegen den Begriff, den Wolf Biermann analog zum Brechtschen Stückeschreiber erfand, der ursprünglich also eine Aussage hatte, dann aber zum kommerziellen Etikett verkam. Christof Stählin hängt sich nicht in Trends, steigt nicht in die Spurrillen populärer Vorläufer, benutzt nicht den von der Masse ausgetretenen Trampelpfad. Christof Stählin ist ein Einzelgänger, findet eigene Wege und am Rande von ihnen immer neue Sehenswürdigkeiten: Dinge, Körper, Vorgänge, meist auf den ersten Blick unscheinbar, unwichtig, dann aber durch den Dichtersänger in Bezug zum Leben gesetzt, in große Zusammenhänge gestellt. In seinem Lied *Der Staub* besingt er die stille Großmacht der grauen Partikel, die alles besiegt, in *Die Welle* beschreibt er das Leben und Sterben einer solchen, und selbst den Jahreszeiten mit ihrer reichen lyrischen Tradition vermag Stählin noch neue Farben abzugewinnen *(Herbstlied, Frühlingslied).* Eines der wichtigsten Themen des Sängers jedoch ist die Sprache selber. Sie klopft er auf Hohlstellen ab, entlarvt konsequent ihre Leerformeln und weist auf die Abhängigkeit von Sprache und Gesellschaft hin. Indem Christof Stählin immer wieder bloßlegt, wie sehr weltanschauliche Haltungen und Begriffe sich in Wörtern und Worten verraten, und er seine Hörer stets mahnt, sich nicht vom falschen Zungenschlag verführen zu lassen, offenbart er sich als ein Dichter und Sänger mit politischem Verantwortungsbewußtsein: kritisch gegenüber den Verpackungskünsten und willens, wohlklingende Phrasen als Lügen zu entlarven.

Veröffentlichungen

Findelkinder. (Lieder, Gedichte, Prosa), Tübingen 1981; *Mag denn keiner die Bundesrepublik?*, Tübingen 1984.

Literatur

Thomas Rothschild, *Liedermacher. 23 Porträts*, Frankfurt a.M. 1980; Kaarel Siniveer, *Folk Lexikon*, Reinbek 1981.

Diskographische Hinweise

Christof Stählin. Privatlieder (Intercord 161.004); *Christof Stählin. Lieder für andere* (Nomen + Omen XOX 1); *Christof Stählin. Lieder von Johann Christian Günther. Zwei Teile* (Nomen + Omen XOY 2 bzw. XOA 4); *Christof Stählin. Das Einhorn* (Nomen + Omen XOZ 3); *Christof Stählin. Feuer, Wasser, Luft und Erde* (Nomen + Omen XOC 7); *Christof Stählin. Wie das Leben schmeckt* (Nomen + Omen XOE 9); *Christof Stählin. Schneeluft im Treibhaus* (Nomen + Omen XOF 10); *Christof Stählin. Mag denn keiner die Bundesrepublik?* (Nomen + Omen XOG 11); *Christof Stählin. Geheime Hymnen.* (Nomen + Omen XOI 13).

Dieter Süverkrüp (t/m)
geb. 30. 5. 1934 Düsseldorf

»Ich bin kein belesener Heine-Kenner. Aber darin scheinen mir neben ihrer ähnlichen Wirkung zu verschiedenen Zeiten und also unter verschiedenen Voraussetzungen die beiden ähnlich zu sein, in dieser Abmischung von Empfindlichkeit und Spott, Einfühlsamkeit und Ironie – Heinrich Heine und Dieter Süverkrüp.« Auch wenn Franz Josef Degenhardt seine Kompetenz eingangs relativiert, ist der Vergleich angemessen: Süverkrüps Herz schlägt wirklich im selben Takt wie das seines Dichterahnen, besteht wie dieses aus zwei von Sensibilität und Ironie gefüllten Kammern. Zudem gleichen sich beide Poeten in dem Bemühen, ihre Empfindsamkeit nicht zur Schau zu stellen, sich nicht in die Falten ihrer Psyche blicken zu lassen. Heine schützt seine seelische Achillesferse meist, indem er sich von den Äußerungen des Gefühls durch eine witzige Pointe distanziert. Sein literarischer Nachfahre hingegen hat ein reicheres Arsenal an Schutzmitteln zur Verfügung, kann er doch auf eine längere Tradition des deutschen demokratischen Liedes zurückblicken, mit der Gitarre auf ein zusätzliches Medium zurückgreifen, mit seiner Musik eine zweite Dimension des Ausdrucks erschließen. So bedient sich Süverkrüp gern des skurrilen Wortspiels nach der Machart Erich Mühsams. Kreiert der von den Nationalsozialisten ermordete Autor in seinem Kabarettchanson *Der Anarchisterich* die Vokabeln Attentatterich oder Bombonnière, so funktioniert Süverkrüp in seinem Lied *Schnulze et iucundum est, für's Vaterland zu sterben* eine Reihe von Begriffen um, läßt aus ihnen hintersinnige Wortgebilde erwachsen: Humanitäteräh, täteräh, täteräh, Korrumpelstilzchen, Omniboß. Um die ironische Distanz zu schaffen, operiert der Dichtersänger häufig aber auch messerscharf mit der musikalischen Parodie: So »terzelt« er, geschickt wie ein Tanzbodenmusikant, einen Ländler aus, um in seinem *Bayerischen Heimatlied* die platten Sprüche eines hochgebildeten Parteivorsitzenden zu entlarven; und in seiner bitterbösen Karikatur *Es ritten zwei Herren* nimmt er zu feudalen Klängen, die an Johann Sebastian Bachs *Brandenburgisches Konzert Nr. 3* gemahnen, das Techtelmechtel kapitalistischer Großausbeuter aufs Korn – die Taktik jener berufschristlichen Herrenreiter, die es allein zum Wohle ihrer Kaste vermeiden, sich gegenseitig die Augen auszuhacken, und nicht, weil sie Menschenfreunde sind. Wie Heinrich Heine, sein Bruder in Apoll, vermeidet Süverkrüp den Vorschlaghammer, zieht er für seinen Kampf das geschmeidige Florett vor, bleibt er in der

Dieter Süverkrüp

Wahl der Wörter elegant, im musikalischen Rhythmus federnd, in der interpreta-
torischen Artikulation leicht. Eine weitere Gemeinsamkeit: Beide Poeten stammen aus Düsseldorf. Süverkrüp besucht in der Stadt am Rhein von 1945 bis 1951
ein humanistisches Gymnasium, erhält 1948 seinen ersten Gitarrenunterricht,
verfaßt im gleichen Jahr erste Balladen, verulkt mit ihnen den Lehrstoff, verläßt
vor dem Abitur die Schule, studiert von 1951 bis 1954 an der Düsseldorfer
Werkkunstschule, arbeitet ab 1955 als Werbegraphiker in einer Agentur seiner
Heimatstadt, spielt zur gleichen Zeit Gitarre in der Jazz-Combo Feetwarmers
und erhält 1957 beim Deutschen Amateur-Jazz-Festival die Anerkennung zum
»besten Jazzgitarristen«. 1958 lernt er Gerd Semmer kennen, den Mitarbeiter
Erwin Piscators. Für eine Büchner-Inszenierung des Regisseurs, *Dantons Tod,*
übersetzt Semmer Gesänge der Französischen Revolution. Süverkrüp vertont die
Adaptionen, behält sie über Jahre im Repertoire, nimmt sie mehrmals für die
Schallplatte auf (erstmals 1959 beim VEB Eterna) und schreibt später auch die
Musik zu Semmers eigenen deutschen Liedern gegen Krieg und Atomrüstung
(Strontium 90, Der kalte Krieg, Das Lied von der Chance). Diese fruchtbare Zusam-
menarbeit wird 1967 durch den frühen Tod Semmers beendet. 1960 beginnt
Süverkrüp, selbst politische Lieder zu schreiben, zwei Jahre später gehört er zu den
Mitbegründern des »pläne«-Verlages, ab 1964 besucht er als aktiver Teilnehmer
das »Bauhaus des europäischen Liedes«, das Festival *Chanson Folklore Internatio-*
nal auf Burg Waldeck, und 1965 legt er seine erste Langspielplatte vor, *Fröhlich ißt*
du Wiener Schnitzel. Thomas Rothschild kommentiert:

»Die Qualitätsschwankungen sind noch groß, Süverkrüp hat zu dieser Zeit noch nicht seinen eigenen Stil gefunden. Das ›Lied eines heiseren Kindes‹ zum Beispiel ist ein nicht besonders anspruchsvolles Geblödel, eine Parodie auf ›Uncle Satchmo's Lullaby‹ und ähnliche von Kinderstars geplärrte Schlager.«

Und dennoch präsentiert die Schallplatte einen Autor, dessen künstlerische Handschrift ein ausgeprägtes, individuelles Bild zeigt, erweist sich Süverkrüp schon als Meister des für ihn typischen Wortverschnitts, der Verballhornung: In seinem Bericht *Wie man in Düsseldorf eine Kunstausstellung eröffnet* brandmarkt er das hohle Geschwafel sogenannter Kenner, die in nackte weiße Flächen kosmogone Tiefen und soziales Engagement hineinfaseln – mit Wortbildungen wie zeitgenießerisch, monomanikürtes Betragen, Mercedes Benzyniker, cogito ergo konsum, rustikalauern, Dekorativstapler. Und in der Nummer, die der Schallplatte den Titel gibt, einer Montage über den deutschen Michel, den Anpasser und überzeugten Radfahrer, offenbart Süverkrüp seine ausgeprägte Fähigkeit, sich den Jargon politischer Gegner für seine Beweisführung zunutze zu machen, seine Feinde gewissermaßen zu zitieren, um ihre doppelte Moral an den Tag zu bringen. 1967 gestaltet der Dichtersänger gemeinsam mit Franz Josef Degenhardt, Hanns Dieter Hüsch und Wolfgang Neuss beim Saarländischen Rundfunk ein Programm, das als Buch unter dem Titel *Da habt ihr es* erscheint. Im Vorwort heißt es:

»Vier Exponenten einer neuen kabarettistischen Form, die dem Nummernkabarett herkömmlicher Prägung eine radikale Absage erteilt, stellen Texte und Lieder des politischen und sozialkritischen Protests vor, die mit ihrer konkreten, engagierten Aussage das Publikum aus der kulinarischen Attitüde des amüsierten Bürgers herausreißen und es zu kritischer Auseinandersetzung und verbindlicher Stellungnahme herausfordern.«

Ein Statement, das den Geist der Studentenrevolte von 1968 widerspiegelt, sich gegen den deutschen Ohnemichel wehrt, der lauen, nach allen Seiten hin offenen Liberalität den Kampf ansagt, die Kunst als Waffe des sozialen und politischen Kampfes definiert; ein Statement, dessen Gedanken sich auch deutlich in der 1967 produzierten Schallplatte *Die widerborstigen Gesänge des Dieter Süverkrüp* widerspiegeln. Da formuliert der streitbare Autor in dem Song *Wünsche des Publikums an den Sänger* ironisch: »Klag' an das Leid, doch bleib' dabei poetisch,/damit du uns nicht aus der Stimmung bringst«. Da singt er die *Erschröckliche Moritat vom Kryptokommunisten,* um ein zähnefletschendes, kinderfressendes Monster in ausgelatschten Unterwanderstiefeln vorzustellen, das Kaugummiautomatenabziehbild eines Kommunisten zu zeichnen. Da attackiert er mit dem *Kinderchor für einen sauerländischen Zwergenbahnhof* den Bundespräsidenten Heinrich Lübke, reißt seine Witze über den Politiker (»Du hast den Charme der letzten deutschen Kaiser«), dreht dann jedoch den Spieß um, nimmt den senilen Würdenträger aus der Schußlinie und an seiner Statt diejenigen Intellektuellen aufs Korn, die ihr Pulver auf den klapprigen Lübke verschießen, hernach aber, wenn es gilt, effektive politische Arbeit zu leisten, als impotente Schlappschwänze dastehen; so klar Süverkrüp im *Kinderchor* seine Kritik formuliert, so diffizil legt er seinen musikalischen Spott an, imitiert er doch gerade die Melodie, zu deren Tönen einst Frank Wedekind ein ebenfalls wenig brillantes Staatsoberhaupt verspottete: Kaiser Wilhelm II., auf den der Bürgerschreck das kecke Gedicht *König David* münzte. Dem Vietnam-Krieg, einem zentralen Thema in der Studentenbewegung der endsechziger Jahre, diesem Schlachthof der Machtblöcke, der viele Künstler veranlaßt, ihr Tun als sinnlos anzusehen, ihm widmet Süverkrüp eine weitere 1967 publizierte Platte: *Vietnam,* ein Oratorium, das in Zusammenarbeit mit dem politsatirischen Kabarettensemble Floh de Cologne entsteht. 1969 produziert der Sänger das

Album *Ça ira,* eine klingende Anthologie, die sein Repertoire von Liedern der Französischen Revolution zusammenfaßt. Der Covertext erläutert: »Unsere Platte gibt den unbekannten Vorfahren wieder das Wort. Sie will im Lied die Spuren der Geschichte finden, damit, wie Walter Benjamin sagt, die Überlieferung von neuem dem Konformismus abgewonnen werde, nicht als Beute oder Erbe, sondern als ›Zuversicht, als Mut, als Humor, als List, als Unentwegtheit in diesem Kampf‹ um Freiheit, Gleichheit, Brüderlichkeit.«

Um die Spuren der Geschichte zu sichern, die *Ça-ira*-Lieder nicht als verkohlte Reste der Vergangenheit zu deuten, sondern ihre Wirksamkeit in der Gegenwart, ja, ihre Aktualität zu demonstrieren, verwendet Süverkrüp überleitende Zwischentexte, die das historische Umfeld der Gesänge klären – kurz, knapp, informativ, ohne zu dozieren, mit einer Leichtigkeit in der Darstellungsweise und einem Witz, der in den schwungvollen, stilistisch mit gutem Gespür eingerichteten Arrangements Henry Krtschils eine adäquate Entsprechung findet. *Der heilige Vater* – so heißt ein Spottlied des *Ça-ira*-Albums. *Der heilige Vater* – so nennt sich aber ebenfalls ein Song der 1970 veröffentlichten Schallplatte *Süverkrüps Hitparade,* in dem der Sänger die historische Vorlage verarbeitet, sie auf jene selbst in Kreisen der katholischen Kirche für unrealistisch gehaltene Enzyklika des Pillen-Papstes Paul zuschneidet. Sind die Inhalte, die Zielscheiben der Kritik in *Süverkrüps Hitparade* auch nicht neu, wagt der Sänger sich doch klanglich weit in neue Gefilde, lassen seine Kompositionen den Einfluß der experimentellen Musik der späten sechziger Jahre erkennen: Er bricht die Allmacht des archetypischen Strophenliedes, setzt Montagetechniken ein *(Die Revolution ist beendet),* hantiert in seiner Parodie *Kunsthalle* virtuos mit den Rezepturen der musikalischen Avantgarde, läßt das hermetische Geschwafel der Eingeweihten, der Kunstjünger durch Cluster, Staubtöne, scheinbar aleatorische Tonketten, Geräuschfolgen, weit ausschwingende Glissandi der Gitarre und durch Hilfsinstrumente kommentieren. 1971 betritt Süverkrüp neues Terrain, veröffentlicht er das Kinderlied *Der Baggerführer Willibald,* in dem er versucht, die traditionelle Gattung mit offenen politischen Elementen anzureichern – ein Verfahren, das er 1975 wieder aufgreift, als er gemeinsam mit den Jazzmusikern Wolfgang Dauner, Albert Mangelsdorff, Eberhard Weber, Volker Kriegel und Ack van Rooyen das Kinder-Musical *Das Auto Blubberbumm* produziert. Mit der Schallplatte *1848 – Lieder der deutschen Revolution* setzt der Sänger 1973 seine Aufarbeitung traditioneller Revolutionslieder fort, sich in der Form an seine *Ça-ira*-Kollektion von 1969 anlehnend, nicht so elegant im Gestus der Sprache, nicht so farbenfroh im Arrangement der Begleitmusik, aber unnachgiebig und eindringlich in der politischen Forderung. 1974 übernimmt Süverkrüp bei dem »Konzert für Victor Jara« die Uraufführung einer Komposition von Hans Werner Henze auf einen Text von Rudi Bergmann (»Dieser chilenische Sommer war süß«); zudem erscheint seine Schallplatte *Süverkrüp live.* Zwei Jahre später geht sein Melodram *Alwin und Alwine - ein Musikerschicksal* über die Bühne – im Rahmen der Kölner Kurse für Neue Musik. 1977 spricht ihm das Kultusministerium der DDR den Heinrich-Heine-Preis zu; Ende der siebziger Jahre zieht er mit Hans-Georg Lenzen, seinem ehemaligen Lehrer an der Werkkunstschule, durchs Ruhrgebiet, um Stadtlandschaften zu zeichnen, Bilder, die auf einer Wanderausstellung in Nordrhein-Westfalen sowie in Berlin (West) zu sehen sind. 1980 kann Süverkrüp sein neues Album *Soweit alles klar* präsentieren: Im Titelsong stellt er die Dunstglocke der Reklamesprache bloß, in dem Melodram *Tach, Frollein* zeichnet er über einem Klangteppich am Free Jazz orientierter Elemente warnend eine Horrorvision der Bundesrepublik, während er in *Armes Rathaus* zu barockalen Sequenzen die bürgerliche Kommunistenangst auf die Schippe nimmt. 1986 versucht der Sänger an der Seite des Sprechers Walter Andreas Schwarz, Erich Mühsam, den verbrannten Dichter, den von den Nationalsozialisten brutal ermordeten Idealisten, den empfindsamen Seismographen all der politischen Strömungen, die zu den beiden Weltkriegen geführt haben, wieder in das Bewußtsein der Öffentlichkeit zu rücken: Mehr noch als bei seiner *Ça-ira*-Produktion des Jahres 1969 gelingt es Süverkrüp mit der Schallplatte *Erich Mühsam: Ich lade Euch zum Requiem,* die Lieder und Prosatexte nicht als isolierte Nummern in mehr oder weniger zufälliger Reihenfolge darzubringen, sondern sie mit einer dramaturgischen Gesamtkonzeption zu verbinden, – mit dem Ziel, solche Menschen wach zu halten, die »auf dem beschwerlichen Weg in die Zukunft Mühsams Idealismus brauchen als Stärkung und Bestätigung«. –

Oss und HEIN KRÖHER, die Waldeck-Weggefährten Süverkrüps, notieren 1969: »Westdeutschlands eindringlichster Interpret des politischen Liedes ist Dieter Süverkrüp. Die Voraussetzungen dafür trafen sich bei ihm in Beruf und Hobby, er ist Art-Director einer Werbeagentur und spielt meisterhaft Gitarre. Die Arbeit in einer Werbeagentur macht ihn dazu fähig, seine Sprache dermaßen deutlich zu sprechen, seine Gedanken auch ohne Holzhammer-Methode auszudrücken und seinem Engagement eine Richtung zu geben, die beispielhaft für alle Interpreten und Texter des politischen Liedes ist.«

In der Tat ist Süverkrüp ein Virtuose des Wortes, beherrscht er die aphoristische Kürze, vermag er seine Kritik präzise wie einen Laserstrahl zu bündeln: »Die Wegwerfgesellschaft ist und bleibt eine Wegwerfgesellschaft!« – so einfach, so prägnant endet das Lied *Die Wegwerfgesellschaft,* das Süverkrüp 1975 für die Jugendsendung *Elfeinhalb* des Deutschen Fernsehens (ARD) schreibt. Aber auch der Musiker Süverkrüp ist ein versierter Vertreter seines Fachs. Ob als Komponist, als Sänger, als Instrumentalist – stets offenbart er sich als gewandter Verkleidungskünstler. In dem bitterbösen *Touristenflamenco* zeigt er auf seiner noblen Weißgerber-Gitarre beeindruckende spieltechnische Fertigkeiten, glänzt er mit einem singenden Tremolo, bringt er die Rasgueado-Wirbel einer Farruca überzeugend zu Gehör. Sein *Lied vom Tod* intoniert er stilsicher als Renaissance-Tänzchen; und in seinem *Phrix-Lied* läßt er Einflüsse von Kurt Weill und Django Reinhardt erkennen. Trotz seiner reichen Möglichkeiten als Autor und Interpret läßt sich Süverkrüp nie zur Show hinreißen, führt er seine Fertigkeiten nicht wie ein Jongleur vor, stellt er sie vielmehr konsequent in den Dienst der Aussage. GÜNTER WALLRAFF kommt zu dem Schluß:

»Süverkrüp will nicht gefallen, er erwehrt sich falscher Freunde, auch innerhalb der Linken, dort kritisiert er Fehlverhalten und falsches Revoluzzertum. Er vermeidet jedes Pathos, und wenn es pathetisch wird in seinen Gesängen, ist es das Pathos des Gegners, das er imitiert und gleichzeitig entlarvt.«

Veröffentlichungen

Franz Josef Degenhardt/Hanns Dieter Hüsch/Wolfgang Neuss/Dieter Süverkrüp: Da habt ihr es. Stücke und Lieder für ein deutsches Quartett, Hamburg 1968; Dieter Süverkrüp, *Liederbuch,* i.V.

Literatur

Oss und Hein Kröher, *Rotgraue Raben. Vom Volkslied zum Volksong,* Heidenheim 1969; Thomas Rothschild, *Liedermacher. 23 Porträts,* Frankfurt a.M. 1980; Rainer Otto/Walter Rösler, *Kabarettgeschichte. Abriß des deutschsprachigen Kabaretts,* Berlin (Ost) 1981.

Diskographische Hinweise

Fröhlich ißt du Wiener Schnitzel. Chansons von Dieter Süverkrüp (pläne S 22 301); *Die widerborsigen Gesänge des Dieter Süverkrüp* (pläne S 22 302); *Ça ira.Dieter Süverkrüp singt Lieder der französischen Revolution* (pläne S 11 101); *Süverkrüps Hitparade* (pläne S 22 303); *Dieter Süverkrüp. Zusammengesammelte Werke* (pläne S 0 200); *Dieter Süverkrüp. 1848 – Lieder der deutschen Revolution* (pläne S 11 102); *Süverkrüp live!* (pläne S 22 304); *Das Auto Blubberbumm. Ein Musical für Kinder (ab 8) von Dieter Süverkrüp und Wolfgang Dauner* (pläne K 20 903); *Dieter Süverkrüp. So weit alles klar!* (pläne 88 205); *Dieter Süverkrüp. Walter Andreas Schwarz. Erich Mühsam: Ich lade Euch zum Requiem* (pläne 88 502 G).

Henri Tachan (t/m)
geb. 2. 9. 1939 Moulins

Zwar zählen Jacques Brel und Juliette Gréco zu seinen Verehrern, zwar erhält er bedeutende Auszeichnungen für sein Schaffen, kann er mehrfach das *Olympia* passieren, jenes Pariser Mekka der Chansonniers, aber gleich seine erste Schallplatte fällt der Zensur durch den französischen Rundfunk zum Opfer, erreicht kein großes Auditorium; und auch seine folgenden Produktionen verkaufen sich nicht gerade glänzend. Der Grund liegt auf der Hand: Die Chansons von Tachan versperren sich dem breiten Publikum, dem schlichten Konsum, setzen oft einen ziemlich hohen Grad an Bildung voraus, programmieren konsequent ihre Exklusivität. Noch 1986 muß der Journalist JEAN-PIERRE HAUTTECŒUR in dem Periodikon *La croix* um Aufmerksamkeit für Henri Tachan werben, um die Würdigung eines von Fachleuten hochgeachteten, doch von der großen Öffentlichkeit weniger gefragten Künstlers bitten:
»Ein Mann, der nicht betrügt, der ebenso Zweifel hegt, wie er kindliches Erstaunen bewahrt, ein Dichter, der Beethoven, Schubert und die kleinen zerbrechlichen Noten Mozarts den Schlägen der Rock-Musik vorzieht – das ist zu selten im heutigen Chanson, um nicht unsere Achtung zu verdienen.«
Tachans anspruchsvolles Niveau, sein intellektuelles Reservat scheinen nicht durch Kindheit oder Jugend vorgegeben zu sein: Seine Eltern sind weder Musiker noch Literaten, und Henri fällt auch nicht als frühreifes Wunderkind aus dem Rahmen. Vielmehr arbeitet seine Mutter als Lehrerin, während sein Vater, ein Armenier namens Tachdjian, seinem Beruf als Mediziner nachgeht. Und Henri durchleidet seine Schulzeit, wie er später notiert, kämpft sich zunächst drei Jahre durch ein religiös ausgerichtetes Internat, besucht anschließend verschiedene Pariser Gymnasien. Nach den Pennälerjahren durchläuft Tachan die Hotelfachschule in Thonon-les-Bains, arbeitet er anschließend im Pariser Nobelhotel Ritz. 1961 zieht er nach Kanada, nach Montreal – immer noch als Garçon de restaurant tätig. Aber er beginnt nun, Gedichte zu schreiben und als Amateur in einem kleinen Chansonlokal aufzutreten: *Chez Clairette*. Hier begegnet er eines Tages Jacques Brel. Der Belgier zeigt sich begeistert von den Poemen Tachans, rät seinem jungen Kollegen, nach Frankreich zurückzukehren. So findet sich Tachan 1964 wieder in Paris ein, um sich auf Irrfahrt von einem Cabaret zum anderen zu begeben, jede Möglichkeit zum Auftritt wahrnehmend. Schon 1965 bringt seine Odyssee Resultate: Er bestreitet gemeinsam mit Juliette Gréco ein Chansonprogramm im *Olympia,* und seine erste Schallplatte *Les mauvais coups* erhält den Grand Prix du Disque. Henri Tachans Stammhaus wird die Music-hall *Bobino,* in der er zunächst Konzerte mit Félix Leclerc (1968), Pierre Perret (1970) und Georges Brassens (1972) gibt, später aber auch seine Récitals präsentiert (1982, 1983). –

Henri Tachan

Zur Domäne Tachans gehört die Technik, seinen Liedern klassische Musik zu unterlegen. Sein Chanson *Un piano* etwa, eine Liebeserklärung an ein altes Klavier, an ein Instrument, das viele Erinnerungen in sich birgt, basiert musikalisch auf einem Tonsatz Johann Sebastian Bachs. Zu den barockalen Klängen schwärmt Tachan von seinem Piano, wünscht ihm, von den Fingern Dinu Lipattis gestreichelt zu werden, und läßt seine Romanze schließlich in die Originalklänge des großen Pianisten münden. Auch bei seiner 1986 erschienenen Schallplatte *On n'retombe jamais en enfance* greift Tachan partiell auf klassische Vorlagen zurück: Für sein von Wortspielen lebendes Chanson *Dans »Saltimbanque«* benutzt er die Adaption eines Klavier-Capriccios von Antonín Dvořák, während sein meisterhaft gebautes Lied *Trémolos* sich an Motive aus Gustav Mahlers Erster Symphonie anlehnt. In *Trémolos* besingt der Auteur-compositeur-interprète die verschiedenen Spielarten des Tremolos: Wenn er traurig ist oder Lampenfieber ihn befällt, braucht er das lustige Tremolo des Banjos, um sich wie Tino Rossi oder Enrico Caruso zu fühlen; wenn seine Geliebte ihn verläßt, hilft ihm das Tremolo des Klaviers, wie Romeo zu weinen; in der Nacht jedoch bedarf er des Zitterspiels der Gespenster, um mit Alfred Cortot und Django Reinhardt den Geisterreigen zu tanzen. Tachan widmet sich aber nicht nur rein poetischen Themen, reist mit seiner warmen, erdigen Stimme nicht nur durch die Welt seiner Träume, sondern tritt auch als engagierter Kämpfer auf: Sein Chanson *Dans les orchestres militaires* höhnt den Militärs, in deren Orchester nur das brutale Blech erklingt, während die weichen Streichinstrumente fehlen; in *Les z'hommes* bringt Tachan seine Verachtung der Phallokraten und Machos zum Ausdruck; und in *La chasse* bezichtigt er die Frustierten, das Jagen als Kriegsersatz zu mißbrauchen. Zu den kritischen Chansons von Tachan zählt ferner sein bitterböser Gesang *Les jeux olympiques.* Ein Lied, das Werner Schneyder frei nachempfunden ins Deutsche gebracht hat. Doch trotz des exzellenten Versuchs des Wiener Kabarettisten, dem französischen Dichtersänger eine Brücke zu bauen, ist Henri Tachan heute in Deutschland so gut wie unbekannt, bleibt dem deutschen Publikum der Kontakt zu einem der bedeutendsten Vertreter des französischen Chansons versagt: »Das wäre eine Olympiade,/wenn sie tatsächlich Sportfest wär'/und nicht nur Militärparade/mit Sportgerät als Schießgewehr./Das wäre eine Olympiade/ohne den Nationalgestank/in einem Wettkampf ohne Gnade,/gedopt, pervers, verlogen, krank.«

Veröffentlichungen

200 Chansons, Illustré par Reiser, Gebe, Cabu, Wolinski, Willem, Hugot, Vuillemin, Sine, Nicouland et Carali. Préface de Cavanna, Paris 1983.

Literatur

Chantal Brunschwig/Louis-Jean Calvet/Jean-Claude Klein, *Cent ans de chanson française,* Paris 1981.

Diskographische Hinweise

Henri Tachan (Polydor 2 473 024); *Henri Tachan* (Polydor 2 401 127); *Henri Tachan* (AZ STEC 206); *Henri Tachan* (Barclay BA-213); *Henri Tachan* (AZ STEC 236); *Henri Tachan* (AZ/2 398); *Henri Tachan* (AZ/ 477); *Henri Tachan. On n'retombe jamais en enfance* (AUVIDIS AV 4470).

Barbara Thalheim (t/m)
geb. 5. 9. 1948 Leipzig

»Die Kranken werden geschlachtet, die Welt wird gesund,/Die Traurigen werden geschlachtet, die Welt wird lustig,/Die Alten werden geschlachtet, die Welt wird jung,/Die Feinde werden geschlachtet, die Welt wird freundlich,/Die Bösen werden geschlachtet, die Welt wird gut.« Verse, die Barbara Thalheim in einem 1983 entstandenen Programm rezitiert: *In der Macht ist der Mensch nicht gern alleine;* sie trägt die Zeilen über dem affirmativen, gleichschaltenden Ticken eines Metronoms vor, verzerrt so den Text ins Groteske, entlarvt so die Dummheit der Schwarzweißmalerei, wehrt sich derart gegen die plakative Kraft von Scheißhausparolen. Nein, einfache »Wahrheiten« zu verkünden – das ist nicht die Sache Barbara Thalheims; in den Gleichschritt zu verfallen – das ist nicht ihr Ziel. Aber: Wohlstandsbürger in feister Sattheit zu stören, Dogmatiker und missionarische Eiferer in starrer Selbstzufriedenheit zu irritieren, dem Individuum gegenüber der Gesellschaft einen Freiraum zu verschaffen, kurz, sich an der Wirklichkeit zu reiben – das sind die Anliegen der Sängerin. Folgerichtig gehört sie nicht zu den Funktionierern und Karrieristen, den für Staat und Establishment so Angenehmen, zu denen, die das Getriebe ölen, sondern offenbart sie sich in ihren Liedern immer wieder als sperrige Künstlerin – gegenüber den Mechanismen, die den einzelnen zur Nummer abstempeln und zur Hilflosigkeit verdammen *(Alte Frau im Winter),* gegenüber dem Schein, der das Sein heuchlerisch verklärt *(Herr Edelmann),* gegenüber der Verspießerung, der emotionalen Verkrustung *(Und keiner sagt: Ich liebe Dich).* Eigen-Willigkeit, ja, Unangepaßtheit verrät denn auch

das Equipment Thalheims: Bei ihren frühen Schallplatten läßt sie sich von einem klassischen Streichquartett begleiten; später greift sie auf die klanglich widerborstige Besetzung von Vibraphon, Tuba, Gitarre und Keybords zurück. Ihr Mut zur Eigen-Willigkeit darf indes nicht als intellektuell ausgeklügeltes Markenzeichen betrachtet werden, vielmehr scheint ihr Aufbegehren gegen Mittelmäßigkeit und Alltagstrott eng mit den Qualitäten verbunden zu sein, die den Charakter, die Persönlichkeit der Sängerin ausmachen: Schon als Kind mag sie sich nicht den vorgeschriebenen Bahnen fügen, gerät sie mit ihrer Schule in Berlin (DDR) aneinander, der notwendigen, aber gerade für phantasiebegabte Kinder oft störenden Ordnung, halten die Lehrer sie für dickköpfig und launenhaft, führen sie Barbara in der siebten Klasse einem Psychologen zu – allerdings ohne sichtbaren Erfolg, bleibt ihre Schülerin doch in der zehnten Klasse sitzen. Im Kontrast zur schulischen Leistung steht das musische Interesse des Mädchens. Es lernt Gitarre spielen, liest Gedichte, entdeckt eines Tages deren Verbindung zur Musik. Barbara Thalheim erinnert sich:
»Irgendwann fiel mir auf, daß ich Gedichte besser behielt, wenn ich eine Melodie

Barbara Thalheim

zu ihnen erdachte. Deshalb mußte ich sie auch singend hersagen. Kam die Melodie abhanden, war auch der Text weg. Ich vertonte Gedichte, die mir gefielen. Das erste: ›Ich hab' mich in dein rotes Haar verliebt‹ von Villon.«
Nach ihrer Schulzeit läßt sich die Siebzehnjährige zunächst als Sekretärin ausbilden, arbeitet sie anschließend als Botin am Berliner *Deutschen Theater,* assistiert sie in der Dramaturgie. 1968 schließt sich die junge Sängerin dem *Oktoberclub* an, präsentiert sich dort als Liedermacherin, organisiert und betreut Auftritte von Kollegen. Drei Jahre später nimmt sie ein Studium an Berlins *Fachschule für Unterhaltungskunst* auf – und kann 1973 die Institution als ausgebildete Schlagersängerin verlassen, übt»diesen Beruf für die Dauer einer qualvollen Tournee aus«, erhält an der *Hanns-Eisler-Musikhochschule* als Gasthörerin bei Professor Wolfram Heicking Unterricht im Liederschreiben, lernt an der Musikhochschule vier Studenten, ein Streichquartett, kennen, bildet mit ihnen ein Ensemble, das sieben Jahre zusammenhält. 1973 kreuzt sie den Weg von Fritz-Jochen Kopka, ihrem späteren Lebensgefährten und künftigen Texter. Kopka hat die Gabe, in Barbara Thalheim hineinzuhorchen, auch ihre feinen Schwingungen zu registrieren, ist in der Lage, für sie quasi autobiographische, sehr persönliche Texte zu schreiben – und nun stellen sich unübersehbare Erfolge ein, Erfolge, deren Möglichkeit die meisten der frühen Kritiker Thalheims kompromißlos, bisweilen gar ätzend und gallig leugneten. 1976 und 1978 kann die Sängerin die Goldmedaille bei der DDR-Leistungsschau für Unterhaltungskunst entgegennehmen, zwei Jahre später den Kunstpreis der FDJ, der Freien Deutschen Jugend. Parallel zu den sich nun häufenden Auftritten gestaltet sie zudem im Hörfunk der DDR eine Sendereihe über Chansonniers und Liedermacher, in der sie auch internationale Künstler vorstellt wie Georges Moustaki, Konstantin Wecker, Hannes Wader oder André Heller. 1979 gastiert die Sängerin erstmals in der Bundesrepublik, tritt in West-Berlin *(Philharmonie),* Bonn *(Beethoven-Halle)* sowie München *(Circus Krone)* auf und veröffentlicht bei der Hamburger Firma Polydor ihre erste Langspielplatte: *Lebenslauf.* Seither tourt Barbara Thalheim durch die Bundesrepublik, die Schweiz, Finnland und andere Länder, ohne jedoch den Schwerpunkt ihrer Arbeit von der DDR zu verlagern oder auch nur verlagern zu wollen. –
»Ich bin zum Sehen geboren/Und nicht, daß mir einer sagt, was er sieht./Ich hab' selber Ohren/Und sing' mein eigenes Lied./Ich lebe doch, um zu lieben,/Und nicht, daß mir einer sagt, wie er liebt./Alles steht vorgeschrieben, doch glaub' ich, daß es mehr noch gibt (. . .)/Ich will selber denken/Und will kein Nachredner sein.«
Zum Sehen geboren – zu diesem von Fritz-Jochen Kopka in Verse gefaßten Leitsatz bekennt sich die Liedermacherin. Aber im Gegensatz zu Goethes Türmer, der sich der gleichen Maxime verpflichtet fühlt, ist Barbara Thalheim nicht zum Schauen bestellt, versieht sie kein von außen ihr übertragenes Amt, entspringt ihr Tun vielmehr einer inneren Notwendigkeit, nämlich der Überzeugung, mit dem Bekenntnis zum Ich anderen Menschen das Rückgrat zu stärken. In einem Interview mit der *Thüringischen Landeszeitung* äußert sie im Sommer 1986: »So, wie die subjektive Erlebnisfähigkeit des einzelnen den eigentlichen Kunstgenuß ausmacht, so setze ich auch mein Ego in den Mittelpunkt meiner Lieder. Damit will ich der zunehmenden Vermassung der Leute und der Meinungen entgegentreten. Alles ist mir zu anonym, zu verwechselbar (. . .), dabei existiert doch aber eine Gesellschaft aus lauter Einzelpersönlichkeiten. Eine davon bin ich, und ich singe eben über das, was ich erlebe und was ich empfinde.«
Doch predigt die Sängerin keinen hemmungslosen Individualismus, frönt sie auch nicht dem Irrweg einer neuen Subjektivität. Denn zum ersten bringt sie den textlichen Gehalt ihrer Lieder, ihre persönlichen Botschaften, stets in einen wech-

selvollen, spannungsreichen Dialog zur Musik, zu ihren Musikern, denen sie keine simple Begleitung, sondern ausgefeilte Arrangements überantwortet: oft kontrapunktisch gewebte Strukturen, die stilistisch zwischen Eisler und Rock, zwischen Blues und Klassik stehen. Zum zweiten blendet sie in ihre jüngsten Programme Tonbandumfragen ein – auf der Straße, in der Kneipe, in Theatern, auf dem Friedhof, mit den Nachbarskindern geführte Gespräche, die von den Sehnsüchten, Ängsten und Freuden der Menschen Kunde geben – und relativiert so ihre solistische Subjektivität durch einen Chor von Meinungen. Zum dritten präsentiert sich Barbara Thalheim in ihren Liedern nicht als Heilsbringerin, als im Besitz der alleinseligmachenden Wahrheit befindlich: Sie läßt Fragen offen, gibt sich als Suchende zu erkennen, die zwar Lösungen anstrebt, aber sie nicht patentgerecht feilbieten kann – eine Haltung, die sich auch im Timbre und Duktus ihrer Stimme widerspiegelt. Selten nur fährt die Sängerin ihre vokalen Möglichkeiten voll aus, sie meidet harte, schneidende, agitatorische Töne, tastet sich vorsichtig zu den Silben vor, zieht das trockene Parlando dem breit ausgewalzten Legato vor, läßt es zu einem fragilen, melancholischen Klangbild kommen, das ihre Geburtswehen ahnen läßt:

»Hinter jedem Lied, jeder Ansage, jeder Gitarrenharmonie verbergen sich Zeiten größter Hilflosigkeit, Ohnmacht und sogar Wut über meine Unzulänglichkeit und über die Unzulänglichkeiten, denen ich mich ausgesetzt fühle. Aber solange ich meine Lieder habe, habe ich ein Zuhause, und solange ich Briefe bekomme von Leuten, die darin wohnen können, habe ich das Gefühl, gebraucht zu werden.«

Diskographische Hinweise

Barbara Thalheim und Streichquartett. Lebenslauf (Polydor 2 371 945); *Barbara Thalheim und Streichquartett. Was fang ich mit mir an* (Polydor 2372 027); *Barbara Thalheim. Und keiner sagt:›Ich liebe dich‹* (Amiga 854 229); *Barbara Thalheim. Die Kinder der Nacht* (Amiga 845 290); *Barbara Thalheim.* »*Vorsicht Frau*« (Amiga i. V.).

Charles Trenet (t/m)
geb. 18. 5. 1913 Narbonne

Ein Kunde betritt den Schallplattenladen, wendet sich an den Verkäufer, bittet um den Titel *La mer* und erhält zur Antwort: »Mit Debussy oder Trenet?« – eine Anekdote, die in französischen Musikerkreisen kursiert. Wie alle wirklichen Anekdoten aber ist sie nicht nur amüsant, sondern enthält sie im Kern auch Wahres. Denn tatsächlich konkurrieren Trenet und Debussy, ja, läuft der Sänger dem Komponisten partiell sogar den Rang ab: Sein Lied *La mer* stufen Fachleute als das populärste Chanson überhaupt ein, während es heute immer noch gilt, das gleichnamige Orchesterwerk von Debussy für ein breites Publikum zu entdecken. Es verbindet jedoch Trenet und seinen Landsmann, daß ihre »Annäherungen an das Meer« in einer beruflich wie schöpferisch ertragreichen Phase entstehen. Der Komponist kann auf die *Nocturnes* für Orchester, auf seine Oper *Pelléas et Mélisande* zurückblicken. Und auch Charles Trenet ist in der Lage, einige Meisterstücke seines Metiers vorzuweisen, als er sein berühmtes Chanson zu Papier bringt: *Je chante,* ein vitales, vor Temperament überbordendes Lied, Lebensbekenntnis wie Testament zugleich; und *Y a d' la joie,* ein verrücktes Poem, das den Eiffelturm spazierengehen läßt, weil er sich an seinem Platz so langweilt und der blaue Himmel ins Grüne lockt – ein Lied mit frischen, unverbrauchten Tönen, das der Geschichte des französischen Chansons eine neue Wendung gibt, es von sentimentalen Posen befreit, den Weg für das literarische Chanson, das Chanson à texte, vorbereitet und sich mit Lichtgeschwindigkeit verbreitet: Maurice Chevalier nämlich besingt 1937 mit *Y a d' la joie* eine Schallplatte, die eine Million Käufer findet.

Eine künstlerische Karriere, literarische Erfolge zeichnen sich schon in der Kindheit und frühen Jugend des Sängers ab. Charles beginnt zwar als ziemlich mittelmäßiger Schüler, doch als er 1920 die Lehranstalt von Narbonne verläßt und ins Internat geht, in das *Collège de la Trinité* von Béziers, offenbart sich die literarische Neigung des Jungen: Er entdeckt die großen Klassiker des französischen Theaters für sich, Corneille und Racine, deren Werke in ihm den Wunsch hervorrufen, Schauspieler zu werden. 1922 verlegt Charles' Vater seine Anwaltspraxis von Narbonne nach Perpignan, der Sohn folgt ihm nach und besucht das *Collège Arago*. Ein Jahr später begibt sich Familie Trenet auf große Fahrt, Wien ist das Ziel. Der Besuch in der österreichischen Hauptstadt mit den Museen, dem Theater- und Konzertleben gibt dem Zehnjährigen den entscheidenden Impuls, sich kreativ zu betätigen. Charles schreibt seine ersten Gedichte, die in der Wochenzeitung *Le coq catalan* erscheinen und schon auf seine Vorliebe für das kleine, aber photographisch genaue Bild verweisen: Nicht die »großen«, spektakulären Erscheinungen der Welt sind seine Themen, sondern er selbst sowie Menschen und Dinge aus

Charles Trenet

seiner Umgebung. Trotz der frühen Erfolge läßt sich Charles in Perpignan immer mehr von der bildenden Kunst faszinieren, malt und modelliert er mit Hingabe. So überrascht er 1928 seine Familie und Freunde mit seinen Plänen nicht, als er nach der Abschlußprüfung am *Collège Arago* verkündet, er möchte nach Berlin ziehen, um sich an der *Kunstgewerbeschule* ausbilden zu lassen. Doch Trenet empfindet das künstlerische Klima dieser Institution bald als erschreckend, beklagt sich über den Mangel an schöpferischer Freiheit, über die Phantasielosigkeit, verläßt die Kapitale des Deutschen Reiches schon 1930, findet schließlich in Paris einen neuen Wohnsitz, wendet sich vom Kunstgewerbe ab und dem Film zu. Der arrivierte Regisseur Jacques de Baroncelli engagiert ihn als seinen Assistenten. Aber der Siebzehnjährige hat sich und seinen Beruf noch nicht gefunden, er experimentiert, versucht sich in verschiedenen Metiers. Dem Verleger Denoël etwa bietet er ein Manuskript mit dem Titel *Rois fainéants* an, eine imaginäre Auseinandersetzung mit französischer Historie. Denoël lehnt zwar ab, vermittelt Trenet jedoch die Bekanntschaft mit dem Lyriker Max Jacob. Aus ihr entwickelt sich nicht nur eine tiefe Freundschaft, sondern Trenet findet in dem Dichter auch einen künstlerischen Lotsen. Jacobs weihelose Bildersprache, in der Veröffentlichung *Le cornet à dés* dokumentiert, steht bei Trenets gesungenen Gedichten Pate, zeigt dem nicht einmal Zwanzigjährigen den Weg in die Welt des Chansons: 1932 liefert Trenet dem Regisseur Benno Vigny zwar nur Brötchenarbeit, als dieser ihn beauftragt, für den Film *Bariole* einige Lieder zu texten, doch entstehen fast zur gleichen Zeit auch Chansons mit literarischem Anspruch: *Fleur bleue* und *La polka du roi*. Sie lassen deutlich die sprachliche und geistige Verwandtschaft zu Max Jacob spüren, ja, sie sind so sehr Dichtung, daß Trenet sich scheut, sie zu publizieren oder öffentlich vorzutragen – Schritte, die er erst Ende der dreißiger Jahre unternimmt. Und auch als Interpret nähert er sich dem Chanson. In einem Cabaret auf dem Montmartre, dem *College Inn,* stößt Charles 1933 auf Johnny Hess, einen swingbegeisterten Pianisten und Komponisten, gründet mit ihm das Duo *Charles et Johnny*; Trenet singt und führt bei den Texten die Feder, Hess sitzt am Klavier und zeichnet für die Kompositionen verantwortlich. Anfangs können *Charles et Johnny* sich nur schwer behaupten, aber sie sind alles andere als passiv, geben Konzerte im *Fiacre,* im *Théâtre des Deux Ânes* und sogar im *A.B.C.,* bringen ihre Lieder auf Schallplatte heraus, und als schließlich Starsänger Jean Sablon ihre Swingnummer *Vous qui passez sans me voir* in sein Repertoire aufnimmt, scheint ihnen der Durchbruch sicher. Doch Trenet erhält 1936 die Einberufung zum Militär, beschließt nach seiner Dienstzeit allein sein Glück zu versuchen, stellt sich Anfang 1938 dem Pariser Publikum, zunächst im Rundfunk, dann auf der Bühne des *A.B.C.* Er erobert sich im Flug die Herzen seiner Zuhörer, läßt sich von den Kritikern auf den Beinamen »Le fou chantant«, verrückter Sänger, taufen, weil er es nun wagt, seine »literarischen« Chansons aus der Schublade zu holen und zu präsentieren – Lieder, die in der Tat die Realität verrücken, wie etwa die *Polka du roi*. Sie wird von einem adeligen Kavalier und einer Marquise getanzt; das Paar setzt den Reigen in *Chambre séparée* fort, der Herr öffnet das Kleid der Dame, küßt ihr das Korsett, aber als er sie umarmt, fühlt er nur wächserne Kälte und erschaudert, als die Marquise ihren Wohnsitz nennt: *Musée Grévin,* das Wachsfigurenkabinett von Paris. Wie hoch Charles Trenet als Interpret seiner surrealistischen Texte 1938 eingeschätzt wird, zeigt seine Mitarbeit an den Filmen *La route enchantée* und *Je chante*: Für beide Kinowerke schreibt der Dichtersänger nicht nur die Drehbücher und die Musik, nein, erstmals steht er auch als Acteur-chanteur vor der Kamera. Der Zweite Weltkrieg scheint die Karriere Trenets kaum zu tangieren. Schon bald nach der Besetzung von Paris steht er wieder auf der Bühne: In dem

kleinen Konzertgebäude *Le Music-hall de l'Avenue* offeriert er sein neues Programm, erschüttert das Auditorium durch seine Bearbeitung des Verlaine-Gedichtes *Chanson d'automne*: Die Zeilen »Je me souviens/Des jours anciens/Et je pleure« (Ich erinnere mich/An vergangene Tage/Und weine) beziehen die Pariser Zuhörer auf die konkrete Situation, auf die Okkupation ihrer Stadt. Aber dem Dichtersänger gelingt es, mit seiner Version des Verlaine-Herbstliedes nicht nur sein Publikum zu rühren, sondern er wagt sich mit ihr erstmals an einen Klassiker heran, verpackt ihn obendrein noch im modischen Swing. Auch die Kinokarriere Trenets geht während des Krieges ihren Gang: Er steht für die Dreharbeiten der Filme *Romance de Paris, Frédérica* unter dem Regisseur Jean Boyer und *Adieu, Léonard* nach dem Drehbuch von Jacques Prévert als Schauspieler, als Texter und Komponist der Chansons zur Verfügung. 1945 kreiert der Dichtersänger sein »Markenzeichen«: *La mer*, zunächst jedoch vermag er mit dem Chanson seine Anhänger nicht zu begeistern. Erst als er sich entschließt, einen Hintergrundchor auftreten zu lassen, der mit seiner strahlenden, optimistischen Wirkung exakt die Stimmung der Franzosen zur Zeit der Libération, der Befreiung von den deutschen Besetzern, trifft, beginnt der Siegeszug von *La mer*. In den fünfziger Jahren zeigt sich Trenet von ungebrochener Schaffenskraft: Mit *L'âme des poètes* (1951); *A la porte du garage* (1955), *Le jardin extraordinaire* (1957) und *Le piano de la plage* (1958) entsteht eine Reihe seiner bedeutendsten Chansons. Auch arbeitet er wieder als Filmschauspieler, 1957 gar gemeinsam mit dem jungen Charles Aznavour: in *C'est arrivé à 36 chandelles,* einem Werk von Altmeister Henri Diamant-Berger. Doch seit den sechziger Jahren, seit der von Beat und Studentenrevolte geprägten Ära, beginnt es ruhiger zu werden um Charles Trenet, der seinen Stil dem neuen Lebensrhythmus nicht anpassen kann oder will. Zwar gibt er noch große Soloabende, 1966 im *Bobino,* 1971 und 1975 im *Olympia,* später auf dem *Festival de la chanson française* von Bourges, aber obwohl der Strom seiner Chansons nicht aufhört zu fließen – 1966 schreibt er *Chante le vent,* 1971 *Fidèle,* 1972 *Joue moi de l'électrophone* –, trägt Trenet nun das Odium, »von gestern« zu sein; dennoch resigniert er nicht, zeigt vielmehr in seinen späten Chansons eine ungebrochene Heiterkeit und Lebensfreude. –
FELIX SCHMIDT faßt Trenets Verdienste um das Chanson zusammen:
»Trenet reinigte es vom Ballast des abgedroschenen Amüsier-Vokabulars, erneuerte es mit intelligenten Versen, ausgesuchten Reimen und Gleichklangeffekten (. . .) Um sich ganz entfalten zu können, mußte er sich radikal von den schmachtenden Intervallen, den Bums-Rhythmen und den Melodien der Chevalier-Epoche lösen. Als erster Auteur-interprète versuchte er seine fabelhaften Texte mit Jazzanklängen zu illustrieren.«
Trenets Meriten als Chansonkomponist sind unbestreitbar, dennoch ist der Lyriker in ihm dem Tonsetzer überlegen, hat die Poesie in seinem Werk gegenüber der Musik den Vorrang: Greift der Dichtersänger bei seinen Kompositionen auf Vorhandenes zurück, stellt er mit ihnen ein Amalgam von Swing und Volkslied her, so versteht er es, sich in seinen Texten eine eigene Welt zu schaffen – eine Welt aus Kindheitserinnerungen, phantastischen Begebenheiten und Skurrilitäten. Seine Erinnerungen beziehen sich zu einem Teil auf konkrete Erlebnisse und Dinge wie in den Chansons *Narbonne mon amie, Ma maison* oder *La maison du poète.* Häufiger aber spüren sie der Kindheit nur atmosphärisch nach, versuchen sie, die Welt mit den Augen eines Kindes zu sehen, rücken auf diese Weise auch alltägliche Dinge in neues Licht, verleihen ihnen eine überraschende Größe. In *Une noix* versucht Trenet das Geheimnis einer Nuß zu ergründen: Solange sie geschlossen ist, marschiert in ihr eine Armee von Zinnsoldaten, scheinen tausend

Sonnen, rauscht in ihr das Meer; doch sobald man sie knackt, ist ihr Zauber dahin. Und in seinem *Le jardin extraordinaire,* einem wirklich ungewöhnlichen Garten, läßt er die Enten englisch quaken, die Statuen auf dem Rasen tanzen und die Vögel Käse verkaufen. Mit Hilfe der Poesie erbaut sich der Sänger sein Reich, aber er kündet von ihm mit Hilfe der Musik. Sie ist sein Sprachrohr, sein Transportmittel, sie illustriert weder den Text, noch befragt sie ihn, ordnet sich ihm vielmehr dienstbar unter – eine Haltung, die durch Trenets Vokalität bestätigt wird: Er führt seine geschmeidige, weiche Stimme linear, die Nuance meidend, auf schlichte Sinnvermittlung bedacht. Daß Sprache und Literatur seine angestammte Welt sind, daß vor allem ihnen sein produktiver Gestaltungswille gilt, belegt zudem eine »Nebentätigkeit« des Chanteurs. Charles Trenet ist Autor einiger Romane, deren erster bereits 1930 entstand: *Dodo manières,* eine Apotheose der Kindheit, die im Keim schon das Ambiente und Personal seiner Chansons enthält.

Veröffentlichungen

Dodo manières. Roman, Paris 1939; *La bonne planéte. Roman.* Préface de Jean Cocteau, Paris (s. a.); *Un noir éblouissant. Roman,* Paris. 1965; *Mes jeunes années. Racontéés par ma mère et moi,* Paris 1978.

Literatur

Michel Pérez, *Charles Trenet,* 2. Auflage, Paris 1979; Felix Schmidt, *Das Chanson. Herkunft, Entwicklung, Interpretation,* Frankfurt 1982; Jacques Mazeau/Didier Thouart, *Acteurs et chanteurs,* Paris 1983.

Diskographische Hinweise

Die Veröffentlichung von Michel Pérez enthält eine ausführliche Diskographie. Zu ergänzen ist:
Charles Trenet. Toutes mes chansons 1937-1963 (PATHÉ MARCONI/EMI 1129373).

Herman van Veen (t/m)
geb. 14. 3. 1945 Utrecht (Niederlande)

»floebelegab stobelegab flop flop flee/floebelebabba stobelegabba stikke dikke/ drop drop stabba/gabba hobelegabba stobelegabba flibelegabba stikke« – nein, das ist nicht das Scherzo aus der *soonate in uurlauten* von Kurt Schwitters, sondern der Anfang vom *Harlekijn Lied* des Herman van Veen. Wirklich, sie sind leicht zu verwechseln, die genannten Poeme des Dadaisten aus Hannover und des niederländischen Sängers, bedienen sie sich doch des gleichen Kunstgriffes, indem sie die Sprache auf Laute reduzieren. Aber ihre Gemeinsamkeit beschränkt sich nicht auf Oberflächliches, bleibt nicht bei bloßem Dekor stehen, findet sich vielmehr auch subkutan wieder: Schwitters wie van Veen möchten mit ihren Lautgedichten den Menschen aus der babylonischen Sprachverwirrung helfen, aus der Kompliziertheit ihrer Mißverständnisse, indem sie eine Methode der Kommunikation skizzieren, die direkt ist, die keiner Mittler und Deuter bedarf, die nicht zu verfälschen, weil nicht zu interpretieren ist. Um mit ihrer Botschaft ernst genommen zu werden, schlüpfen zudem beide, der Dadaist und der Sänger, in die Maske des Clowns, des Harlekins und freien Gauklers, schauen mit den Augen eines Kindes in die Welt, gemäß dem Motto: Wer nicht spielen kann, ist ausgeschlossen! Harlekijn – so heißt denn auch die Kunst- und Kommunikationsfirma, die Herman van Veen 1967 in Form einer GmbH gründet, die mit ihren vierzig bis fünfzig Angestellten ständig an Theateraufführungen, Büchern und Zeitschriften arbeitet, die systematisch junge Musiker, Maler und Schauspieler fördert, die für die Inszenierung der Bühnenshows sowie für die Schallplattenproduktionen van Veens verantwortlich zeichnet. Harlekin, die Dienerfigur aus der Commedia dell'Arte, Harlekin, der Dreiste und Derbkomische, hat einen zaghaften, melancholischen Bruder – den verträumten Pierrot. Auch zu ihm bekennt sich Herman van Veen: Seit Ende 1986 firmiert er als Herausgeber des *Pierrot*, eines Kulturmagazins. Doch nicht erst als Vierzigjähriger entdeckt der Sänger die Figur von Pierrot, dem Phantasten, dem Apologeten einer freien, funktional nicht gebundenen Ästhetik; denn schon dem Schuljungen blickt der weißgewandete Clown mit den großen Augen über die Schulter. Herman van Veen erzählt:

»In der Schule war ich Spezialist in ›Aus-dem-Fenster-Gucken‹. Da war ich wirklich der Beste in der Klasse, im Rechnen nicht. Man hat mir klargemacht, daß man sich auf die Tafel konzentrieren müsse statt auf Bäume. Dann habe ich wirklich ab und zu versucht zu erklären, draußen ist es doch größer, interessanter, und ich muß sowieso nach draußen. Meine Zukunft liegt nicht im Klassenzimmer, meine Zukunft liegt irgendwo dort.«

Irgendwo dort – auf die Suche nach der Insel seiner Sehnsüchte begibt sich der Junge bald. Weil er schön und mit Freude singt, fällt Herman einem Lehrer auf, der ihn musikalisch betreut, ihm nicht nur eine Geige zur Verfügung stellt, sondern auch den nötigen Unterricht finanziert. Die Starthilfe des engagierten Pädagogen fällt auf fruchtbaren Boden. 1962 beginnt van Veen ein Studium am Konservatorium seiner Heimatstadt, belegt die Fächer Allgemeine Musikerziehung, Geige und Gesang. Pierrot jedoch bleibt ihm weiterhin treu . . . und weiterhin auch guckt Herman aus dem Fenster: Da er weder Musikerzieher werden will, noch Gefallen an der ihm vermittelten akademischen Musizierpraxis findet, startet er während seiner Studienzeit das Kabarettprogramm *Musikjoke,* in dem er Werke der klassischen Literatur ironisiert. Trotz seiner Abneigung gegen das traditionelle Musik-

Herman van Veen

studium beschließt van Veen seine Ausbildung ordnungsgemäß und legt 1967 sein Examen ab. Im gleichen Jahr entdeckt der Musiker sein »irgendwo dort«, landet er auf der Insel seiner Sehnsüchte: Er debütiert im *Tivoli Theater* von Utrecht mit seinem *Harlekijn*-Programm. Van Veen erinnert sich:
»Es war anfangs ein musikalisch-parodistisches Programm auf die klassische Musik. Ich habe Schubert auf eine Weise gesungen, daß man Herzattacken bekommt. Mit einem Geigenkonzert und Liedern fing es ernsthaft an, dann kam der Blödsinn dazu.«
1968, ein Jahr nach seinem Debüt im *Tivoli Theater,* ruft Herman van Veen zusammen mit Freunden die Harlekijn-Gemeinschaft ins Leben, einen Kreis von Künstlern, der multimedial soziale und kulturelle Konzepte realisiert. Die Gesellschaft bietet nicht nur ihrem Initiator ein ideales Arbeitsforum: Auch Laurens van Rooyen und Erik van der Wurff, die späteren musikalischen Partner des Sängers, finden in »Harlekijn« eine künstlerische Heimat, ebenso wie Tom Koopmann oder Reinbert de Leeuw – Musiker der klassischen Sparte. Bereits während des Gründungsjahrs von »Harlekijn« genießt van Veen ein außergewöhnliches Ansehen in den Niederlanden, avanciert er zum holländischen Goodwill-Botschafter der UNICEF, des Kinderhilfswerks der Vereinten Nationen. Nachdem auch sein zweites Programm *Dit kan gebeuren* in Holland enthusiastisch aufgenommen wird, beginnt van Veen mehr und mehr, seine Tätigkeit nach Deutschland auszudehnen: 1972 tritt er in einer Fernsehserie des Westdeutschen Rundfunks Köln über die holländische Kleinkunst auf, im Jahr darauf erscheint seine erste Schallplatte in deutscher Sprache *(Ich hab' ein zärtliches Gefühl),* 1974 absolviert er zwei kürzere Tourneen. Der Kritiker MANFRED SACK reagiert begeistert, widmet dem Holländer die Sätze:
»Er ist alles. Er ist Unterhalter, wie ihn als so komplexe Figur sonst nur ein Lexikon zu montieren wagt: Er ist Sänger und Geiger, er hat etwas von einem Schauspieler und einem sprunggewandten Tänzer (mit der Fähigkeit zum Battement), er ist Pantomime, Parodist, Imitator, Geschichtenerzähler, kurzum: ein Spaßmacher und ein Erzieher, ein Clown, wie die Zeit ihn braucht und ihn sich ja auch hervorgebracht hat.«
Im April 1976 sendet das Zweite Deutsche Fernsehen zum erstenmal etwas von dem vielseitigen Künstler; es zeigt Ausschnitte aus seinem Show-Programm: . . . *und da hab' ich gelernt so zu k(g)ucken.* Kindern und solchen, die es werden wollen, wendet sich der Entertainer 1977 mit der Fernsehserie *Die seltsamen Abenteuer des Herman van Veen* zu, einer Produktion des Ersten Deutschen Fernsehens, die ihre Fortsetzung in den Folgen *Herman und die 6* findet. Zur gleichen Zeit erweist sich der Künstler erneut als Meister im »Aus-dem-Fenster-Gucken«, sieht er seine Aufgabe wieder außerhalb der ihn unmittelbar umgebenden Welt, sprengt er einengende Mauern: Gemeinsam mit dem Mediziner Joost Taverne gründet er die Organisation Colombine, die sich für Probleme der Dritten Welt und effektive Entwicklungshilfe einsetzt. In künstlerisch neue Regionen bricht van Veen 1979 auf: Er konzipiert das Drehbuch des abendfüllenden Spielfilms *Auseinander,* übernimmt neben Monique van de Veen die zweite Hauptrolle; vertont außerdem den Titelsong von Rob Chrispijn, ins Deutsche gebracht von Thomas Woitkewitsch – die in wenigen Sätzen nur angedeutete Geschichte eines Ehepaares, das sich auseinanderlebt, weil jede Hälfte zuviel von der anderen verlangt, sie mit eigenen Bedürfnissen schwer überfrachtet (»Jemand für die Seele/Jemand für den Geist/(. . .)/Jemand für die Socken/Jemand für das Bett«). Das Lied vom *Auseinander* integriert der Sänger 1981 in seine Schallplatte *Die Anziehungskraft der Erde* – eine Produktion, für die ihn die Deutsche Phono-Akademie mit dem Deutschen

Schallplattenpreis auszeichnet. Im Dezember 1982 läßt der Sänger seine Blicke von neuem durch das Fenster schweifen. Dieses Mal liegt sein »irgendwo draußen« jenseits des Ozeans, genauer gesagt in New York: Er debütiert auf dem Broadway, dem Hohen Tempel der musikalischen Unterhaltungskunst, im *Ambassador Theatre* – mit einem Erfolg, den bisher kein deutscher Liedermacher verbuchen kann. Begeistert blickt van Veen zurück: »Ich bin sehr froh, daß es für unsere Arbeit keine Grenzen mehr gibt. Das ist mein Ziel gewesen. Ich wollte als Künstler immer so eine Art Möwe sein, die über alle Mauern und durch alle Systeme hindurchgeht.« –

Mauern überwinden, Fenster aufstoßen – Ziele, für die Herman van Veen kämpft. Für ihre Verwirklichung jedoch schwingt er nicht die Fahne des potentiellen Aggressors, läßt er nicht seine Muskeln spielen, wirft er sich nicht drohend in die Brust: Seine Waffe ist die sanfte Gewalt des Wassers, das als flexibles und klares Element den harten Stein höhlt. Daher vermeidet der Dichtersänger in seinen Liedern jegliche Musik mit agitatorischem Drive, mit aufpeitschenden Rhythmen, die das Publikum zwänge, im Gleichschritt zu marschieren; vielmehr setzt er in seinen Kompositionen nur vorsichtige Farbtupfer, markiert er das zu umreißende Feld nur sparsam durch wenige Signale, gewährt er mithin seinen Zuhörern Raum und Zeit zur Reflexion, gesteht er ihnen ein eigenes, autonomes Ego zu. In gleicher Weise verfährt van Veen mit seinen Texten: Er versucht nicht, mit einer hochglanzpolierten Fassade zu blenden, bedient sich eher eines unprätentiösen Vokabulars, einer schlichten Diktion, die nicht Exklusivität und Hermetik sucht, sondern hartnäckig um Kommunikation ringt. Und auch die musikalische Sparsamkeit van Veens findet in den Poemen eine Entsprechung: Der Autor setzt seine prägnant gebauten Sätze meist asyndetisch nebeneinander, verzichtet in der Regel auf Konjunktionen, die den Kausalzusammenhang herstellen, setzt auf die Kraft seiner Leser oder Hörer, überläßt es ihnen, die nötigen Querverbindungen zu entdecken. So gleichen Herman van Veens Lieder textlich wie musikalisch jenen Bilderrätseln, die nur einige Punkte vorgeben. Sie muß der um die Lösung Bemühte durch Linien vereinen, ehe er das Sujet, das genaue Thema erkennt. Ein beredtes Beispiel für diese Verknappungstechnik des Dichtersängers bietet sein Song *In aller Ruhe* – ein Bericht vom Scheitern einer ehelichen Beziehung. Mit der Nüchternheit eines Kriminalreporters protokolliert er die Handlungs- und Denkweisen des Mannes, konfrontiert er sie kommentarlos mit dem Verhalten der Frau; Drähte zwischen der Welt des Mannes und dem Leben der Frau zieht van Veen nicht, um die Isolation der Individuen zu betonen und die Wertung des Geschehens der Verantwortlichkeit des Hörers zu übergeben. Den kargen, sich auf das Nötigste beschränkenden Text sowie das trostlos arme Geschehen kommentiert die Musik adäquat. Sie ergeht sich in einzelnen, verloren wirkenden Phrasen, erinnert in ihrem spartanischen Duktus an Erik Saties *Gymnopédies*. Die Fähigkeit zur Assoziation, den Willen, angedeutete Gedanken zu Ende zu denken, Verbindungslinien zu ziehen – diese Eigenschaften seines Publikums verlangt der Dichtersänger aber nicht nur innerhalb eines einzelnen Songs, sondern auch innerhalb eines Programms, dessen Bestandteile nun wiederum als Punkte eines Suchbildes aufzufassen sind: Der Hörer muß sich die Frage stellen, welche Fäden die Lieder verknüpfen, will er in die Geisteswelt van Veens gelangen, will er sich eine klare Vorstellung von ihr machen. Auf seiner Schallplatte *Die Anziehungskraft der Erde* vereint der Sänger Texte, die zunächst völlig inkommensurabel erscheinen: Er singt von der Anonymität des Kriegertodes *(Gegen seinen Willen)*, von den Nöten eines Süßmauls *(Verlangen)*, von Beziehungsproblemen *(Auseinander)*, von der Liebe zu seinen Eltern *(Ein ganz dicker Kuß)*, von einem Arrivisten *(Du bist wie sie)*, von der Brüchigkeit politischer Macht *(Am Bismarck-Denkmal)*. Der Titel aber fungiert als Band, das den Zusammenhalt der Lieder gewährt, so willkürlich aneinandergereiht sie auf den ersten Blick auch wirken mögen: Die Anziehungskraft der Erde beendet den Höhenflug der Liebenden *(Auseinander)*, fällt den Krieger *(Gegen seinen Willen)*, läßt den Idealisten mit dem hohen Ziel zum Opportunisten niederer Gesinnung werden *(Du bist wie sie)*, stürzt die Mächtigen vom Sockel ihres Monuments *(Am Bismarck-Denkmal)*; die Anziehungskraft versteht van Veen jedoch doppeldeutig auch als die Attraktivität der Erde, als Hinweis auf die schönen Facetten des irdischen Daseins *(Ein ganz dicker Kuß, Verlangen)*. Die Janusköpfigkeit des menschlichen Lebens aufzuzeigen, um den Menschen zu helfen, die Spannungen zwischen Plus und Minus, zwischen privatem Wohlbefinden und möglichem Inferno, zwischen Nächstenliebe und Ohnmacht zu ertragen – dieses Anliegen durchzieht denn auch wie ein roter Faden das Werk des Sängers. So beschwört er in einem Atemzug das Damoklesschwert der Atombombe und das Wunderhorn von Kinderland, besingt er im raschen Wechsel das Elend der Arbeitslosen, die Macht der Liebe, den Jahrmarkt, den Tod. Und wie Herman van Veen sich mit seiner Verknappungstechnik auf den Kooperationswillen seines Publikums verläßt, so traut er seinen Mitmenschen auch die Kraft zu, die drohenden Katastrophen von der Welt abzuwenden:

»In meinen Vorstellungen versuche ich eigentlich zu sagen: Wenn du etwas tun willst, dann mußt du es selber tun. Der einzelne Mensch hat viel mehr Kraft, als man denkt. Wenn man Selbstvertrauen hat, dann kann man alles. Davon bin ich fest überzeugt. Wenn wir darüber nachdenken, in was für einer komplizierten Welt wir leben: Die Rüstung hat sich total aus der Hand entwickelt. Bei uns in Westeuropa sind die Leute wirklich ängstlich, so ängstlich, daß man keine Lust mehr hat, Lust zu haben (...) Ich möchte mit meiner Kunst Energie vermitteln, positive Energie, positive Kollektivität.«

Veröffentlichungen

Worauf warten wir. Lieder, Notizen und Geschichten. Aus dem Holländischen von Thomas Woitkewitsch, Reinbek 1981; *Unter einem Dach. Notizen eines Clowns.* Aus dem Holländischen von Monika Thé, Reinbek 1982; *Und er geht und er singt,* Hamburg und Zürich 1985; *Die Ente Quak. Ein altes Märchen.* Erzählt von Herman van Veen, mit bunten Bildern versehen von Annet Kossen und ins Deutsche übertragen von Thomas Woitkewitsch, Würzburg 1985.

Literatur

Kerschkamp/Lindau, *Die großen Liedermacher,* München 1981; Kathrin Brigl/Siegfried Schmidt-Joos, *Selbstredend... Neue Interview-Porträts. Ina Deter, André Heller, Jürgen von der Lippe, Manfred Maurenbrecher, Ulla Meinecke, Herman van Veen, Stefan Waggershausen, Konstantin Wecker,* Reinbek 1986; Barbara Thalheim, *»Ich hab' ein zärtliches Gefühl...«, Versuch über Herman van Veen.* In: *Kassette 8. Rock, Pop, Schlager, Revue, Zirkus, Kabarett, Magie – ein Almanach.* Hg. von Ernst Günther, Heinz P. Hofmann und Walter Rösler, Berlin (Ost) 1985, S. 160–165.

Diskographische Hinweise

Die Veröffentlichung von Kerschkamp/Lindau enthält eine ausführliche Diskographie. Zu ergänzen ist:
Herman van Veen. Die Anziehungskraft der Erde (Polydor 2372 085); *Herman van Veen. Solange der Vorrat reicht* (Polydor 2372 150); *Herman van Veen. Signale* (Polydor 817 522-1); *Herman van Veen. Auf dem Weg zu dir* (Polydor 825 736-1); *Herman van Veen mit Band und Symphonieorchester singt und erzählt. Die Musikfabel von der Ente Quak* (Polydor 825 256-1); *Herman van Veen (Ein Holländer)* (Polydor 829 992-1).

Boris Vian (t/m)
geb. 10. 3. 1920 Ville-d'Avray; gest. 23. 6. 1959 Paris

Beide mögen die Gelegenheitsarbeit; der eine verehrt die Reklame als dichterische
Fingerübung, der andere schreibt über Nacht Lieder und Sketche. Beide betonen
den Gebrauchswert ihrer Kunst, wenden sich gegen das hehre Ideal bürgerlicher
Kulturvorstellungen. Beide haben Freude an der Technik, versuchen sie ihrer
Arbeit nutzbar zu machen, verstehen sie nicht als Einbruch in den Elfenbeinturm
des Dichters. Der eine: Bertolt Brecht. Der andere: Boris Vian. Ein weiterer
Berührungspunkt zwischen dem Deutschen und dem Franzosen: In den fünfziger
Jahren übersetzt Vian berühmte Brecht-Songs wie *Surabaya-Johnny, Bilbao-* oder
den *Alabama-Song.* Doch bei allen Gemeinsamkeiten unterscheiden sich die
beiden Dichter in einem wichtigen Punkt. Erfolg, gebührende Resonanz erfährt
eigentlich nur Brecht; dem geistesverwandten Vian aber gereicht sein Bekenntnis
zu einer unprätentiösen Kunst, die oft aus konkretem Anlaß, für einen bestimmten Termin entsteht, meist zum Nachteil. So koppelt FELIX SCHMIDT unzulässiger-
weise Vians atemberaubendes Arbeitstempo mit der Frage nach Qualität:
»Seine Liebeslieder, in wenigen Minuten heruntergeschrieben, sind meist nicht

Boris Vian

mehr als Amateurarbeit. Vian hat eben, wie auch so mancher Chanson-Autor und -Interpret der Saint-Germain-Epoche, die Welt mit den Augen eines Zwanzigjährigen gesehen.«
Mit ähnlichen Vorwürfen bedenken Kritiker des 19. Jahrhunderts auch Rossini, der seinen *Barbiere di Siviglia* in wenigen Tagen zu Papier bringt. Schmidt steht also in treuer Gefolgschaft seiner Kollegen-Vorfahren, wenn er Vian latent vorwirft, nicht heroisch mit der Materie gerungen, sondern Kunstwerke leichtsinnig, -fertig »ausgespuckt« zu haben. Vians maßlose Produktivität könnte vor allem zwei Gründe haben. Einerseits weiß er schon als Jugendlicher, daß er kein langes Leben vor sich hat (seit seinem fünfzehnten Lebensjahr leidet er an einer Herzmuskellähmung infolge einer Diphterie). Andererseits erhält er eine universale Erziehung, sammeln sich in ihm so viele Eindrücke und Erfahrungen, die mit Macht nach außen drängen.
Vian wächst in Ville-d'Avray auf, einem noblen Vorort von Paris. Der Vater, Fabrikant von Kunstbronzen, nebenher Goldhändler, verliert in den Wirtschaftskrisen der zwanziger Jahre einen großen Teil seines Vermögens, muß sich als Vertreter einer pharmazeutischen Fabrik, später als Mitarbeiter eines Immobilienbüros durchs Leben schlagen. Dennoch sorgt er für eine vielseitige Ausbildung seiner drei Söhne und seiner Tochter. Boris lernt mehrere Sprachen, übt schon früh das Schachspiel, musiziert auf verschiedenen Instrumenten, liest sich seit seinem fünften Lebensjahr quer durch die französische Literatur. Seine Kinderfreundschaften ergänzen das Bild: Zu den Spielkameraden gehören François Rostand, der Sohn des Gelehrten Jean Rostand, und der frühreife Geiger Yehudi Menuhin. Wirklich, ein musisches Umfeld ... doch Vian möchte Ingenieur werden, studiert auch mit diesem Ziel an der *École centrale des arts et manufactures* in Angoulême, legt 1942 in Paris sein Examen ab und arbeitet in seinem erlernten Beruf bis 1947. Seine ersten dichterischen Versuche fallen noch in die Studienzeit.
Das Roman-Debüt *Trouble dans les Andains (Aufruhr in den Ardennen)* aus dem Jahre 1943 bleibt zunächst Manuskript – nur den Freunden bekannt; sein nächstes Buch aber, *Vercoquin et le plancton (Drehwurm und das Plankton),* vermittelt Jean Rostand an Raymond Queneau weiter, der es 1946 bei Gallimard herausgibt. Ins Bewußtsein einer breiteren Öffentlichkeit gelangt jedoch erst sein dritter Roman *J'irai chracher sur vos tombes (Ich werde auf eure Gräber spucken).* In nur zwei Wochen niedergeschrieben, erscheint er ebenfalls 1946 – unter dem Pseudonym Vernon Sullivan und mit dem Vermerk »übersetzt aus dem Amerikanischen von Boris Vian«. Unter einer Tarnkappe, im Gewand des Thrillers, mit der bewährten Mischung aus »Sex and crime«, bewußt eine Stillage wählend, die von der bourgeoisen Literaturkritik im allgemeinen übergangen wird, und in diesen Verfahren wieder Brecht ähnlich, greift Vian in seinem wohl berühmtesten Prosawerk kompromißlos und mit ausgefeimter Taktik den Rassismus an. Und es ist vorauszusehen ... im Februar 1947 kommt es zur Klage gegen den Roman – Begründung? Wie beim alten Sokrates: Sintemal und alldieweil er die Jugend zur Ausschweifung verleitet. Der Prozeß geht über mehrere Instanzen, zieht sich bis 1953 hin. Zwischen Freispruch, einer Geldstrafe und zwei Wochen Haft, die der Autor jedoch nicht absitzen muß, bewegen sich die Urteile für Vian-Villon, den Bösewicht. Eine Randerscheinung trifft den Literaten jedoch viel härter: Erst die Prozesse bringen ans Licht, daß Vian überhaupt als Autor für *Ich werde auf eure Gräber spucken* verantwortlich zeichnet. Die meisten Kritiker verzeihen ihm sein Versteckspiel nicht, fühlen sich genarrt ... sind sie ihm doch kräftig auf den Leim gegangen. So bläst die Journaille zur Hatz auf den Schriftsteller und bringt ihn schließlich zur Strecke: Vian veröffentlicht zwar nach seinem ersten

Sullivan-»Thriller« noch weitere, wendet sich in *L'écume des jours (Der Schaum der Tage)* oder *L'automne à Pekin (Der Herbst in Peking)* auch wieder anderen Sujets zu, Anfang der fünfziger Jahre aber stellt er seine Romanproduktion ein – entmutigt durch die schlechte Resonanz. Wohl auch aus finanziellen Erwägungen beginnt Vian nun, Chansons zu schreiben; mit außergewöhnlich schöpferischer Kraft: In den wenigen Jahren, die ihm noch verbleiben, kreiert er fast fünfhundert Lieder. Zur engagierten Beschäftigung mit Musik kommt Vian jedoch schon 1942: Vermutlich auf Anregung seines Bruders Alain, der als Schlagzeuger in der Amateurjazzband von Claude Abadie mitwirkt, schließt sich Vian der Formation als Trompeter an. Der Chansonnier HENRI SALVADOR charakterisiert die Einstellung seines Kollegen zum Jazz:
»Er war versessen auf Jazz, er lebte nur durch den Jazz, er hörte Jazz nicht, er drückte sich im Jazz aus.«
Zu jazzen bedeutet für Vian aber nicht nur, sich musikalisch auszuleben. Sein Bekenntnis zum Jazz, zur Kunst der Unterdrückten, ist auch Protest, Widerstand – gegen die Verkrustungen herkömmlicher Musik, gegen den Rassismus, gegen den Nationalsozialismus. So nennt Boris sich denn auch Marron, entlaufener Negersklave, um seine Solidarität mit den Geächteten zu zeigen. Doch trotz des ernsten Hintergrundes geht es bei den Amateurmusikern von Abadies Jazzband meist recht ausgelassen zu. Bei Hochzeiten, auf Parties in Lokalen spielen sie, tanzen mit, wenn sie Lust haben, begnügen sich mit einem Drink anstelle einer Gage. Nach dem Zweiten Weltkrieg haben sie ihre aktivste Zeit. Sie nehmen an Jam-Sessions und Festivals teil, lassen sich in den Hot-Clubs feiern und gewinnen Auszeichnungen. Vor allem aber treten sie in den Clubs von Saint-Germain-des-Prés auf, im *Tabou,* im *Saint-Germain-des-Prés,* und verkehren hier mit den Existentialisten, jener Schar von Künstlern und Intellektuellen: mit Albert Camus, Jacques Prévert, Raymond Quenau, Juliette Gréco, Henri Salvador, Simone de Beauvoire und dem »König« der heterogenen Gruppe, Jean-Paul Sartre. Als ihren »Prince« aber verehren die »Existentialisten« Vian. Ob ihm die Bezeichnung recht ist, kann bezweifelt werden: Der Marron hat zu Sartre zeitlebens ein zwiespältiges Verhältnis, setzt ihm überdies in *Der Schaum der Tage* ein fragwürdiges Denkmal. Die Jazz-Sessions, die anregenden Gespräche in den Hochburgen der »Existentialisten«, die rauschhafte Fröhlichkeit und Lebenslust der Nachkriegsjahre – all dies hat für Boris Vian 1948 ein Ende oder muß zumindest zurückgeschraubt werden: Wegen seiner Herzkrankheit verbietet ihm der Arzt, weiter Trompete zu spielen. Für den Musikbesessenen ein Tiefschlag, der allerdings aufgefangen wird. Jacques Canetti, Talententdecker mit Spürnase, erster Jazzschallplattenproduzent in Frankreich, überträgt Vian die Redaktion des Jazz-Programms der Firma Philips. In den fünfziger Jahren, nach Vians Mißerfolg als Romancier, bewährt er sich weitere Male als Freund und Helfer: Auch als Theater- und Konzertagent tätig, beauftragt er den Resignierenden immer wieder, Chansons zu schreiben – für die Gréco, für Mouloudji, die Frères Jacques, Maurice Chevalier oder Henri Salvador. Auf diese Weise entsteht ein Œuvre von außergewöhnlicher Bandbreite. In eigener Vertonung oder in Zusammenarbeit mit Komponisten wie Alain Goraguer, Jimmy Walter und anderen schreibt Vian Rock-and-Roll-Parodien *(Frock and Roll; Rock and Rollmops),* ausgelassene Nonsens-Texte *(Valse dingue; Rue traversière)* und bitterböse Satiren: gegen den Machismo *(Vous marriez pas; Les filles),* gegen den Snobismus der Gemeinde von Saint-Germain-des-Prés *(J'suis snob),* gegen die Polizei *(La java de chaussettes à clous)* und vor allem gegen Krieg und Armee *(Les joyeux bouchers; La java des bombes atomiques).* Mit seinem berühmten antimilitaristischen Chanson *Le déserteur* entfesselt Vian

erneut einen handfesten Skandal. Das 1954 in der heißen Phase des Indochina-krieges entstandene Lied erhitzt die Gemüter der Politiker, die nicht nur aufgebracht darüber sind, sondern auch nach der Zensur schreien – mit Erfolg: 1955 ordnet Staatspräsident René Coty das Verbot des Chansons an. Auch in diesen Wirren stärkt Jacques Canetti seinem Schützling den Rücken. Er überredet ihn, seine Lieder doch selber zu singen, in des Förderers eigenem Kabarett: *Les Trois Baudets,* organisiert für ihn Tourneen und produziert Schallplatten mit ihm. So sind die letzten Jahre Vians von rastloser Arbeit bestimmt – nicht nur auf dem Gebiet des Chansons: Er schreibt Theaterstücke, Sketche für den Hörfunk, liefert dem Komponisten Darius Milhaud das Libretto für den Opern-Einakter *Fiesta,* übernimmt eine Reihe kleiner Filmrollen, veröffentlicht eine Abhandlung über das Chanson *En avant la zizique.* Ein mörderisches Pensum für einen Schwerkranken! Im Alter von neununddreißig Jahren stirbt Boris Vian – bei der Probevorführung der Verfilmung seines Romans *Ich werde auf eure Gräber spucken.* –

In seinem bewegten Leben sucht Vian nie den Ort, den Ruhepol, auf dem er sich in bürgerlicher Behaglichkeit niederlassen kann; mutig und unbekümmert zugleich probiert er immer wieder aus, experimentiert auf diversen Feldern, setzt sich bei allen Gelegenheiten zwischen die Stühle. Und da Diplomatie nicht seine Sache ist, bläst der Wind ihm von vorn ins Gesicht: Die Konservativen mögen ihn nicht, weil er nicht staatskonform, sondern -kritisch denkt; den Linken ist er zu undogmatisch und verspielt, den Intellektuellen zu wenig ernsthaft, dem breiten Publikum zu intellektuell. So ist sein Titel *Frock und Roll* (ein brillantes, weil auf den Inhalt weisendes Wortspiel; denn »Frock« ist mit Mönchskutte zu übersetzen) den Klerikern wie den Anhängern der Rockmusik ein Dorn im Auge: den einen, weil sie verspottet werden, den anderen, weil sie sich veralbert fühlen, wenn Vian in *Frock and Roll* Mönche auf dem Kreuzgang ihres Klosters Rock tanzen und ihre Begeisterung bis nach Rom überschwappen läßt. Auch als Chanteur stößt Vian zunächst auf wenig Gegenliebe, seine Stimme gilt als dünn, seine Gestik als linkisch. Doch die Zuhörer gewöhnen sich an seinen neuartigen Stil des Understatements. KLAUS VÖLKER konstatiert:

»Seine bescheidene, ganz auf inhaltliche Akzente konzentrierte Art des Vortrags und seine knappen sarkastischen Kommentare bewirkten bald ein engagiertes Mitgehen.«

In der Deutlichkeit der Artikulation, in der präzisen Skandierung, der nicht an wohlklingendem Belcanto, sondern an der Textverständlichkeit gelegen ist, erinnert Vian einmal mehr an Brecht, dessen wenige Schallplattenaufnahmen eine ähnliche Vortragstechnik verraten. Wie Brecht dem Schauspiel, so nähert sich Vian dem Chanson mit einer antiromantischen Grundhaltung, entstaubt die Gattung, befreit sie vom Plüsch, findet aber als Neuerer zu seiner Zeit kaum Verständnis. Vians Triumphzug beginnt erst sechs Jahre nach seinem Tod. Plötzlich finden seine Romane reißenden Absatz, nehmen junge Sänger und Sängerinnen seine Chansons in ihr Programm auf, widmet Jean Ferrat ihm 1967 eine Hommage *(Pauvre Vian),* kommt 1971 im Café-concert *Gaïté Montparnasse* ein Schauspiel über Vian zur Aufführung *(En avant la zizique* von Eve Grilliquez) und erhält 1979 eine Schallplatten-Kassette mit den Wiederveröffentlichungen der Chansons von und mit Vian den *Grand Prix audio-visuel* – gewiß, eine ehrenhafte Auszeichnung, zugleich aber auch der Versuch, einen potentiellen Kritiker staatlicher Unterdrückungsmechanismen zu entschärfen.

Veröffentlichungen

Der Schaum der Tage. Roman. Hg. von Klaus Völker, Frankfurt a.M. 1979; *Der Herzausreißer. Roman.* Hg. von Klaus Völker, Frankfurt a.M. 1979; *Aufruhr in den Ardennen. Roman.* Hg. von Klaus Völker, Frankfurt a.M. 1981; *Der Deserteur. Chansons, Satiren und Erzählungen.* Mit einer Biographie von Klaus Völker, Berlin (West) 1983; *Der Kommissar und die grüne Pantherin. Gesammelte Schriften über Film, Jazz, Literatur, Science Fiction und Paraphysik.* Hg. von Klaus Völker, Frankfurt a.M. 1984; *Der Voyeur. Dreizehn unanständige Geschichten.* Hg. von Klaus Völker, Berlin (West) 1985; *Ich möchte nicht krepieren. Gedichte, Lieder und Texte.* Hg. von Klaus Völker, Berlin (West) 1985.

Literatur

David Noakes, *Boris Vian,* Paris 1964; Felix Schmidt, *Das Chanson. Herkunft, Entwicklung, Interpretation,* Frankfurt a.M. 1982; Ursula Mathis, *Existentialismus und französisches Chanson,* Wien 1984; Dietmar Rieger: *Französische Chansons von Béranger bis Barbara,* Stuttgart 1987.

Diskographische Hinweise

Sarah Boreo/Jean Bourbon. La fête à Boris (Jacques Canetti 48 886 216); *Boris Vian intègrale* (Jacques Canetti B.V. 8).

Tönne Vormann (t/m)
geb. 24. 11. 1902 Münster (Westfalen)

Seine erste Schallplatte findet über einhunderttausend Käufer. Ein bemerkenswertes Ergebnis für eine Veröffentlichung, deren Sprache nur die Menschen des Münsterlandes verstehen. Nur, es kann erst richtig bewertet werden, wenn man weiß, unter welchen Umständen Tönne Vormann sie aufnimmt. Im Alter von fünfundsiebzig Jahren nämlich und nur, weil Freunde den Unschlüssigen drängen – ihn, der doch seit frühester Jugend, seit seiner Zeit als »Wandervogel« mit dem lebendigen Singen und Musizieren vor Publikum vertraut ist.

Die Wandervogel-Bewegung bringt dem Jungen aber nicht nur die Musik nahe – er schreibt bereits als Vierzehnjähriger eigene Lieder – sondern auch die bildende Kunst. Und Maler zu werden ist denn auch bald sein Wunsch. Die *Kunstgewerbeschule Münster,* dann die *Kunstakademie* in Düsseldorf sind die ersten Stationen seiner Ausbildung, die Münchner *Debschitz-Schule* eine weitere. An der Isar beschäftigt sich Vormann aber nicht allein mit dem Studium. Zusätzlich nimmt er noch Gitarrenunterricht bei dem damals berühmten Heinrich Scherrer, schreibt *Die Dorfjule,* ein Drehbuch, das auch zur Verfilmung kommt, und außerdem arbeitet er als Hilfsregisseur beim Film unter Franz Seitz und Richard Eichberg. Unbestrittener Höhepunkt seiner Münchner Zeit ist jedoch die Begegnung mit Ringelnatz, der Vormanns Lieder bewundert. Schnell schließen die beiden Freundschaft und treten auch gemeinsam auf: im legendären *Simplicissimus* der Kathi Kobus, der »Königin« von Schwabing. Mitte der zwanziger Jahre kehrt Vormann nach Münster zurück. In seiner Heimatstadt ist 1924 die erste Sendestelle des Rundfunks in Westdeutschland gegründet worden. Zur Bereicherung der Programme sucht man nun einen Sänger – und findet ihn in Tönne Vormann, der so zum ersten Rundfunksänger Deutschlands avanciert. Ein großer Erfolg, nach dem der Künstler sich aber nicht auf seinen Lorbeeren ausruht. 1928 zieht er nach Berlin, um sich erneut dem Studium der Malerei zu widmen. Und er hat das Glück des Tüchtigen: Claire Waldoff stellt ihn Professor Max Slevogt vor, der ihn als Meisterschüler zu sich an die *Berliner Kunstakademie* holt. Bald übernimmt der Galerist Alfred Flechtheim die Betreuung der malerischen Werke Vormanns und verschafft seinem Schützling obendrein die Möglichkeit zur freien Mitarbeit an

Tönne Vormann (re) und Matthias Henke (li)

der renommierten Zeitschrift *Der Querschnitt*. Durch Flechtheim wird Vormann auch in *Die Katakombe* eingeführt, in das Kabarett Werner Fincks. Der Westfale lernt hier Ernst Busch und Erich Mühsam kennen, hat zudem Auftritte mit eigenen und jiddischen Liedern. Doch bald gelangen die braunen Schergen an die Macht. Vormann entschließt sich, nach Münster zurückzukehren.
Die sich anschließende zwölfjährige Eiszeit übersteht er als Inhaber eines Kunstgewerbeladens und als Kriegsberichterstatter. Bei den Neuanfängen des Rundfunks nach dem Zweiten Weltkrieg ist Vormann wieder mit von der Partie. Jahrelang bereichern er und seine Lieder regelmäßig Live-Sendungen des NWDR – des Nordwestdeutschen Rundfunks. So wird der Künstler Millionen von Hörern bekannt. Ende der fünfziger Jahre jedoch zieht sich Vormann mehr und mehr vom Rundfunk zurück, hält aber durch zahlreiche Liederabende den Kontakt zum Publikum aufrecht. Nachdem seine erste Schallplatte sich zu einem enormen Verkaufserfolg entwickelt hat, beginnt der »zweite Frühling« Vormanns – eine Periode im Leben des Künstlers, die durch wichtige Publikationen gekennzeichnet ist. –
Obwohl Vormann die meisten seiner Lieder in Westfälisch-Platt geschrieben hat, ist er alles andere als ein Heimatdichter. Im Gegenteil, er haßt die Heimattümelei. Und wenn er einmal ein Lied auf seine Heimat, das Münsterland, anstimmt, dann steht die Verehrung der Natur im Vordergrund. Die Gesetze der Natur nicht zu verletzen, die ihr eigene Dynamik zu beachten, ist schon ein Anliegen des jungen Künstlers. Bereits der Zwanzigjährige zeichnet ein Bild, in dem ein idyllisches Tal

von Fabrikschloten beherrscht wird, die wie mit gierigen Fingern nach der Landschaft greifen. Die Kritik an der Mißachtung der Natur setzt der über Fünfzigjährige fort, der in einem Lied des Jahres 1954 eindringlich und fast visionär vor den Gefahren der Atomkraft warnt: »Ick weet nich, of ick praohlen kann/von all den Kraom, so nie:/von d'Telefon un Autowiärks, von de Erfinderie,/Atoom un Waterstoff un Gifft, füör Planten, Mensk und Veeh,/de ganze gottverlaotne Drifft mäck us antlesst blos spee.« Trotz solcher Einsichten vermitteln die meisten Lieder Vormanns eine barockale Lebensfreude: Vom Trinken und Essen wird da gesungen, man tanzt und musiziert. Doch auch Freund Hein erscheint – wie in der Geschichte von *Burlala,* die zwar auf ein altes flämisches Volkslied zurückgeht, aber erst durch die Interpretation und Bearbeitung Tönne Vormanns Popularität erlangt: Als *Burlala* von Freund Hein abberufen wird und in den Himmel kommt, fragt ihn Gott, wie es ihm dort gefalle. Und der stets tolpatschige *Burlala* antwortet mit »überschäumendem« Temperament: »Ooch, dat geiht, dat is gar nich so verkatt«. Es geht also, und verkehrt ist es im Himmel auch nicht – so spricht *Burlala,* dessen gesungene Lebensgeschichte als die klingende Visitenkarte Vormanns anzusehen ist. Obwohl Vormann durchaus ein intellektueller Denker ist, der seine Konzeption vom Leben in dem Roman *Der Weg zur Sonne* niedergelegt hat, versteht er es beim Vortrag seiner Lieder, den »Kopf zu vergessen«, beeindruckt er durch eine schlichte menschliche Wärme, durch eine Stimme, die nach Erde und Holz klingt. Der Dichtersänger hat etwa fünfhundert Lieder geschrieben. Seinen einzigartigen melodischen Instinkt versteht er mit einer klaren, gelegentlich aber auch überraschenden Harmonik zu verbinden. Text und Musik sind von perfekter Kongruenz: Sie scheinen gleichzeitig entstanden zu sein.

Veröffentlichungen

Der Weg zur Sonne. Roman, Münster 1981; *Zur Jagd gesungen und gelacht.* Hg. von Matthias Henke, Münster 1984; *Lach män lück un freie di! Das Liederbuch des Tönne Vormann.* Hg. von Matthias Henke, Münster 1987.

Literatur

Matthias Henke, *Und immer noch singt eine Nachtigall. Stationen aus dem Leben des Malers, Musikers und Dichters Tönne Vormann. Funk-Porträt,* Köln 1984 (Westdeutscher Rundfunk); *Tönne Vormann. Dichter-Sänger als Maler.* (Zeichnungen, Radierungen und Ölbilder aus acht Jahrzehnten), Emsdetten 1986.

Diskographische Hinweise

Westfälische Lieder zur Laute in Platt (DEUTSCHE AUSTROPHON 66.21070); *Westfälische Lieder zur Laute in Platt. 2. Folge* (DEUTSCHE AUSTROPHON DLPS 55.005).

Hannes Wader (t/m)
23. 6. 1942 Hoberge Uerentrop (b. Bielefeld)

»Zuviel von dem, was ich mir wünschte, habe ich niemals erreicht,/und meine Lieder klingen nicht mehr so wie damals, frei und leicht./Heute singe ich um mein Leben.« Selbst wenn sie auf den ersten Blick so erscheinen mögen: resignativ, retrospektiv sind diese Zeilen nicht. Im Gegenteil: Sie weisen nach vorn, bekennen sich zur Entwicklung. »Damals«, Anfang der sechziger Jahre, spielt Hannes Wader in Kneipen und Clubs . . . aus purer Freude am Musizieren. »Heute« singt er aus existenzieller Notwendigkeit, weil er ebenso für seine Lieder lebt wie von ihnen, weil er für eine gerechtere Welt streiten will, weil er nicht den sprichwörtlichen Silberstreif, sondern die Glut am Horizont sieht. *Glut am Horizont* heißt denn auch seine 1985 veröffentlichte Schallplatte, auf der sein Lied *Damals* mit jenen bekenntnishaften Zeilen erklingt. Waders kämpferische Grundhaltung, sein Einsatz für eine lebenswertere Gesellschaft, seine Selbstauffassung als Volkssänger haben eine gemeinsame Wurzel: die sogenannte Arbeiterkultur, mit der Hannes Wader als Sohn eines engagierten Sozialdemokraten schon früh in Berührung kommt. Zu Hause wird viel gesungen, sein Vater nimmt ihn zum örtlichen Zupforchester mit, Hannes lernt Mandoline spielen; später kommen Gitarre, Klarinette und Saxophon hinzu. Nach seinem Volksschulabschluß tritt Wader eine Lehre als Dekorateur an. Daß ihm aber sein Betrieb nach der Gesellenprüfung kündigt, vorgeblich wegen »Unfähigkeit, Streitsucht und Musizierens während der Arbeitszeit«, ist Legende – allerdings eine, die Wader nach eigener Angabe selbst in die Welt gesetzt hat. Seinen Arbeitsplatz verläßt er 1962 vielmehr, um Graphik zu studieren, zunächst in Bielefeld, dann in Berlin an der *Akademie für Grafik, Druck und Werbung.* Nach und nach rückt die Musik für ihn immer mehr in den Vordergrund, entdeckt Wader seine Leidenschaft für den American Folk, für die Songs von Tom Paxton, Pete Seeger und Bob Dylan. Auf die Idee, eigene Lieder zu schreiben, bringt ihn allerdings ein Franzose – Georges Brassens. Wader begeistert sich für die bescheidene Vortragsgeste des Sängers, die den frechen Inhalten der Texte um so krassere Wirkung verleiht, schreibt unter dem Einfluß von Brassens sein erstes Lied: *Das Loch unterm Dach* – ein Titel, der auf seine Situation als Untermieter anspielt. In den Clubs und Kneipen Berlins lernt Wader junge Leute

Hannes Wader

kennen, die sich ebenfalls für Chansons interessieren: Reinhard Mey, Katja Ebstein und Ingo Insterburg, und allmählich bekommt auch sein Name in der geteilten Stadt einen guten Klang. Außerhalb Berlins macht der Sänger erstmals 1966 von sich reden, als er am Burg-Waldeck-Festival *Chansons Folklore International* teilnimmt. Über Waders Auftritt berichtet LOTHAR SAUER:

»Mit Baskenmütze, Hornbrille, Schnurrbärtchen und sonorer Stimme sang er ›eigene Volkslieder‹, eine Formulierung, die trotz ihrer Kühnheit überzeugte, denn die strophische Einfachheit und Sangbarkeit seiner Alltagsgeschichten gemahnte tatsächlich an folkloristische Vorbilder.«

1969 gelingt es Wader, den Kreis seiner Zuhörer weiter zu öffnen: Er publiziert seine erste Schallplatte – unter dem lapidaren Titel *Hannes Wader singt.* THOMAS ROTHSCHILD erläutert:

»So subjektiv diese frühen Lieder Waders sind – ihr anarchisches Potential hat objektiv politische Wirkung. Darin, aber auch in Melodieführung und Vortragsstil einzelner Lieder (. . .) ist er noch ganz Schüler von Georges Brassens.«

1971 erscheint *Ich hatte mir noch soviel vorgenommen,* Waders zweite Schallplatte. Mit ihr schlägt der Sänger musikalisch einen neuen Weg ein. Er orientiert sich an den Vorbildern des American Folk, läßt sich von dem gewandten Gitarristen Werner Lämmerhirt begleiten, reißt in den Songs *Arschkriecher-Ballade, Monika* oder *Charley* durch seinen rhythmischen Drive mit. Von seiner 1972 erscheinenden Langspielplatte *7 Lieder* erweckt der Titel *Der Tankerkönig* den Zorn der Öffentlichkeit, sieht sie in ihm doch eine Loyalitätserklärung Waders für die Baader-Meinhof-Gruppe. Obwohl der Sänger sich ausdrücklich von dieser Interpretation des *Tankerkönigs* distanziert, bleibt der Verdacht an ihm haften, er sei ein Sympathisant der Terroristen – ein zeitweiliger Tournee- und Medienboykott ist die Folge. Aber das Lied vom *Tankerkönig* bringt Wader nicht nur Ärger ein, es liefert künstlerisch gesehen auch einen wichtigen Anknüpfungspunkt. Der Sänger verpackt es nämlich in einen Talking Blues, also einen Song, in dem die erzählerischen Momente überwiegen – ein Stil der Darstellung, dem Wader bei seinen nächsten Produktionen nachspürt: Mit der Schallplatte *Der Rattenfänger* erzählt er die alte Sage von den aus Hameln entführten Kindern, verleiht ihr aber eine politische Dimension, indem er den Exodus der Jugend als freiwillig, als Geste der Solidarität mit dem von den Ratsherren betrogenen Rattenfänger darstellt. 1976 bringt Wader seine Schallplatte *Kleines Testament* auf den Markt; sie enthält einen Titel, den Talking Blues *Der Putsch,* der eine Spielseite umfaßt und der inhaltlich den *Tankerkönig* weiterführt. Zwei Jahre zuvor jedoch schockt der Sänger durch unerwartete Töne einen Teil seiner Anhänger. Die Eindimensionalen unter ihnen werfen ihm Phantasielosigkeit und restauratives Gebaren vor – der Grund: Waders neues Album *Plattdeutsche Lieder.* Mit dem Zugriff auf alte Volkslieder strebt der Sänger aber nicht zurück zur »Feudalherrschaft«, will er sich nicht an bereits vorhandenen Texten und Melodien bereichern, vielmehr möchte er den Blick auf die von den Nationalsozialisten okkupierte Volkskunst freikämpfen und der verkümmerten deutschen Volksmusik zu neuem Leben verhelfen. Waders geschichtlich ausgerichtete Beschäftigung entlarvt sich nicht als Strohfeuer, seine 1975 produzierte Schallplatte *Hannes Wader. Volkssänger* widmet sich ebenfalls der Aufarbeitung des traditionellen Volksliedes. Als Wader 1977 in die Deutsche Kommunistische Partei eintritt, verstärkt sich sein Interesse für die Kulturgeschichte der »Nichtherrschenden« noch. 1978 entsteht auf der Grundlage eines Live-Mitschnittes sein Album *Arbeiterlieder.* Im folgenden Jahr gibt er eine Platte mit *Shanties* heraus, für die er zum zweiten Mal den Deutschen Schallplattenpreis erhält, seine dritte offizielle Ehrung: nach dem Deutschen Kleinkunstpreis, Sparte Chanson, (1974) und dem Deutschen Schallplattenpreis (1975) für *Plattdeutsche Lieder.* Ende der siebziger Jahre wechselt Wader seine Schallplatten-firma, behält jedoch seinen Stil bei, wie die erste Produktion unter dem neuen Label, *Wieder unterwegs,* zeigt. So lehnt sich der Titelsong an die von Wader geschätzte Form des Talking Blues an. Zudem steht ihm mit dem Gitarrenduo Martin Kolbe/Ralf Illenberger, dem Bassisten Eberhard Weber, dem Geiger Lutz Berger und dem Cellisten Jürgen Suckow ein brillantes Team zur Seite, das sich in die Vortragsart des Sängers organisch einfügt. 1982 geht Wader einen für deutsche Liedermacher sehr ungewöhnlichen Schritt, nimmt Chansons eines Kollegen in sein Repertoire auf: Franz Josef Degenhardts *Sommerlied* und dessen *Winter-lied* – Titel, die auf der Live-Langspielplatte *Daß nichts bleibt, wie es war* enthalten sind. –

Waders Erfolg, die gewaltigen Umsätze (bisher über eine Million Schallplatten) beruhen nicht zuletzt auf seiner Glaubwürdigkeit. Sie beginnt bei Äußerlichkeiten: Wader im Smoking oder Frack wäre unvorstellbar. Trägt er dagegen eine abge-wetzte Lederjacke, tritt er im Fischerhemd und mit Prinz-Heinrich-Mütze auf, dann wirkt die Kleidung bei ihm nicht wie ein Kostüm aus dem Theaterfundus, hat sie nichts Verlogenes, kommt sie nicht als Bestechungsversuch des Publikums zum Tragen. Dem überschlanken Sänger mit dem ein wenig abgehärmten Gesicht glaubt man seine gesungenen Bekenntnisse: zur Arbeiterschaft, gegen die Unter-drückung, zur Volkskunst, gegen die Verdummungsprodukte der Unterhaltungs-industrie. Die Glaubwürdigkeit des Sängers baut aber nicht nur auf Äußerlichkei-ten, sondern vor allem auch auf seine Lieder: Wader trägt sie möglichst schlicht vor, vermeidet jede artifizielle Attitüde, erliegt nicht der Versuchung, sein weiches dunkles Timbre als zweckfreien Wohlklang schwingen zu lassen, sondern artiku-liert präzise, um die textliche Botschaft zu übermitteln. Unprätentiös und handfest ist auch seine Sprache. Zwar gebraucht der Autor Wader gern das hintergründige Bild, doch dienen ihm seine Metaphern nicht zur Verschleierung. Im Gegenteil, er will mit ihnen verdeutlichen, komplizierte Zusammenhänge anschaulich darstel-len – ein Ziel, das er mit seiner 1980 publizierten *Ballade vom Fisch* umsetzt: Sie erzählt, wie der im Reservat eines trüben Wasserlochs lebende Fisch den Folgen der Weltverschmutzung trotzen kann, während die Forellen im einst klaren Wasser an Krebs dahinsiechen; Wader skizziert die Handlung mit wenigen Strichen, fast karg, so daß die Bilder um so stärker ihre volksliednahe Anschaulichkeit und suggestive Kraft entfalten können. Als volksliednah sind Waders Metaphern des-halb zu bezeichnen, weil zu ihrem Verständnis keine speziellen Kenntnisse, etwa in Mythologie oder Geschichte, nötig sind, sondern lediglich Mitdenken und Wachheit: Sie sind »Bilder ohne Bildung« – den Märchen der Indianer vergleich-bar. Als ein beredtes Beispiel für die Klarheit der Waderschen Bilder kann auch das 1983 produzierte Lied *Der Büffel* gelten: Ein kleiner Junge knetet hingabevoll eine Figur aus Ton, eben den Büffel, bleibt jedoch in seiner Sehnsucht nach Schönheit von den Mitmenschen unverstanden. Schließlich geht der Büffel zu Bruch und mit ihm das unschuldige Streben des Jungen. Eine beeindruckende Erzählung, die zugleich das Potential des Dichtersängers aufdeckt: Wie kein anderer Autor unter den deutschen Liedermachern hat es Hannes Wader verstanden, das geächtete Volkslied zu rehabilitieren und gleichermaßen dessen sprachlichen Duktus für die eigenen Texte zu übernehmen.

Veröffentlichungen

Daß nichts bleibt, wie es war. Hannes Wader und seine Lieder, Dortmund 1984.

Literatur

Thomas Rothschild, *Liedermacher. 23 Porträts,* Frankfurt a. M. 1980; Kaarel Siniver, *Folk Lexikon,* Reinbek 1981.

Diskographische Hinweise

Eine ausführliche Diskographie enthält Sinivers Folk Lexikon. Zu ergänzen sind:
Daß nichts bleibt, wie es war. Hannes Wader live. (pläne 88 291); *Hannes Wader. Nicht nur ich allein* (pläne 88 328); *Hannes Wader. Glut am Horizont* (pläne 88 409).
Hannes Wader. Liebeslieder (pläne 88 516); *Hannes Wader. Bis jetzt. Live '86* (pläne 88 536/7).

Claire Waldoff (t)
geb. 21. 10. 1884 Gelsenkirchen; gest. 22. 1. 1957 Bad Reichenhall

Es ist schon merkwürdig: Claire Waldoff, von ihren Zeitgenossen als Stimme Berlins geschätzt, als lebendes Gegenstück zur Berolina, als die Verkörperung der Weltmetropole, stammt aus einer Bergarbeiterstadt, verlebt ihre Kindheit in Gelsenkirchen, in einem milieugeprägten Viertel des Ortes, wo ihre Eltern eine Schankwirtschaft betreiben. Einen ersten Schritt in Richtung Berlin kann Claire jedoch schon 1896 unternehmen. Da es ihrer Familie finanziell relativ gutgeht – trotz der zwölf Kinder –, übersiedelt die Zwölfjährige nach Hannover, um dort ein Mädchengymnasium zu besuchen. Den Plan aber, Medizin zu studieren, kann sie wenige Jahre später nicht verwirklichen, da sich die Eltern scheiden lassen und es der Familie an Geld fehlt. In dieser Situation entschließt sich die Neunzehnjährige, ein Engagement als »Naive« und »Jugendliche Liebhaberin« am *Fürstlichen Sommertheater* in Pyrmont anzunehmen – ohne jegliche Ausbildung, bar jeglicher Vorkenntnisse, jedoch motiviert durch Enthusiasmus und Ehrgeiz. Nächste künstlerische Station für Claire Waldoff ist das *Interimstheater* in Kattowitz. Wieder hat sie die »Jugendliche Liebhaberin« zu spielen, aber auch als »Komische Alte« oder »Sentimentale« muß sie einspringen. Die vielseitigen Anforderungen sind für die junge Schauspielerin eine hervorragende Schule. So reist die Waldoff bald selbstbewußt nach Berlin, um an der Spree ihr Glück zu suchen, findet bereits am zweiten Tag nach ihrer Ankunft im *Figaro-Theater* bei Olga Wohlbrück eine Anstellung, kann kurze Zeit später ihren ersten Erfolg in Bühnengrotesken Paul Scheerbarts feiern, steht dennoch bald arbeitslos auf der Straße. 1907 gelangt sie zum erstenmal zum Kabarett. Paul Schneider-Duncker nimmt sie für den *Roland von Berlin* unter Vertrag. Und schon gibt es Ärger: Die literarischen Monologe Scheerbarts, mit denen die Waldoff ihren Programmteil eröffnen wollte, werden von der Zensur verboten; die Behörden lassen auch Claire Waldoffs Auftritt im Anzug eines Liftboys nicht zu – Frauen in Männerkleidern darf es nach dreiundzwanzig Uhr auf der Bühne nicht mehr geben. Zudem ärgert sich Schneider-Duncker über das burschikose Benehmen der Waldoff. Als Deus ex machina, als Retter in der Not erscheint Walter Kollo, der Kapellmeister des *Roland von Berlin.* Begeistert von dem kessen Temperament der Waldoff, komponiert er auf einen Text des Dichters Hermann Frey, des Autors von *Immer an der Wand lang,* seinen ersten Schlager für Claire: *Das Schmackeduzchen* – ein Lied, mit dem sich die Sängerin auf Anhieb das Herz der Berliner erobert, mit dem sie ihren Ruhm begründet. Nach acht Monaten verläßt Claire Waldoff den *Roland,* um sich nun im *Chat Noir* hören zu lassen, dem exklusiven Kabarett unter der Leitung Rudolf Nelsons. Als die Sängerin in der Spielzeit 1909/10 parallel zum *Chat Noir* ein weiteres Engagement im volkstümlichen *Kabarett Unter den Linden* annimmt,

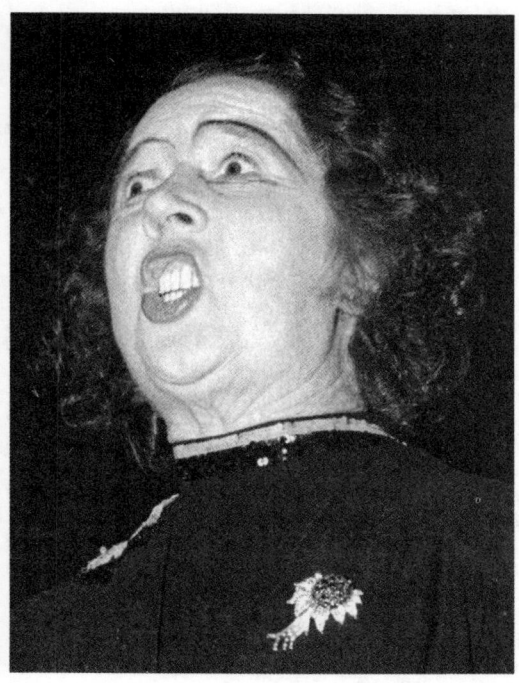

Claire Waldoff

beginnt sich das typische Waldoff-Repertoire herauszubilden. Walter Kollo komponiert für sie den Text von F. W. Hardt *Nach meine Beene is ja ganz Berlin verrückt;* Ludwig Mendelssohn entwirft ihre klingende Visitenkarte *Hermann heeßt er!,* die in der Nazizeit überraschende Aktualität erhält: »Rechts Lametta, links Lametta, und der Bauch wird imma fetta«, dichtet der Volksmund hinzu, auf Hermann Göring zielend.

1914 läßt Claire Waldoff sich wie viele andere Künstler unter dem Druck des Großen Hauptquartiers in Propagandastücken mißbrauchen. Doch als der allgemeine Hunger den Siegestaumel der Deutschen beendet, weichen die Hetzdramen den Werken des Amüsements, die von dem Grauen des Krieges ablenken sollen. In dieser Situation entsteht Walter Kollos Operette *Drei alte Schachteln* nach dem Libretto von Rideamus. Am 6. 10. 1917 wird das Opus uraufgeführt – in der Rolle der Köchin Auguste Claire Waldoff, die dem Werk zu einem triumphalen Siegeszug verhilft. Tausendmal läuft die Operette im *Nollendorf-Theater.* In den zwanziger Jahren unternimmt die Waldoff verstärkt Gastspiele, fast sechs Monate jährlich ist sie auf Tournee. Ihre unermüdliche Arbeit hat auch einen wirtschaftlichen Grund, denn die beträchtlichen Ersparnisse der Künstlerin sind der Inflation zum Opfer gefallen. Dennoch gönnt sich die Sängerin 1924 eine Reise nach Paris, um die neuen Trends der Revue kennenzulernen, begegnet der Mistinguett, dem Star der *Folies Bergère,* der sich ebenso als Pariser Pflanze fühlt wie Claire als Berliner Gewächs. Wieder an der Spree, kann Claire Waldoff die neuen Eindrücke gleich in die Tat umsetzen: Erik Charell verpflichtet sie im Herbst 1924 für seine

Revue *An Alle,* die am 18. Oktober im *Großen Schauspielhaus* Premiere hat, und Claire Waldoff trägt als Einlage der Show Walter Mendelssohns *Warum soll er nich mit ihr?* vor – eines »ihrer wirklichen Lebenslieder, das Show-Rummel, Girlbeine und Flimmer überdauerte«, wie die Waldoff-Biographin Helga Bemmann feststellt: »Warum soll er nich mit ihr vor de Türe stehn?/Warum soll er nich mit ihr mal konditern gehn?/Warum soll er nich mit ihr,/Weh'n die Frühlingswinde zart,/ Machen mal uff de Spree eine Mondscheinfahrt?/Warum soll er nich mit ihr mal 'n Witz riskier'n,/Warum soll er nich mit ihr mal de Liebe spür'n?.« Wenige Monate nach der Uraufführung von *An Alle* überträgt Erik Charell der Sängerin eine neue große Aufgabe, sie soll die »Pyjamajule« in dem Singspiel *Hofball bei Zille* spielen. 1927 beginnt ihre Schallplattenkarriere. Bis 1933 kommen jährlich etwa zehn Schallplatten der Waldoff auf den Markt. Aber die Sängerin denkt nicht nur an kommerzielle Vorteile. Sie ist häufig bei Wohltätigkeitsveranstaltungen zu Gast, die in jenen Jahren der Massenarbeitslosigkeit bitter nötig waren. Claire Waldoffs Einsatz für die Humanität beantworten die Nazis, indem sie nach 1933 die Sängerin mehr und mehr ins Abseits bringen. Als die Berliner Bühne *Scala* es 1936 wagt, sie nach langer Zeit wieder einmal zu verpflichten, interveniert Reichsminister Goebbels noch während der Premiere. Claire Waldoff reagiert und verlegt 1939 ihren Wohnsitz nach Bayrisch-Gmain an der österreichischen Grenze. Sie zieht die Abgeschiedenheit auf dem Lande dem braunen Treiben in Berlin vor. Nach dem Krieg tritt Claire Waldoff zwar noch einige Male auf – doch völlig glücklos, ohne ihr Publikum zu finden, ja, finden zu können. –

Der Sprachwitz der Waldoff hat zwei Quellen: Da ist einmal ihre große literarische Bildung (sie besitzt eine Bibliothek von über viertausend Bänden); zum anderen läuft sie wachen Sinnes durch Berlin, begibt sich vor Ort, in die Mietskasernen, in die Elendsquartiere, ins »Milljöh«, um dort die »Berliner Schnauze« zu studieren – oft gemeinsam mit ihrem Freund Heinrich Zille. Wie genau sie das »Milljöh« kennt, wie sehr ihr Herz gleichen Takt mit dem des Volkes schlägt, wie gut sie dem Berliner Volk aufs Maul geschaut hat, läßt sich deutlich an ihren eigenen Text- und Wortschöpfungen ablesen. *Wer schmeißt denn da mit Lehm?* – diesen Refrain erfindet die Sängerin für einen ihrer bekanntesten Titel, und noch heute fragt man so in Berlin, wenn man jemanden der üblen Nachrede beschuldigt. »Knorke!« ruft Claire Waldoff während der Probenarbeiten zu der Revue *An Alle,* weil ihr die Arbeit von Regisseur Erik Charell so gut gefällt. Das lustige Lob, ein Kind ihres Sprachwitzes, macht bald die Runde in Berlin und gehört heute fest zum deutschen Wortschatz. Claire Waldoff ist also eine, nein, *die* Sängerin Berlins. Aber sie führt ihren Hörern die Reichshauptstadt nicht wie in einem Reiseprospekt vor – mit blauem Himmel und rosaroter Brille. Sie will die Menschen Berlins in ihrer konkreten sozialen Situation erfassen, den Lebensalltag der Millionenstadt besingen, einen Blick hinter die Kulissen der Stuckfassaden werfen. Ihre Sympathie gehört den »kleinen« Leuten, deren Sehnsüchte sie kennt und teilt. Darum fehlt bei ihren Vorträgen das Mittel der ironischen Distanz völlig. Vielmehr geht sie in den Personen auf, denen sie ihre Stimme leiht, identifiziert sich mit ihnen. CLAUS CLAUBERG, der viele Chansons für Claire Waldoff geschrieben hat, beobachtet richtig:

»Die Könnerschaft Claire Waldoffs war nicht zuletzt das Ergebnis präziser Arbeit mit dem Text, sie erwuchs aber auch aus dem vorbehaltlosen Engagement für die Inhalte ihrer Lieder, deren ernste soziale Botschaft sie mit Humor und einer menschlichen Wärme umkleidete, die sie abgab an andere. In dieser Richtung ist der Satz von Zille zu verstehen, der von ihr sagte: ›Hast viel vom Ernst des Lebens in deine Kunst hineingenommen und die Hörer zum Denken veranlaßt.‹«

Eines der ergreifendsten Lieder aus dem Repertoire der Waldoff ist *Die Großstadt-pflanze* – der Lebenslauf eines Berliner Mädels, von Erich Einegg in Text und Musik gefaßt. Mit ihm erzählt die Sängerin die Geschichte einer ersten Liebe, deren Folgen behandelt werden müssen. Sie deutet zart an, mit welchen Gefühlen das Mädchen zur»Engelmacherin« geht, zu»Frau Schabcke, Mulackstraße zehn«, hält dann einen Augenblick inne, dehnt den Takt, der zu einer Ewigkeit anzuwachsen scheint, bringt schließlich die erlösenden Worte »und denn war et weg« – allein diese Passage reicht aus, um Claire Waldoff einen Platz in der Geschichte des Chansons zu reservieren, sie unter die bedeutendsten Interpreten des deutschen Liedes einzureihen.

Veröffentlichungen

Weeste noch…?, Düsseldorf und München 1953.

Literatur

Kurt Tucholsky, Artikel *Berliner Cabarets.* In: K. T., *Gesammelte Werke in zehn Bänden.* Bd. 1, S. 88, Reinbek 1975; Kurt Tucholsky, Artikel *Cabaret.* In: K. T., *Gesammelte Werke in zehn Bänden.* Bd. 1, S. 124f., Reinbek 1975; Helga Bemmann, *Wer schmeißt denn da mit Lehm? Eine Claire-Waldoff-Biographie,* Berlin 1982; Helga Bemmann, *Die Lieder der Claire Waldoff,* Berlin 1983.

Diskographische Hinweise

Claire Waldoff. Es gibt nur ein Berlin und das ist mein Berlin (EMI F 667 949/50); *Brigitte Lebaan singt Claire Waldoff. Live aus dem Mainzer Unterhaus* (Rillenschlange Verlagsproduktion 1986, ohne Bestellnummer).

Konstantin (Amadeus) Wecker (t/m)
geb. 1. 6. 1947 München

Er ist ein Ausbrecherkönig. Fesseln abstreifen, Käfigtüren sprengen, den Asphalt verlassen, sich einen eigenen Weg durch den Dschungel schlagen – sein Handwerk beherrscht er perfekt. Als junger Bub schon rückt er von zu Hause aus, um, berauscht von den Gedichten Georg Trakls, als freier Dichter zu leben. Als Achtzehnjähriger bricht er gar ein, um auszubrechen: Er räumt einen Tresor aus, um sich den Traum von Ungebundenheit und Abenteuer zu verwirklichen. Als Student flieht er aus der intellektuellen Welt, indem er Bodybuilding betreibt. Als erfolgreicher Liedermacher verläßt er sein selbstgewähltes Domizil in der Toskana, den goldenen Käfig, um gegen die Idylle wieder ein Mehr an Realität auszutauschen.
Bei einem Blick auf das Elternhaus überraschen die mit ungeheurer Energie durchgeführten Ausbrüche Weckers, die bis zu Konflikten mit dem Gesetz reichen. Die Mutter, eine einfühlsame Frau, kennt ihren Sohn genau, mißt ihn nicht an bürgerlichen Moralvorstellungen; der Vater, Opernsänger und Maler, lebt seinem Sohn vor, wie stur der Künstler oft sein muß, um sich nicht durch den Blick aufs Geld verführen zu lassen, die eigene Persönlichkeit aufzugeben; vor allem aber: Eltern und Sohn lieben sich, halten zusammen, nicht nur in den schwierigen Situationen. Auch die musikalische Erziehung Weckers verläuft ideal. Im Alter von fünf Jahren erhält er seinen ersten Klavierunterricht, bis zum Stimmbruch ist er Mitglied eines Kinderchores, der mit ihm als Solisten 1960 eine Schallplatte produziert, Geigen- und Gitarrenspiel flankieren seine musikalische Bildung. Doch schon zu Beginn seines Instrumentalunterrichts weiß der Junge sich Freiräume zu erobern:

»Drum war's ja mehr Freude als Pflicht. Ich hab das Üben immer auf ein Minimum beschränkt und dann nur improvisiert. Ich hab Zeiten gehabt, wo ich stundenlang hintereinander am Klavier gesessen bin – und es waren mir nie sinnlose Stunden.« Und mit welcher Besessenheit komponiert und dichtet schon der Zwölfjährige. Aber der »Vorzeigebube der Musiklehrers«, wie Wecker es nennt, hat große Pläne, möchte berühmt werden. In den nächsten Jahren reißt er immer wieder von zu Hause aus, um sich als freier Lyriker zu bewähren. Beim ersten Mal kommt Konstantin bis nach Augsburg, beim nächsten Versuch schafft er es bis Kiefersfelden, und beim dritten Ausriß gelangt er nach Italien. Immer wieder scheitert die Realisierung seiner Träume am fehlenden Geld. So entschließt sich der inzwischen Achtzehnjährige, den Mangel auszugleichen. Gemeinsam mit einem Komplizen stiehlt er die Wetteinnahmen einer Rennbahn, spielt drei Wochen lang Al Capone, läßt sich schließlich von der Polizei schnappen, muß sechs Monate einsitzen. Die Eltern lassen ihn nicht fallen, bewerten sein Tun nicht moralisch, sehen die Handlung eher als Männlichkeitspose eines unreifen Spätpubertierenden, erhalten sich so die Brücke zu ihrem Sohn. Und Konstantin Wecker hat auf der Basis elterlichen Vertrauens die Kraft, das Stigma des »Knästlings« zu tragen. 1969 kann er das Abitur nachholen, im gleichen Jahr beginnt er ein Studium an der Musikhochschule in München. Doch wieder »büchst« Wecker aus, wechselt sein Fach. An der Universität hat er sich 1970 der Philosophie und Psychologie verschrieben – aber auch dies nur dem Papier nach, denn zahlreiche Nebenjobs bestimmen seinen Lebensrhythmus. Als Versicherungsvertreter versucht er sein Glück, auch als professioneller Spieler, dann übernimmt er die Rolle des Annas

Konstantin Wecker

auf einer Halbjahres-Tournee mit dem Musical *Jesus Christ Superstar,* strebt nach einem Achtungserfolg in Chuck Keremans Fernsehfilm *Die Autozentauren* eine Karriere als Filmschauspieler an, landet schließlich beim Sex-Film.

Doch bald hat die Musik ihn wieder: Wecker tritt in Münchens Talentschuppen *Songparnaß* auf, arbeitet als Pianist und Arrangeur in diversen Tonstudios, bis er 1972 seine erste Schallplatte mit eigenen Liedern besingt: *Die sadopoetischen Gesänge des Konstantin Wecker.* Ihre Ästhetik des Häßlichen, ihre schaurig-schöne Stimmung und kaum verhüllte Sinnlichkeit gefällt weder dem Publikum noch den Kritikern, obwohl der Song vom *Spielmann* durchaus in der großen Tradition europäischer Liebeslyrik steht, während die makabren Chansons *Die Tote* und *Meine Leiche* an einige der erotischen Blätter des Felicien Rops denken lassen. Trotz des kommerziell schwachen Starts gelingt es Konstantin Wecker, sich mit den *Gesängen* zu behaupten, ehe er 1974 seine zweite Schallplatte *Ich lebe immer am Strand* veröffentlichen kann und eine Formation von Musikern findet, mit der er in den nächsten Jahren zusammenarbeitet. Doch erst 1977, mit der Produktion *Genug ist nie genug,* gelingt dem Dichtersänger der große Durchbruch, den die Presse, ohne die Entwicklung des Künstlers zu beachten, in einem einzigen Lied begründet sieht – dem *Willy*-Song. Diese Ballade erzählt vom Leben und Sterben eines jungen Mannes: Der »68er« Willy hört in einer Kneipe das Horst-Wessel-Lied, kann seinen Zorn nicht zurückhalten, wird wegen seines Protestes von einem Neo-Nazi ermordet. Und der Erfolg des *Willy*-Songs ist gewaltig, droht den Sänger zu vereinnahmen. Wecker versucht sich gegen die Okkupation auf seine Weise zu wehren: Er singt das Lied nur noch selten im Konzert und betont in Interviews, er möchte sich nicht auf ein Lied fixieren lassen. Ins Premierenjahr des *Willy*-Songs fallen zwei weitere wichtige Ereignisse. Wecker erhält den Deutschen Kleinkunstpreis in der Sparte Chanson und gründet mit seinen Musikern die Team Musikon GmbH – eine Arbeitsgemeinschaft, der ein Organisationsbüro und ein Studio angehören. 1978 bringt Wecker seine von »Team Musikon« produzierte Schallplatte *Eine ganze Menge Leben* heraus, die ihren Titel auch der ersten Buchveröffentlichung Weckers leiht – einer Sammlung von Liedern und Gedichten aus den Jahren 1972 bis 1978. Einen erneuten Ausflug in die Welt des Films gönnt sich Wecker im nächsten Jahr, als er bei Margarethe von Trottas *Schwestern oder die Balance des Glücks* mitarbeitet: Er schreibt die Filmmusik und übernimmt eine kleinere Rolle. Ebenfalls 1979 kommt es auch zu einer Zusammenarbeit Weckers mit dem von ihm verehrten Hanns Dieter Hüsch: Wecker komponiert die Zwischenmusiken zu Hüschs Schallplatte *Hagenbuch hat jetzt zugegeben.* Erschöpft von Konzerten und den anderen Aktivitäten, geht der Sänger 1980 in die Klausur. Die Landschaft der Toscana soll ihm die nötige Ruhe spenden. Er entdeckt ein Haus, das ihn begeistert, holt seine Musiker nach und schafft sich und ihnen ein Domizil – doch nach wenigen Jahren kann er die Idylle der selbstgewählten Oase nicht mehr ertragen und zieht nach München zurück. Konstantin Wecker kann 1986 auf mehr als ein Dutzend Schallplatten und eine stattliche Reihe von Buchveröffentlichungen zurückblicken. –

Unter den Liedermachern – eine Bezeichnung, die wegen ihrer inflationären Entwertung und ihrer Bescheidenheit so gar nicht zu ihm passen will – also cum grano salis: unter den Liedermachern nimmt Konstantin Wecker schon deswegen eine Sonderstellung ein, weil er sein musikalisches Handwerk souverän beherrscht. Das »Gsanglmachen« hat er eigentlich nicht nötig: Er könnte sein Geld klavierspielend als Studiomusiker verdienen oder als Arrangeur oder als Komponist von Filmmusiken oder als Korrepetitor – und würde bei der Produktion von Schlagerbrei bestimmt kein schlechtes Geschäft machen. Aber Konstantin Wecker besitzt

einen exzessiven Gestaltungswillen, zudem ein »visionäres« inneres Ohr und ist von dem Drang erfüllt, die erlauschten Klangbilder in eigene Formen zu bringen. In einem 1981 veröffentlichten Interview reflektiert der Musiker:
»Kunst muß einfach ohne irgendeinen Gedanken an Interpretation, Wirkung, Inhalt und Form entstehen. Form meine ich jetzt nicht im Sinne von Sonettform, Versform oder so, sondern im Sinne von innerer Form. Form macht die Kunst aus. Form kann man nicht lehren. Man kann nur lernen von Künstlern, die in ihren Werken Form haben.«
Wie er beispielsweise von Carl Orff lernt, zu dessen Werk Konstantin Wecker sich vorbehaltlos bekennt. Und was hat der jüngere Komponist vom älteren nicht alles übernehmen können. Mit sparsamen Mitteln auszukommen, durch die Wiederholung kleiner musikalischer Motive eine dichte Atmosphäre zu erzeugen, die Kraft des wortgezeugten Rhythmus spielen zu lassen, die Dramaturgie des Kontrastes richtig einzusetzen – es gibt so viele von Orff inspirierte Elemente in Weckers Musik, daß man fast von einem Lehrer-Schüler-Verhältnis sprechen mag. Die Lieder *Haberfeldtreiben* und *Hexeneinmaleins* legen ein besonders schönes Zeugnis dafür ab, wie innig die Beziehung Weckers zu dem Œuvre Orffs ist. Ihre Montage auf dem Album *Konstantin Wecker. Live* (1979) ist gewiß kein Zufall: Sie erklingen als Einheit, verschmelzen miteinander. Der Inhalt legitimiert diese Koppelung. In *Haberfeldtreiben* deutet Wecker den alten bairischen Volksbrauch auf die heutige Zeit um: Selbstgerechte Richter blasen zur Hatz auf politisch Andersdenkende. Im *Hexeneinmaleins* variiert der Autor das Thema, verleiht ihm eine historische Dimension. Mit seiner Musik zu diesen Menschenjagden trifft Wecker die theatralische Gestik der Orffschen Tonsprache exakt: Expressive Rhythmik, vielseitiger Einsatz der Stimme (geflüstert, gerufen, gesungen, solistisch, im Chor) und der ikonographische Gebrauch der Instrumente (Orgel und Trommel als Symbole für Kirche und Militär) lassen aus den Texten die Schreie der Gequälten hören. Aber es wäre falsch, Konstantin Wecker als Orff-Epigonen abzutun, verfügt er doch über eine weitgefächerte musikalische Bildung. Auf seiner Schallplatte *Inwendig warm* knüpft er mit dem Lied *Einen braucht der Mensch zum Treten* an die Chorsatztechnik der Kampflieder Hanns Eislers an und knackt das Gehäuse des allmächtigen Strophenliedes, indem er musikalische Episoden einfügt, die das thematische Material weiterentwickeln, und die Refrains variiert. Durch die inhaltliche Funktionalisierung des stereophonen Klangbildes eröffnet Wecker dem Text eine weitere, über die Musik hinausreichende Dimension. Wenn seine Stimme mal von der Seite, mal von der Mitte oder aus dem Hintergrund erklingt, so deutet die Veränderbarkeit ihrer Position auf die Möglichkeit hin, die festgefahrenen »Hackordnungen« unserer Gesellschaft aufzulösen, und offenbart so eine optimistische Grundhaltung, die auch für den Dichter Konstantin Wecker typisch ist.
Wie für seine Musik, so lassen sich auch für seine Sprache unschwer Vorbilder ausmachen. Weckers Verehrung für Hanns Dieter Hüsch läßt der Text *Lösungslotterie* spüren, während das Lied *Für Rainer Maria* den weichschwingenden Rhythmus und den Sprachklang von Rilkes *Der Panther* aufgreift. Und Verse des von Wecker verehrten Gottfried Benn könnten gar als Motto über dem Werk des Dichtersängers stehen, der dem kreativen Chaos verfallen ist: »Wer Strophen liebt, der liebt auch Kata-Strophen; wer für Statuen ist, muß auch für Trümmer sein.«

Veröffentlichungen

Ich will noch eine ganze Menge leben. Songs, Gedichte, Prosa, München 1978; *Man muß den Flüssen trauen. Unordentliche Elegien*, München 1980; *Lieder und Gedichte. 1965–1981*, München 1981; *Im Namen des Wahnsinns*, München 1983; *Jetzt eine Insel finden*, München 1986.

Literatur

Konstantin Wecker im Gespräch mit Bernd Schroeder, München 1981; Kathrin Brigl/Siegfried Schmidt-Joos: *Selbstredend... Neue Interview-Porträts. Ina Deter, André Heller, Jürgen von der Lippe, Manfred Maurenbrecher, Ulla Meinecke, Herman van Veen, Stefan Waggershausen, Konstantin Wecker*, Reinbek 1986.

Diskographische Hinweise

Bernd Schroeders Wecker-Porträt enthält eine vollständige Diskographie. Zu ergänzen sind:
Konstantin Wecker. Filmmusiken (Polydor 8 107 71-1); *Konstantin Wecker. Im Namen des Wahnsinns. Live '83* (Polydor 8 153 97-1); *Konstantin Wecker. Inwendig warm* (Polydor 821 472-1); *Konstantin Wecker. Jetzt eine Insel finden. Lieder und Lyrik. Live* (Polydor 831 078-1); *Konstantin Wecker. Wieder dahoam* (Polydor 831 263-1).

Allgemeine und ergänzende Bibliographie

A. Primärliteratur

Pierre Barbier/France Vernillat, *Histoire de la France par les chansons,* Paris 1957–1961;

Guy Béart, *Couleurs et colères du temps. L'intégrale des poèmes et chansons,* Paris 1976;

Pierre-Jean Béranger, *Béranger's Lieder.* Auswahl in freier Bearbeitung von Adelbert von Chamisso und Franz Freiherr von Gaudy, Leipzig 1938;

Pierre-Jean Béranger, *Œuvres complètes,* Bruxelles 1870;

Pierre-Jean Béranger, *Lieb war der König, oh-la-la! Satirische und patriotische Chansons.* Übertragen von Martin Remané, Berlin (Ost) 1981;

Otto Julius Bierbaum (Hg.), *Deutsche Chansons. Brettl-Lieder von Bierbaum, Dehmel, Falke, Finckh, Heymel, Holz, Liliencron, Schröder, Wedekind, Wolzogen.* Mit den Porträts der Dichter und einer Einleitung von O. J., Berlin und Leipzig 1901;

Heinz Greul (Hg.), *Chansons der zwanziger Jahre,* Zürich 1962;

Leo Heller, *Aus Pennen und Kaschemmen. Lieder aus dem Norden Berlins,* Berlin 1921;

Fritz Hennenberg (Hg.), *Das große Brecht-Liederbuch. Musik von Bertolt Brecht, Franz S. Bruinier, Kurt Weill, Hanns Eisler, Paul Dessau, Rudolf Wagner-Régeny, Kurt Schwaen,* Frankfurt a. M. 1984;

Reinhard Hippen (Hg.), *Das Kabarett-Chanson. Typen, Thesen, Temperamente,* Zürich 1986;

Bernhard Lassahn (Hg.), *Dorn im Ohr. Das lästige Liedermacher-Buch. Mit Texten von Wolf Biermann bis Konstantin Wecker.* Ausgewählt und kommentiert von B. L., Zürich 1982;

Maurice Mac-Nab, *Chansons du Chat Noir,* Paris (um 1900);

Walter Mehring, *Chronik der Lustbarkeiten. Die Gedichte, Lieder und Chansons 1918–1933,* Düsseldorf 1981;

Walter Mehring, *Staatenlos im Nirgendwo. Die Gedichte, Lieder und Chansons 1933–1974,* Düsseldorf 1984;

Walter Mehring, *Hoppla! Wir leben! Gedichte, Lieder und Chansons.* Hg. von Walter Rösler, Berlin (Ost) 1984;

Hans Carl Müller (Hg.), *Chansons Montmartroises. Lieder vom Montmartre,* München s. a.;

Jacques Prévert, *Gedichte und Chansons.* Französisch und Deutsch. Nachdichtungen von Kurt Kusenberg, Reinbek 1962;

Jacques Prévert/Joseph Kosma, *50 Chansons,* Paris 1978;

Dietmar Rieger (Hg.), *Französische Chansons. Von Béranger bis Barbara,* Stuttgart 1987;

Maurice Rollinat, *Œuvres. I.: Dans les brandes. II.: Les névroses,* Paris 1971/72;

Werner Schneyder, *»Schlafen Sie gut, Herr Tucholsky!« und andere Bühnenlieder,* München 1983;

Gerd Semmer (Hg.), *Ça ira! Chansons aus der Französischen Revolution.* Aus dem Französischen übertragen vom Herausgeber, Ahrensburg 1964;

Erich Singer (Hg.), *Bänkelbuch. Neue deutsche Chansons,* Leipzig/Wien/Zürich 1922;

Klaus-Dieter Sommer/Gerhard Wolf (Hg.), *Chansons aus dem anderen Deutschland. 79 Songs und Chansons,* Berlin (West) 1966;

Annemarie Stern (Hg.), *Lieder gegen den Tritt. Politische Lieder aus fünf Jahrhunderten,* Oberhausen 1972;

Kurt Tucholsky, *Das Kurt Tucholsky Chanson Buch.* Texte und Noten, Reinbek 1983;

Frank Wedekind, *Lautenlieder. 53 Lieder mit eigenen und fremden Melodien,* Berlin 1920;

Frank Wedekind, *Ich hab meine Tante geschlachtet. Lautenlieder und ›Simplicissimus‹-Gedichte,* München und Wien 1967;

Bettina Wegner, *»Als ich gerade zwanzig war«. Lieder und Gedichte aus Ost und West in Nachdichtungen,* Reinbek 1986;

Walther Wengg (Hg.), *Das Schiefe Podium. Ein buntes Brettl-Buch,* Berlin 1922;

Zupfgeigenhansel (Hg.), *Es wollt ein Bauer früh aufstehn . . . 222 Volkslieder,* Dortmund 1978.

B. Sekundärliteratur

Anouk Adelmann, *Chansons à vendre,* Paris 1967;

Joeséphine Baker/Jo Bouillon, *Joséphine,* Paris 1976;

Louis Barjon, *La chanson d'aujourd'hui,* Paris 1959;

Cécile Barthélemy, *Serge Lama,* Paris 1974;

Robert Beauvais, *Guy Béart,* 2. Auflage, Paris 1965;

Henri C. Béhar/Jean-Jacques Kihm/Elisabeth Sprigge, *Jean Cocteau. Sein Leben – ein Meisterwerk,* München/Wien/Basel 1970;

François Bellair/Robert Delaroche, *Marie Dubas,* Paris 1980;

Helga Bemmann, *Berliner Musenkinder-Memoiren. Eine heitere Chronik von 1900 bis 1930,* Berlin (Ost) 1981;

Helga Bemmann (Hg.), *Mitgelacht – dabeigewesen. Erinnerungen aus acht Jahrzehnten Kabarett,* 5., überarbeitete Auflage, Berlin (Ost) 1984;

Andrée Bergens, *Jacques Prévert,* Paris 1969;

Luc Bérimont, *Félix Leclerc,* Paris 1964;

Albrecht Betz, *Hanns Eisler: Musik einer Zeit, die sich eben bildet,* München 1976;

André Blanc, *Francis Lemarque,* Paris 1974;

Kathrin Brigl/Siegfried Schmidt-Joos, *Selbstredend . . . Interview-Porträts, Georg Danzer, Klaus Hoffmann, Peter Horton, Heinz Rudolf Kunze, Reinhard Mey, Erika Pluhar, Hans Scheibner, Stephan Sulke,* Reinbek 1985;

Kathrin Brigl/Siegfried Schmidt-Joos, *Selbstredend . . . Neue Interview-Porträts, Ina Deter, André Heller, Jürgen von der Lippe, Manfred Maurenbrecher, Ulla Meinecke, Herman van Veen, Stefan Waggershausen, Konstantin Wecker,* Reinbek 1986;

Pierre Brochon, *La chanson sociale de Béranger à Brassens,* Paris 1961;

Chantal Brunschwig/Louis-Jean Calvet/Jean-Claude Klein, *Cent ans de chanson française,* Paris 1981;

Klaus Budzinski, *Die Muse mit der scharfen Zunge. Vom Cabaret zum Kabarett,* München 1961;

Klaus Budzinski, *Pfeffer ins Getriebe. So ist und wurde das Kabarett,* München 1982;

Klaus Budzinski, *Das Kabarett. 100 Jahre literarische Zeitkritik – gesprochen, gesungen, gespielt,* Düsseldorf 1985;

Burkhard Busse, *Der deutsche Schlager. Eine Untersuchung zur Produktion, Distribution und Rezeption von Trivialliteratur,* Wiesbaden 1976;

Louis-Jean Calvet, *Chanson et société,* Paris 1981;

Jacques Canetti, *On cherche jeune homme aimant la musique,* Paris 1978;

Agnès Capri, *Sept épées de mélancolie,* Paris 1975;

François Caradec/Alain Weill, *Le café-concert,* Paris 1980;

Elisabeth Chandet, *Yves Duteil,* Paris 1982;

Jacques Charpentreau/France Vernillat, *Dictionnaire de la chanson française,* Paris 1968;

Max Colpet, *Sag mir, wo die Jahre sind. Erinnerungen eines unverbesserlichen Optimisten,* München 1976;

Gilles Costaz, *Cora Vaucaire,* Paris 1973;

Georges Coulonges, *La chanson en son temps. De Béranger au jukebox,* Paris 1969;

Serge Dillaz, *Pierre-Jean Béranger,* Paris 1971;

Marc Doelnitz, *La fête à Saint-Germain-des-Prés,* Paris 1979;

Maurice Dommanget, *Eugène Pottier. Membre de la Commune et chantre de l'Internationale,* Paris 1971;

Maurice Donnay, *Autour de Chat Noir,* Paris 1926;

Albrecht Dümling, *Laßt euch nicht verführen. Brecht und die Musik,* München 1985;

Charles Dumont, *Non, je ne regrette rien,* Paris 1977;

Guy Erisman, *Histoire de la chanson,* Paris 1967;

Jacques Erwan, *Renaud,* Paris 1982;

Hanns Heinz Ewers, *Das Cabaret,* Berlin (ca. 1905);

Werner Faulstich, *Rock-Pop-Beat-Folk. Grundlagen der Textmusik-Analyse,* Tübingen 1978;

Jacques Feschotte, *Histoire du music-hall,* Paris 1965;

Gerhard Flügge, *'Ne dufte Stadt ist mein Berlin. Von Bums und Bühne, Rummel und Revuen, von Kintopp und Kabarett und anderen Amusements aus dem »Milljöh« von Heinrich Zille,* Berlin (Ost) 1974;

Michel Giroud, *Claude Nougaro,* 2. Auflage, Paris 1977;

Heinz Greul, *Bretter, die die Zeit bedeuten. Die Kulturgeschichte des Kabaretts,* Köln und Berlin 1967;

Angèle Guller, *Le 9e art. La chanson française contemporaine. Pour une connaissance de la chanson française contemporaine (de 1945 à nos jours),* Bruxelles 1978;

Guillaume Hanoteau, *Saint-Germain-des-Prés.* Aus dem Französischen übertragen von Heinz Riedel, Ahrensburg 1968;

Franz Hellberg, *Walter Mehring – Schriftsteller zwischen Kabarett und Avantgarde,* Bonn 1983;

Michael Herbert, *La chanson à Montmartre,* Paris 1967;

Christian Hermelin, *Ces chanteurs que l'on dit poètes,* Paris 1970;

Trude Hesterberg, *Was ich noch sagen wollte . . . Autobiographische Aufzeichnungen,* Berlin (Ost) 1971;

Rudolf Hösch, *Kabarett von gestern.* Nach zeitgenössischen Berichten, Kritiken und Erinnerungen. 1900–1933, Berlin (Ost) 1967;

Rudolf Hösch, *Kabarett von gestern und heute.* Nach zeitgenössischen Berichten, Kritiken und Erinnerungen. 1933–1970, Berlin (Ost) 1972;

Hartmut Huff, *Liedermacher. Songpoeten, Mundartsänger, Blödelbarden, Protestsänger,* München 1980;

Charles Imbert, *Geschichte des Chansons und der Operette,* Lausanne und Zürich 1967;

Charles Jacques, *Le caf'-conc',* Paris 1966;

Edmond Jung/Hans Puls, *La chanson française commentée,* 3. Auflage, München 1986;

Kerschkamp/Lindau, *Die großen Liedermacher,* München 1981;

Erich Klossowski, *Die Maler vom Montmartre,* Berlin 1903;

Claude Klotz, *Michel Sardou,* Paris 1985;

Robert Kothe, *Saitenspiel des Lebens*, München 1944;

Franz-Peter Kothes, *Die theatralische Revue in Berlin und Wien 1900-1938. Typen, Inhalte, Funktionen*, Wilhelmshaven 1977;

Oss und Hein Kröher, *Rotgraue Raben. Vom Volkslied zum Folksong*, Heidenheim/ Brenz 1969;

Walter Laqueur, *Weimar. Die Kultur der Republik*, Frankfurt a. Main und Berlin 1976;

Sophie Makhno, *Charles Dumont*, Paris 1985;

Jacques Mercier, *Charles Dumont. Un chant d'amour*, Bruxelles 1984;

Edmond Marc, *La chanson française*, Paris 1972;

Ursula Mathis, *Existentialismus und französisches Chanson*, Wien 1984;

Félix Mayol, *Mémoires*, Paris 1929;

Jacques Mazeau/Didier Thouart, *Acteurs et chanteurs*, Paris 1983;

Jean Monteaux, *Anne Sylvestre*, Paris 1966;

Marie Naudin, *Évolution parallèle de la poésie et la musique en France. Rôle unificateur de la chanson*, Paris 1968;

Wilhelm Neef, *Das Chanson. Eine Monographie*, Leipzig 1972;

Rainer Otto/Walter Rösler, *Kabarettgeschichte. Abriß des deutschsprachigen Kabaretts*, Berlin (Ost) 1981;

Annie Pankiewicz, *La chanson française depuis 1945*, München 1981;

Leander Petzold, *Bänkelsang. Vom historischen Bänkelsang zum literarischen Chanson*, Stuttgart 1974;

Cécile Philippe/Patrice Tourenne, *Les Frères Jacques*, Paris 1981;

Henry Poisot, *L'age d'or de la chanson française 1932-1972. De Mireille à Charles Trenet*, Paris 1972;

Alfred Polgar, *Max Pallenberg*, Berlin (1921);

Line Renaud, *Bonsoir mes souvenirs*, Paris 1963;

Karl Riha, *Moritat, Bänkelsang, Protestballade. Kabarett-Lyrik und engagiertes Lied in Deutschland*. 2., durchgesehene, ergänzte und erweiterte Auflage, Königstein/ Ts. 1979;

Lucien Rioux, *Vingt ans de chansons*, Paris 1966;

Lucien Rioux, *Serge Gainsbourg*, Paris 1986;

Walter Rösler, *Das Chanson im deutschen Kabarett 1901-1933*, Berlin (Ost) 1980;

Thomas Rothschild, *Liedermacher. 23 Porträts*, Frankfurt a. M. 1980;

Bruno Roy, *Panorama de la chanson au Québec*, Ottawa 1977;

Reginald Rudorf, *Schach der Show. Über Lach- und Liedermacher in Deutschland*, Wiesbaden 1974;

Wolfgang Victor Ruttkowski, *Das literarische Chanson in Deutschland*, Bern und München 1966;

Jean Sablon, *De France ou bien d'ailleurs*

Yves Salgues, *Salvatore Adamo*, Paris 1975;

Pierre Saka, *La chanson française des origines à nos jours*. Préface d'Yves Montand, Paris 1980;

Reinhard Schatter, *Die Geschichte des Chansons*, München 1969;

Jürgen Schebera, *Kurt Weill. Leben und Werk*, Leipzig 1983;

Felix Schmidt, *Das Chanson. Herkunft, Entwicklung, Interpretation*, Frankfurt a. M. 1982;

Otto Schneidereit, *Fritzi Massary. Versuch eines Porträts*, Berlin (Ost) 1970;

Werner Schneyder, *Erich Kästner. Ein brauchbarer Autor*, München 1982;

Pascal Sevran, *Le music-hall français de Mayol à Julien Clerc*, Paris 1978;

Kaarel Siniveer, *Folk Lexikon*, Reinbek 1981;

Florian Steinbiß, *Deutsch-Folk. Auf der Suche nach der verlorenen Tradition. Die Wiederkehr des Volksliedes,* Frankfurt a. M. 1982;

Hermann Strohbach, *Das Deutsche Volkslied in Geschichte und Gegenwart,* Berlin (Ost) 1982;

Thomas Vogel, *Das Chanson des Auteur-compositeur-interprète. Ein Beitrag zum französischen Chanson der Gegenwart,* Frankfurt a. M. 1981;

Ernst von Wolzogen, *Verse zu meinem Leben,* Berlin 1907;

Maurice Yvain, *Ma belle opérette,* Paris 1962.

Namenregister

Hermes Handlexikon
Die Klassiker der römischen Literatur

Die großen Autoren von der altrömischen
Republik bis zum Frühchristentum

Von Bernhard Kytzler

232 Seiten, 50 Abbildungen

Hermes Handlexikon
Die Klassiker der deutschen Literatur

Die 50 großen Autoren
von der Aufklärung bis zum Realismus

Von Günther Fetzer

448 Seiten, mehr als 500 zum Teil farbige Abbildungen

Hermes Handlexikon

Die Klassiker der englischen Literatur

Von Geoffrey Chaucer bis Samuel Beckett

Von Uwe Böker, Horst Breuer und Rolf Breuer

256 Seiten, 52 Abbildungen